时尚传播系列丛书

时尚传播新论

媒介表达与文化生产

何苗 编著

中国轻工业出版社

图书在版编目（CIP）数据

时尚传播新论：媒介表达与文化生产 / 何苗编著
.—北京：中国轻工业出版社，2024.6
ISBN 978-7-5184-4971-2

Ⅰ.①时… Ⅱ.①何… Ⅲ.①传播学—研究 Ⅳ.
①G206

中国国家版本馆CIP数据核字（2024）第099356号

责任编辑：徐　琪　　　　　责任终审：劳国强　　设计制作：锋尚设计
策划编辑：毛旭林　徐　琪　责任校对：晋　洁　　责任监印：张京华

出版发行：中国轻工业出版社（北京鲁谷东街5号，邮编：100040）
印　　刷：北京君升印刷有限公司
经　　销：各地新华书店
版　　次：2024年6月第1版第1次印刷
开　　本：710×1000　1/16　印张：20.5
字　　数：420千字
书　　号：ISBN 978-7-5184-4971-2　定价：78.00元
邮购电话：010-85119873
发行电话：010-85119832　010-85119912
网　　址：http://www.chlip.com.cn
Email：club@chlip.com.cn
版权所有　侵权必究
如发现图书残缺请与我社邮购联系调换
231791K6X101ZBW

前言

在中国,"时尚"一词始见于明代,如晚明《竹窗随笔》中提到"今一衣一帽,一器一物,一字一语,种种所作所为,凡唱自一人,群起而随之,谓之时尚。"英文中"Fashion"一词源于古法语"Facon",而"Facon"又来自拉丁语"Factio",最初的含义是"制作""塑造"或"方式""方法"等,直到16世纪才明确表示为"时尚"的意思,即指流行的服饰、装饰或行为方式等。

时尚不仅仅是衣物与配饰的风尚,它更是一种文化表达、媒介延伸,乃至社会心理的映射。随着信息技术的飞速发展,时尚传播路径也在不断革新。它跨越了传统媒介的界限,融入了多元媒体的浪潮,成为连接过去与未来、现实与虚拟、个体与社会的桥梁,呈现出前所未有的复杂多元。本书正是在这样的背景下应运而生,旨在探讨时尚传播的新趋势、新特点及其文化逻辑。

在本书的创作过程中,我得到了众多优秀作者的大力支持与协作,深感荣幸。徐津毅、张敏、杨作贤、郭妍廷、闻娱、史梦缘、张霄、付浩晨、沈艳、金紫梦、赵迎新、黄明睿、黄雯歆、王兴婉、林云、王米洁、薛书凝、赵国薇、李沛霖、张煜梦、李慧娟、颜梨娜、徐雅坤等学者,以其专业知识丰富了本书的内容,并为本书注入了多元视角和鲜活思想。他们有的聚焦于时尚文化的生产与消费,探讨时尚如何在社会、经济、文化等层面发挥作用;有的则从跨学科角度出发,将时尚传播与心理学、符号学、社会学、美学等领域相结合,为我们提供了多元解读。每位学者都以其独特的视角和研究,为时尚传播领域的探讨增添了新的维度。他们的成果不仅体现了对时尚传播领域的深刻理解,也展现了对媒介表达和文化生产之间复杂关系的敏锐洞察。

本书旨在为读者提供全面而深入的视角,来理解时尚传播在当代社会中的作用和影响,同时也能够激发读者对时尚传播领域未来发展的思考和探索。

何苗

构建时尚学研究的中国学派

构建中国时尚学研究学派是提高中国文化软实力的重要举措。中国时尚学研究长期受西方时尚理论的主导和框定。通过文献梳理，本书回顾了时尚学的发展路径。从构建时尚学的必然要求着手，分析了中国时尚学研究学派的理论基础、关键问题与方法论构想。实现这一目标，需要理论界与产业界共同携手，交融贯通、创新超越，在理论创新与实践应用中互为促进，推动我国时尚学研究和时尚产业高质量发展。

一、西方中心主义影响下的时尚学研究

西方时尚学研究起源于20世纪，早期的时尚学研究侧重于社会学和文化研究视角，西方学者在理论与方法构建上长期处于主导地位。2003年，学者威尔逊（Wilson）指出时尚理论的主流观点仍然以西方中心论述为主，掌握绝对的话语权[1]。

社会学家齐美尔（Simmel）首先将时尚研究纳入社会学视野，关注时尚消费在等级制度和社会差异中的作用[2]。文化研究学者威尔逊提出"时尚系统"概念，探讨时尚如何反映社会文化和意识形态。随后，传播学和商业学开始关注时尚传播和营销。学者麦克拉肯（McCracken）研究品牌和商品如何通过传播实现文化意义的转移[3]，川村（Kawamura）关注时尚媒体和时尚节目对青年文化的影响[4]。时尚零售和品牌管理也成为商业学者的研究焦点[5]。进入21世纪，全球化使跨文化传播与比较研究成为新视角。学者安德森（Anderson）和

---

[1] Wilson E. Adorned in dreams: Fashion and modernity[M]. Rutgers University Press, 2003.

[2] Simmel G. Fashion[J]. American journal of sociology, 1957, 62(6): 541-558.

[3] McCracken G. Culture and consumption: A theoretical account of the structure and movement of the cultural meaning of consumer goods[J]. Journal of consumer research, 1986, 13(1): 71-84.

[4] Kawamura Y. Fashion-ology: An introduction to fashion studies[M]. Bloomsbury Publishing, 2018.

[5] Solomon M R, Rabolt N J. Consumer behavior: In fashion[M]. Prentice Hall, 2004.

格温内尔（Gwinner）、戈达尔（Godart）等为代表，研究不同国家和地区的时尚文化如何相互影响[1, 2]。同时，新媒体使时尚消费和传播方式发生变革[3]，也带来虚拟品牌社区等新话题[4]。当下西方时尚理论研究呈现出多元化态势，研究内容愈加深入，学者们力求从文化、性别、主体建构、媒体、产业、空间等不同角度、不同领域探讨时尚问题，总结时尚运作的规律和特征，并在一定程度上实现有机结合。时尚理论的发展，及时地把握并顺应了全球化时代时尚文化发展的总体态势[5]。因此，在西方时尚学研究的发展过程中，社会学与文化研究奠定了理论基础，传播学与商业学拓展了学科边界，全球化与新媒体为时尚学研究注入新活力。

进入21世纪，我国学者开始关注时尚文化与传播。但总体而言，我国时尚学的知识谱系呈现出广度与深度不足的特点。一是研究对象偏窄。我国学者的研究主要集中在时尚行业与政策研究，对时尚理论与文化研究关注不足。尽管近年来理论研究逐渐加强，但大多停留在对西方理论的梳理与引入上，本土理论亟待发展。二是研究体系化不足。客观上，"时尚"成为一个相对受关注的学术话题域。时尚传播学[6]、时尚法学[7]、时尚社会学[8]、时尚哲学[9]、时尚艺术学[10]等专门研究领域陆续兴起，出现了零星的学术成果。2010年，程建强与黄恒学主编的《时尚学》一书，是国内第一本以时尚学命名的学术论著，这本书从理论与实际的结合方面，对时尚的内涵和外延、时尚产生的根源、时尚发展嬗变的过程以及时尚与经济的关系等作出了比较系统化的阐述[11]。三是研究视野和范围狭窄。现有研究大多囿于某一时尚元素或事例，宏观的系统研究

---

[1] Anderson, C., & Gwinner, K. P. (2001). Globalization of fashion: The role of cultural intermediaries. Journal of Global Marketing, 15(1), 41-54.
[2] Godart F. Unveiling fashion: Business, culture, and identity in the most glamorous industry[M]. Basingstoke, UK: Palgrave Macmillan, 2012.
[3] Arrigo E. Social media marketing in luxury brands: A systematic literature review and implications for management research[J]. Management Research Review, 2018, 41(6): 657-679.
[4] Duffy B E, Hund E. "Having it all" on social media: Entrepreneurial femininity and self-branding among fashion bloggers[J]. Social media+ society, 2015, 1(2): 2056305115604337.
[5] 史亚娟. 当代西方时尚理论研究动态[J]. 贵州大学学报：艺术版, 2016, 30（6）：5.
[6] 赵春华. 时尚传播. 第2版[M]. 北京：中国纺织出版社, 2014.
[7] 编者按. "时尚法"专栏导言[J]. 浙江理工大学学报：社会科学版, 2019（5）：1.
[8] 张玲. 服装社会学研究的系谱与课题[J]. 江南大学学报（自然科学版），2019.
[9] 关巍. 时尚哲学视阈下的现代性批判[J]. 广西社会科学, 2020（8）：6.
[10] 胡越. 时尚艺术学[M]. 上海：东华大学出版社, 2022.
[11] 程建强, 黄恒学. 时尚学[M]. 北京：中国经济出版社, 2010.

与比较研究相对匮乏。在地域上，时尚研究主要集中在北京、上海等一线城市，而对时尚文化的地区差异关注不足[1]。四是研究对产业发展支撑作用不明显。时尚研究学者与时尚产业界交流不足，理论研究与实践应用存在脱节的情况[2]。虽然不乏个别设计师与艺术家的对谈与分析，但系统性的学术研究与产业指导不足，尤其是国际时尚产业体系、时尚话语建构等方面捉襟见肘[3]。

总体而言，我国学者在理论与方法上长期借鉴西方，亟需构建具有中国文化基因、面向当代时尚实践的时尚学研究中国学派。年轻的中国时尚学研究尚处于起步阶段，原有纺织、服装、设计等相关专业与社会科学研究学者应该加强原创理论研究与文化分析，拓展研究视野与覆盖面，增进与产业界的交流互动。在学理融通的中国情境下，构建中国时尚学研究学派，产生本土化的理论体系与研究方法，以推动中国时尚学研究实现由量的积累到质的飞跃。这要求广大时尚研究学者理论视野开阔，立足本土而放眼世界。在深入挖掘中国时尚文化基因的同时，吸收世界范围内的理论营养。唯有如此，中国时尚学研究学派才有希望在多元文化的全球语境下彰显属于中国的独特魅力与影响力。

二、时尚学中国学派构建的必然要求与理论准备

构建中国自己的时尚学研究学派，体现中国时尚文化与审美特色，已成为当前我国时尚研究发展的重要命题之一。摆脱对西方理论的依赖，培养本土学术思维和创新能力以独立地思考和分析中国的时尚现象。

中国时尚学研究学派的构建是提高中国文化符号传播力的必然要求。党的二十大报告提出文化发展的目标、手段与纲要。中国悠久的美学思想蕴含丰富的文化内涵，构建本土化的时尚学理论有助于发掘和弘扬中华文化的当代价值和当代意义。中国传统文化蕴含丰富的象征符号，承载了在5000年的历史长河中积淀着中华民族的审美记忆。研究这些符号在当代时尚设计与传播中的运用，有助于理解中国人的"审美原型"，揭示中国传统文化在时尚领域价值再生产过程，允许当代人重新认知作为文化载体的时尚，从而获得对中国时尚更

---

[1] 季悦. 基于中国五大城市的服装消费文化差异性研究——以服装消费行为方式为切入点[D]. 上海：东华大学，2013.
[2] 颜莉，高长春. 时尚产业国内外研究述评与展望[J]. 经济问题探索，2011（8）：6.
[3] 梁龙. 构建时尚产业新生态 提升中国纺织全球话语权——从第43届（2021春夏）中国流行面料入围评审看创新之道[J]. 中国纺织，2020（3）：2.

深层的理解[1]。

中国符号彰显中国审美与文化基因。传统文化中的符号如龙、凤、云、山水等，都承载着特定的象征意义和美学观念。通过深入研究中国传统符号的文化含义，设计师巧妙地将这些符号运用于时尚作品中，创造出独特且具有代表性的设计风格。例如，中国的纹样符号如云纹、同心纹具有天人合一和永恒的哲理[2]。这些纹样在服装与家居设计中被大量使用，代表着中国风格的永驻与传承。再如，青花瓷的蓝色与红色是中国传统色彩，其装饰花纹的变迁见证了不同历史时期的审美特征，成为许多中国设计师寻求灵感的源泉[3]。又如，中国的书法与山水画在视觉艺术语境下蕴含浓郁的中国哲学思想，衍生出舒朗轻盈的唯美意境[4]。它们深深影响着中国人的审美情趣，也激发着设计师破解表层形式，探索更深层的文化密码。

中国符号承载中华文化整体的审美记忆和审美取向。中国文化的历史悠久，审美观念在不同时期有着明显的演变和变化。一些人类学研究分析不同时期中国人的时尚审美心理和行为模式，揭示中国人对时尚的态度和喜好[5]。通过考察不同时期中国人对时尚的生活方式、审美意趣以及时尚的不同理解和追求，折射出中国政治、经济、民俗、宗教、伦理、社会风尚、价值观念以及社会心理等方面的发展变化[6]。

中国时尚学研究学派的构建是时尚学研究发展的理论追求。中国时尚学研究学派的构建是适应中国时尚行业发展的客观要求。中国时尚行业的高速发展使构建中国时尚学研究学派成为产业发展的客观要求。根据国家统计局数据，2021年全国限额以上服装鞋帽、针纺织品类零售总额达13842亿元，同比增长12.7%。随着消费升级和年轻一代消费者的崛起，中国时尚市场潜力巨大。通过对中国消费者习性、价值观念和审美情趣的研究，为品牌定位、产品设计和

---

[1] 刘亚. 关于中国传统天然染色服饰的色彩美学及其当代价值研究的思考[J]. 流行色，2021（3）：2.
[2] 田美玲. 浅析服装设计中的中华民族文化审美情结[J]. 美与时代：创意（上），2011.
[3] 李锋，王智鸿. 青花瓷的中国文化符号建构演变研究[J]. 陶瓷研究，2022，37（5）：3.
[4] 朱志荣. 论中国传统美学思想的当代价值[J]. 中国美学研究，2007（1）：11.
[5] 王倩龄，张齐. 先锋与时尚的对话——"当代美学与人类学：时尚研究"国际学术研讨会会议综述[J]. 广西科技师范学院学报，2017，32（6）：4.
[6] 王晓艳. 从"黄军装"到"热裤"——改革开放30年青年服饰变迁及其特点[J]. 上海青年管理干部学院学报，2008.

营销策略提供依据[1]。学者与企业的合作也将促进理论与实践的有机结合，实现资源共享与优势互补，推动产业结构升级和高质量发展。

中国学者应构建理论体系以适应中国时尚发展的实际。形成中国时尚学研究学派，有助于推动我国时尚研究实现质的飞跃，从矮化和片面借鉴西方理论转向建立自身理论体系和研究范式。符号学者李思屈在2023"国际时尚与当代传播"论坛中指出，中国时尚研究学界需主动地、全方位地向世界阐释中国学术优秀成果，与西方时尚学界展开平等交流对话，展示多元对话的创新意义等，更多注重与发展中国家学者展开深度合作，打造平等、包容、多元的国际学术交流秩序和传播空间。为此，需要建设系统、畅通、高效、牢固的媒介、平台、渠道、网络，以利于学术交流和传播以及成果的现实转化。坚持学术成果出版传播的市场化、数字化、国际化、全球化，推动中国社会科学话语体系加快转型升级。

丰富中国时尚学的知识谱系，需要加强理论研究，拓宽研究的广度与深度。这要求学者打破界限，进行跨学科与跨文化的思考与对话，借鉴不同视角下的理论资源，实现理论的融会贯通与创新升级，实现理论的本土化运用与创新，拓展中国时尚学的理论基础。

鉴于目前中国时尚学研究重行业与传播、轻历史、社会和文化研究，重西方理论引入、轻理论本土化运用与创新发展的研究现状，未来中国时尚学的发展还需在以下五个研究方向着力。一是中国传统美学与时尚审美的继承关系研究。探索中国传统美学与当代时尚审美之间的联系和影响，揭示传统文化对时尚表达和创意设计的启示，以及传统审美在时尚产业发展中的价值与意义。二是不同地域与群体的中国时尚消费文化比较研究。比较不同地域、社会群体的时尚消费行为、观念和文化，分析地域差异、社会因素对时尚消费的影响，为时尚产业发展提供差异化战略和市场定位的参考。三是时尚产业与创意产业发展的互动机制研究。探讨时尚产业与创意产业之间的互动关系，研究时尚产业对创意产业的推动作用，以及创意产业对时尚产业的影响和支持，促进两者的良性互动与融合发展。四是新技术环境下的中国网红与新媒体时尚研究。关注新技术环境下中国网红的兴起、新媒体对时尚产业的影响，探索新媒体平台与时尚传播、品牌推广、消费行为之间的关系，研究新技术对时尚产业链条的改变和创新。五是全球化语境下的中西方时尚的多元文化研究。分析全球化背景

---

[1] 程志宇. 中国品牌的价值观演变研究——基于流行广告语的经济与文化内涵分析[J]. 河南社会科学, 2014, 22 (10): 92-97.

下中西方时尚之间的交流、融合和碰撞,研究中西方文化元素在时尚设计、表达和市场中的相互作用,推动多元文化视角下的时尚研究与实践。

三、中国时尚学研究学派的理论基础

中国传统美学和价值理念。以"天人合一""道法自然"为基础,关注生态审美和生活美学[1]。这为构建中国时尚学研究学派提供了哲学基石。中国古代关注的"衣冠礼制"和"物象比喻"也反映出服饰在中国传统文化中的重要性与文化内涵[2]。

马克思主义的时尚研究。马克思主义理论将时尚视为上层建筑,与社会经济基础和生产力水平相适应[3]。马克思主义时尚理论可以帮助我们理解时尚现象与社会经济发展之间的关系,以及时尚产业在社会变革中的作用。同时,还要注意避免马克思主义的解放和建设功能弱化,形式化的问题凸显等问题[4]。因此,将马克思主义时尚理论纳入中国时尚学研究学派的理论基础,有助于深入分析和解读中国时尚产业的发展动态及其与社会变迁的相互作用。在中国,研究改革开放给予时尚消费的市场机会,和消费升级推动的时尚产业发展,分析二者之间的互动关系,揭示新时期中国时尚变迁的社会机制。

文化研究理论。关注时尚与知识、权力和意义的互动关系,突出文化表征。文化研究理论关注时尚与知识、权力和意义的互动[5, 6]。文化研究理论可以帮助我们理解时尚为何可以作为一种文化现象,以及时尚的符号意义和社会影响[7]。因此,将文化研究理论纳入中国时尚学研究学派的理论基础,可以更好地解析中国时尚现象中的文化符号、社会权力关系以及消费者行为。在中国,可以研究异化的西方时尚如何与中国传统审美融合,分析历史与现实间的

---

[1] 曾繁仁. 建设性后现代语境下的中国古代生态审美智慧[J]. 学术研究, 2012, 000 (008): 120-126.
[2] 王子怡. "衣冠之国"的蜕变与新生——论中国服饰文化的传承与创新对中国服装产业和国家形象塑造的重要作用[J]. 艺术百家, 2012(S2): 3.
[3] 仓理新. 流行语与时尚文化: 运用马克思主义解读流行思潮[J]. 北京: 中国人民大学出版社, 2012.
[4] 王晓升. 马克思主义的时尚化与马克思主义的危机[J]. 江海学刊, 2014(5): 6.
[5] Entwistle J. The Fashioned Body: Fashion[J]. Dress and Modern Social Theory, 2000, 2.
[6] Kawamura Y. Fashion-ology: An introduction to fashion studies[M]. Bloomsbury Publishing, 2018.
[7] 宁晓. 时尚符号: 幻象消费中的"黄金外环"[J]. 广西师范学院学报(哲学社会科学版), 2014, 4.

时尚表征，探讨社会心理与时尚选择的相互作用等[1]。这能够丰富对中国时尚的理解，为构建中国时尚学研究学派提供文化视角。

四、中国时尚学研究学派的方法论构想

符号学研究方法。第一，探讨中国传统文化符号在当代时尚设计与传播的运用。符号学研究方法可以用来探讨中国传统文化符号如何应用于当代时尚设计与传播，构建中国风格[2]。如研究古老的中国纹样在现代服装中的再现，分析不同时期青花瓷的色彩与装饰在中国设计师作品中的运用等。这可以揭示中国传统文化如何通过时尚获得新的意义，指导产业发展。第二，符号学关注符号和意义的构建与传播，通过研究中国传统文化符号在当代时尚设计和传播中的运用，深入探讨时尚的文化符号意义和社会象征。符号学研究方法帮助学者理解时尚设计中的文化符号选择、搭配和传达，以及时尚消费者对符号的识别和解读。第三，精神符号学方法研究[3, 4]。使用精神符号学方法描述精神现象、追寻时代精神、培育创新文化。学者李思屈在2023年"国际时尚与当代传播"国际会议上提出，借助精神符号学理论扶持有市场意识、美学素养、国际眼光的理论研究者，构建中国特色的时尚话语体系，关注和解决当代中国面临的现实问题。借鉴中国传统文化智慧，将中华优秀传统文化精神、情感、境界融入新的时尚概念，构造新理论，提出新主张，总结新方法。打造权威时尚平台和多媒体传播体系，推介设计师，打击盗版，传播梦想。

社会学研究方法。关注中国社会变迁对时尚消费和青年文化的影响。社会学研究方法分析中国社会变迁，如改革开放和消费升级，如何影响时尚消费方式和青年文化。如研究不同年代和历史时期的全球化和新技术给予中国青年的时尚选择机会，消费主义是如何影响他们的体验与审美等，更好地理解社会变化与时尚文化互动的社会机制[5]。

人类学研究方法。深入分析不同时期中国人的时尚审美心理和行为模式。第一，人类学研究方法通过深入分析不同时期中国人的时尚审美心理与行为模

---

[1] 周宪. 中国当代审美文化研究[M]. 北京：北京大学出版社，1997.
[2] Csikszentmihalyi M, Halton E. The meaning of things: Domestic symbols and the self[M]. Cambridge university press, 1981.
[3] 李思屈. 精神符号学导论[J]. 中外文化与文论，2015（03）：9-19.
[4] 李思屈. 精神符号学的概念、方法与应用[J]. 符号与传媒，2021（02）：1-24.
[5] 姒晓霞，康弘哲. 二十世纪二三十年代上海电影的时尚表征与精神内涵[J]. 江苏社会科学，2017（5）：216-223.

式，获得对中国时尚文化的深层认知[1]。如研究不同历史时期中国女性的容貌审美标准，分析衣着在中国古代家庭与社会生活中的文化内涵等。这有助于理解中国时尚美学的历史渊源与演变脉络。第二，审美人类学方法。学者王杰强调了审美人类学的核心问题、基本方法、在艺术批评中的运用并进行概括归纳和延展论述，完善其理论建构和方法论体系，强调其实用性与操作性[2]。借助自我审视与他者批评，以马克思主义美学为思想根源的审美人类学具有强大的历史生命力、温暖的现实关切力和面向未来的实践创造力[3]。

五、结语

中国时尚学研究学派的构建需要知识界和产业界共同努力。在理论与实践互动中互为助力、有效联通，为我国时尚学研究理论创新和学科建设提供参考，并有力支持我国时尚产业的升级发展，提高时尚文化的软实力。这是中国时尚学实现高质量发展，走向世界舞台的重要途径。

---

[1] Kawamura Y. Fashion-ology: An introduction to fashion studies[M]. Bloomsbury Publishing, 2018.
[2] 王杰，方李莉，徐新建. 边界与融合：审美人类学、艺术人类学与文学人类学的交叉对话[J]. 贵州大学学报（艺术版），2021，35（05）：1-14+121.
[3] 王杰，孟凡君. 审美人类学：构建当代美学与艺术批评新体系[J]. 社会科学家，2020（05）：21-29.

目录

第一章 时尚传播与新媒体 ... 1

第一节 时政短视频的传播策略
——以《主播说联播》为例 ... 2
第二节 基于广义叙述的电商直播结构 ... 10
第三节 网红打卡地从形象建构到形象崩塌 ... 32

第二章 虚拟时装与元宇宙审美 ... 44

第一节 虚拟时装的研究背景与现状 ... 45
第二节 虚拟时装的研究方法 ... 49
第三节 元宇宙审美理念特点及表现形式 ... 50
第四节 虚拟时装的元宇宙审美表达 ... 54

第三章 虚拟时装的视觉符号解读 ... 57

第一节 The Fabricant品牌的视觉符号特征及阐释 ... 58
第二节 Auroboros品牌的视觉符号特征及阐释 ... 75
第三节 Tribute Brand品牌的视觉符号特征及阐释 ... 80

第四章 虚拟时装的视觉符号传播解析 ... 85

第一节 虚拟时装的视觉符号传播机制 ... 86
第二节 虚拟时装的视觉符号传播效果 ... 91

第三节　虚拟时装的传播展望⋯⋯⋯⋯⋯⋯⋯⋯⋯⋯⋯⋯⋯⋯⋯98

第五章　时尚传播与社会互动⋯⋯⋯⋯⋯⋯⋯⋯⋯⋯⋯⋯⋯⋯106

第一节　基于互动仪式链理论的国内户外音乐节研究⋯⋯⋯⋯107

第二节　物的精神化建构：基于互动仪式链的电商直播
　　　　互动机制⋯⋯⋯⋯⋯⋯⋯⋯⋯⋯⋯⋯⋯⋯⋯⋯⋯⋯⋯128

第三节　"90后"影像日志中的"隐含作者"形象
　　　　——以哔哩哔哩生活区Up主为例⋯⋯⋯⋯⋯⋯⋯⋯136

第四节　统摄与对话："法喜寺"文化传播中的视觉修辞
　　　　——以哔哩哔哩生活区Up主为例⋯⋯⋯⋯⋯⋯⋯⋯161

第六章　时尚传播与社会文化⋯⋯⋯⋯⋯⋯⋯⋯⋯⋯⋯⋯⋯⋯171

第一节　轻青叙事：文博节目的创新与拓展
　　　　——以《此画怎讲》为例⋯⋯⋯⋯⋯⋯⋯⋯⋯⋯⋯⋯172

第二节　千镇千面：符号学视域下浙江文旅古镇差异化发展⋯182

第三节　不同流行文化场中的意义阈限问题
　　　　——以近年音乐综艺删改歌词字幕为例⋯⋯⋯⋯⋯⋯188

第四节　再收编：中国说唱的本土化符号呈现和意义表达
　　　　——以《中国新说唱》为例⋯⋯⋯⋯⋯⋯⋯⋯⋯⋯197

第七章　时尚传播与审美价值⋯⋯⋯⋯⋯⋯⋯⋯⋯⋯⋯⋯⋯⋯211

第一节　生活美学视域下的茶包装设计⋯⋯⋯⋯⋯⋯⋯⋯⋯212

第二节　灵与美的符号创造：广告中的东方美学表达
　　　　——以花西子《傣族印象》系列广告为例⋯⋯⋯⋯⋯218

第三节　木兰故事再创作中的东西方符号拼贴
　　　　——以迪士尼真人电影《花木兰》为例⋯⋯⋯⋯⋯⋯227

第四节　神话的诞生：偶像网络剧价值观传播 ……………………… 239

第八章　时尚传播与符号消费 ……………………………………… 249

　　第一节　媒介景观中的真假名媛异轨之困 …………………………… 250

　　第二节　盲盒社群的符号消费与身份认同
　　　　　　——以泡泡玛特（POP MART）为例 ……………………… 255

　　第三节　"网红打卡地"现象热门成因探析及其冷思考
　　　　　　——以杭州市热门网红打卡地为例 ………………………… 264

第九章　时尚传播与品牌营销 ……………………………………… 274

　　第一节　虚拟形象在品牌联合中的意义建构与转移
　　　　　　——以喜茶与百雀羚的联名为例 …………………………… 275

　　第二节　互动仪式链视角下野性消费现象
　　　　　　——以国货品牌微博话题讨论为例 ………………………… 281

　　第三节　基于DIMT模式对国潮品牌创新探析
　　　　　　——以"李宁"为例 ………………………………………… 288

附录一　音乐节访谈提纲 …………………………………………… 295

附录二　迷笛音乐节20年汇总 ……………………………………… 297

附录三　2017—2019年国内音乐综艺节目汇总 …………………… 300

附录四　第Ⅱ象限音乐综艺节目题材划分清单 …………………… 303

参考文献 ……………………………………………………………… 305

致　谢 ………………………………………………………………… 314

第一章 时尚传播与新媒体

第一节　时政短视频的传播策略
——以《主播说联播》为例

短视频是指时长几秒到几分钟，以网络和移动智能终端为手段，依托移动短视频应用的移动新媒体[1]。随着智能手机的普及和流量资费的大幅下调，短视频逐渐渗透到民众的生活中。近年来，政府、媒体也在新媒体蓝海中不断地探索，据中国新闻史学会新闻传播学会发布的《抖音元年：2018发展研究报告》显示，2018年抖音平台经过认证的媒体账号超过1340个，累计发布短视频超过15万条，累计播放次数超过775.6亿[2]。在过去的两年中，涌现了大量优质的主流媒体抖音号，一些"网红"媒体抖音号获得了成百甚至上千的关注量，成为人们了解新闻资讯的重要窗口。仅上线一个月的新闻联播抖音公众号，在2019年8月登顶抖音账号涨粉数榜首，可见主流媒体在短视频领域占据了一席之地。但主流媒体在拓宽传播渠道的探索中，部分媒体出现"水土不服"现象。它们凭借原有的公信力和影响力获得了百万甚至千万粉丝，但在运行数月后，却难以实现内容与平台的完全相融，僵尸号、僵尸粉现象严重，极大地影响媒体信息和价值的传递。此外，媒体账号在传播内容上却出现"泛娱乐化""情绪化"等特征，有违新闻媒体的权威性和新闻专业主义。

那么在短视频这个新的平台中，主流媒体如何打造优质原创内容传递主流价值观？如何坚持原有的价值导向？如何留住受众以占领舆论阵地呢？基于此，笔者以抖音"新闻联播"账号自2018年8月24日至2020年3月30日发布的129条（剔除不相关的9条视频）《主播说联播》短视频为主要研究样本，用东方符号学的"DIMT"模式，对节目内容进行分析，探索时政短视频中的符号特征，并提出可借鉴性的策略。

---

[1] 腾云，楼旭东. 移动短视频：融合发展的新路径[J]. 新闻世界，2016（3）：41-43.
[2] 站长之家. 抖音元年：2018发展研究报告[R/OL].（2019-01-24）[2020-10-05]. https://www.chinaz.com/sees/2019/0124/986375.shtml.

一、"DIMT"模式概述及应用缘由

从"魔弹论""意见领袖"等理论可以看出西方秉承着一种线性的主客体对立的传播思想。而在东方智慧中,传播不是按照子弹击中靶心的线性轨道运行的,而是"傍及万品,动植皆文"的[1]。它按照"风行草偃"的方式来发挥影响,这种影响并非一中击倒、强制性的,而是无形的、熏陶式的,更像是一种"整体的传播观",为东方符号学营造了一种既宽广又深邃的概念世界。"DIMT"模式是一种具有东方智慧的模式,在借鉴日本学者阴阳理论研究成果的基础上,"DIMT"模式借助阴阳变化的太极图来表示"言—象—意—道"的整体性(图1-1)。"这是一个按'阴阳球'规律变化的'话语'('言',Discourse)、直观'形象'('象',Image)、心理'意识'('意',Meaning & Consciousness)和人生最高意义之源'道'(Tao)这四大要素构成的符号解释模式"[2]。东方智慧强调一种"整体的传播观",虽传播要素种类较多,有所侧重,但传播符号的语言要素、形象要素、心理要素或意义要素与客观事实是一个有机的整体,不可分割。

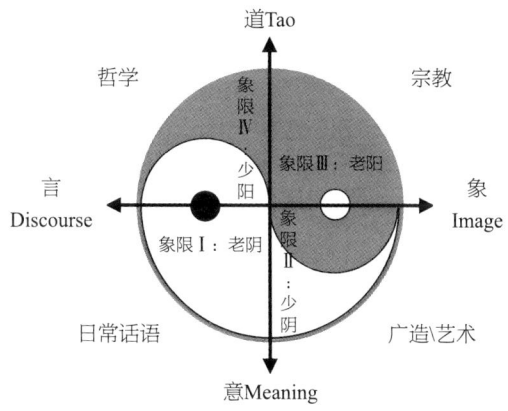

图1-1 DIMT模式图

短视频是一款集视觉、听觉为一体的媒介。"言—象—意—道"正是这样一个"言"和"象"综合的符号模式,能够帮助我们解读《主播说联播》中的

---

[1] 李思屈. 东方智慧与符号消费——DIMT模式中的日本茶饮料广告[M]. 杭州:浙江大学出版社,2003:54-59.

[2] 李思屈. 东方智慧与符号消费——DIMT模式中的日本茶饮料广告[M]. 杭州:浙江大学出版社,2003:54-59.

符号。此外，短视频的视觉性和符号性使其所指意义在于"可见"和"不可见"之间，而这种运动强调"可见"为"阳"、"不可见"为"阴"的阴阳两极运动规律"极为相似"。因此，受众对短视频的理解也在阴阳两极中不断转换[1]。

二、"DIMT"模式视域下《主播说联播》的特点

《主播说联播》是2019年7月29日中央广播电视总台新媒体中心正式推出的短视频栏目。每期由《新闻联播》的康辉、海霞、刚强、欧阳夏丹、郭志坚以及李梓萌等六位主持人进行主播，他们选取当天重大且民众关注的议题，通过简短精要的解读或评论吸引受众，通过通俗的语言传递主流声音。

将"DIMT"模式用于《主播说联播》的符号分析，其"言—象—意—道"可以表现为："言"主要指视频中的语言符号，如主持人的言语以及背景音乐；"象"表示为视频中的画面景别，主要表现为视听语言符号和体态语言符号；短小精悍的"言"与生动形象的"象"共同促进"意"的表达；而"道"的表达是短视频所要达到的最高目标。

（一）言：微而重，专而平

"言"在短视频中主要指语言符号，在《主播说联播》中主要表现为主播的言语、背景音乐等。从表达上面看，语言符号主要起到传递和解读信息的作用。《主播说联播》中的言与其他内容的抖音既有相似之处，也有其独到之妙。主要表现为：

1. 轻量内容与重要话题相结合

轻量内容是为了适应用户的碎片化、移动化的阅读习惯，尽可能用较短的时长、精炼的话语，传达重要的信息。从2019年8月24日到2020年3月30日《主播说联播》的视频来看，其发布的视频平均时长为33s，最短10s《这是新闻主播送你一份新年祝福，请收好》，近六成时长控制在半分钟之内（表1-1）。

《主播说联播》以当天或近期的重要事件为切入点，并选取一个比较独特的角度对其进行解读和评论。一边是公众关心的公共议题，另一边是专业精准的节目解读。这样的形式既迎合了观众求新、碎片化的阅读习惯又不失新闻的价值引领。

---

[1] 李思屈. 东方智慧与符号消费——DIMT模式中的日本茶饮料广告[M]. 杭州：浙江大学出版社，2003.

表1-1　　　　　　　《主播说联播》短视频时长分布

时间	短视频数量/个	占比
0~30s	48	40%
30~60s	69	57.50%
>60s	3	2.50%
合计	120	100%

2. 专业化与日常化的结合

自1978年开播以来,《新闻联播》一直给观众以严肃、高端的节目形象,其新闻主播也以严肃认真的形象成为特定的媒介符号[1]。《主播说联播》选用《新闻联播》中的主播,容易延续其严肃、权威的形象。而该节目将这种权威性、专业性巧妙地和观众日常化、通俗化的语言相结合,通过"短视频+新闻评论+X"的多元景观结合,既保持了新闻评论原有的权威性、严肃性,又不失亲近性和娱乐性,成功地在新媒体领域开创独特的官方融媒体创新品牌。

例如,在谈及大理"征用"口罩这个事件时,主播评论道"大理这件事做得情理、事理、法理都不在理",巧妙用三个"理"来表示该做法的不合理之处,评语既锐利尖刻又通俗易懂。此外,在短视频中,主播还运用"犯规""满嘴跑火车"等时下流行的网络用语,严肃不失风趣,专业又接地气,这是很多UGC用户制作的短视频所不具备的。

（二）象：形象生动的视频画面景别

"象"主要是对"言"的一种补充,主要表现为视频中画面景别。《易传》云："书不尽言,言不尽意……圣人立象以尽意。"语言在进行表达时有一定的缺陷,必要时要借助一定的形象,充分表达传播者的思想与感情。节目中的象主要是主播的形象、体态语言以及视频中丰富的视听符号。

1. 专业的主播形象

节目中的主播主要由康辉、海霞、刚强、欧阳夏丹、郭志坚以及李梓萌六位《新闻联播》的播音员组成。他们受过专业的训练,播音业务功底雄厚。在对事实进行解释或评述时,他们用不同的神情、手势等符号将喜怒哀乐表达得淋漓尽致。

---

[1] 于然,李治宏. 主流媒体的短视频传播策略分析——以《主播说联播》栏目为例[J]. 新闻与写作,2020（1）：84-88.

当讲到一些医务工作者、社区工作者的辛苦奉献时，主播神情缓和，表达对他们的敬佩之情。而面对国外污名化、贬低我国形象时，主播眼神坚定，面不改色，画面更加气势磅礴，显示出强大的中国自信。

2. 丰富的视听语言

节目中的视听语言主要表现为视频下方显眼的字体以及字体上方直观、可视的画中画。通过字体及其颜色的不断变换，起到强调作用。譬如主播在谈及重要方针策略时，采用了黄色加粗字体，渲染了重要和严肃的气氛，与先前的白色字体有了强烈的对比，更加突出主题，起到强调作用。又如在表述祝福等相关主题内容时，在文字表达上，字体选择更加柔软，细腻，不再生硬死板。

此外，节目还运用了直观、醒目的画中画形式，使视频更加具有可读性和表现力。画中画是对节目中的话题背景进行介绍，是对节目的一种补充，帮助观众迅速了解信息。如主播海霞在对"重症八仙"的评述中，视频中下方就出现了这八位从全国驰援的专家组成员的合照。

（三）意：以小见大，引起共鸣

"言"和"象"的表达是为"意"做铺垫，没有"意"，"言"和"象"也就没有存在的意义。该节目中的"意"主要是通过主播的语言以及一系列的体态语言和视听语言共同表现出来的。但与以往《新闻联播》不同的是，该节目摒弃了宏大的叙事模式，从小入手，以小见大，从而起到与受众共鸣的效果。

1. 小人物，大感动

小人物更贴近观众生活，将小人物作为切口，更能引起共鸣。如表1-2所示，笔者整理了每个月新闻联播抖音号点赞量前两名的视频。有43%的视频是从单一的人物或者单一的事件出发，以小见大，进而引出更深层次的意义。

此外我们可以看到，切口小的视频点赞量和评论量较高。如2月份发布的节目《刚强点赞这个大学生：有预判，有行动，有担当，好样的》，从一个大学生的视角出发，点赞其有担当，有行动的精神，获得了767.1万的点赞量，在总体视频中排名第一。而同样是在当月发布的《李梓萌：向李文亮致敬！向每一位奋战在一线的医护工作者致敬》，通过向李文亮表示哀痛和致敬的同时，以小见大，引申到向在一线的工作人员致敬。该视频获得了523.2万点赞量，在总视频中排名第二，且评论量达到了25.5万，排名第一。这些小人物既表现出了中国人有担当、有责任的品质，又贴近群众生活，是优质视频素材。

表1-2　　　　　　　《主播说联播》短视频月点赞量排名

时间	案例名称	点赞量
2019.08	《刚强：想按下快捷键早点看国庆阅兵》	208.7万
	《欧阳夏丹谈新版人民币颜值：不如说是祖国山水加了美颜滤镜功能》	177.1万
2019.09	《袁老，央视主播向您道一声：生日快乐！把所有点赞和祝福送给袁老》	509.4万
	《李梓萌深情献唱，为祖国庆生》	194.1万
2019.10	《莫雷"犯规"，"火箭"偏航，这球还看吗》	388.2万
	《我们大中国，就是这么美》	75万
2019.11	《医生也是和你我一样的普通人，请给他们多一点理解、尊重和关爱》	58.1万
	《欧阳夏丹谈"湖南9岁男童被殴致死"案：我们该做什么》	47.9万
2019.12	《箭指星辰！胖五威武》	186.2万
	《今天人民海军喜提首艘国产航母，山东舰。海霞：双航母让和平更靠谱！中国海军，走你》	93.2万
2020.01	《海霞：疫情当前，捐赠不能搞糊涂账》	518.7万
	《李梓萌：9000万共产党员在14亿人中是少数，但要发挥关键作用，大疫面前，不担当就要问责》	342.7万
2020.02	《刚强点赞这个大学生：有预判，有行动，有担当，好样的》	766.7万
	《李梓萌：向李文亮致敬！向每一位奋战在一线的医护工作者致敬》	523.1万
2020.03	《欧阳夏丹：他们是强者又有仁心，为中国女性骄傲》	177.8万
	《海霞：谢谢你，为湖北拼过命》	138.4万

2. 短句锐利，点评精准

该节目虽言少句短，但却讲述生动，点评精准。上海戏剧学院吴洪林教授曾在《主持艺术》一书中说："精辟的短句点评是精炼的，是精彩的，也是多彩的。"[1]《主播说联播》的每期节目可以分成两部分，前半部分是对事实的讲述，后半部分是有态度的精准评论。精准的话语，加上直观的图像能够有效地促进"意"的表达。

---

[1] 姜杉. 融媒体时代《主播说联播》的创新与突破[J]. 青年记者，2019（35）：87-88.

（四）道：自信的大国形象

"道"是"言""象""意"三者结合共同表现而来的。"道"是传播符号的真实性，此处的"真实性"并非科学意义上的客观性或精确性，而是符号的内涵是否与真善美的理念相符合[1]。"道"是政务短视频的最终目的，主要是对内容或主旨的升华，透过视频向观众表达更深层的意义。节目在向观众传达新资讯的同时，也将中华传统美德融入其中。如节目《社区工作者的操劳奔波，换来的是我们的安心。辛苦了，谢谢》就表达了社区工作者劳累奔波，默默奉献的精神。

新媒体时代，受众更加追求身体的共在和情感的共鸣，精确的"道"的表达更有利于培养用户的忠诚度，留住用户。《主播说联播》属于评论性短视频，在遇到西方媒体、政客对中国污名化时，主播强硬的态度和坚定的眼神，表达了中国态度和中国立场。如面对美方的"霸道"行事，主播康辉直截了当表明态度，一句"你又能好到哪里去"反问美国，表明自己强硬的中国态度。而这也是中国自信和文化自信的"道"的表现。

三、主流媒体短视频的发展策略

（一）平民视角，深耕内容

传统媒体时代，主流媒体为了凸显报道的宏大，往往采用直接生硬的话语进行表达，以引起人们的重视。而随着智能媒体和网络技术的发展，人们更有信息的选择权，在网络新环境中也更加青睐碎片化、互动性强的内容。传统媒体生硬、教条式的话语难以引起人们关注。因此，在新媒体环境下，打造具有"网感"的话语叙事方式对主流媒体来说是十分重要的[2]。用一种民众喜闻乐见的方式进行表达，具有亲民性。

而"网感"的培养是一个复杂的过程，他并不是一个方法论。也就是说，主流媒体在"网感"的探索中，并不仅仅是话语叙事方式的改变或者运用一些网络热词就能成功的。目前，主流媒体从严肃认真到幽默风趣，从官方话语到网络语言的转变，给人们带来新鲜感。但一旦新鲜感消失，就会造成受众的审

---

[1] 李思屈. 东方智慧与符号消费——DIMT模式中的日本茶饮料广告[M]. 杭州：浙江大学出版社，2003：57.
[2] 刘灿威. 主流媒体运用短视频传播价值观的路径分析——以人民日报新媒体微视频为例[J]. 新闻知识，2019（9）：63-65.

美疲劳。因此，主播需要结合自身的专业性和权威性，保持对新闻的前瞻性和敏锐度，紧跟热点话题，在核心内容和主题思想上下功夫。

（二）以小见大，融入价值灵魂

主流媒体在选择报道内容时，不仅需要价值判断和观点表达，更要选择有意义、有思想高度的内容。尤其是在报道重大公共事件、重要的社会议题时，主流媒体在人力、物力以及财力方面占有优势，且凭借早前积累起来的权威性和公信力，在短视频中适当地表达观点，传达中国传统美德等价值观是十分重要的。

从受众方面来看，随着物质财富的满足，人们更加追求情感共鸣和思想认同。目前，很多媒体的短视频是简单地拼凑、截取监控内容，或将某会议上的视频截取传播，表达形式生硬，无法满足受众的情感上的满足。因此，主流媒体在叙事时应该更加注重观点和情感的表达，与其居高临下地宏大叙事，不如从小入手，从民众喜闻乐见的身边事入手，以小见大，以一种更加实际、故事化的方式进行叙事。

（三）轻重有度，坚守自己的"道"

《主播说联播》等主流媒体充分利用新媒体平台，进行媒体融合，尝试用通俗的语言传递主流声音。但在拥抱新媒体时要更加注意把握尺度，保持专业生产模式（PGC）的优势，遵循"有意思+有意义"的原则。人们的认知中存在着阴阳的对立，即在个人意见中往往潜伏着和自己的立场、主张相反的意见[1]。由此看来，受众的需求有"阴""阳"两面，阴阳既对立又循环。因此，政务媒体在新媒体融合过程中要注重把握改革的尺度，"言""象"不能过度平民化和亲民性，"意"不能过于浅显，还要保持对"道"的不懈追求。只有这样，传统媒体以及政府才能在新媒体时代站稳脚跟。

四、结语

随着互联网技术的不断更迭，主流媒体将其触角伸向各种形式的新闻业态当中，不断推陈出新，旨在提升媒体的传播力、引导力、影响力及公信力。

---

[1] 孟妤. 基于"DIMT"模式解析国家形象宣传片——以《中国一分钟·地方篇》为例[J]. 青年记者，2019（8）：78-79.

《主播说联播》通过音乐带动节奏，并用直观的视觉头像表达"可感的知识"，揽获一大批受众。本书从"DIMT"视角出发，于"言""象"之间，它是短视频传播的固有名片；在"意""道"之间，它是短视频艺术化的信息表达模式，更是短视频内在深沉含义的高度凝练。

对《主播说联播》的变化，笔者留意到有不同的声音，有人认为《主播说联播》的接地气变化，有损节目的权威性。然而权威不等于死板，适当的变革有助于节目的长远发展。《主播说联播》是在《新闻联播》的品牌IP下的全新创作与变革，未来《新闻联播》应从内容和形式上做出更多的"出圈"尝试，以此来传递主流声音，传递媒体主流价值观的坚定立场。

第二节　基于广义叙述的电商直播结构

据CNNIC第54次中国互联网络发展状况报告统计，截至2024年6月网络直播用户规模为7.77亿，占网民整体的70.6%[1]。作为智媒体时代全新的营销模式，电商直播领域的研究逐渐引起学界的重视。

电商"直播"由于媒介技术的介入，叙述主体、叙述文本、叙述行为之间的关系都变得更加复杂。电商直播叙述凭借媒介特性实现了导购线上化，将传统商场营销中的线性单向度叙述，转变为由消费者共同参与的具有即兴和开放性的集体叙述；叙述空间也从原来单一固定的实体空间变成了多文本包容并兼的虚拟直播间，并进一步通过对人物符号、语言符号、内容符号的仪式化叙述编排，构建起具有互动意义的消费语境和社交语境。

通过整理归纳发现，现有的电商直播研究多从传播学、符号学等视角以具体品牌、具体案例为对象展开，而成体系地从叙述学视角展开的电商直播结构的研究成果尚需丰富。早期的叙述学研究多集中于文学领域，但是近些年来学者们一直致力于建构广义叙述学，试图通过叙述学理论的强大张力来关联社会语境，其中电商直播叙述就是一种全新且典型的叙述文类。

电商直播通过短短几个小时可以达到线下叫卖难以实现的成交量，即使是日常非刚需类产品也会在线上瞬间卖爆；秉持理性消费观念的受众也会在直播间与主播的互动中，产生强烈的购买意图和行为；电商直播叙述还大大影响了

---

[1] CNNIC中国互联网络信息中心．第47次中国互联网络发展状况报告[R/OL]．（2021-02-03）[2021-05-01]．http://www.cnnic.cn/hlwfzyj/hlwxzbg/hlwtjbg/202102/P020210203334633480104.pdf．

消费者对商品价值和金钱价值的感知度，比起消费场所更像是一个狂欢场……从某种意义上来说，电商直播通过挖掘叙述的基本逻辑和共同规律，掌握了开启受众"消费按钮"的钥匙，更好地呈现了广义叙述学科全貌。

鉴于此，本文选取电商直播领域较为典型的头部直播案例，就以叙述为视角对"电商直播结构"展开具体的讨论分析，对电商直播如何搭建直播叙述框架、如何编排叙述文本、如何实现叙述意义表征等问题进行分析探讨。试图通过回答上述问题来分析对其受众的情感意向和购买行为影响，揭示电商直播平台的"叙事魔法"。

一、电商直播的叙述类型及特点

网络直播是利用网络信息技术在同一时间有多人观看视频内容、进行交流的新型社交方式，电商直播是网络直播在垂直领域中的细分产物。许多研究[1]认为电商直播的早期雏形是20世纪90年代时期的电视购物，二者都是在规定时间内，由特定人物主持整场直播，推销指定商品，通过线上视频的形式触达用户。

目前，学界尚未就电商直播的概念达成共识。大部分研究认为电商直播是网络直播在营销领域的应用，但由于研究阶段和研究场景的不同，学者间的定义存在一定的差异。现有研究对电商直播进行分类的主要依据是直播主体、直播平台。部分研究[2]根据直播主体的不同，将电商直播分为两类：一类是意见领袖作为传播主体进行的直播；另一类是由商家雇员、模特或非意见领袖等为主体进行的直播。这两类直播在直播内容上存在较大差异，通常在意见领袖或明星作为传播主体的电商直播中，会出现各种品牌、各种品类的商品，而商家主导的电商直播则大多限于某一集团或品牌的商品。以直播平台为依据，分为两个基本类型：第一，传统电商平台所开展的直播业务，如淘宝直播、唯品会直播等。第二，社交平台通过红人效应为直播带货赋能，借助微博直播、抖音直播、快手直播的形式来输出售卖信息，而最终的交易在传统电商页面实现。

基于先前学者对直播电商的发展研究的参考，以及笔者自身参与式观察的切身感受发现：电商平台上商家自发的由雇员模特主持的直播和社交短视频平台上粉丝体量较小的主播展开的非品牌的直播这两类带货直播具有非典型、不

---

[1] 张硕. 电商+直播营销模式发展现状及改进策略研究——以淘宝直播为例[J]. 广西质量监督导报，2019（9）：104.
[2] 江芳. 网络直播的四大商业模式选择[J]. 传媒，2019（4）：45.

稳定等特点，直播效果甚微，难以在实践中转化，故不列入研究范畴。鉴于此，本研究将研究范畴定为：以电商平台及社交平台为媒介，由消费意见领袖（职业和非职业）作为传播主体进行的具有营销目的指向的直播。

（一）叙述类型

从直播视频到直播叙述，这中间到底有着怎样的区别和界限？电商直播的叙述文本是如何构成？为了厘清研究的相关内容，更好地解答这些问题，笔者认为有必要对电商直播的叙述类型进行一次简要的辨析。

1. 记录演示类叙述

叙述类型的判断要基于它的叙述文本。"文本的本质不是其物质存在，而是其表意功能"，因此在电商直播这一过程中依附媒介产生的所有具有表意功能的内容全部纳入文本[1]。电商直播的叙事文本并不是单纯的话语文字文本，而是包含叙述的全部符号文本，例如：人物符号、语言符号、情境符号等。从形式上看，电商直播与媒介技术结合紧密，既可以实时互动，又可以作为视频保存回放甚至进行二次加工，因此以时间向度为参考，电商直播叙述具有两种形态：演示类叙述和记录类叙述。

演示类叙述的最主要特征是时间向度——现在进行时。电商直播借助互联网媒介为主播和观众搭建了"虚拟共同在场"的时空，双方可以进行互动并得到即时反馈。在这一过程中便产生了叙述文本，一来是直播视频中原有的具有表征意义的符号文本，二来是伴随直播互动而产生的弹幕信息。值得注意的是后者文本不同于前者，不具有保存功能，除非录像，否则不在场接收者无法反复读取。这也意味着弹幕不可作为独立的叙述文本，只有在直播视频原符号文本的基础上才能获得生存空间，其本质是"伴随文本"[2]。电商直播演示类叙述营造出的共时性和临界感，不仅丰富了受众投入情感的途径，还增强了受众的情感投入程度[3]。

记录类叙述的最主要特征是时间向度——过去式。在媒体社交化的今天，一场直播的完成不单单是一段视频的播放，而是一个具有编排的完整过程：前期的选品策划到直播脚本，中期的平台预告和社群提醒，后期的花絮放送和回放复盘，各个环节都以各种媒介为载体被记录下来。随着现代摄影和电子媒介

---

[1] 赵毅衡. 广义叙述学[M]. 成都：四川大学出版社，2013：212.
[2] 陈新儒. 反讽时代的符号狂欢：广义叙述学视域下的网络弹幕文化[J]. 符号与传媒，2015（2）：65.
[3] 胡一伟. 论演示类叙述的"真实"与虚构[J]. 学习与探索，2015（1）：134.

的发展，直播视频可以以图文或影音的形式被保存下来，甚至可以进行二次加工，让不在"此时此刻"的接收者事后读取。此外，"直播视频"必须依靠实时互联网媒介展开，但是被保存下来的"图文或影音"既可以依靠互联网二次传播也可以在不联网状态下展出，实现了跨媒介叙述。由此可见，作为记录类叙述的电商直播传播时间得以延长，传播范围更加广泛。

2. 纪实性叙述

"虚构和纪实是人类叙述活动甚至思维方式的最基本两个范畴。"[1]想要进一步探讨电商直播叙述的内在逻辑必须对此进行界定。

电商直播叙述是在消费文化语境下产生的，且整个叙述活动过程都是基于真实商品实物而展开的，因此即使在出现了"如果拥有它你就是最……"等类似假定情况和夸张修辞，它也依旧被认为是纪实性叙述。由此可见，在这里区分虚拟和纪实的标准并非"是否为事实"，而是"是否有关事实"。

"是否为事实"是对受众而言的，人脑处理材料的思维方式有两种：一种是依据事实经验找寻共同规律，另一种是通过分析叙述情节中前因后果的细节来判断。"非事实叙述"的表达方式毫无疑问会对叙述认同产生影响，能否讲好电商直播的"非事实"也成为检验主播及背后整个团队能力的评判标准。因此主播尽可能地利用情绪、音量等策略来弱化这类话语的存在感，减少对直播叙事的认同效果的消解。除此以外，还会通过一定的叙述策略来达到这一目的。无论采取怎样的路径和具体举措，总而言之，电商直播叙述就是打造"拟态环境"的真实进行纪实性叙述，来令消费者相信商品的价格甚至价值，进而影响消费者的购买意愿和行为。

（二）叙述特点

通过对电商直播的叙述类型进行归纳辨析，笔者将其总结为纪实性的记录演示类叙述，叙述文本范围是直播视频和弹幕共同构成的"全文本"。这一部分，主要结合叙述类型来简单阐述其本身的叙述特点。

1. "共同在场"下的展示

电商直播叙述本质上就是一场"展示"，而这意味着电商直播的叙述空间是直接面向观众，且要由观众和主播的"共同在场"来实现。

视听技术和互联网技术的发展增强了复制世界的能力，电商直播将传统线下的消费服务情境转移到线上，将受众来自实景情境的"在场"体验替换为

---

[1] 赵毅衡. 广义叙述学[M]. 成都：四川大学出版社，2013：63.

虚拟情景的"在场"体验，但其本身依旧是"人、货、场"三要素所构成的情境。

值得强调的是，区隔这一情境的透明性叙述框架。我们可以通俗地理解这一框架，线下消费空间是以商场的"门"作为框架区隔是否在场，正是由于框架区隔不同，导致了叙述体系不同，展示的方式和具体行为也随之发生变化。例如，当消费者踏进商场大门时，所面对的商品货架包括各种商品爆炸贴，以及工作人员的工作服和行为举止都成了叙述文本。消费者在潜意识中相信专区商品更加优惠或者品质更好，并且这一叙述体系下的工作人员更加专业，能够承担讲解和售后服务的角色。

叙述者和受述者的关系还受到"展示空间——叙述框架所提供的展示维度"影响。不同于传统线下商场，电商直播的叙事框架区隔的是被叙述世界和经验世界。例如：观看演出时的帷幕就承担这一作用，告诉观众接下来是一个独立的被叙述世界。对电商直播，虚拟的直播间页面就是这样一个区隔框架。进入直播间的人都遵循唯一的计时方式即直播内容的进度，来实现错时空的"共同在场"。与此同时，直播间所提供的展示空间有限，其建构会影响主播的身体形象、行为方式、动作幅度、话语风格，还会进一步影响受众的观看感受和参与方式。

2. 不可预测与即兴展演

从客观上讲，电商直播的展示是借助技术手段实现的，而技术的不稳定性对现实场景的转化存在着失真的现象。对叙述者即主播而言，直播场景的信号水平直接影响直播设备的清晰度和流畅度，这是叙述连贯性的第一层隐患；对作为受述者的直播间观众而言，小屏的移动终端的使用常令其处于半移动状态，这种碎片化移动场景很容易被即时提醒的互联网讯息割裂开来，这是叙述连贯性的第二层隐患。这些隐患是客观存在的，而且很难被完全规避掉，也就意味着直播叙事具有不可预测性。

从主观上讲，一场直播哪怕有剧本、有编排、有规则，也不能操控参与者的临场发挥——即兴。例如：某主播在直播中当场为观众谋福利，产品降价引得观众反响热烈，反过来再次激励主播的这种即兴行为，主播当场降价并扬言自己为观众补差价；某头部电商主播在直播中演示使用不粘锅时出现了鸡蛋粘锅的翻车现象，直播间瞬间质疑无数。诸如此类的直播情况屡见不鲜，可见"即兴"不仅仅发生在主播身上，也存在于直播中的观众、商品、语境等各类符号中，且相互作用，影响着整个叙述走向，既有正反馈也有负反馈效果。

3. 受述者参与

电商直播是面向观众和消费者展开的一场叙事,其目的不是记录,而是影响消费者的购买意愿和行为,即"文本的意义最终要在读者的理解中实现"[1]。换言之,如果直播间没有观众,或者观看直播后观众既没有对品牌产品产生某种认同,也没有进行任何推广和消费行为,这场电商直播叙述就没有任何存在的必要。

此外,受述者参与还体现在对叙述文本的补充和对叙述走向的影响方面。在电商直播中观众发出的弹幕是作为"伴随文本"存在的。通过记录梳理,笔者将弹幕归纳为吐槽弹幕、版聊弹幕、狂欢弹幕三种类型[2],包括询问商品信息和价格、分享个人经历经验、表达即时的心情感受、进行非主题性互动等内容。其中"商品不好""主播撒谎""就这?"等吐槽弹幕有着强烈的指向性,使整个电商直播出现负面声音,一方面考验主播的问题应对能力,另一方面也影响其他网友的观感;版聊弹幕则是两个及两个以上观众将直播间作为讨论场,在参与者所默认的共同语境下随意发挥,甚至于可以脱离直播内容,例如在"开学""节日"等特殊时间节点,网友们会自发地发送祝福或展开相关话题的聊天;而狂欢弹幕多指类似于"哈哈哈哈哈哈""233333""111"等无实质性信息的内容,具有极强的爆发力和感染力,使消费主体在"狂欢精神"的感染下,尽情地购物,自由地消费。某种程度上,将商业主义的强势侵袭转换成一种非常自觉的文化策略。

二、电商直播的叙述框架的搭建

电商直播叙述类型和叙述特点与其所依托的媒介和技术息息相关,一定程度上保留了书写叙事和影像叙事的基本结构形态,但也颠覆了传统叙事的封闭文本形式。直播叙述作品是一个融合了文字、影像、声音的多媒体超文本,是叙述者、受述者与故事情节进行互动交流的合作成果。搭建电商直播的叙述框架需要解决多个层面的问题,例如叙述是基于怎样的场景情境?叙述主体的是具象的个体还是抽象的人格?叙述主体人物是如何塑造的?叙述的情节是如何发生、如何推动的?叙述的集体认同是如何达成的?

针对上述问题,笔者将电商直播叙述当成完整的立体作品来看待,将电商

---

[1] 赵毅衡. 广义叙述学[M]. 成都:四川大学出版社,2013:43.
[2] 陈新儒. 反讽时代的符号狂欢:广义叙述学视域下的网络弹幕文化[J]. 符号与传媒,2015(2):64.

直播叙述简单总结为"在特定情境下有人物参与的人际和人机交互行为",将电商直播的"人、货、场"分别对应叙述作品中的"人物、事件、场景",试图从叙述场景、叙述主体、叙述模式三方面来探讨电商直播叙述框架的建构。

(一)叙述空间的场景搭建

叙述空间的场景搭建就好比文学作品中的环境描写,"一切景语皆情语",既决定了故事的基本格调,又反映了内在的叙述逻辑。就电商直播而言,其叙述空间是依托实时互联网和影像技术搭建的双层叙述空间,实景空间、虚拟情境二者相辅相成,在完成从线下到线上的消费场景转换的同时,共同实现符号价值、社交价值和营销价值。

1. 实景空间——前后台景观的合并

"商场"这一概念对消费行为是必不可少的,因为只有在特定的空间,购买行为才具有仪式感。通过分析相关文献,发现学者们将其分为:主播私人场景、购物临场场景、生产溯源场景三种类型(表1-3)。

表1-3　　　　电商直播场景三种框架类型及建构逻辑[1]

框架名称	框架装置		推理装置	占比
	符号	隐喻	建构逻辑	
主播私人场景	主播工作室、卧室、客厅、素颜等	主播和粉丝之间的亲密关系	情感标识	33.8%
购物临场场景	实体店、品牌Logo、试穿试用等	与现场一致的购物体验	情境消费	38.7%
生产溯源场景	现场采摘、加工现场、生产线展示等	企业良心、匠心精神	诉诸情怀	27.5%

笔者通过对先前学者研究进行总结发现,电商直播中消费场景正在发生迁移,最显著特点就是前后台景观的合并。对于传统商场来说,场景叙述的内在逻辑更多是一种居于前台的"陈述",而在电商直播模式中,这种"陈述"变成了一种"前台表演",并在此基础上通过后台景观的呈现来完成"说服",某种程度上模糊了前后台的界限(表1-4)。

---

[1] 周丽,范建华. 形塑信任:网络电商直播的场景框架与情感逻辑[J]. 西南民族大学学报(人文社会科学版),2021(2):145.

表1-4　　　　　　　　　电商直播场景中前后台景观的合并

前台叙述		后台叙述	
符号内容	意义表征	符号内容	意义表征
推销员、商品、货架、价格	完成商品的展示和基本信息的传达	（流水线、试衣间、工作室等场景）生产、包装、销售的工作场所；（商家、主播、助播、模特等人员）品牌、机构、主播的工作团队	通过观看仪式的完成，让叙述主体共同参与整个商品制作、打包和销售过程

电商直播过程中，主播介绍商品信息的行为是一种受剧本编排的"前台表演"，观众主要依据事实经验、找寻共同规律来进行消费决策。然而通过前后台景观的合并，观众可以看到一系列"后台"行为：来自生产线、仓库的商品制作流程，相关团队对产品定价及销售计划的指定与执行，商品拆封及不同对象的使用效果与评价反馈等，此时的观众则会通过分析叙述情节中前因后果等细节来进行消费决策。

与传统商场的装修布置不同，电商直播间更像一个私人社交场所，有着关乎主播、品牌、品类的各种符号标签，具有明显的引导性。例如某直播间采取简洁的电子背景板，与主播本身干净利落的直播风格相一致；而李某早期直播间背景陈列是一整面口红收纳架，也与其"口红一哥"的身份相呼应，一方面能够给女性消费群体带来很极大的视觉冲击，另一方面也通过展现与女性类似的生活场景来获得心理认同。这种含蓄的表达方式，给了观众一种"窥探"到了"后台"真相的错觉，更能够消除消费者的怀疑，快速建立起彼此间的信任基础和情感纽带。

2. 虚拟情境——线下转线上的迁移

媒介技术是连接电商直播双层叙述空间的关键，直播间代表了品牌及主播形象，对满足访客期待至关重要，只有将直播间的空间陈列和界面布局有效结合起来，才能有效地掌控流量和引导消费。

笔者对直播间进行参与式观察发现，大多数主播进行了直播间改造，从原本的场景搭建变成了电子背景板的使用，很大程度上降低了空间的使用与更迭，也为平民带货直播提供了更多的可能。如某些直播间的主播通过使用电子背景屏实现镜头转场，同时根据叙述进度来调整背景内容、人像占比等符号文本来强调叙述重点。

在背景空间的简易化的同时，电商直播依旧要实现在有限的时间里获得更高的受众注意力，介绍更多的商品，提高转化率，因此只能依靠更加复杂的虚拟界面来保持紧凑的叙述节奏,试图借助其他具有象征意义的道具、空间陈列功能性来更快地输出各种信息。

从界面布局的各部分符号文本中不难看出,直播间正在致力于还原线下传统商场的消费场景,依靠各种替代性符号文本来完成各部分叙述表征(表1-5)。

表1-5　　　　　　　　传统商场与直播间的对应符号

传统商场	直播间
商铺规模	带货榜第10名等标识
迎宾"欢迎光临"(指定称呼)	XXX加入直播间(粉丝等级)
商铺活动	直播一周年;今晚福袋;券
收银台	XXX等多少人正在去购买
商品货架	爆款产品;购物城链接
商场广播	弹出的互动窗口;滚轮式存在的弹幕

总的来说,电商直播的叙述空间是双层的,第一层是由实体空间的场地选择、物件陈列等系列符号和谐组织而成的;第二层则是虚拟界面中的影像符号、超文本链接等内容的设计排列,二者相辅相成才能完成叙述空间的搭建,使场景符号成为实现社交价值、营销价值的重要部分。

(二)叙述主体的形象塑造

叙述作品是以人物为中心的事件演变过程,人物是艺术表现的中心,也是推动情节发展的行动要素,更是故事的直接叙述者。换言之,叙述者是叙述的发出者,叙述者的具象化身体也作为人物符号构成叙述文本。

20世纪70年代后"作者主义"理论消失了,出现了抽象的"人格叙述者"理论。笔者提出的电商直播的叙述者也并不是单指主播个人,而是指发出叙述的总人格,包含了主播及其背后的品牌方甚至整个制作团队"委托叙述"的一个人格。而"人格"则是指个体在社会化过程中形成的具有整体性、稳定性、独特性和社会性的身心组织,是从身体到身份的集合。

1. 身体的展演

身体的展演是电商直播叙述的重要维度之一,其叙述原则是确保身体与叙述者这个角色相匹配,即主播形象要与销售角色相统一,这其中包括自我推销与商品推销两个方面。通过参与式观察的方式,笔者发现基于这两个维度的身体叙述都呈现出明显的女性化倾向。

首先，整体上来说，服饰鞋包和美妆护肤作为目前直播行业里相对成熟型品类，其消费者主要为女性，直播购物消费的主力军的性别失衡也导致整个话语体系向女性倾斜（图1-2）。

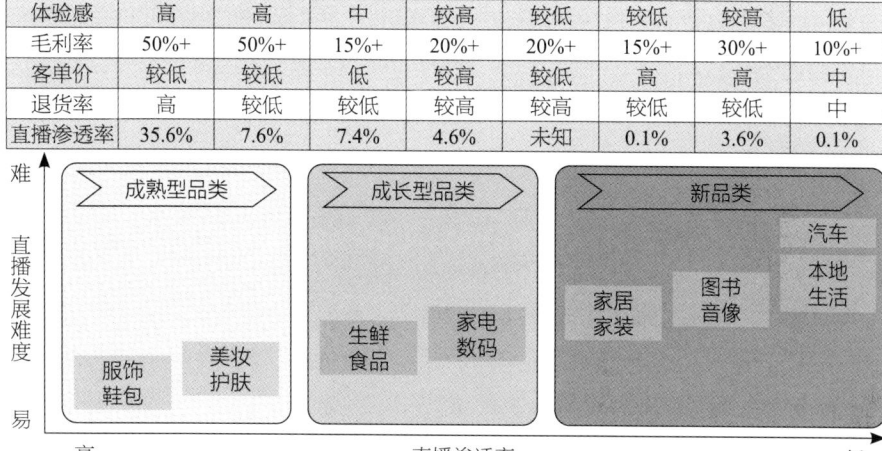

图1-2　直播类目特点及发展趋势分析[1]

电商直播中的主播虽不像某平台的颜值主播、才艺主播，主要靠营销女性看点来获得打赏营收，但无论是服装试穿模特还是明星嘉宾大多呈现姣好的女性外貌形象。从某种程度上来说，女性之美确实在某些文化观念的影响下逐渐成为统一的审美符号出现在直播平台。

其次，聚焦于具体主播，性别观念的开放也使男主播在电商直播销售服务行业占据一席之地，甚至通过对直播网购群体进行访谈发现：相对于直播销售数据更好的女主播，大家对男主播李某某却有着更高的关注度和喜爱度。而这一现象的产生很大程度上得益于男主播在进行身体叙述时表现出恰到好处的女性化倾向。

"我很讨厌娘娘腔，但是我并不觉得李某某娘啊，他涂口红真的比女生还好看！""长得白净那不是娘吧！"

"李某某就是那种彬彬有礼、温文尔雅的男性形象。"

---

[1] Choice，直播眼，公开资料收集与整理，艾瑞咨询研究院自主研究及绘制。直播渗透率是场次渗透率与观看人数渗透率的平均值；直播渗透率=1/2（各类目直播场次/总直播场次）+各类目；以淘宝直播为代表，以30天为统计周期计算。

"简直就是最懂女孩子的男生,大家都是姐妹啦"

"我觉得李某某对'娘'的那个度把握得刚刚好,因为他个人从来不带妆嘛,确实不像某些男博主打扮得像'妖艳XX'一样……"

李某某直播叙述的成功之处在于他形象上的天然优势以及聪明的形象策略。他本身就拥有偏向女性的柔和声线以及白皙皮肤,而且李某某的镜头中会有磨皮、大眼、瘦脸等视频特效,显现出跟女性一般的审美趋向。此外,他很聪明的一点是与女性群体保持了一个礼貌距离,并不会像某些博主一样,刻意改变男性粗犷的声线和外形,利用"装可爱""发嗲"来模仿女性特征,令人无所适从,产生厌烦之意。

女性化的身体展演是电商直播的总体趋势,这样的叙述表达更具亲和力、关怀感,同时女性化特征的融入大大降低了男主播对受众的性吸引力,打破了观众对"男友""老公"等现实关系的幻想,而更加认同他作为女性"男闺蜜"的职业人格,进而产生更加积极主动地互动、交流、分享。

当然,"何为身体叙述之美"并没有统一的标准,女性化的身体展演并不是万能钥匙。例如吃播可以优雅地品尝也可以狼吞虎咽地进食,所以在进行身体叙述时最主要的是要结合商品类目、受众画像、品牌调性等具体的语境来做出符合身份的身体展演。

2. 身份的设定

身份是独立个体所携带的基本社会属性,是针对语境而发生改变的角色扮演,因此身份建构是在叙述发生的过程中完成的,先借助叙述得以赋形,再反馈于叙述。

本文中所研究的主播是指具有一定影响力的意见领袖,具体分为两种:垂直领域带货主播和非职业名人带货主播。他们的共同之处在于,在某一垂直领域的社会身份都具有一定影响力。品牌方甚至整个制作团队为了强化这一身份,也开始打造所谓的主播人设,希望消费者通过相信荧幕前的某个"人设",而去相信叙述者的完整"人格"。

以意见领袖为主导的电商直播得以实现的前提条件是叙述者和受述者之前存在信息资源差异,一方面是知识的专业程度,另一方面是商品信息的获取程度。例如,美导做美妆类带货、服装模特做服饰类带货、吃播主播做食品类带货,在垂直领域深耕使他们能够更好地驾驭叙述文本,把握叙述风格,一针见血地指出产品的优劣之处,分享商品的使用效果与感受,帮助消费者进行商品价值的评估,进而引导消费者做出"消费决策"。对于网红、明星这类非职业带货主播,更多的是借助名人身份来扮演消费者意见领袖这一角色,依靠带有辨识度的头像、关键词、昵称与所宣传的品牌或产品形成一种形象迁移，让身份变成一个被符号化的"人设"，其本质就是依靠自身的知名度和公信力来实现电商直播领域的身份溢价。

在电商直播这个权力语境下，主播作为意见领袖的身份不容置疑，但主播和观众之间的权力关系并不是通过绝对的命令话语来操作购买意图和行为的，而是像福柯提出的知识权利论一样，双方身份阶层属性决定了信息资源差异的存在，此时关系各方所做出的消费决策，更多是出于对权力关系的考量，而非权力压力的胁迫。

（三）叙述模式的情节编排

一个完整的叙述作品离不开情节的串联与推动。鉴于此，本节希望能够厘清电商直播中按照因果逻辑组织起来的一系列事件情节，来完成电商直播叙述模式的路径分析。

通常一个事件的发展包括开端、发展、高潮、结局等部分，但是电商直播叙述缺少以故事为核心的内容，呈现出碎片化特征，故按照时间为线索，结合电商交互叙述模式将其分为铺垫引出、发展高潮、起效反馈三个阶段，分析各阶段对直播权重的影响。直播权重分为五大块，分别是静态权重、动态权重、私域权重、付费权重、频道权重，其中付费权重和频道权重是涉及平台算法的硬性条件，不展开讨论。

1. 铺垫与引出

电商直播叙述虽然是一种不可预测的即兴展示，但是某种程度上来说依旧有脚本存在，前期的铺垫和引出就是电商直播的启动环节。

铺垫，主要通过影响直播的私域权重要素来达成叙事效果。铺垫的目的是为下文打好基础，而对于电商直播而言就是奠定一定的受众基础并且通过噱头让受众对接下来的情节产生期待，主要表现为开播前在其他平台或者自身已有的私域流量上进行引流，如粉丝群、社交平台、短视频平台等。

首先，粉丝群有着微信平台的强关系属性，是触达用户的最直接路径。笔者通过对完美日记品牌社群"小完子完美研究所QAKAD"近3个月的观察统计发现，一场直播通常会提前2天进行预热，平均每天3次@所有人的强提醒来进行直播的前情提要。

其次，微博、抖音等各类社交属性平台也是直播预热的重要矩阵。网红主播和明星主播在直播平台或微博等其他社交平台发布图文、预告嘉宾或者商品内容及优惠程度。值得强调的是，这些平台可以很好地弥补电商直播缺乏故事性的问题，在短视频时代很多直播账号前期会走剧情号路线，正是因为故事化的叙事更符合受众审美，能够让账号具有核心支撑。例如抖音主播"小霸宠"的账号以带货牛肉为主，账号前期想打造"美女厨娘"的内容，但是效果不佳，后期便有意开始减弱厨房、牛排等美食元素，突出主播颜值特点，走向"牛肉西施"的人设。另外，影像叙事借助多元化的视听语言表现出强大的叙事张力，主播还会通过日常运营来分享自己的生活日常等话题来增加互动，在直播开始前与受众奠定固定的话语体系和互动风格。

引出，主要是通过影响直播的静态权重要素来达成叙事效果，包括预告、直播标签、封面、标题、时段、地域的选择、贴图。引出相对铺垫笔墨较少，更为直接，多采用约定口吻，传递的信息意图更加明确，有着强烈的暗示意味。

例如，平台会有"开播提醒"的功能，在淘宝直播间开场前会有主播问候页面，如"有什么问题可以给主播留言哦"等，在这种强烈信号的暗示下再开售商品，观众会期待自己的心理预设是否达到，并对直播间形成某种关注。另外，在预告中有很多"直播间惊喜等你来""今晚与你不见不散"等类似文案，试图以第二人称对话与观众达成某种约定，通过设置悬念等方式来引导粉丝进行更加密切的互动。

2. 发展与高潮

电商直播的情节编排都是为营销带货而准备的，直播间如何选"货"以及"货"的陈列方式都会直接影响直播叙述的发展走向与高潮发生。在这一过程中，文本与人物、人物与人物之间的相互作用都会影响停留时长、转粉率、互动率、转化率等一系列动态权重指标，进而影响直播效果。

电商直播作为智媒时代技术赋能的产物，通过一定的铺垫借助高度精确的算法进行主播和受众的初步匹配，拥有相似购物习惯、相同品牌爱好的人联结成共同体。但是直播开始时场观和互动并不高，所以会通过一定的口号来调动直播间氛围：打招呼、解读观众昵称，主动发起互动；寻找共同话题，通过次要情节关联建立双方联系；传达直播主题和内容，为叙述情节的主体部分做准备。电商叙述情节中的主体部分是围绕商品的销售部分，对"货"的排列方式也有着一定的叙述逻辑，笔者对其进行了梳理总结（图1-3）。

剧透款——通常是为预热而准备的，悬而未决的状态令观众产生看下去的期待。

宠粉款——可以选择性价比高的产品进行售卖，也可以借鉴部分主播每次直播开场时"废话不多说，先来抽个奖"的形式，留住观众的同时，将互动率提升起来。

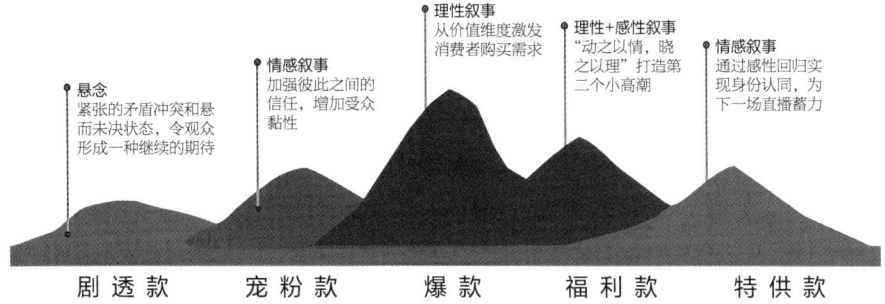

图1-3 电商直播中"货"的排列方式

爆款——作为主推品或者利润品,通常选择放在场观最高的直播中期,通过"憋品"来增加停留时长,形成直播高潮。

福利款——是为了防止热度的快速消失而形成的冷场,试图维系一个小高潮。

特供款——是在中后期强调本场直播的特性,进行催单、引导关注与分享,提高转化率,同时为下一场直播打好基础。

当然,每场直播的内在逻辑和叙述方式都不完全相同,对具体的叙述形式所对应的意义表征会在第四章展开具体的讨论。总的来说,叙述的推进和发展离不开各种交互,主播模拟观众心理期待来设置大致剧情,观众的实时弹幕作为"伴随文本"出现反映效果,主播再通过语言及行为符号做出相应的调整,双方共同完成对整个直播叙述文本的补充和叙述走向的影响。

3. 起效与反馈

第一章在进行叙述类型的界定时说到"直播视频不是直播叙述",因为任何文本必须经过两次叙述化,才能成为叙述文本,而第二次叙述化就发生于文本接受过程,也就是笔者所谓的完成叙述传达——起效。

传统文本是封闭的,倾向于抵制读者的创造性。但电商直播的交互叙述具有开放性,这种超文本的链接机制改变的不再是读者对文本的阐释,而是文本自身。电商直播中观众发出的弹幕是作为"伴随文本"存在,而且各文本之间体现互文性,观众对直播文本进行补充,推动叙述进程,影响叙述走向,从某种意义上来说,观众也是电商直播的叙述者之一。主播和观众在叙述文本符号的呈现上彼此合作,彼此影响,彼此成就,可以说每一场直播所达到的观看量、点击量、购买量、营业额,都是集体贡献的结果。在这一过程中,每一个叙述者的"贡献"力量都得到肯定,观众不仅获得共同的经验、话题,更从中获得满足感、自豪感与归属感。

电商直播叙述的最终目的是通过叙述主体高度的彼此关注与集体认同，不断作用反馈于新一轮的直播叙述，但是单次直播的短暂刺激使高度的情感连带与集体兴奋之间的能量也是短暂的。为了获得持续的集体团结，需要做出进一步的叙述引导。例如，主播会使用"给主播点点关注""加群享粉丝专属福利""分享直播间就有机会参与抽奖"等类似话语来引导行为，完成观众的粉丝身份转化。另外，主播会利用没有个体指向性的称呼赋予直播间观众群体身份，如李某某的"直播间的全部女孩们，321，链接来喽"。此外，只有不断地刺激短期情感，让其向长期情感转换，参与叙述的主体才能建立更深层次的认同，以达到稳定状态，完成集体构建，真正做到"意义永远生发而永不终结"。

三、电商直播的叙述行为表征

现代工业社会缔造了一大批因阶层分化、财富悬殊而极度紧张焦虑的人群，而电商直播则为这些芸芸众生提供了打破阶层区隔的，集消费、娱乐、社交于一体的言说空间[1]。在这一言说空间下，表演型、竞赛型、游戏型叙述形式可以同时出现在同一文本中，使说服叙述的性质被隐去，显现为社交、对抗、综艺娱乐等情感陪伴，某种程度上模糊了多重叙述的边界，呈现出"融合叙述"。

与此同时，各叙述形式在具体的话语文本和行为表达上都进行了艺术的陌生化处理，规避受众在观看固定叙述形式时产生的惰性，并让观众对后续的情节产生期待和信任，影响购买意愿和行为，进而完成电商直播商业属性、社交属性及娱乐娱乐属性的意义表征。

（一）表演型叙述：围绕"货"展开的说服行为

目的决定行为。消费者作为商家的服务对象，卖货作为商家的根本目标，决定了电商直播是围绕"货"展开的系列行为。表演型叙述作为电商直播的主要叙述类型之一，第一重作用是讲解说明，第二重作用是展示互动，第三重作用则是信任塑形，分别从结果导向、过程导向、关系导向三个维度搭建起以"说服"为核心的叙述体系（图1-4）。

---

[1] 李琦，周亦琪. 身体奇观·符号神话·消费狂欢——关于网络直播热的多维解读[J]. 徐州工程学院学报（社会科学版），2019（5）：80.

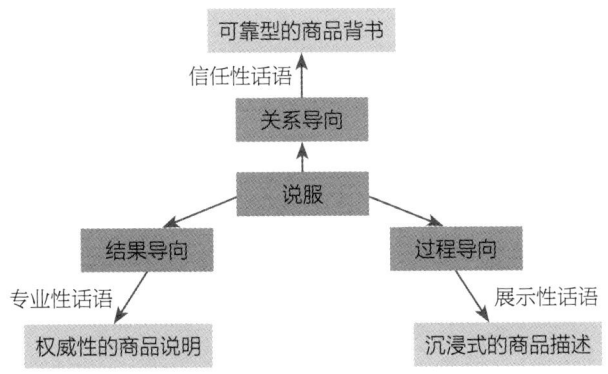

图1-4 以"说服"为核心的表演型叙述体系

表演型叙述中的"说服"逻辑与说明文体裁有着异曲同工之处，其中的展示性话语、信任性话语、专业性话语就好比各种说明方法，再通过营造视觉景观使商品价值最大化，刺激人们对符号意义、象征意义的消费。

1. 专业性话语——权威性的商品说明

"货"是电商直播叙述中的说明对象，因此向受众讲好商品信息，传递商品价值是电商直播的第一要义。对一些基于使用目的来进行购买的消费者而言，通过专业性话语进行权威性的商品背书才是说服购买的最有效的方式，具体可以参考下定义、列数字，作诠释等说明方法。

（1）下定义　主播作为垂直领域的意见领袖对商品给出"神仙姐姐涂的颜色，刘亦菲涂的颜色""正点到爆炸，很舒淇"这样的描述，一时间就获得了"明星同款""大牌平替"的标签。

（2）列数字　"品牌销量No.1""全网销量10W+"这种数字会直接冲击观众的理性判断，同时可以配合计算器等道具，将凭证通过镜头直接呈现给观众，会诱发基于某种从众心理做出消费决策。

（3）作诠释　除了对商品给出宏观描述，"纯植物成分，婴儿孕妇都能用""这都是纯手工的"这种解释性描述也是必要部分，但要保证表述专业，神态诚恳，观众会综合参考这些微观的细节对商品做出价值评估。

2. 展示性话语——沉浸式的商品描述

简单直接的商品说明是最基本的商品凭证，若要想商品价值最大化，还要辅以一定的说服技巧，在"说明书"的基础上进行"包装展示"。笔者通过对电商直播的话语文本分析，总结出基本的直播展示话语：

（1）抛出问题，营造使用场景。

（2）给出解决方案今天给大家推荐一款XXX。

（3）介绍产品信息、卖点。

（4）进行产品体验，给出描述性反馈评价，以及介绍全网评价。

（5）介绍优惠和福利，并进行操作演示。

（6）总结与号召。

在营造使用场景时，主播经常会从某种意义上对观众进行一个分类，即所谓的"贴标签"。以美妆类目为例，主播会作为代替大众审美的人格出现，为女性的美貌消费提供参考标准，"职场女性必备""人生第一个贵妇面霜"为产品铺设一个具象的场景并辅以一个抽象的假定，借此来描述出消费者的心理期待。由于表述方式的隐晦性，观众不会意识到自身处于被审视的状态，并在叙述话语的消费引导下，不断做出迎合标签化的举动。

在进行商品描述时，主播很喜欢使用打比方、举例子的方法，例如：某主播在直播间售卖黑芝麻核桃粉时说"这个就像是小时候的味道，而且小时候我妈总说吃核桃补脑"，随后还哼起了一首老歌。一方面，语言通俗易通，更加生动直观地描述了商品特性；另一方面，通过唤起集体回忆来，来引起观众的认同。

主播在直播间进行商品推销话语时还会通过神态、动作、行为来辅助叙述，且这种"身体"的展示常常带有表演的性质，甚至某些表演是主播作为观众替身而进行的代演。如某头部电商主播在直播间说"有没有两天不洗头就油到不行的姐妹？"身边助手疯狂点头并且展示自己的发质。此时的观众，会觉得助手就是现实中的自己，而助手进一步代替观众发声提问，让受众切身体会到互动与交流。表演型叙述归根到底是为了增强观众的体验感和参与度，最终形成某种情感联结或者叙事认同，来促进消费决策。

3. 信任性话语——可靠型的商品背书

电商直播的核心诉求依旧是商品销售，表演第一重作用是展示互动，第二重作用便是获取信任、感染煽动。要获得直播间观众的信任，就要使直播间做到行为上事出有因，语言上言之有理，站在消费者的角度思考问题，以消费者需求作为出发点。

首先，选品上做到为观众省事。"品牌给我再多钱我也不推广""主播自己一直使用的产品""明星爱用物分享"等，开场表明立场，为产品背书。

其次，议价上做到为观众省力。"全网最低价"自然是价格上最有力的说辞，但是目前很多主播咖位争取不到最低价时，就可以采取折中做法——改库存。当然主播不能单独凭借一句"优惠数量有限"，更要说明原因，例如折扣力度很低尽力争取到这些库存或者是为了回馈粉丝的专属福利等，做到事出有因、言之有理。

再次,讲解上做到为观众省脑。产品试用和体验环节是表演叙述的重头戏,例如某直播间螺蛳粉试吃环节,打开酸笋包的瞬间小助手直呼"好臭"且有用手煽动的直接反应,主播也在画面外喊"我的天啊,真的好臭",而试吃员此时一边分享螺蛳粉做法而且叮嘱粉丝"吃不了辣的一定要少放点辣",期间还不忘赶快吃上两口。主播直接的"身体展演",以及自然反应和流露出的细节都增强了临场情境体验,并令人信服。

最后,售后上做到为受众省心。"我也买了,XX来为产品担保,有任何问题直播间找我""七天无理由退货"此类话语彻底打消观众的后顾之忧。整个过程中,主播通过有技巧地煽动,完成打开转化率和营业额目标。

(二)竞赛型叙述:激发消费者焦虑的对抗行为

正如齐格蒙特·鲍曼(Zygmunt Bauman)指出的那样,所有商品都带有价格标签,这些标签选择了潜在的人群[1]……会使因经济情况而被剥夺消费自由的群体感到屈辱,这种情况对奢侈品消费的影响最为显著。笔者通过访谈发现,大多数人并不是完全消费不起奢侈品,但是这样的做法会让自身感受到压力,所以很大程度上即使"只逛不买"也会选择与自身经济水平浮动不大的购物场所,而不是奢侈品店。

但电商直播不同于有形商场,媒介的匿名性可以使受众从原有的阶层中解放出来,他们跻身于超日常消费水平的直播间。主播通过竞赛型叙述形式强调消费者是在一定的规范下自由、公正地展开竞争,而竞争的戏剧化效果又使这一过程更加吸引观众,进而促进消费[2]。笔者结合行为主义心理学奠基人华生(John B.Watson)的SOR理论模型[3]提出电商直播中竞赛型叙述图(图1-5、图1-6)。

图1-5 SOR模型

---

[1] 燕道成,李菲. 场景·符号·权力:电商直播的视觉景观与价值反思[J]. 现代传播(中国传媒大学学报),2020(6):126.

[2] 包鹏程. 电视娱乐节目的仪式、叙事模式与意识形态[J]. 安徽大学学报(哲学社会科学版),2008(4):105.

[3] SEVGIN A. Eroglu, KAREN A. Machleit, LENITA M. Davis. Atmospheric qualities of online retailing[J]. Journal of Business Research, 2001: 54.

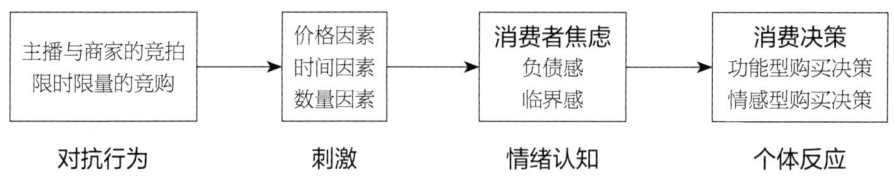

图1-6 竞赛型叙述——消费者焦虑激发的消费倾向

电商直播中的竞赛型叙述形式的具体内容包括主播砍价谋福利和限时限量抢够两部分，其核心作用机制就是通过引发消费者焦虑和紧张情绪而激发消费倾向，带有一部分冲动性消费的成分。

1. 主播与商家的竞拍

电商直播的产品根本优势在于价格与福利，通过参与式观察不难发现，直播间产品通常带有某种折扣或者附带一些赠品。为了让这种利益最大化凸显，不少商家与主播采用在线竞价砍价的方式来让观众通过竞争的戏剧化效果，了解到优惠程度之大，争取优惠的不易，进而产生消费意愿和行为。

以中新经纬报道的快手平台某960万粉丝的大主播与一位女性服装卖家在线砍价的案例做具体分析。竞赛开始是通过商家与其他观众打赏竞榜获得榜一进行连麦，这场连麦商品是原价256元两件的某品牌T恤，而主播上来将价格砍到156元两件，以下是部分砍价对话的文本呈现：

卖家：你这样砍价，老公回来会骂"死"我的。

主播：两件156元还不够，我现在要求你，把其中一件28元卖给我的家人，另一件128元卖给其他人去。

卖家：哪有这么算的？

主播：我不管，28元一件，我给你加10块钱邮费，两件79.9元包邮，行你就'上车'，不行就拉倒，我就闭麦。

此时直播间有1.6万粉丝在线观看。随后女卖家表示要和老公打电话确认下，电话那头"老公"对着她就是一阵臭骂。但女卖家在"不卖就给差评"的威胁下一脸委屈地接受了这一结果并上架商品。而后主播又因货品数量不对、颜色不全等原因，跟卖家进行另一番争辩，最终又争取到200库存以及79.9元三件的价格。

本案例中的主播与商家的竞拍过程可能较为夸张，但是现实中电商直播也正是采取类似套路，只是表现手法及程度可能有所不同，但其中有很多共通之处，尤其体现在"否叙述"和"另叙述"的使用方面。

杰拉德·普林斯（Gerald Prince）提出"否叙述"概念时，指的是"某个时间并没有发生,虽然在叙述中以否定或假定方式谈到"[1]例如"全网你不可能找到同质量更便宜的,如果有,我在这里承诺赔你双倍"的主播话语,就是主播通过否定叙述强调自身与商家竞价的结果。

"另叙述"的典型语句是"上面这段不是,下面才是真正发生的事",在电商直播中具体表现为"某某产品原价999,而今天只要99",甚至主播还会在直播间声嘶力竭地承诺"这个商品品牌给我的价格是……但是主播今天自己贴钱也要让你们享受福利,差价我来补"。

无论是"否叙述"还是"另叙述",目的都是改变先前的情节进程,将叙述推至高潮,通过这些金钱和非金钱的刺激,通过影响感知价值、情绪等中介因素进而影响消费者行为反应。换句话说,这一过程中观众感知主播所付出的成本,刺激他们这种福利来之不易的焦虑或者紧张兴奋,同时让他们在感知福利时产生负债感,并通过主动消费去弥补这种负债感。

2. 限时限量的竞购

电商直播中限时限量的设定是竞赛型叙述的重要表现,具体分为两个部分:时间符号打造临界感和商品符号的赋值。

第一点,时间符号打造临界感。

时间节点的安排是电商直播叙述编排中重要的一环,日常直播通常始于19点或20点,是一天中移动终端在线使用人数的最高峰;此外,节庆例如双十一、618、3.8女神节等都是电商营销的绝佳时机,会有着仅此一天、仅此一次的优惠。以一年中最为重大的双十一购物节为例,这正是开售前会设置预付款节点,当天会设置零点抢购和付尾款的节点,直播间也会通过图标进行节点提示。"全部女生们!准备好!321!上链接!""错过再等一年"这种具有倒计时属性的话语也成了主播的代表性话语之一,直播叙述变成了具有多时间节点的复杂仪式程序,增强了"共时在场"感。除此以外,直播中镶嵌在各式各样页面的倒计时,也在一遍遍提醒着临界时间的迫近,刺激消费主体在紧张的氛围下做出相应的行动。正如早前学者指出:促销时间越短,消费者就越有可能开展武断选择,说明时间限制会促使消费者加快做出决策并有可能导致其做出随机选择的行为。

第二点,商品符号的赋值。

让·鲍德里亚(Jean Baudrillard)提出,人们总是把物用来当作能够突出

---

[1] Geraid Prince. The Disnarrated[J]. Style, 1988, 22(1): 1-8.

自身的符号[1]。在消费主义浪潮下，人们不是依据商品的使用价值来进行消费决策，更多地参考了被制造出来的附着在具体商品上具有象征意义的符号。在很多时候，人们所携带的商品也在社交中发挥着某种作用。

因此，在这个基础上，某些限定、限量的产品或者新品会导致消费者对商品价值的积极判断。一方面，限量的大牌优惠能够让消费者获得超出自身日常消费水平的产品，是一种身份地位的提升；另一方面，限量的产品具有一定的排他性，象征着某种部分所属的自豪以及独特品位的标榜。在这一过程中，主播起到了强调的作用，不断重复商品的优惠、剩余、价值，基于此观众会相对盲目自信地做出积极判断；而平台则是进一步催化，"某某某等15人正在去买"等纤细滚动出现，给予消费者余量有限的购买压力，促使交易达成。

总的来说，这种竞争性购买能够唤起消费者的紧张感以及现在不买将来会后悔等情绪，增强购买意愿，加速购买决策。

（三）游戏型叙述：狂欢的"不散场"的娱乐行为

表演型叙述围绕商品为"说服"叙述体系打好话语根基，竞赛型叙述使部分情节表现出压迫感与紧张感，而游戏型叙述行为的存在，则是为了让说服意图趋于隐蔽，平衡整体的叙述风格和氛围。

巴赫金（Bakhtin Michael）提出，狂欢是一种表达方式，狂欢广场是全民参与、形成共鸣的场所，在这里各色人等都在亢奋而积极地表达着自我。在电商直播中会设置多个似乎无目的或仅具有虚拟目的的环节，通过节奏型话语的引导红包抽奖、才艺表演、弹幕互动、礼物打赏等各类"游戏化"情节的发展，试图打造消费狂欢的不散场。

红包抽奖作为启动整场狂欢的口令。如在某名人的直播间要求观众关注直播间并设置为最爱，在弹幕上发送指定口令，即可参与抽价值4799的iPadair。此时，主播的"321开始"仿佛是启动整场狂欢的口令，满屏的指定口令将直播间的氛围推到极点，凭借极强的爆发力和感染力，让其他观众迅速接受全民狂欢的讯号，并不由自主地参与其中。

综艺会演作为狂欢盛典的重要组成要素。近年来，由于商业话语的裹挟，综艺形式的才艺表演打破大荧幕的枷锁，大量出现商业化的带货直播。例如某主播邀请女艺人做客直播间，被粉丝戏称"人间唢呐"配"一面铜

---

[1] 让·鲍德里亚. 消费社会[M]. 刘成富，全志钢，译. 南京：南京大学出版社，2014：136.

锣"的奇妙化学反应。在直播中女艺人完全放弃形象管理，发挥自己喜剧人的特长，将直播间当成脱口秀的舞台，唢呐和铜锣的助兴再营造出热闹的狂欢氛围。屏幕上迅速出现的大量"哈哈哈……"等各种狂欢弹幕，会立马令人置身于观众哄堂大笑的剧场之中，并将话题借助互联网散发出去。这样的"主播+明星"的搭配，是借助娱乐圈本身的强娱乐属性，来炒热直播间这个狂欢舞台，并通过话题在各平台之间的多重叙述空间反复发酵，积蓄话题热度，再次作用于下一场电商直播，这也是合作效果一次高于一次的原因。

群体兴奋是维系狂欢不散场的关键。一场成功的电商直播，除了看它商业属性体现的带货数据，更要看它作为社交属性的传播效果。关注抽奖、抢红包分享都是一种依靠强化关系的情感营销，满足观众心理所期待的诉求以期达到"陪伴"。而"主播+明星""带货+表演"的形式使整个互联网空间的舆论氛围其乐融融。

在娱乐化的大环境下，复杂费时的网购仪式活动经通过社交平台热度发酵和自我调侃后充满趣味，许多事物和观念也变得不再具有"威胁性"与"压迫感"。娱乐至上的沉浸式体验让"快乐"体验先行于消费行为，作为意识形态催化剂的"快乐体验"进一步美化了消费行为。参与主体的意识更易趋向简单化，对扩大共同体的凝聚和共识的形成起到了非常重要的作用。

总的来说，电商直播叙述所建构的"狂欢场"的独特之处在于，让虚无的狂欢性与消费议题和舆论话题结合在一起，使其不像虚拟游戏世界所构筑的狂欢场一样"通关即完成""关机即散场"。一场成功的电商直播，狂欢是不随消费行为的完成而结束的，狂欢的宣泄与物质生活紧密相连，大众归顺于商业主义的意识形态依旧存在于第一世界中，并能深刻而长久地影响着人们的生活。

四、总结与反思

电商直播通过多维度多形式的叙述，帮助参与者快速且低成本地完成商品选择和消费，让整体购买决策更有效。在未来，无论是传统的电商平台还是社交内容平台都将呈现"直播+"的趋势，某一天将会真正实现从"直播赋能电商"到"电商依赖直播"。但是作为新的产物，难免会存在一些尚未完善的、亟须解决的问题：叙述的"失真"和狂欢的非理性……

中国消费者协会在2020年3月发布的《直播电商购物消费者满意度在线调

查报告》[1]显示，虽然相对于传统电商而言直播电商获得的满意度更高，但是其中37.3%的受访消费者表示在直播购物中遇到过消费问题，主要包括夸大或虚假宣传、推广与购物车不一致以及涉嫌广告极限词等。此外，电商高达30%的退货率远超传统门店的退货率（服装类平均为3%），而这一情况在电商直播中要更加突出。

　　从某种意义上来说，直播的本质就是"工具"，而电商直播就是商业化资本操控下的一种叙述行为。形塑"信任"成为商业资本的策略，技术形态的变化并没改变网络电商直播作为消费领域的本质，它依然是消费、文化与资本追寻的角逐场[2]。网络直播的大众传播模式决定了它本身用户黏性低这一特性，因此需要通过调动其他象征符号的道具、空间陈列功能性来完成整个消费场景的搭建，通过场景叙述来弥补商品的信任感。除了线上消费空间呈现给受众的符号信息，主播们通过"身体展演"的形式成为人物符号，构成被观众解读的文本。在商业逻辑的操控下，他们有意识地、情绪化地表演和作秀，通过一系列的话语引导进行购买说服，进而获取平台流量以及物质利益的回报。

　　值得注意的是，"符号泛滥使我们失去寻找意义的能力和愿望"[3]，在符号"失真"的叙述下引起的只能是非理性的消费。当整场直播演化成披着"促销"外衣的"虚假营销"，叙述文本也会出现与商品价值相悖情况，虽然可以收获短期的效益，但一旦底本被披露出来，借此建立的叙述双方信任关系将会面临从底层崩塌的风险。因此，电商直播的"叙述魔法"只能是一种工具，而不能成为界越的手段。

第三节　网红打卡地从形象建构到形象崩塌

　　网红打卡地是指借助微博、抖音、小红书等移动媒体平台的宣传推广，刺激游客参观的空间的统称[4]。此类空间种类繁多，包括商业地标、旅游名片、历史街巷、休闲娱乐、餐饮美食、文化公园/艺术场馆、特色小店集群等。打

---

[1] 中国消费者协会. 直播电商购物消费者满意度在线调查报告[R/OL].（2020-03-31）[2021-05-05]. http://www.cca.org.cn/jmxf/detail/29533.html.
[2] 周丽，范建华. 形塑信任：网络电商直播的场景框架与情感逻辑[J]. 西南民族大学学报（人文社会科学版），2021（2）：143.
[3] 赵毅衡. 单轴人：后期现代的符号危机[J]. 学习与探索，2010（4）：179.
[4] 王耀民. 听觉媒介、意义关联与自我呈现：城市民谣社群中"打卡圣地"的生成路径研究[D]. 重庆：四川外国语大学硕士学位论文，2021：6.

卡则是指用户通过手机，记录下当时所处地理位置以及时间的行为[1]。网友在"网红地"打卡并在平台对其进行美化处理，成为建构"网红地"形象的重要一环。博主用过度美化的照片吸引网友的现象一直存在，但始终未在社交媒体发酵。直至2021年10月12日某艺人在微博发出三亚清水湾蓝房子小红书图片以及原图对比后，才在网络中引发热烈讨论。后小红书为过度美化的照片进行道歉。在某网友创建的投票中也显示，约69%的网友被小红书的滤镜景点欺骗过。

小红书是用户通过文字、图片、视频笔记的分享，记录生活的平台，也成为国内较大的为网红打卡地宣传造势的平台之一。#小红书对滤镜景点道歉#话题截至目前阅读次数3.7亿，讨论次数达4.8万。本文选取微博#小红书对滤镜景点道歉#话题下，讨论热度相对高的典型网红景点作为研究对象。在小红书搜索框搜索相应景点，选取点赞数最多且微博有原图对比图的图文笔记，分别为：昆明抚仙湖粉红沙滩、武汉春山甜品书店、武汉府河湿地、北京Creeper Coffee咖啡店、山东青岛海边白色阶梯、三亚清水湾蓝房子。

在当下这个涂层化的世界，涂层已经不仅仅是涂抹在建筑物之上用来美化空间的物质性涂料，它已然渗透进生活的方方面面，在政治、经济、社会文化等领域成为人们达到一定目的的手段。在涂层成为世界不可避免的手段时，合理利用涂层，使涂层与基质相符，在异质性的叠合之下，依然能够产生新的、有利的综合体，正向涂层是我们在涂层常态化中可追求之物。而休谟的怀疑论认为世界是不可知、充满着不确定性的，在多方利益主体的"共谋"之下，当今的涂层化世界也可能成为比怀疑论更为令人不安的问题社会。人们精心营建涂层，并试图利用其美化、掩盖问题，将关注力转移至这层涂料，却忽视事物本质，最后终将引发"恶"涂层，走向涂层异化，激发社会矛盾。

在网络社会，互联网的虚无感、匿名性等特征更让涂层有了被大肆应用的机会。在网红打卡地不断爆红的背后，对涂层的策略化使用成为其建构形象的重要手段，当某个打卡地在涂层的层层叠加之下被生产出来后，它们的价值本体逐渐脱离，此时不仅是图文与基质相异，其使用价值也发生了改变，人们过度重视涂层。故涂层一旦破碎，本质立马被抛弃，打卡地的形象也随之坍塌。

---

[1] LU, E. H. CChen, C. Y, & TSENG, V.S. Personalized trip recommendation with multiple constraints by mining user check-in behaviors[R]. In Proceedings of the 20th International Conference on Advances in Geographic Information Systems, 2012: 209-218.

当前对网红打卡地的研究大多聚焦于三个方面。首先是成因方面，张高洁、骆蓓娟从消费社会视域下对网红打卡奇观的动因进行分析[1]。王昀、徐睿则认为网红打卡地是由于社群的联结性行动、平台的参与以及地理空间的媒介化再制等因素构建起来的[2]。其次柳莹关注并反思了青年群体的打卡行为，即过度沉迷网红打卡文化会令青年群体迷失于网红景观之中，还会引发市场标准的畸形化等诸多问题[3]。因此，张高洁、骆蓓娟提醒大众应保持自身的反思与批判精神，警惕媒体奇观对"人"的主体性的解构[4]。最后，部分学者还研究网红打卡地与城市之间的关系。

从上述研究中不难发现，在网红打卡地生成的动因、反思上已经有了一定的学术成果。但是对于研究部分网红打卡地是如何被建构起来，到进行形象的维护，再到最后形象崩塌这一整个过程鲜有学者涉及。本文借用涂层理论，将其引入社交媒体情境中解释网红打卡地现象，并为地区应当如何发展传播旅游景点提供一定的参考。

一、效用逻辑下的涂层炫化：网红打卡地的形象建构

涂层理论为陈忠教授在2019年发表于《探索与争鸣》上的《涂层正义论——关于正义真实性的行为哲学研究》中提出，是指人们利用某种光鲜、亮丽、神圣的涂料、材料、话语等对空间、产品、事物、事件、关系等进行涂抹、建构，以生成新的综合体，达到提高效率、增加强度、掩饰问题、树立形象、炫耀地位等效果[5]。在传播学领域，戴海波、杨惠利用其来分析网络"人设"的传播策略与危机表征。认为网络社会中的多元"人设"是涂层者利用炫化符号进行"形象展演"的过程[6]。

---

[1] 张高洁，骆蓓娟. 消费社会视域下"网红打卡地"的媒体奇观及其批判[J]. 东南传播，2019（10）：11-13.
[2] 王昀，徐睿. 打卡景点的网红化生成：基于短视频环境下用户日常实践之分析[J]. 中国青年研究，2021（2）：105-112.
[3] 柳莹. 青年网红打卡文化的符号消费及反思[J]. 江西社会科学，2021（9）：238-245.
[4] 张高洁，骆蓓娟. 消费社会视域下"网红打卡地"的媒体奇观及其批判[J]. 东南传播，2019（10）：11-13.
[5] 陈忠. 涂层正义论——关于正义真实性的行为哲学研究[J]. 探索与争鸣，2019（2）：36-46+141-142.
[6] 戴海波，杨惠. 涂层概念视域下网络"人设"的传播策略与危机表征[J]. 传媒观察，2021（9）：39-43.

涂层的深层逻辑是效用逻辑、现实逻辑，而不是真假逻辑、本质逻辑[1]。涂层始终是建立在一个真实的世界之上的，但是在商业性生产演进得愈加火热之后，一系列具有商品属性的物质都呈现出世俗化、工业化的趋向，彼此之间缺少差异性，无法凸显自身独特的价值。网红打卡地虽然数量众多，但也已经凸显出它们千篇一律，可替代性极强的特征。在这样的环境之下，现代人亟须使用某些方式为特定的对象获得独属性的、能够快速引人注目的特质。效用和效果便是行为主体所追求的。因此平台博主不惜通过附加、变形、炒作等方式使自身或者所分享的打卡地暂时获得某种神圣性、非日常性、非常人的特性，以吸引受众的关注，这就是一种涂层的炫化。炫化作用在网红地建构中的物质性涂层、行为涂层、精神性涂层里逐步加强，三层涂层也一步步创造出被网友争相打卡的景点神话。

（一）物质性涂层：外观套用与表层覆盖下基质被涂抹

物质性的涂层在生活中极其普遍，如化妆、整容等。网红打卡地形象建构的第一层便是物质性的涂层。某些网红景点在自身外表上进行简单的颜料涂抹，或者安装一些适合打卡的简易装置，用以遮蔽原来的简陋不堪。例如三亚清水湾蓝房子，在表层简单覆盖上一层外衣，这个没有任何意义的小房子和表层斑驳的蓝色颜料即变成此地的物质性涂层。再如山东青岛海边白色阶梯，简单的木质楼梯刷上白色油漆，套用上"《楚门的世界》同款"的说辞，便是一个全新的景点。

但是这种物质性的涂层仅仅追求外表的光鲜、亮丽，却忽视一个景点和整个城市气质的相互契合，缺乏深层次的文化底蕴。游客在观赏的途中只是走马观花，并不能感受到旅游地内在的意义。物质性的涂层初步帮助一个网红地搭建起并不优质的基层实体，这份"不优质"却不影响一个网红打卡地形象的初步建构。

（二）行为涂层：目的理性下的"悦人"之举

行为涂层则是出于目的理性算计，对自己的行为进行设计、包装，让自己的行为给人留下某种特定的、于己有利的印象[2]。其成为网红打卡地形象建构中的第二层涂层。平台博主在分享网红地时，无一例外会给予其一定的标签，

---

[1] 陈忠. 涂层化世界的行为哲学反思[J]. 江海学刊，2020（5）：21-28.
[2] 沈湘平. 涂层与本体性安全[J]. 江海学刊，2020（5）：36-41.

配合极力夸赞的词句,并使用滤镜的叠加过度美化、制作图片,使其失去原本的模样,变成精致的富有吸引力的打卡景点。博文下网友的赞美、含有向往倾向的评论则成为行为涂层策略成功的标志(表1-6)。

表1-6　　　　　博主对网红地的描述及网友的部分评论

地点	描述词	网红地崩塌前的部分评论
云南昆明抚仙湖粉红沙滩	惊喜!宝藏地、科莫多岛同款、国内99%的人都不知道的粉红沙滩	太出片了、好美!太美了吧
湖北武汉春山甜品书店	日系、超凡脱俗,对抹茶蛋糕卷的评价"真的太太太好吃了!"	好治愈、好文艺、好便宜
湖北武汉府河湿地	美得不像话、草浪就像少女的发丝一般	太好看了!码起来等着去!
北京Creeper Coffee咖啡店	能拍上海大片、真的绝了!绝绝子	好看的!绝了!首图绝了、首图太高级了
山东青岛海边白色阶梯	《楚门的世界》同款、天空楼梯	好看、爱了、绝!
海南三亚清水湾蓝房子	超好拍秘境、韩式电影感	太好看啦、天啊,这也太好看了,哇!准备去!好想去啊!每一张都好爱啊

福柯(Michel Foucault)的"凝视"理论表明,我们总是活在他人的凝视之中。博主在分享"打卡地"图文信息时也会处于这种凝视之中,并且他们会事先对受众的凝视结果做出预期。让分享"打卡地"图文的结果为自身有利,便是涂层的目的。同时,在博主的眼中,受众成为萨特所说的"他者","他者"依然有自我意识,并且这种意识同于博主自身,即"我认为加标签、滤镜的行为能够让网红地看起来更吸引人,那么受众也应该是这样认为的"。受众与博主相同的意识能够为博主带来自身所需要的利益,这种利益关系便是涂层存在的关键。若是博主对行为进行涂层的做法达到了"悦人"的目的,也就通过涂层获得了相关利益。悦人,即让自己"看上去很美"则是基于他者视野、接受心理的表面改变,本质上是"我如此这般地涂层,为的是让你看到我希望你看到的模样"。

"悦人"目的达成,被涂层化的网红打卡地本来的面貌通过媒介建构已被掩盖。涂层概念指出,表象掩盖和代替本质,只能用涂层来满足各种政治的、经济的、日常生活的、大众的需要[1]。博主利用所呈现出的涂层不断吸引着受众，满足自身对利益的追逐。而受众则基于效用逻辑，在选择游玩地时不愿花过多成本去了解，更倾向于从被贴上各种标签的网红打卡地中选取。因此，网红打卡地的涂层行为实则是实施者与被实施者共同营建的。

（三）精神涂层：正义被装饰，本质遭退场

精神涂层是为本能、欲望、利益穿上思想、理念的外衣，使之合理化，进而合法化，具有了与"质"相对的"文"的外表[2]。

在博主获得了流量与自我呈现的机会之后，还需要让这种利益看上去是合理的，网红博主以及打卡参与者便自认为在帮助网红打卡地进行形象再造，同时分享值得游玩的地点，为其他网友提供了精美的照片以及打卡去向，这种建构看似是在为了"他人"，是在分享，但博主的行为实际上是追求各种利益的表层借口。分享是中国社会认可的正义的一种，博主使这种正义也成了涂层，正如陈忠所说："当人们以正义为装饰谋求私利时，正义就成为一种涂层。"[3]而受众却不断在博主以及各利益主体的"共谋"之下加强自身对博主的信任感，也成为帮助博主获取利益的工具。

在商家、博主、资本等不断制造涂层蒙蔽受众时，受众却早已在视觉符号的光怪陆离中沉陷。在标签、滤镜的基础之上，社群参与、社交媒体的再制化对网红打卡地再次进行建构，其社交属性、符号消费价值等已成为第三层涂层。受众向着打卡地被制造出的意境、被建构起的形象呼啸而上，但打卡地的文化底蕴、历史传说却鲜有人提及。例如在有关昆明抚仙湖的图文分享中，几乎无人关注抚仙湖早在唐宋之际就因罗伽部落居澄江被称"罗伽湖"的历史，也无人提及文人墨客对其"万顷平湖一鉴清，谁教皓魄涌波明"的称赞。却不约而同地拍摄了湖边那片"粉色沙滩"，惊于它被过度美化后的"颜值"。对于网红打卡地，人们已然从关注风景、底蕴转而朝向拍照打卡。本图以"网红打卡"为关键词在新浪微博上进行相关博文的搜索，分析995条微博，最后通过数据清洗得到了634条有效数据整理而成（图1-7）。

以微博博文的数据为例，在与"网红打卡"相关的词条中，"拍照""视频"等词出现频率极高，由此可看出视觉消费成为网红打卡的重要目的。人们因此

---

[1] 任平. 论涂层概念与原创学术的中国道路[J]. 江海学刊, 2020（5）：29-35.
[2] 沈湘平. 涂层与本体性安全[J]. 江海学刊, 2020（5）：36-41.
[3] 陈忠. 涂层正义论——关于正义真实性的行为哲学研究[J]. 探索与争鸣, 2019（2）：36-46+141-142.

图1-7　网红打卡相关词条词云

满足于涂层，而对本质存在漠不关心。涂层于是取得了本质、本体的地位，而本质和本体却成为从属的、被掩盖、被支配、被边缘化的存在[1]。涂层以其绚烂的表象迷惑受众，被涂层者在媒介朝觐之下忙得不亦乐乎，却忘记了旅游的真正目的，也忘记了去辨别一个旅游地的真正价值。网红打卡地的本质变得虚无，甚至在涂层的渲染下悄然退场。

二、涂层策略中的形象展演：网红打卡地的媒介化再制

若以2021年10月12日发布对比图为本文研究的景点坍塌的时间标志，那么在景点坍塌之前，仍有一段时间会有相关笔记出现在小红书、微博等平台。海南三亚清水湾蓝房子在小红书上的分享笔记最早源于2021年1月，历时约9个月；山东青岛海边白色阶梯最早源于2019年11月，历时约2年；云南昆明抚仙湖粉红沙滩最早源于2021年1月，历时约9个月。为何景点在较长的一段时间内仍然能够维护自身的形象？这缘于受到网红打卡博文影响的受众对涂层的使用。

人们通过不断地遭遇、接触涂层对象、涂层策略，会逐渐了解涂层策略的方法、套路、利弊，并可能在生产、生活、交往中学会使用涂层策略，甚至进而自觉地结合自身的需要和语境开发、创新适合自身要求、对自身有利有用的具体涂层策略[2]。在目睹了网红打卡地之后，游客会认为真实情况与网图差别较大，对于这种情况会产生失落、生气的心理感受。但是部分游客依旧会使用涂层策略，在"网红地"进行拍照、p图，对其再次涂层化，发布到社交媒体上进行打卡，以此来完成自己的形象建构以及社交需求。

---

[1]　任平. 论涂层概念与原创学术的中国道路[J]. 江海学刊，2020（5）：29-35.
[2]　陈忠. 涂层化世界的行为哲学反思[J]. 江海学刊，2020（5）：21-28.

经济的、日常生活的、大众的需要[1]。博主利用所呈现出的涂层不断吸引着受众，满足自身对利益的追求。而受众则基于效用逻辑，在选择游玩地时不愿花过多成本去了解，更倾向于从被贴上各种标签的网红打卡地中选取。因此，网红打卡地的涂层行为实则是实施者与被实施者共同营建的。

（三）精神涂层：正义被装饰，本质遭退场

精神涂层是为本能、欲望、利益穿上思想、理念的外衣，使之合理化，进而合法化，具有了与"质"相对的"文"的外表[2]。

在博主获得了流量与自我呈现的机会之后，还需要让这种利益看上去是合理的，网红博主以及打卡参与者便自认为在帮助网红打卡地进行形象再造，同时分享值得游玩的地点，为其他网友提供了精美的照片以及打卡去向，这种建构看似是在为了"他人"，是在分享，但博主的行为实际上是追求各种利益的表层借口。分享是中国社会认可的正义的一种，博主使这种正义也成了涂层，正如陈忠所说："当人们以正义为装饰谋求私利时，正义就成为一种涂层。"[3] 而受众却不断在博主以及各利益主体的"共谋"之下加强自身对博主的信任感，也成为帮助博主获取利益的工具。

在商家、博主、资本等不断制造涂层蒙蔽受众时，受众却早已在视觉符号的光怪陆离中沉陷。在标签、滤镜的基础之上，社群参与、社交媒体的再制化对网红打卡地再次进行建构，其社交属性、符号消费价值等已成为第三层涂层。受众向着打卡地被制造出的意境、被建构起的形象呼啸而上，但打卡地的文化底蕴、历史传说却鲜有人提及。例如在有关昆明抚仙湖的图文分享中，几乎无人关注抚仙湖早在唐宋之际就因罗伽部落居澄江被称"罗伽湖"的历史，也无人提及文人墨客对其"万顷平湖一鉴清，谁教皓魄涌波明"的称赞。却不约而同地拍摄了湖边那片"粉色沙滩"，惊于它被过度美化后的"颜值"。对于网红打卡地，人们已然从关注风景、底蕴转而朝向拍照打卡。本图以"网红打卡"为关键词在新浪微博上进行相关博文的搜索，分析995条微博，最后通过数据清洗得到了634条有效数据整理而成（图1-7）。

以微博博文的数据为例，在与"网红打卡"相关的词条中，"拍照""视频"等词出现频率极高，由此可看出视觉消费成为网红打卡的重要目的。人们因此

---

[1] 任平. 论涂层概念与原创学术的中国道路[J]. 江海学刊，2020（5）：29-35.
[2] 沈湘平. 涂层与本体性安全[J]. 江海学刊，2020（5）：36-41.
[3] 陈忠. 涂层正义论——关于正义真实性的行为哲学研究[J]. 探索与争鸣，2019（2）：36-46+141-142.

图1-7 网红打卡相关词条词云

满足于涂层，而对本质存在漠不关心。涂层于是取得了本质、本体的地位，而本质和本体却成为从属的、被掩盖、被支配、被边缘化的存在[1]。涂层以其绚烂的表象迷惑受众，被涂层者在媒介朝觐之下忙得不亦乐乎，却忘记了旅游的真正目的，也忘记了去辨别一个旅游地的真正价值。网红打卡地的本质变得虚无，甚至在涂层的渲染下悄然退场。

二、涂层策略中的形象展演：网红打卡地的媒介化再制

若以2021年10月12日发布对比图为本文研究的景点坍塌的时间标志，那么在景点坍塌之前，仍有一段时间会有相关笔记出现在小红书、微博等平台。海南三亚清水湾蓝房子在小红书上的分享笔记最早源于2021年1月，历时约9个月；山东青岛海边白色阶梯最早源于2019年11月，历时约2年；云南昆明抚仙湖粉红沙滩最早源于2021年1月，历时约9个月。为何景点在较长的一段时间内仍然能够维护自身的形象？这缘于受到网红打卡博文影响的受众对涂层的使用。

人们通过不断地遭遇、接触涂层对象、涂层策略，会逐渐了解涂层策略的方法、套路、利弊，并可能在生产、生活、交往中学会使用涂层策略，甚至进而自觉地结合自身的需要和语境开发、创新适合自身要求、对自身有利有用的具体涂层策略[2]。在目睹了网红打卡地之后，游客会认为真实情况与网图差别较大，对于这种情况会产生失落、生气的心理感受。但是部分游客依旧会使用涂层策略，在"网红地"进行拍照、p图，对其再次涂层化，发布到社交媒体上进行打卡，以此来完成自己的形象建构以及社交需求。

---

[1] 任平. 论涂层概念与原创学术的中国道路[J]. 江海学刊，2020（5）：29-35.
[2] 陈忠. 涂层化世界的行为哲学反思[J]. 江海学刊，2020（5）：21-28.

人们在形形色色的社交媒体平台乐此不疲地进行着自我"展览"。在"他者"的凝视之下精心制造打卡图片，塑造、展演着"理想中的自我"，对自己进行印象管理。这种获得性印象管理更侧重于个体的积极自我展现，以期成功实现个人主管期望印象并获得相应利益。涂层后的产品往往能够给予受众更多的实用以及审美功能；同时为了维系圈层内的社交关系，人们会想方设法地将这次打卡经历变成能够赚得人脉资源的"社交货币"，即法国社会学家皮埃尔·布尔迪厄提出的"存在于虚拟的网络及离线的现实中所有真实而又潜在的资源。"[1]

因此在无形之中，网红打卡地的形象在互联网中又完成了数次的媒介化再制，不断地加强自身的涂层、持续扩大曝光度。其形象就在受众充满目的性的涂层使用中被持续地维护着。

三、涂层异化后的危机表征：网红打卡地形象的坍塌

由于网红打卡地在形象建构的过程中，涂层已经代替本质，成为人们追逐的对象，本质却被公众忽视。因此涂层与本质的关系彻底异化，若涂层一旦破损，本体就会被抛弃，不再受人青睐。对于一个基质与涂层差别较大的网红打卡地，最终会有人对其本质进行揭露，在社交媒体上产生讨论。至此，网红地涂层破损，形象也随之坍塌，不再拥有社交、建构自我等价值之后，便会被网友抛弃。

本文选取的几个景点在形象坍塌之后，网友表达出不会前往游玩的趋向，更多网友在评论中对景点进行负面评价（表1-7）。

表1-7　　　　网红打卡地崩塌前后网友的评论对比

地点	崩塌前的部分评论	崩塌后的部分评论
云南昆明 抚仙湖粉红沙滩	太出片了、好美！太美了吧	骗人天打雷劈啊
湖北武汉 春山甜品书店	好治愈、好文艺、好便宜	要不是网上曝光全景图，我都没发现这是我住了5年老小区门口的店、闻名而来

---

[1] BOURDIEU, P. Outline of a Theory of Practice[M]. Cambridge: Cambridge University Press, 1977.

续表

地点	崩塌前的部分评论	崩塌后的部分评论
湖北武汉府河湿地	太好看了！码起来等着去！	热搜过来的，见识一下有多离谱
北京 Creeper Coffee咖啡店	好看的！绝了！首图绝了、首图太高级了	这就是在骗人、照骗大王、今天你下载国家反诈App了吗？
山东青岛海边白色阶梯	好看、爱了、绝！	诈骗的网红景点过来的、诈骗、居然还没下架
海南三亚清水湾蓝房子	太好看啦、天啊，这也太好看了、哇！准备去！好想去啊！每一张都好爱啊	微博骗子打卡、翻车了姐妹、害人不浅、蓝房子旱厕

除了对网红地的负面评价，网友也对博主进行言辞上的攻击来表达自己的不满。博主的涂层策略最终会带来反噬与自伤，使自身失去粉丝的信任与关注，曾经追求的利益也将在涂层手段之下消逝。当信任被消解，人们便会增强对网络社会的虚无感。正如当前的"网络人设"危机一样，网友不断地被挑战着正常认知，网友发现自己给予的所有情感，都消耗在了被精心营造的"人设"之上。人们被迫调整自己的社会交往心理、社会互动行为，使人们进入一种互相不信任的城市丛林社会。

在网红打卡地的形象崩塌之中，网友的不信任继而会延伸到平台。三亚清水湾的蓝房子形象崩塌之后，众多与图片不符的景点被网友截出对比图，网友的讨论从对具体景点的吐槽扩展到对博主的不满，再逐渐演变为对平台内其他类型的笔记的攻击，例如穿搭博主的身材过度修饰、美妆博主虚假带货、美食博主接软广等。最后，网友们甚至开始对平台进行讨伐，平台也因此向公众道歉。以此产生的复杂的心理丛林状态会导致互联网用户们精神上的过度紧张，甚至会导致网络空间的内部分裂。

对网红博主来说，拍摄一个普通的地点并进行后期处理发布到媒体上，以此来凸显自身摄影与后期技术精湛，这并没有需要被谴责的地方，但若是将景点用文案塑造成它本身就是如此的错觉，呼吁网友前往打卡，当涂层下的真实被揭露之后，必将带来怒气与嘲笑。正如某网友在个别图文笔记下的评论："后期P图确实很牛，你可以当分享自己的摄影作品，但是如果安利大家去那里拍照就属于欺骗了。"

四、涂层泛在之下的应对与善用

（一）涂层的警觉：勇破"他人在何处"之局

在涂层普遍化的当下社会，人们能够与政治、经济、文化生活中各类的涂层共存，但这并不代表着人们无法发现涂层的存在。认识涂层需要一个过程，在一次又一次的涂层破碎、信任崩塌之后。人们会逐渐发现涂层对象的叠合性本质，并形成一种观察、考虑对象的新态度、新意识。

打卡原本是私人的媒介记录，但在集体的共同分享和"可视化"设置中，它强化了他人对自我生活的参与，从而建立起个体之间的联系。"他人在何处"一度成为自身打卡的参照系，一系列的打卡群像吸引着自我的社群联结倾向。这种现象往往容易使受众沉迷于虚无的泛娱乐化状态之中，在消费主义的陷阱之下丧失自身主体性。但是在层出不穷的网红地形象坍塌后，受众也会逐渐意识到网红地形象被建构的可能，并且会意识到打卡地第三层涂层中的符号价值取向，以及博主在"正义"涂层之下追逐利益的趋向。

因此，受众在选择游玩地时会趋向于多平台对比，也不会盲目轻信某个博主或者平台；在被互联网欺骗之后，受众对涂层化严重的网络平台产生强烈的不信任感，转而向身边的人征求意见，获取现实世界中更为可靠的景点信息。同时，受众也不仅仅关注网红地的表层"颜值"与虚无的"能指"，会逐渐用心去寻找真正有价值、有意义的旅游地。

（二）涂层的善用：强化基质与"涂料"之合

涂层化的世界已经使涂层成为不可消失之物，但是它和当今的世界并不是完全不可调和的。涂层可以分为负面涂层和正向涂层：负面涂层，涂层会造成社会的分裂、互相不信任，产生矛盾的激化，同时不合理的涂层滥用也会使人性和事物更为复杂；但涂层是中性的，它也会成为正向涂层，为社会生产生活带来更为丰富的效果，推进社会进步。因此，具体呈现涂层问题，合理提炼涂层思维，进而激活可行能力，是涂层理论的重要目标[1]。

对于网红打卡地，好的基质配合与其相符合的涂层，便有可能产生更好的传播效果。首先是好的基质要求网红打卡地需注重自身的建设，以长沙为例。一方面，景点本身就具备较强的游玩价值，比如橘子洲，不仅在毛泽东词作"看万山红遍，层林尽染"中充满豪情，也是湘江下游众多冲积沙洲中面积

---

[1] 陈忠. 涂层化世界的行为哲学反思[J]. 江海学刊，2020（5）：21-28.

最大的沙洲。另一方面，地方政府也需积极对物质空间进行改建，强化游玩价值，使其具有更好的游玩体验，例如长沙的核心商圈庙街，对整体的布景加以改造，并推出"庙街百乐门大舞台"打造夜市文化。由此维护、建立较为坚实的基质、本质。

再者，更为贴合的涂层也能为旅游业拉动地方经济提供动力。除了给网红地贴上标签以外，政府还要注重精神符号的建构。精神符号成为受众和网红地又一联系点，它可以被解读，实现与物质空间的联想[1]。例如长沙的"儿时小卖部""超级文和友的永远街"让人犹如回到"八十年代"的回忆世界里；再如短视频加持相关音乐的传播，一首《成都》充满意向和对成都街头的联想。当这些景点的视频图片在社交媒体中被交流互动时，受众会对其中的精神符号进行解码，并加强自身与城市空间的联系，精神符号成为更高阶的涂层。最后，也应当关注网红地传播中的关系空间，即由于历史与情感的原因，人与物质空间产生了联系，是人与物之间发生的关系。在关系空间层面，文化也是关系维系的纽带[2]。长沙的岳麓书院、西安的钟楼、厦门的鼓浪屿等都和历史文化底蕴紧紧相连，是不可复制的，文化的附加也能成为打造网红地，甚至网红城市的有利涂层。而像海南三亚清水湾的蓝房子、山东青岛海边白色阶梯等景点就缺乏地区的文化底蕴，且与受众没有任何精神上的联系。此外，与城市的相关性小，可复刻性强也是其失败崩塌的原因所在。如何善用涂层，强化基质与"涂料"之合，不仅是博主需要考虑的问题，更是地方政府对打造网红景区，建构网红城市需要探索的方向。

五、结语

在当下的互联网社会，网红打卡成为一种消费文化。被受众争相追逐的网红打卡地最初便被附加上粗糙的物质性涂层，接着它们在各博主的行为涂层之中成功获取受众的信任，最后又被博主用精神涂层混淆了分享的定义，正义的真实性被篡改，网红打卡地的神话被建立起来。基于"自我理想"形象的打造和展演，受众即使在游玩时感受到和照片的落差，也依然会进行涂层策略，形成对此网红打卡地的形象维护。但是当人们过度地追求形式上的完善、光鲜，

---

[1] 丁俊杰，刘挪辰. 社交媒体如何构建"网红城市"的空间意象[J]. 新闻与写作，2021（9）：87-91.
[2] 丁俊杰，刘挪辰. 社交媒体如何构建"网红城市"的空间意象[J]. 新闻与写作，2021（9）：87-91.

而忽视对社会实在、社会内容、社会基础构成进行实实在在地改进、完善、创新时，这个社会就可能成为一种非真实、不可持续、充满潜在危机、在竞争中随时可能被淘汰的涂层社会、形式社会[1]。因此，当网红打卡地的本质不被重视时，外在涂层便成为主体，本质和涂层终将走向异化，打卡地的外在涂层一旦被发现、被戳破，本质就不再有价值，成为被抛弃的对象，从而网红打卡地的形象崩塌。

在当下的景观社会中，涂层泛在化彰显。涂层是中性的，学会辨别并对其具有警觉性是极其重要的。在面对网红打卡地时，能够勇于破除"他人在何处"之困局，不在涂层的迷惑之下跟风打卡，提升自我的思辨能力。同时也要学会合理利用"善涂层"，为生产生活创造有价值的新产品。政府在为当地打造网红打卡地时，不但需注重基质，也要增加精神符号的产出，最后还要和当地的历史底蕴相吻合，这是不可忽视的更为高阶的文化涂层，以此打造不可复制性的网红旅游景点。

---

[1] 陈忠. 现代性的涂层危机——对形式主义的一种空间与城市哲学批判[J]. 东南学术，2019（5）：191-199.

第二章 虚拟时装与元宇宙审美

第一节　虚拟时装的研究背景与现状

2021年是公认的元宇宙元年，众多虚拟产品逐渐融入大众生活。2022年时尚元宇宙则通过先锋艺术的视觉属性和前卫想象性的虚拟时尚产品来刷新人们对"虚拟时尚"的认知[1]。从时尚3.0时代到时尚4.0时代，时尚行业将目光逐渐转向"脱实向虚"的数字世界，运用现代计算机技术和3D软件技术，发展出一种数字化、多元化的新兴品类——虚拟时装，引发了新一波的数字化浪潮。

一、虚拟时装的研究背景

虚拟时装是一种与实体时装全然不同的时装品类，它仅存在于虚拟世界之中，其富有未来主义的色彩、图案、造型等视觉符号突破了实体时装的局限，极具科技感。而且近年来，人们的社交方式逐渐转移到线上，虚拟时装也慢慢渗透至人们的社交圈。2021年，英国时尚科技公司Lyst与虚拟时装品牌The Fabricant联合发布的数字时尚报告称[2]，Z世代（即1995年至2009年出生的一代人）与千禧一代（即1982年至2000年出生的一代人）是数字时尚的关键消费者。虚拟时装成为时下Z世代和千禧一代追逐的时装类型，这和视觉符号在虚拟时装中的应用有着密不可分的联系。虚拟时装的视觉符号摆脱现实材料的依赖和桎梏，提供给用户与众不同的视觉体验，用户则可以通过虚拟时装的视觉符号进行个性化的自我表达。此外，虚拟时装作为一种元宇宙时代刚兴起的虚拟时尚，被许多时尚先锋人士所关注，也是学界的前沿研究话题。但从传播范围来看，虚拟时装的整体传播仅限于圈层内部。而且相较于国外而言，国内的虚拟时装品牌正处于起步阶段，未能实现良好的传播效果。因此，虚拟时装的视觉符号有何符号隐喻和精神内涵使用户能够自我表达，虚拟时装的视觉符号如何在设计师和用户之间实现有效传播，在传播过程中虚拟时装的视觉符号具

---

[1] 清元宇宙. 时尚界新锚点：如何实现元宇宙品牌的"QQ秀"[EB/OL]. （2023-04-04）[2023-04-06]. https://mp.weixin.qq.com/s/-kQ_lfXAWQQfpr6kKa0CdQ.

[2] 知识酷Pro. 行业报告 | 2021年元宇宙发展报告[R/OL]. （2022-02-21）[2023-04-06]. https://mp.weixin.qq.com/s/pU LVVS0D_6IRuPL5C6LnQw.

有何种传播效果，未来虚拟时装的视觉符号又该如何发展，这些都是值得深究的问题。

在互联网诞生初期，国内外部分学者在研究中有提及"虚拟时装"，但当时的虚拟时装与本文所研究的虚拟时装有所区别，其仅局限于在电商平台上的虚拟试衣或是社交平台上的QQ秀换装，后又拓展至游戏领域的虚拟角色的虚拟装扮等。法国社会评论家和文学评论家罗兰·巴特（Roland Barthes）是国外较早提出"虚拟服装"的学者，他用符号学的研究方法把服装分为"真实的服装""虚拟的服装"和"穿着的服装"[1]。但这里的"虚拟服装"指的是一种通过文字、图片等方式表现的想象中的服装，它可能并不存在于现实世界中，但却具有象征意义和文化意义，并能够影响人们的审美观念和身份认同。而本文研究的具有数字化特点的虚拟时装虽与罗兰·巴特所述的虚拟时装不同，但其也具有丰富的象征意义。所以，运用符号学理论分析虚拟时装有一定的研究基础，只是研究学者所处的社会语境有所不同。可以说，如今的虚拟时装再一次拓宽概念范围至元宇宙下的新生产物，其不仅是时尚界进军的方向，更是学界关注的新研究对象。

二、虚拟时装的研究现状

基于目前对虚拟时装的常见描述，在网络搜索引擎Bing以及外文数据库Web of Science和Springer Link上，以"virtual fashion""digital fashion""NFT clothing"为主题进行外文文献检索发现，外文文献主要包括虚拟时装的产销研究和价值研究。而且关于本研究所界定的虚拟时装的外文图书著作和期刊文献甚少，杂志、文章等电子资源居多。同时，本研究分别以"虚拟时装""虚拟服装""数字时装""数字服装""NFT时装""NFT服装"为主题，在中国知网上共检索出410篇文献，其中与本研究所界定的虚拟时装相关的文献仅32篇。从2020年起，关于虚拟时装的研究虽呈增长之势，但相关文献仍较少。梳理发现，现有文献主要是关于虚拟时装的产销研究、价值研究、问题研究以及发展研究，针对虚拟时装的符号学研究尚处于空白阶段。

---

[1] 罗兰·巴特. 流行体系—符号学与服饰符码[M]. 敖军，译. 上海：上海人民出版社，2000.

（一）有关虚拟时装的产销研究

当前众多时尚品牌纷纷入局虚拟市场，逐步建立虚拟时装的全产业链。因此，部分学者对虚拟时装的生产及销售进行了深入研究。在国外研究中，韩国汉城大学教授崔京熙（2022）对虚拟时装的设计开发进行研究。探究利用3D虚拟模拟系统生产具有多变风格、色彩和图案的3D动态虚拟时装的潜力，引发了关于虚拟时装生产过程的讨论[1]。吴娟娟等学者（2021）从用户角度探究了3D虚拟时装店的零售，分析了虚拟时装商店根据用户的购物习惯进行在线购物定制，为用户提供模块化零售环境[2]。丁肇辰和岳冉（2021）在《2020年后的数字时尚与其特征——被激活的时尚版图》一文中从数字时尚案例着手，从设计、制造与营销三个方向分析近期出现的案例，描述数字时尚产业的发展框架，并从材料与表现、行为与空间、消费文化与购买意识等多个方向探索数字时尚的当前特征[3]。凌敬淇（2022）在《WEB 3.0时代，时尚是否应被重置？——NFT数字时尚商品的产销模式及价值体系》一文中对NFT数字时尚商品的产销模式进行探究，阐述了传统时尚奢侈品牌逐渐失去数字产业链的"主导力"，从而将NFT数字商品视为一种基于数字化技术的新型品牌推广方式，而数字时装公司在品牌营销方面迅速崛起[4]。

（二）有关虚拟时装的价值研究

虚拟时装除了具有商业属性外，还具有独特的价值属性，所以部分学者也针对虚拟时装的价值属性展开研究。驻纽约自由撰稿人兰迪·金斯伯格（Randy Ginsburg）对虚拟时装的加密投资价值进行了探讨。他认为对那些仅是购买服装用来拍照的社交媒体使用者来说，穿着虚拟时装提供了一种更高效、更具成本效益的替代方案，值得投资。国外知名科技记者钱德拉·斯蒂尔（Chandra Steele）分析了虚拟时装的包容性，强调了虚拟时装所传递的性别平

---

[1] Choi, KH. 3D dynamic fashion design development using digital technology and its potential in online platforms[J]. Fash, 2022(09): 9-12.
[2] Wu Juanjuan, Song Sanga, Whang Claire Haesung. Personalizing 3D virtual fashion stores: Exploring modularity with a typology of atmospherics based on user input[J]. Information & Management, 2021, 58(4): 1-3.
[3] 丁肇辰，岳冉. 2020年后的数字时尚与其特征——被激活的时尚版图[J]. 创意与设计，2021（06）：18-29.
[4] 凌敬淇. WEB3.0时代，时尚是否应被重置？——NFT数字时尚商品的产销模式及价值体系[J]. 服装设计师，2022（06）：10-16.

等、身材平等的价值观念[1]。国内学者余雪纯（2021）也认为虚拟时装的价值体现了人们自我表达的自由度。科技的发展使超越物理空间成为可能，突破了人们对特定身体穿着特定服装的信念，数字时尚是人人都可以接受的，无论性别、体型或身材[2]。学者白嘉懿（2022）在《化妆品界也开始跟风的NFT，是商机还是炒作？》一文中提到，NFT服装、化妆品并非只是在身体或面部PS上特效而已，还具有收藏、增值等价值[3]。凌敬淇分析了NFT数字时尚商品的价值体系，并以NFT时装为例对NFT数字时尚商品的环保属性进行阐述。

（三）有关虚拟时装的问题研究

目前，虚拟时装还处在发展初期，必然会面临许多现实问题。所以，学者们主要围绕虚拟时装的溢价问题、隐私问题、版权问题以及技术问题展开研究。余晨、崔丽丽（2021）等业界人士提到虚拟物品目前泡沫难免，对虚高炒作要保持理性，尤其是一些限量版时装更需注意高溢价及炒作的情况，并提醒用户在购买虚拟时装时应保持理性。白嘉懿（2022）对NFT服装和化妆品等究竟是具有收藏、增值等价值的商机，还是纯纯智商税的炒作进行探究，并且还分析了NFT服装、妆容等虚拟产品的版权问题和隐私问题。学者姜欣彤（2022）提出虚拟时装发展存在的问题主要是对数字技术的依赖，虚拟时装在与购买者照片缝合时会存在Ps痕迹过重的问题。

（四）有关虚拟时装的发展研究

从虚拟时装进入公众视野至今，其未来发展也是学者们关注的一大研究焦点。韩国学者朴根洙（2021）以虚拟时装品牌为案例，分析使用虚拟时装的方法和虚拟时装的特点来考察虚拟时装的未来发展及行业意义。他认为，虚拟时装行业可以与虚拟世界进一步融合，开发出更加多样化的产品[4]。任真（2019）在《虚拟现实技术在服装行业的应用研究》一文中分析了虚拟现实技术在服装行业的应用，并阐述了时尚设计中的创作产物——由The Fabricant创建的全

---

[1] Chandra Steele. Virtual Clothing: A Waste of Money or a Way to Save the Planet in Style? [EB/OL].（2021-08-06）[2022-04-03]. https://www.pcmag.com/news/virtual-clothing-a-waste-of-money-or-a-way-to-save-te-plane t-in-style.

[2] 余雪纯. 增强现实在数字时尚中的应用研究[D]. 南京：南京艺术学院，2021：1-3.

[3] 白嘉懿. 化妆品界也开始跟风的NFT，是商机还是炒作？[J]. 中国化妆品，2022（04）.

[4] Park, Keunsoo. A Case study of virtual fashion industry of fashion brands through convergence with metaverse[J]. The Korean Society of Science, 2021(04): 161-168.

球首个虚拟现实服装的发展情况[1]。李冰（2021）等业界人士在《"虚拟时装"势头猛 元宇宙里玩"时尚"》一文中提到随着虚拟时装的势头越来越猛，虚拟时装会增强人们的沉浸式体验，满足人们的精神需求，同时虚拟时装的售卖也拓展了品牌的收入来源。余雪纯（2021）在《增强现实在数字时尚中的应用研究》一文中提到公众可参与是数字时尚面向未来新的发展方式。The Fabricant尝试加大用户的参与度，主张协同创作，改变用户作为被动接受时尚的局面。

第二节 虚拟时装的研究方法

根据国内外文献的整理分析可知，在虚拟时装的研究中，多数文献聚焦于虚拟时装的产销研究和价值研究，对虚拟时装的问题研究及发展研究相对较少。虚拟时尚产业的兴起推动了学界对虚拟时装产销研究的关注，国内外学者的研究主要围绕虚拟时装的设计制作、虚拟时装的营销推广两方面展开。同时，学界还对虚拟时装的收藏投资价值、环保价值、超现实自我表达的价值观念等方面进行价值研究。而致力于研究虚拟时装现存问题的国外学者几乎没有，国内学者则简单分析了虚拟时装的溢价问题、隐私问题、版权问题以及技术问题。此外，学界也很少完整地探究虚拟时装的未来发展，仅是将其作为研究中的一部分进行分析，主要包括虚拟时装的新产品开发，虚拟时装品牌收入渠道的拓宽，以及用户参与虚拟时装创作等。

在视觉符号的研究中，学界主要聚集于视觉符号的应用研究、符号消费研究和传播研究，这三种研究方向均解读了视觉符号的符号隐喻。在视觉符号的应用研究方面，学界主要研究传播者如何通过应用视觉符号突显可视性对象，并对视觉符号的内涵意义进行解读。在视觉符号的符号消费研究上，学者们着重探究人们符号消费心理的成因，分析视觉符号消费特征，并解读其符号意义。在视觉符号的传播研究方面，学者们大多是将视觉符号作为传播手段进行研究，分析如何设计视觉符号，以达成更好的传播效果。

在服装的符号学研究中，国外学者主要探究了服装的视觉符号的符号意义。国内学者大多将传统视觉符号或品牌视觉符号作为研究重点，研究可以概括为传统视觉符号的应用与传播研究，品牌视觉符号的设计与传播研究。一方

---

[1] 任真. 虚拟现实技术在服装行业的应用研究[D]. 北京：北京服装学院，2019：2-3.

面，学界主要探究如何更好地将传统视觉符号应用于服装上促进文化传播。另一方面，学界也分析了如何设计好服装品牌的视觉符号，并探究了如何利用品牌视觉符号推动品牌传播。二者也都在研究中分析了视觉符号的符号意义。

（一）案例分析法

选取在虚拟时装领域的三大先锋性的虚拟时装品牌The Fabricant、Auroboros以及Tribute Brand进行案例分析。通过归纳梳理这三大先锋性的虚拟时装品牌在外网上发售的多个系列虚拟时装的色彩符号、图案符号、造型符号以及质感符号等视觉符号，并绘制成表格。

（二）内容分析法

利用Python对Twitter、Instagram、小红书等平台上关于The Fabricant、Tribute Brand和Auroboros三大先锋性的虚拟时装品牌的用户评论进行爬取，对评论内容进行分类分析，并绘制词云图分析用户对虚拟时装视觉符号传播的情感倾向，最终解读出虚拟时装的视觉符号传播效果。

（三）视觉文化研究方法

运用皮尔斯的符号三分法将The Fabricant、Auroboros以及Tribute Brand这三大虚拟时装品牌的视觉符号按照像似符号、指示符号、象征符号进行细致分析，深入挖掘虚拟时装视觉符号的独特内涵。另外，运用学者段炼在《视觉文化与视觉艺术符号学》一本书中提到的"符号阐释的空间"传播学理论作为理论基础，分析虚拟时装视觉符号的传播机制。

综上所述，运用视觉文化研究方法分析虚拟时装的视觉符号，解读其视觉符号的符号隐喻，探究虚拟时装的视觉符号的传播机制和效果，对虚拟时装的视觉符号的未来传播发展提出建议具有可行性。

第三节　元宇宙审美理念特点及表现形式

审美是人类理解世界的一种特殊形式，是指人与世界形成的一种非功利性、情感化的关系状态[1]。审美属于主观活动之一，是随社会发展环境变化的。

---

[1] 石媛. 现代审美观念对传统手工艺的影响[J]. 西部皮革，2021，43（13）：27-28.

自文艺复兴以来，欧洲美学理论对西方审美产生了深远的影响，许多人认为美是指具有正统、优雅和秩序的事物，例如规则、对称性和比例。然而，2021年元宇宙元年的到来推动了审美观念转型升级。在元宇宙技术的驱动和审美主体选择的共同作用下，塑造了一种与现实世界审美风尚截然不同的审美形态——元宇宙审美理念。元宇宙审美理念是指将美学融入元宇宙场景，使"硬核"的元宇宙技术与美学思想融合[1]，构建出一种虚拟空间的审美标准和价值观。这种审美理念无惧国界、文化的差异，将无拘无束、自由释放作为审美价值，人们的审美观念也逐渐转向虚拟空间。在贾伟、邢杰的《元宇宙力：构建美学新世界》一书中提到了元宇宙世界让感知力美学、认知力美学、想象力美学、创造力美学达到了四力合一，进而产生新的美学系统。可以说，这种新的美学系统正是新建构的元宇宙审美理念。元宇宙审美理念力求打破现实世界的限制，提供更加自由和多元的审美体验，表现出先锋性、未来感、稀缺性的特点，这种审美特点也将塑造人类的审美感知。

一、元宇宙审美理念的特点

（一）先锋性

先锋性指的是为对抗生活世界一般习性的"逃逸美学"和"叛逆美学"[2]，其是元宇宙审美理念的首要特征，也是构建高美感社会的前提。在现代社会，多样化和丰富性层面的探索主要来源于先锋个体。先锋个体主要指的是艺术家、设计师或是一些人文学科的知识分子。他们走在时代前列，呼吁一些事物从实用性中解脱释放，转身投向"越界"和抵抗之处。而且从某种程度上而言，先锋性是与时代发展进程相伴相生的一种特性。在元宇宙时代，先锋设计师们对先锋性的审美追求是亘古不变的，他们在设计制作虚拟产品时，也始终保持超前的审美风格，通过不断创新实践，深入现实世界未曾涉及的地方。

元宇宙审美理念通过虚拟产品最大限度地解读了先锋性。虚拟产品是一种"反日常生活"的元宇宙产物，但正是由于这种"反日常"性，才使得其与人类在现实世界中想要摆脱的局限性特征相吻合。时至今日，元宇宙审美也可以说是宇宙先锋审美，它有着最大的创新性，能获得当代人们最大程度的认同。例如，人们通过虚拟试衣间，尝试了一键换装的动态换衣效果，可以即刻实现

---

[1] 贾伟, 邢杰. 元宇宙力：构建美学新世界[M]. 北京：中译出版社，2022：48-51.
[2] 冯黎明. 艺术自律与先锋艺术[J]. 湖北大学学报（哲学社会科学版），2021，48（01）：26.

自动换装；通过观看虚拟主播，感受到与AI人工智能互动的虚拟体验，可以无忧无虑地吐露心声；通过购买虚拟时装，体验到万物皆可穿的视觉效果，可以获得精神上的满足。这些前卫的虚拟产品就是元宇宙审美先锋性的有力印证。元宇宙审美之所以具有先锋性，正是因为无数先锋设计师在敢为人先的设计中，融入无限遐想，将其变成"触手可及"的美学体验。

（二）未来感

未来感是指立足科技进步，超越现实世界，不断展望未来的一种理念。英国著名作家赫伯特·乔治·威尔斯（Herbert George Wells）曾提出"人类的过去与未来"学说，并提议建立一门"关于未来科学"学科，可以说，这是最早谈及"未来主义"的学者。赫伯特·乔治·威尔斯探讨未来主义的想法是超前的，影响是深远的。直到现今，人类在探讨审美风潮时，还会联系到未来主义。而元宇宙审美理念便对标着未来主义的审美风格，体现着强烈的未来感氛围，打造了独具未来感的美学幻想。"未来"一词原意就是指从现在往后的时间，是相对于现在所处的这个时刻而言的未来的时间，即未来是变幻莫测、难以捉摸的。元宇宙审美亦是如此，它并非一成不变，而是随着现实世界的创新创造而产生变化的，故用未来感来概括元宇宙的审美特点是十分贴合的。

科学技术是元宇宙审美得以产生的基础，也是展现未来感特征的关键手段。技术将人们带入虚拟世界，打造出超真实的立体视觉效果，将现实世界中原本不复存在的东西变成了可能，打开了全新的审美世界。如今，在3D建模、3D渲染技术的加持下，虚拟人、虚拟时装、虚拟试衣间等一众具有元宇宙审美风格的虚拟产品相继问世。设计师们在虚拟世界中天马行空，把未来感元素融入虚拟产品中，从一定意义上看，虚拟产品也成为一种代表未来的符号，其符号意象是无限憧憬的未来世界。例如，虚拟人物的故事背景通常设置于未来时空，他们的视觉形象设计大多运用科幻元素进行拼贴，传递未来美感。虚拟时装则运用未来感元素，突显服装设计的未来主义风格。同时，虚拟产品的未来感是具有刺激作用的，可以使人类的审美感知力得到前所未有迸发。

（三）稀缺性

稀缺性指的是人类在虚拟世界中追求供应量少，造型独特的虚拟产品的审美心理。以往现实世界中的美图秀秀滤镜、古着服饰、真人主播等，已经无法满足用户的审美需求，人们试图寻找另一种能够彰显自我独特性的审美体验。

而虚拟产品的问世正好与人们标新立异的审美诉求不谋而合，从AR滤镜到虚拟时装、虚拟饰品、虚拟主播，每种虚拟产品都有成千上万种风格款式和动态情境，帮助人们打造稀缺性的审美体验。换言之，虚拟产品天然的稀有性是促成元宇宙审美具有稀缺性特征的核心因素。虚拟产品在制作技术、数量、外观造型等方面都是稀有和独特的。

制作技术的稀有主要表现在AI技术、3D建模技术、动画技术的使用，它为虚拟产品的稀缺性附上底层逻辑。数量的稀有可以从最近爆火的虚拟时装来看。例如，虚拟时装品牌Auroboros的每一件虚拟时装都有独有的方式生成，永远无法复制，永远是独特且不同的。虚拟时装品牌Tribute Brand为保证其虚拟时装的稀缺性，所有虚拟时装都限量发售。外观造型的稀有主要体现在虚拟时装的色彩、图案等是现实世界中少有的，甚至是无法实现的；抑或是有些虚拟主播的外观神情是较为稀有的。总的来说，元宇宙审美具有稀缺性这一特征通过虚拟产品的稀有属性得到完美诠释。另外，品牌方或设计师利用区块链和NFT技术来保证虚拟产品独一无二的特性，保证虚拟产品的价值。可以说，元宇宙审美的稀缺性特征在生产者和消费者的合力推动下也越发清晰。

二、元宇宙审美理念的表现形式

元宇宙审美理念通过虚拟时装、虚拟主播、虚拟试衣间、AR滤镜等虚拟时尚产品得以表现，这些表现形式可以满足Z世代和千禧一代的审美体验，达到"物我合一"的新境界。其中，虚拟时装是指利用3D建模技术和动画技术，设计并制成的数字化服装。虚拟时装是服装的虚拟化，用户可以通过上传照片的方式获取虚拟时装，但是无法获得实体时装。虚拟主播则是另一种虚拟形态，是指将人工智能技术和虚拟仿真技术相结合，形成的可以从事媒体内容生产和传播等工作的脱离了"碳基"身体的主播。这一技术的实现为用户带来了全新的交互方式。虚拟试衣间是利用虚拟现实技术（VR）让消费者感受到自己身处虚拟世界中"试穿"，但由于虚拟试衣间目前还不能全方位展示服装面料和质感等，所以该技术仍有较大的提升空间。AR滤镜是指利用增强现实技术（AR）在面部、手部等身体部位进行妆容上脸、产品试戴等服务体验。它现已逐步取代传统的贴纸滤镜，成为各大社交媒体软件和时装品牌的常驻滤镜。DappRadar（区块链应用程序排名和跟踪平台）数据显示，2021年NFT销售额达到约249亿美元，2030年元宇宙的潜在经济价值可能高达

5万亿美元[1]。从调查数据足以看出，虚拟时装、虚拟主播、虚拟试衣间和AR滤镜等虚拟产品大受消费者追捧，这也对元宇宙审美理念的建构有着深刻影响。上述多样化的元宇宙审美理念的表现形式将会继续优化发展，同时，在数字化技术的加持下，新兴的元宇宙审美理念的表现形式也将逐步出现（表2-1）。

表2-1　　　　　　元宇宙审美理念的表现形式（部分）

虚拟时装	虚拟主播	虚拟试衣间	AR滤镜

第四节　虚拟时装的元宇宙审美表达

元宇宙审美理念推动了虚拟时尚的逐步成型。虚拟时尚是指采用虚拟现实技术和数字技术来展示和体验的时尚。它将时尚和科技进行融合，为用户带来丰富性和多样化的时尚体验。虚拟时尚颠覆既有的时尚视界，发展了虚拟时装、虚拟主播、虚拟试衣间、AR滤镜等更为具体的虚拟产品形态，它们也是元宇宙审美理念的表现形式。其中，虚拟时装则是位居元宇宙热度前列的虚拟产品，其与实体时装在视觉符号方面均有不同之处。从元宇宙审美理念促进虚拟时尚形成，再到虚拟时尚发展出具体产品——虚拟时装，由此可见，"元宇宙审美理念—虚拟时尚—虚拟时装"这一内在逻辑关系逐渐显现。

服饰的审美受特定时期审美观念的影响，在其发展历程中呈现出千姿百态的审美景观。以中国服饰发展历程为依据，在改革开放新时期，喇叭裤、蝙蝠衫等服饰传入中国，个性化成为主流的审美观念。随着中国经济的快速发展，服饰越来越具有包容性，进入21世纪后，多样化则成为21世纪服饰审美的

---

[1] 清元宇宙. 时尚界新锚点：如何实现元宇宙品牌的"QQ秀"[EB/OL]．（2023-04-04）[2023-04-06]. https://mp.weixin.qq.com/s/-kQ_lfXAWQQfpr6kKa0CdQ.

风向标。2021年，3D软件技术再次加快了服饰的审美观念转变的进程，服装从最早具有审美意蕴物态化的形式之一，逐渐转向具有审美意蕴虚拟化的新形态[1]，虚拟时装的元宇宙审美悄然而生。

虚拟时装这一"皇帝的新衣"是元宇宙审美下极具视觉冲击力的一种表现形式，元宇宙审美观念影响了虚拟时装的视觉符号。虚拟时装的视觉符号与传统服饰以及近现代服饰的视觉符号既有共性又有差异性。其共性在于部分虚拟时装的造型符号与高端西方服饰的造型符号相似，以礼裙、礼服等造型符号为主。其差异性在于多数虚拟时装色调丰富的色彩符号、科幻迥异的图案符号和颠覆常规的造型符号都是现实世界设计师无法达到的。例如，虚拟时装的色彩符号和质感符号反光且带有乳胶感，色彩符号名称也以"乳胶蓝""赛博粉红"等命名。图案符号则融合了人体淋巴系统、科幻电影里的神话植物等具有想象性的符号，突破了现实世界中的常规花纹。造型符号也极具夸张炫酷，紧身超大裙摆或超大气球裙等造型（表2-2）。这些视觉符号都表达了与众不同的元宇宙审美理念。

表2-2　　　　　　　实体时装和虚拟时装的视觉符号对比

符号对比	实体时装	虚拟时装
色彩符号	●	●
图案符号		
造型符号		

---

[1] 李奕霖. 时代审美观念的变化对服饰审美的影响[J]. 轻纺工业与技术，2020，49（03）：29-30.

虚拟时装的元宇宙审美表达开启了虚拟时尚与未来审美之间的全新旅程，虚拟时装设计师试图打造将自然万物穿在身上的虚拟视觉景观。虚拟时装自诞生之初就超越了亚里士多德的模仿论和本雅明的机械复制论，形成了一种独立于现实世界的虚拟时尚风潮。它能够满足人们在社交媒体中想让自己的造型看起来完美无缺的审美心理，人们无须在乎性别、种族、身材等偏见，真正实现了"穿衣自由"。换言之，虚拟时装作为元宇宙审美的一种表现形式也已然构筑了人与人之间的审美自由。

第三章 虚拟时装的视觉符号解读

第一节　The Fabricant品牌的视觉符号特征及阐释

　　The Fabricant是世界上第一家仅提供"数字化服装"的服装店，致力于打造一个纯数字的时装产业，它在全球多个虚拟时尚概念经纪公司中排名前列。据The Fabricant官网信息可知，2021年The Fabricant首次推出"开端"（Genesis）系列；2022年The Fabricant共推出"共创的曙光"（The Dawn of Co-Creation）、"十二生肖"（Zodiac Wardrobe）、"女性的世界"（World of Women&The Fabrican）三个系列；2023年The Fabricant推出"全原始狂欢"（Whole-Primal Rave）系列。其中，"开端"系列和"共创的曙光"系列属于第一季，"十二生肖"和"女性的世界"系列则属于第二季。The Fabricant的虚拟时装大多是由服装设计师和织物设计师共同制作，每位设计师也在The Fabricant官网上讲述了每件虚拟时装的设计理念。每件虚拟时装作为视觉符号都具有奇妙的视觉魅力和独有的象征意义。本书选取The Fabricant第一季和第二季中有特色的若干件虚拟时装的相关简介进行文本分析，对两季虚拟时装的色彩、材质和造型符号进行解读。

一、忽明忽暗的色彩符号

　　色彩是The Fabricant在众多虚拟时装中脱颖而出的关键元素，它每一季的每个系列的虚拟时装都有相对应的色彩风格。第一季色彩符号暗淡，第二季色彩符号明亮艳丽，所以整体上色彩符号呈现出忽明忽暗的特征。第一季是The Fabricant较早创建的虚拟时装系列，整体色彩风格偏向暗色系，只有少数采用亮色元素。其主要色彩包括电绿松石色、昆德尔绿、云蓝、午夜蓝、水晶蓝、深紫色、卡米尔白、金盏花橙、穆迪洋红、珊瑚红等（表3-1、表3-2），且每种色彩都具有相应的符号隐喻。

　　查阅浏览虚拟时装品牌The Fabricant官网，并未发现其对各个系列虚拟时装的色彩符号进行相关解读。而色彩符号的阐释往往是基于文化、历史、语言、时代等多种因素的交织影响而来，所以在不同的文化和历史背景中可能会有不同的符号解读。本书将根据现代社会语境、各个系列虚拟时装所处的社会

表3-1　The Fabricant第一季"开端"系列的色彩符号（部分）

色彩编号	色彩名称	色彩符号
01	电绿松石色（Electric Turquoise）	●
02	午夜蓝（Midnight blue）	●
03	水晶蓝（Crystal blue）	●
04	深紫色（Deep purple）	●
05	穆迪洋红（Moody Magenta）	●
06	雾色（Fog）	●

表3-2　The Fabricant第一季"共创的曙光"系列的色彩符号（部分）

色彩编号	色彩名称	色彩符号
01	昆德尔绿（Quendel green）	●
02	云蓝（Cloudy Blue）	●
03	卡米尔白（Camille white）	●
04	金盏花橙（Calendula orange）	●
05	珊瑚红（Barberry red）	●
06	幸运黑（Fortune black）	●
07	城堡色（Castle）	●
08	马尔夫（Malv）	●

历史语境或中西方语境进行The Fabricant各个系列虚拟时装的色彩符号解读。电绿松石色的色调比翠绿略浅，是一种明亮、鲜艳的蓝绿色调，通常用在时尚、设计和装饰领域。作为一种非传统的现代前卫色彩，它既可以象征独立思考和追求自由的精神，也可以代表未来、科技和进步的方向。午夜蓝则介于蓝色和黑色之间，能够唤起人们对夜晚、星空和宇宙的联想，代表着神秘、深邃和追求未知的精神。水晶蓝被应用于具有科技感的虚拟时装中，其能够唤起人

们对大自然、海洋和天空的美好联想,所以其象征符号主要是自由、希望和幸福。深紫色指示的是古老文化和传统价值,代表着历史传承和典雅尊贵。穆迪洋红近似玫红色,是古代以昆虫为原料制作出的动物性染料色彩。该色彩符号强调了对女性力量和女性独立精神的关注和支持,代表着女性解放和平等的价值。雾色通常被用于表达柔和、舒适的服装设计,这种色彩蕴含着平静、安详和内敛的符号隐喻。

昆德尔绿是一种灰绿色调,得名于英国19世纪建筑师劳伦斯·昆德尔(Lawrence Kedholme)。该色彩符号呈现出一种柔和、凝重的特质,同时也透露着一种精致、优雅的气息。云蓝就是浅蓝色的一种。通过观察"共创的曙光"系列中运用云蓝的多件虚拟时装,会让人联想到天空和自由,因此它可以象征着无限的梦想和追求自由的精神。卡米尔白是近似于米白色的色彩,可以抒发人们内心对自然美好的向往,具有纯洁、优雅的象征意义。金盏花橙指的就是金盏花的颜色,色调偏橘,是暖色系的色彩。它在视觉感知上可以让人们感受到积极乐观和充满希望。珊瑚红表达了人们对激情、勇气和创新的联想和追求,象征着创意、挑战和突破的精神。幸运黑的象征意义包括神秘、高贵和奢华,同时也代表着人们对命运和机遇的关注。城堡色传递出沉静、内敛的氛围,表达出人们对历史文化的追忆,象征着庄重和沉着。马尔夫是一种灰紫色,被用来表示隐藏或未知的事物,与深紫色一样都是尊贵和神秘的象征。

第二季的虚拟时装在直观的视觉传达外,也蕴含着虚拟时装设计师鲜明的个性特点、内心情感,即色彩符号所传达的隐喻。第二季的虚拟时装分为"十二生肖"和"女性的世界"系列。其中,"十二生肖"系列在色彩上与第一季虚拟时装的色彩符号相类似,色彩偏暗,均是较为沉稳的色彩。而"女性的世界"系列虚拟时装的色彩则以活泼亮丽色系为主,透露出与众不同的符号意象。"十二生肖"系列由3D艺术家斯蒂芬·冯(Stephen Feng)设计,该系列的设计灵感源自中国的十二生肖,共融入了月白色、石油蓝、赤陶色、番红花色、薰衣草色、草甸绿、复古棕色、南瓜色、象牙色、深蓝色、玫瑰色、古红色等28种颜色进行制作(表3-3)。

表3-3　The Fabricant第二季"十二生肖"系列的色彩符号(部分)

色彩编号	色彩名称	色彩符号
01	石油蓝(Oil Blue)	●
02	南瓜色(Pumpkin)	●

表3-1　The Fabricant第一季"开端"系列的色彩符号（部分）

色彩编号	色彩名称	色彩符号
01	电绿松石色（Electric Turquoise）	●
02	午夜蓝（Midnight blue）	●
03	水晶蓝（Crystal blue）	●
04	深紫色（Deep purple）	●
05	穆迪洋红（Moody Magenta）	●
06	雾色（Fog）	●

表3-2　The Fabricant第一季"共创的曙光"系列的色彩符号（部分）

色彩编号	色彩名称	色彩符号
01	昆德尔绿（Quendel green）	●
02	云蓝（Cloudy Blue）	●
03	卡米尔白（Camille white）	●
04	金盏花橙（Calendula orange）	●
05	珊瑚红（Barberry red）	●
06	幸运黑（Fortune black）	●
07	城堡色（Castle）	●
08	马尔夫（Malv）	●

历史语境或中西方语境进行The Fabricant各个系列虚拟时装的色彩符号解读。电绿松石色的色调比翠绿略浅，是一种明亮、鲜艳的蓝绿色调，通常用在时尚、设计和装饰领域。作为一种非传统的现代前卫色彩，它既可以象征独立思考和追求自由的精神，也可以代表未来、科技和进步的方向。午夜蓝则介于蓝色和黑色之间，能够唤起人们对夜晚、星空和宇宙的联想，代表着神秘、深邃和追求未知的精神。水晶蓝被应用于具有科技感的虚拟时装中，其能够唤起人

们对大自然、海洋和天空的美好联想，所以其象征符号主要是自由、希望和幸福。深紫色指示的是古老文化和传统价值，代表着历史传承和典雅尊贵。穆迪洋红近似玫红色，是古代以昆虫为原料制作出的动物性染料色彩。该色彩符号强调了对女性力量和女性独立精神的关注和支持，代表着女性解放和平等的价值。雾色通常被用于表达柔和、舒适的服装设计，这种色彩蕴含着平静、安详和内敛的符号隐喻。

昆德尔绿是一种灰绿色调，得名于英国19世纪建筑师劳伦斯·昆德尔（Lawrence Kedholme）。该色彩符号呈现出一种柔和、凝重的特质，同时也透露着一种精致、优雅的气息。云蓝就是浅蓝色的一种。通过观察"共创的曙光"系列中运用云蓝的多件虚拟时装，会让人联想到天空和自由，因此它可以象征着无限的梦想和追求自由的精神。卡米尔白是近似于米白色的色彩，可以抒发人们内心对自然美好的向往，具有纯洁、优雅的象征意义。金盏花橙指的就是金盏花的颜色，色调偏橘，是暖色系的色彩。它在视觉感知上可以让人们感受到积极乐观和充满希望。珊瑚红表达了人们对激情、勇气和创新的联想和追求，象征着创意、挑战和突破的精神。幸运黑的象征意义包括神秘、高贵和奢华，同时也代表着人们对命运和机遇的关注。城堡色传递出沉静、内敛的氛围，表达出人们对历史文化的追忆，象征着庄重和沉着。马尔夫是一种灰紫色，被用来表示隐藏或未知的事物，与深紫色一样都是尊贵和神秘的象征。

第二季的虚拟时装在直观的视觉传达外，也蕴含着虚拟时装设计师鲜明的个性特点、内心情感，即色彩符号所传达的隐喻。第二季的虚拟时装分为"十二生肖"和"女性的世界"系列。其中，"十二生肖"系列在色彩上与第一季虚拟时装的色彩符号相类似，色彩偏暗，均是较为沉稳的色彩。而"女性的世界"系列虚拟时装的色彩则以活泼亮丽色系为主，透露出与众不同的符号意象。"十二生肖"系列由3D艺术家斯蒂芬·冯（Stephen Feng）设计，该系列的设计灵感源自中国的十二生肖，共融入了月白色、石油蓝、赤陶色、番红花色、薰衣草色、草甸绿、复古棕色、南瓜色、象牙色、深蓝色、玫瑰色、古红色等28种颜色进行制作（表3-3）。

表3-3 The Fabricant第二季"十二生肖"系列的色彩符号（部分）

色彩编号	色彩名称	色彩符号
01	石油蓝（Oil Blue）	●
02	南瓜色（Pumpkin）	●

续表

色彩编号	色彩名称	色彩符号
03	象牙色（Ivory）	●
04	深蓝色（Deep blue）	●
05	玫瑰色（Rose）	●
06	兰花紫（Orchid）	●
07	古红色（Ancient red）	●
08	番红花色（Crocus）	●
09	薰衣草色（Lavender）	●
10	草甸绿（Meadow green）	●

月白色是中国传统色彩之一。由于古人认为月亮的颜色是介于淡蓝和中蓝之间的色彩，故月白色又称为"月下白"，指代的是月亮的颜色，即淡蓝色，象征着纯洁无瑕。石油蓝则是介于灰色和暗蓝色之间的色彩，偏向性冷淡的颜色，是责任使命的象征。南瓜色是一种暖色调的橙色，较为明快靓丽，意为吉祥嘉瑞的颜色。在现代社会语境下，其还代表着活力、乐观等积极向上的含义。象牙色相较于白色，偏黄，象征着神圣不可亵渎的历史感。深蓝色是"十二生肖"系列中使用较多的色彩符号，通常被认为具有稳重内敛的象征意义。兰花紫是一种淡紫色或淡蓝紫色，类似淡紫罗兰花的颜色，象征着柔和与浪漫。古红色是一种深红色，类似古代文物中常见的颜色，在"十二生肖"系列中应用的也较多。古红色浓郁深邃，不仅代表着尊贵典雅，还代表着力量和热情。番红花色，即番红花的颜色。番红花是在初春时期开放的花，有黄色、紫色或白色等多种颜色，这里设计师采用了紫色的番红花，与深紫色较为接近，同样有着庄严高贵的象征意义。薰衣草色作为一种治愈色，能够舒缓人们内心的平静。同时，薰衣草色无性别之分，充满想象空间，淡化着虚拟世界和现实生活的分界线，完美呼应了The Fabricant所倡导的无性别设计理念。草甸绿具有一种平和舒适的感觉，其象征符号是生命和希望。

第二季的另一个系列"女性的世界"是由The Fabricant与众多设计师合作共同创建的系列服装。该系列服装的色彩亮丽鲜明，深暗色调较少，主要有浅绿松石色、燕麦色、闪光紫、GM黄、TF粉、天空蓝、海军蓝、日落棕、加州橙、皮红、石灰绿等色彩（表3-4），其中有些许服装则是采用渐变色。这些色彩符号生动地传达了女性的魅力以及多变性，在一定程度上反映出虚拟时装设计师对元宇宙时代下女性群体的审美认知。

表3-4　The Fabricant第二季"女性的世界"系列的色彩符号（部分）

色彩编号	色彩名称	色彩符号
01	浅绿松石（Light turquoise）	●
02	闪光紫（Flash purple）	●
03	GM黄（GM yellow）	●
04	TF粉（TF pink）	●
05	天空蓝（Sky blue）	●
06	日落棕（Sundown Brown）	●
07	加州橙（California orange）	●
08	皮红（Cheeky red）	●
09	石灰绿（Lime green）	●
10	新龟色（New turtle）	●

通过浏览"女性的世界"系列中的虚拟时装发现，浅绿松石色介于青色和黄色之间，是该系列的主色调之一，万物生长、大地复苏是其象征符号，同时也意味着女性力量的崛起。闪光紫是属于元宇宙时代的魅力，紫色中带有光晕，充满科技感，表达了创造性、想象力和魔幻等特质。GM黄是一种代表着明亮、活力和创造性的颜色。这种黄色通常被描述为充满能量和乐观主义，并常用于吸引人们的注意力。TF粉是一种明亮的珊瑚粉，象征着未来、科技和创新。通过分析The Fabricant官网的虚拟时装发现，该品牌将TF粉定位为一种性别中性的颜色，旨在支持性别平等和多样性。天空蓝是类似于晴朗天空的颜色，即浅蓝色或淡蓝色。象征着自由的色彩，代表着沉稳的女性气质。

日落棕是暖调的棕色，类似日落时分阳光下的颜色。根据The Fabricant官网上的描述，这种色彩符号代表着温暖、自然和舒适，同时也具有时尚感和现代感。在"女性的世界"系列中,日落棕被用于突出女性力量和表达女性坚忍不拔的主题。加州橙这一色彩符号可能与加利福尼亚州的阳光、海滩和运动文化有关。该色彩符号常被用来表达该地区的生活方式和态度。加州橙代表着活力、创造力和乐观精神,呈现出自由、独立和充满生命力的女性形象。皮红代表着激情、力量和自信。在该系列中,皮红可能象征着女性的自我表达和勇气。这种色彩符号会让人联想到女性的魅力,并传达出无畏和坚定的个性特征。石灰绿通常是一种鲜艳的黄绿色,具有强烈的视觉冲击力。这种颜色代表了自由、勇气,传递出积极、活力和年轻的感觉,强调了女性的进取心和对生命的激情追求。新龟色相较于石灰绿是一种更为深沉的绿色,代表着自然、生命和平静。这种色彩符号能够在虚拟时装上营造出奢华、高贵和优雅的氛围,同时也展现出女性的力量和独立性。

二、花样迭出的图案符号

图案符号通常是像似符号、指示符号、象征符号三者的融合。The Fabricant第一季和第二季的图案符号都呈现出大量的花样纹理,所以图案符号具有花样迭出的特征。The Fabricant第一季的图案符号主要包括苔藓植物图案、行星地球、星空黎明、新星、舒缓丝绸宇宙版、科莫之夜、节点、治愈、崛起与闪耀、海洋织物等(表3–5)。

表3–5　　　　The Fabricant第一季的图案符号(部分)

图案编号	图案名称	图案符号
01	苔藓植物 (Musgo)	
02	行星地球 (Planet Earth)	
03	星空黎明 (Starry Dawn)	
04	新星 (Re Nova)	

续表

图案编号	图案名称	图案符号
05	舒缓丝绸宇宙版 （Soothing Silk Cosmic Edition）	
06	科莫之夜 （Como Nights）	
07	节点 （Node）	
08	治愈 （Cure）	
09	崛起与闪耀 （Rise and Shine）	
10	海洋织物 （Oceanic weaves）	

  基于The Fabricant官网的图案符号阐释，作出如下概括："苔藓植物"图案受生物纺织品物质性的启发，试图反思由数字工具辅助的生物合成纺织品创作的虚拟可能性。这一图案是水生皮肤、地衣、苔藓和细胞微生物的像似符号。"行星地球"花纹是一种虚拟图案设计，是地球的像似符号，其隐喻的是由于人类对自然资源的渴求，地球物质掩盖了当代社会所面临的环境问题，这不可避免地导致人类厄运的产生。"星空黎明"这种材质是通过寻找德国著名雕塑家亨茨·罗尔夫斯（Heinz Rolfes）的一个具象雕塑所创作的，展现的是迷幻和变化。其指代的是用反复变化的镀金图像和缩影包裹自己。这一图案在第一季和第二季的"十二生肖"系列中均有使用。"新星"是从宇宙中旋转星云的能量中汲取灵感的物质。其目的是让观测者以同样的敬畏和惊奇来看待元宇宙的广阔，人类祖先看着夜空并试图探索了解夜空。"舒缓丝绸宇宙版"通过对丝绸纹理和星座的结合来传达和谐、平静的符号意义。"科莫之夜"再现的是科莫湖夏末的傍晚，最后一缕光线幽雅地照射在水面上的生动场景。科莫是世界上最精致的面料产地，采用数百年来发展起来的工艺编织而成，以追求最好的品质为工艺目标。科莫之夜将科莫的景象与编织工艺魔幻展现。"节点"

这一图案符号隐喻着在物质世界之外的节点可以改变人类身份的编织方式，就如同纤维会吸进染料，从而改变纤维自身的颜色，象征着人类身处虚拟世界可以改变身份。

作为对日益数字化和高度互联的世界的深刻反思，"治愈"这一图案符号是绣球花的像似符号，是由技术生成的纹理，通过探索电子游戏的炼金术以及自然界和植物学的治疗特性。其将紫色绣球花和新鲜绿色草药的图案符号相结合，使人们感到催眠和疗愈。"崛起与闪耀"的图案风格是参照20世纪80年代范思哲标志性的印刷品创作的，这一图案是区块链技术的代码、符号和首字母缩略词的生动再现，象征着超越共同利益。其中最具特点的手工插图是书籍和锚链（连接铁锚和船舶的铁链），带有"GM"标志性封口和钟形吊坠，作为行动号召的象征符。这一图案在第一二季中均有运用。"海洋织物"指的是人们通常认为海洋是蓝色的，是一片近乎无尽的单色，既抽象又具体。但如果人们勇敢地面对海浪，潜到水面以下，纹理、颜色和渐变色调的整个生态系统就会显现出来。

第二季"十二生肖"系列的图案包括愿景#1、愿景#2、数字复兴#1、数字复兴#2、数字复兴#3、柯瑞基亚、花朵迷彩、未来人工制品、SEER面料、解构的摩托罗拉、桑塔利亚人等（表3-6）。这些图案都被冠以元宇宙风格的名称。

表3-6　The Fabricant第二季"十二生肖"系列的图案符号（部分）

图案编号	图案名称	图案符号
01	愿景#1 （Vision #1）	
02	愿景#2 （Vision #2）	
03	数字复兴#1 （Digital Renaissance #1）	
04	数字复兴#2 （Digital Renaissance #2）	
05	数字复兴#3 （Digital Renaissance #3）	

续表

图案编号	图案名称	图案符号
06	柯瑞基亚（Corycia）	
07	花朵迷彩（Floral Camouflage）	
08	幻想家（SEER）	
09	解构的摩托罗拉（Deconstructed Motopanser）	
10	桑塔利亚人（Santuarian）	

参考The Fabricant官网提供的图案符号信息,以下是本文概括和归纳的符号阐释。"愿景#1"和"愿景#2"代表着设计师投射出的愿景,表达的是大自然的生命体或许置身在不同的世界中,每个生命体所看到的东西是与众不同的。例如,在虚拟世界中,对壁虎来说,夜晚永远不会像现实世界这般黑暗,而对奶牛来说,绿草是红色或橙色的。"数字复兴#1""数字复兴#2""数字复兴#3"都是以中国传统主题为出发点,运用数字变形和西方古典元素来展现独特的中国风。"柯瑞基亚"将超现实主义与自然结合起来,其再现了花蜜编织的景象,隐喻着穿戴者对其疗愈特性的利用。"花朵迷彩"是对殖民时期韩国老年女性花卉服装的再现。杂乱无章的花卉图案暗含着人们用对美好未来的想象战胜过去的隐喻。"未来人工制品"是一种以不对称顺序组成的带有象形文字图案的错位人工制品。象形文字本身就由图画文字演化而来,是一种古老的字体,其代表的是人类对历史传统的挑战。"幻想家"面料象征着感官交织,让人们沉浸在超越物质的体验中,萌生一种"感受到人们所看到的,看到人们所感受到的"虚拟体验。"解构的摩托罗拉"这一面料的图案符号是一条简单的龙虎鱼物种形态曲线,它以对称的方式呈现,通过运用龙纹图案加强人们对龙的形象的联想。"桑塔利亚人"展现的是洛朗宇宙中的桑塔利亚物种。洛朗宇宙描绘的是后人类社会的宇宙,复杂而超智能的物种在这个星球上漫游。

The Fabricant第二季的"女性的世界"系列中共运用20种面料,面料设计师对图案符号的设计以及图案符号的隐喻大不相同。其中包括佩斯利印花、太空时代花卉、范式、波希米亚狂想曲、银光纹理、全息瓷砖画、消逝、多巴胺花、花卉乐趣、雷霆之心、转动、舒缓丝绸宇宙版、波尔卡圆点、卢米、银河系等(表3-7)。

表3-7 The Fabricant第二季"女性的世界"系列的图案符号(部分)

图案编号	图案名称	图案符号
01	佩斯利印花(Paisley Camo)	
02	太空时代花卉(Space Age Floral)	
03	范式(Paradigm)	
04	全息瓷砖画(Holographic Azulejos)	
05	消逝(Evanescence)	
06	花卉乐趣(Floral Fun)	
07	雷霆之心(Thunder Heart)	
08	转动(Turn)	
09	卢米(Lumi)	
10	银河系(Milky Way)	

据The Fabricant官网所述,"佩斯利印花"图案的神奇之处在于只改变其图案色彩即可彻底改变虚拟时装的"情绪",也代表着人类的情绪,即从严肃到活泼。"太空时代花卉"的设计灵感来自18世纪日本的一种旧纺织品图案,其色彩会发生变化,图案表面也会逐渐融合变形。加拿大设计师克里斯塔·金(Krista Kim)将其所设计的图案命名为"范式"。克里斯塔·金受Web 3.0时代的范式转换下,权力所产生的破坏性的启发,她对分散技术和迷幻感的交叉点进行探索,帮助人们找寻自我意识。这一图案符号象征着人们在寻找历程中冥想恍惚的状态,形象化地创造出一种视觉刺激的感官体验。"全息瓷砖画"这一图案符号是葡萄牙首都里斯本的传统彩绘瓷砖的像似符号,体现了数字化与传统文化的结合。"波希米亚狂想曲"这一图案指代的是20世纪60年代至70年代的嬉皮士文化,象征着他们自由而流动的灵魂。"银光纹理"是一种交织的锦缎3D材料,外观沉重,图案结构较为抽象。

图案符号"消逝"象征着生命无常以及构成生命的许多短暂瞬间。这些瞬间大多是忽明忽暗的,既有黑灰色,也有亮色。"多巴胺花"是一种花卉印花设计图案。这种大胆、冲突的图案和色彩隐喻着设计师对女性寄予的情感,他希望女性不仅要接受自己,还要爱自己。"花卉乐趣"代表的是一朵花在无声中绽放也在无声中凋零。

然而在虚拟世界中,全世界的花朵都在全力绽放,这也象征着生命永恒的荣光在充分闪耀。"雷霆之心"上的心形图案指代的是心跳的节奏,同时也代表着女孩的力量、怒喝与激情。"波尔卡圆点"这一图案符号在20世纪50年代风靡,也是当前时尚界经典图案之一,象征着女人的纯情与浪漫。"卢米"这一图案灵感来源于夜光灯和吊灯的氛围,代表着无限可能性的想象力。"银河系"这种虚线无限编织的图案符号,指代着不同强度的星星在闪烁。

三、豪放华贵的造型符号

在虚拟时装品牌The Fabricant的官网上检索发现,The Fabricant第一季虚拟时装共有615条结果,第二季的虚拟时装共有570条结果。The Fabricant第一季和第二季中的"女性的世界"系列的造型符号总体上讲究而不拘泥于传统风格,以连体衣、裙装、外套为主,既华丽又干练。第二季中的"十二生肖"系列的造型符号在融入传统文化的基础上也不失创新。The Fabricant第一季虚拟时装主要有升麻夹克、褶边夹克、妮哈勒尼娅连体衣、战斗紧身上衣、崛起的盖亚连体衣、贝克外套、燕尾服等(表3-8)。

表3-8　　　　　　The Fabricant第一季的造型符号（部分）

造型编号	造型名称	造型符号
01	升麻夹克 （Rising Hemerea Phermeli Jacket）	
02	褶边夹克 （Hemdrok Jacket）	
03	妮哈勒尼娅连体衣 （Nehalennia Dropsuit）	
04	战斗紧身上衣 （The Fight）	
05	崛起的盖亚连体衣 （Rising Gaia Bodysuit）	
06	贝壳外套 （The Shell）	
07	燕尾服 （The Tail）	

根据虚拟时装品牌The Fabricant的官网解读可知，升麻夹克融合了太阳神阿波罗的精髓和古希腊风格，象征着爱和自由。褶边夹克的灵感来自一件18世纪的历史夹克，并融合了20世纪90年代电子音乐流派Gabber俱乐部的飞行员夹克美学。这种美学也是唯一一种始于荷兰的亚文化。当时的青年身着色彩斑斓的复古运动服，自由洒脱地在街头狂奔。褶边夹克所指示的正是荷兰的亚文化盛行的时代，象征着青年人不受拘束的内心世界。妮哈勒尼娅（古代日耳曼民族的海洋女神）连衣裤运用高级定制技术，将古老的宗教符号与当代高科技元素相结合。该服装的设计灵感源于荷兰古代海岸线上的一个神庙遗址中发现的雕塑和符号，这些符号用来祈求或感谢荷兰古代宗教妮哈勒尼娅女神的保佑。所以，妮哈勒尼娅连衣裤可以被视为对古代宗教历史和文化的一种致敬和重新

诠释。战斗紧身上衣呈碎裂造型,半透半裂的设计象征着人类脆弱的时刻。崛起的盖亚(古希腊神话中的大地女神)连体衣存在一种野性与现代之间的共生二元性,这套衣服的设计旨在赋予女性探索世界的身体力量。贝壳外套这一造型符号是带有复杂分层蕾丝细节的雕塑礼服。其像似符号和指示符号是贝壳,通过模拟自然物体的形态和材质,探索人类与自然之间的关系和相互作用。其象征符号则体现在人类对大自然的赞美和向往,以及环保和可持续发展的价值观。燕尾服通过数字化技术再现了动物尾巴的形态和结构,具有指称自然界中的生物形态的作用,其尾部的重叠感就像生物跑步时留下的痕迹。而动物尾巴常被视为动物个性和特征的象征,因此,燕尾服也强调着个体表达和独特性。

虚拟时装品牌The Fabricant第二季"传统+现代科技"的奇特造型为其虚拟时装的火爆带来不少视觉符号上的加持。第二季"十二生肖"系列包含了12种不同的虚拟时装设计,每种设计都指示着一个特定的生肖,其以神秘和超自然的方式展现了生肖和宇宙的力量。这些造型符号是中国十二生肖的像似符号和指示符号,同时也蕴含着相应的象征符号。据The Fabricant官网介绍,该系列的设计师斯蒂芬·冯结合现代与传统,利用不对称的雕塑切割,呈现出带有中国气息的纹理和工艺。这些虚拟时装的灵感来源于汉服服饰,它既修长又自由流畅,将汉服美学与科技服饰中的紧身或现代雕塑剪裁和腰带融为一体(表3-9)。

表3-9　　The Fabricant第二季"十二生肖"系列的造型符号

造型编号	造型名称	造型符号
01	鼠 (Rat)	
02	牛 (Ox)	
03	虎 (Tiger)	

续表

造型编号	造型名称	造型符号
04	兔 （Rabbit）	
05	龙 （Dragon）	
06	蛇 （Snake）	
07	马 （Horse）	
08	羊 （Ram）	
09	猴 （Monkey）	
10	鸡 （Rooster）	
11	狗 （Dog）	
12	猪 （Boar）	

关于The Fabricant第二季的"十二生肖"系列，官网上未有相关的符号隐喻阐释。但通过查阅十二生肖的文献资料并观察该系列的虚拟时装，分析发现，设计师斯蒂芬·冯在设计该系列的部分虚拟时装时或许有着自己的阴阳观。在中医五行学说中，十二生肖或十二地支（子、丑、寅、卯、辰、巳、午、未、申、酉、戌、亥）可以与五行（金、木、水、火、土）相配对应，具体配对为鼠（子水-阳水）、牛（丑土-阴土）、虎（寅木-阳木）、兔（卯木-阴木）、龙（辰土-阳土）、蛇（巳火-阴火）、马（午火-阳火）、羊（未土-阴土）、猴（申金-阳金）、鸡（酉金-阴金）、狗（戌土-阳土）、猪（亥水-阴水）。而"十二生肖"系列中的"兔"这一造型符号的裤腿宛如一对兔耳，展现出女性灵动自在的特点，正好对应"阴木"。而且在中国文化中，兔子通常代表着繁荣、富足和团圆之意。造型符号"龙"呈现出刚健强硬的特点，而龙作为中华民族的图腾标志，一直以来都被视为吉祥、神圣的动物，象征着强大的权力和力量。造型符号"蛇"的整体造型呈曲线形，与蛇相类似，能使人迅速联想到现实生活中蛇的形象。该造型符号被赋予一种阴柔和神秘的特征，对应"阴火"。"羊"这一造型符号展现出一种宁静温和的形象，与"阴土"相对应，象征着安定和谐的状态。"猴"这一造型符号则与"阳金"对应，象征着机智顽皮的性格。造型符号"狗"对应"阳土"，其造型呈现出活泼好动的特点，象征着勇敢和守护。造型符号"猪"对应"阴水"，其手部动作呈备战状态，代表着对抗世界，象征着力量和勇猛。

此外，"鼠"这一造型符号展现的是手臂上升、单腿跳跃的动作，表露出灵活机敏的特点，这与老鼠在现实生活中的形象相似。但其展现的是女性服饰造型，却对应"阳水"。造型符号"牛"呈现出修身合体的男性服饰特点，代表着稳重踏实、勤劳朴实等特征。但这里的男性服饰特征与牛相对应的"阴土"相悖。造型符号"虎"则是一种肆意随性的女性造型，代表着勇气、力量、自信等价值观念，但其也与对应的"阳木"不符。造型符号"马"双臂展开的动作，代表着洒脱、无拘无束的性格特征。但是"马"呈现出的是女性外观，其对应的却是"阳火"。造型符号"鸡"简单干练，代表着朴实无华中透露出的自信坚忍。The Fabricant官网将"鸡"这一造型符合命名为"公鸡"，这与"阴金"相反。可见，本文按照十二生肖配五行的规律来解读该系列虚拟时装还存在一定的探讨空间。但可以看出的是，在虚拟世界中，虚拟时装从未完全被十二生肖配五行的规律所束缚。设计师斯蒂芬·冯在持有阴阳观的同时，也在一定程度上突破了性别的界限。

第二季"女性的世界"系列中的造型符号呈现出华丽高贵的样式，包括燕尾服、女王礼服、奇幻衬衫、蒸汽朋克紧身胸衣、卡巴莱紧身胸衣、翡翠精灵斗篷、红色连衣裙、女巫连衣裙、迷幻连衣裙、未来主义连衣裙、NFT女神上衣、冒险者上衣、波尔卡圆点上衣、红色皮革夹克、人造毛皮大衣、油漆匠工装、战士铠甲等（表3-10）。

表3-10 The Fabricant第二季"女性的世界"系列的造型符号（部分）

造型编号	造型名称	造型符号
01	燕尾服 （Tuxedo）	
02	女王礼服 （Queen's dress）	
03	奇幻衬衫 （Fantasy Shirt）	
04	蒸汽朋克紧身胸衣 （Steampunk Octopus）	
05	卡巴莱紧身胸衣 （Cabaret Corset）	
06	翡翠精灵斗篷 （Emerald Elven Cape）	
07	女巫连衣裙 （Witch Dress）	

续表

造型编号	造型名称	造型符号
08	迷幻连衣裙（Psychedelic Dress）	
09	未来主义连衣裙（Futuristic Dress）	
10	战士铠甲（Warrior Armor）	

  从该系列的紧身胸衣到燕尾服可以看出The Fabricant对服装二元结构的打破与重构。依据The Fabricant官网给出的符号解读，燕尾服华丽又干练的造型符号隐喻着女性的强大以及女性在男性主导世界中的地位。女王礼服的造型设计则略显夸张，复杂的分层结构以及蕾丝的细节设计都显示出女性的独特魅力。奇幻衬衫的灵感来源于嘻哈文化。酷炫的嘻哈风格带来了与燕尾服、女王礼服等造型符号完全不同的视觉感知，表达了女性独立、自主和多元化的特质。蒸汽朋克紧身胸衣充满一股与众不同的神秘感和暗黑风。卡巴莱紧身胸衣的灵感来源于历史悠久的巴黎歌舞厅之夜，隐喻着感官、力量和禁忌。翡翠精灵斗篷是奇幻小说中斗篷的像似符号，其设计灵感来自精灵传说，展现了一种神秘而优雅的气质，象征着自然与幻想的结合。从视觉审美上看，精灵斗篷的造型符号相较于奇幻小说更为灵动，更具造型感。红色连衣裙的造型在一定程度上再现了迪奥的红地毯礼服，突显出女性优雅华贵的气质。女巫连衣裙是根据角色扮演类游戏《巫师》（游戏背景设定在中世纪的奇幻世界）中女主叶奈法（Yennefer）的造型设计的。女主叶奈法是位女术士，她身着令人惊叹的服装，女巫连衣裙也因此而得名。迷幻连衣裙指代的是20世纪60至70年代的迷幻视觉艺术，其象征着自由、革命和新体验。未来主义连衣裙的灵感来源于赛博朋克美学流派的电影先锋《银翼杀手》（故事背景设定在未来的洛杉矶）和法国科幻电影《第五元素》（故事背景设定在未来世界）。两部影片均将电影情节设定在未来，影片的风格与虚拟时装的未来感不谋而合。NFT女神上衣则代

表着向NFT女神团体致敬。冒险者上衣的灵感来源于动作冒险类游戏《古墓丽影》系列的女主劳拉·克劳馥（Lara Croft）以及其他冒险游戏中强势的女性角色。战士铠甲象征着女性内心的强大力量。这件虚拟时装的设计灵感来自传统的战士盔甲，但是它被重新构思为一件更为现代化和女性化的时装，使女性在穿上它时能够感受到自己的强大、自信和无所畏惧。

总体而言，The Fabricant第一季"开端"系列、"共创的曙光"系列，第二季"十二生肖"系列、"女性的世界"系列都有各自的符号意义系统。其符号意义系统主要形成于两方面：一方面是The Fabricant官网对虚拟时装视觉符号的直接符号阐释，即设计师的设计意图；另一方面是通过结合现代社会语境、社会历史语境以及中西方语境等各个语境所得出的符号意义解读。而且利用皮尔斯的符号三分法解读The Fabricant各系列虚拟时装的视觉符号可发现，第一季和第二季虚拟时装的部分图案符号是绣球花、草药、爱心等的像似符号，部分造型符号指示着电影游戏等虚拟世界中的女性形象。此外，第一季"开端"系列的视觉符号象征着自由独立和探索未知；第一季"共创的曙光"系列的视觉符号象征着追求自由和创新突破；第二季"十二生肖"系列的视觉符号隐喻着对美好未来的想象和生命的希望；第二季"女性的世界"系列的视觉符号隐喻着女性力量和女性的坚定无畏。可以说，The Fabricant两大系列的虚拟时装背后所蕴含的符号阐释是推动人们建立元宇宙审美观念的核心源泉。

第二节　Auroboros品牌的视觉符号特征及阐释

Auroboros是世界上第一个数字奢侈品品牌，也是第一个在伦敦时装周走秀的虚拟数字服装品牌。该品牌以"穿上未来，创造你的科技幻想"为宗旨，品牌名称来源于一个古老的符号——衔尾蛇，其既象征着至高无上的作品，又象征着能够自我增生的事物和宇宙中无限循环的概念。图3-1所示为Auroboros的品牌标志，也是衔尾蛇的像似符号，其金属结构代表着衔尾蛇的身体和牙齿。而且Auroboros的色彩、质感和造型符号也同它的名字一样始终在可持续性的循环变化。Auroboros主打自然设计风格，倡导用科技进步来保护自然，其凭借自然灵感设计创造了数字类别——自然科技（NatureTech）。此外，Auroboros利用3D扫描和AR技术首次推出仿生（Biomimicry）系列虚拟时装。该系列共有14套虚拟时装造型，其以模仿自然结构为设计核心，从神话植物、科幻电影和个人叙事中汲取灵感，反映了21世纪的科学幻想。2022年，

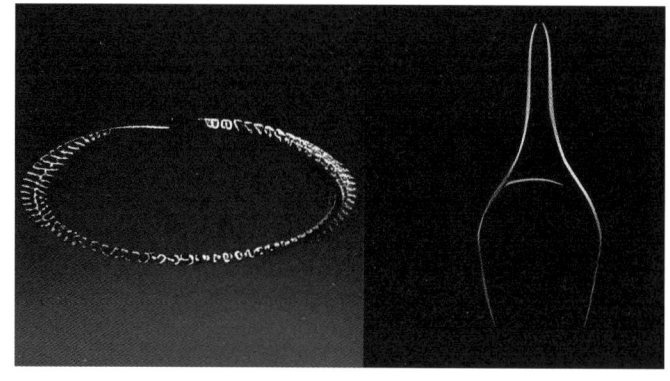

图3-1 古老神话符号衔尾蛇及Auroboros的品牌标志

Auroboros正在围绕乌托邦未来及其与人体的关系展开新的讨论,试图将奢侈品行业发展到更深层次。

一、缤纷柔和的色彩符号

色彩的选用传达出Auroboros的品牌形象。Auroboros的色彩难以用单一的颜色来界定其主色调。从以往Auroboros各个系列的虚拟时装中可以直观地看到类似现实世界中蓝色、粉色、绿色、紫色以及长春花蓝等缤纷色彩的巧妙融合,这些色彩是接近大自然和生物体的颜色。Auroboros同The Fabricant一样,并未给出相应的色彩符号解读,但依据其品牌宗旨和设计灵感可以大致将其色彩符号阐释如下。据上文所述,Auroboros对科技保护自然发起呼吁,该品牌注重环保和可持续发展,那么蓝色可能象征着大自然中的水和天空,通常代表着清新纯洁和可持续性。粉色则传达出轻盈的感觉,代表着对自然美好的向往。绿色在自然界中广泛出现,又是最接近自然的颜色,所以其通常象征着生命、生机与希望。在现代西方文化中,紫色被看作是创新和个性的象征。而"创造科技幻想"又是Auroboros的宗旨核心,所以紫色在该品牌中的象征符号可能正是创造力和想象力。此外,随着元宇宙的兴起,独具魅力的紫蓝色调成为各虚拟时装品牌的热门选择。据权威色彩机构潘通(PANTONE)发布的报告,2022年度代表色:长春花蓝[1]。Auroboros也将长春花蓝这一带有数字性基因的色彩运用到虚拟时装的色彩上。长春花蓝将蓝色和红色融为一体。蓝色象征着忠诚和恒久,而红色则象征着热情与活力。这种突破性的色彩融合,象征

---

[1] Pantone色彩机构. 彩通时装流行色趋势报告[EB/OL]. (2022-01-13)[2022-12-01]. https://www.pantonecn.com/color-consulting/about-pantone-color-institute.

着当下的时代精神和未来生命的无限可能性，紫蓝色调独特的数字感和未来感为其释放出更强的视觉冲击力。

二、玲珑剔透的图案符号

仿生系列的图案符号包括晶体结构、花蕾、种子、维纳斯捕蝇草、卷须、幼苗以及淋巴系统等（表3-11），这些图案与大自然中的生命是一种像似关系。有关Auroboros的文献所给出的图案符号解读可以概括为："晶体结构"较为重复和均匀，是一个在6~12小时内"成长"的结晶过程，"晶体结构"会随时间渐显，暗示着生命体存在周期性。其灵感来源于现实世界，比如微生物和海洋生物的现实形象，或是奇妙的物理现象。"花蕾"图案符号生动且丰富，几乎整件虚拟时装都被一朵朵小花包裹着，仿佛置身于大自然中，象征着虚拟时装

表3-11　　　　Auroboros仿生系列的图案符号（部分）

图案编号	图案名称	图案符号
01	晶体结构 （Crystal structure）	
02	花蕾 （Bud）	
03	阿托基里纳种子 （Atokirina seeds）	
04	维纳斯捕蝇草 （Venustrap）	
05	卷须 （Tendril）	
06	淋巴系统 （Lymphatic system）	
07	幼苗 （Seedling）	

和自然界的生命一样，最终都会消逝。同时也提醒人们应该珍惜服装，减少快时尚消费给环境造成的破坏。"阿托基里纳种子"图案符号的灵感源自美国科幻电影《阿凡达》（故事背景设定在外星球潘多拉）的世界，象征着灵魂之树，代表纯洁神圣的灵魂。"维纳斯捕蝇草"这一图案符号指代的是17、18世纪禁欲社会中的女性形象，且捕蝇草的捕食方式与当时女性的行为有相似之处。另外，捕蝇草象征着爱与美，而爱情女神维纳斯用美丽狩猎爱情，与捕蝇草的捕食行为也有相似之处。

此外，Auroboros官网未有解读卷须、淋巴系统、幼苗等图案符号的相关信息。与Auroboros的色彩符号解读一样，根据该品牌的品牌宗旨和设计灵感，可以将"卷须"这一图案符号作为自然元素看待，其可能是天然纤维、植物或藤蔓等的像似符号，表达了通过使用这些天然原材料，可以减少对化学合成纤维等人造材料的依赖，并降低对环境造成的负面影响。淋巴系统是人体重要的免疫和排毒系统之一。在虚拟时装设计中使用"淋巴系统"这一图案符号可能象征着身心平衡和精神宁静等符号隐喻。在某些文化中，淋巴系统还被视为身体内部流动的能量或灵气。"幼苗"则可能代表着新生、成长和希望，传达出一种积极向上的未来态度。

三、神秘灵动的造型符号

Auroboros的造型符号以曼德拉草连体紧身衣、阿托基里纳外套、维纳斯的陷阱裙、伊甸上衣、卷须裙为主（表3-12）。Auroboros的相关文献显示，受交响乐节奏的启发，仿生系列的健身衣和穿戴者的身体融为一体，实时成长。

曼德拉草（又称曼德雷克植物，是一种常绿小灌木或者多年生植物）连体紧身衣造型环绕着淋巴系统图案，并融入发光元素，上身则呈现出身体发光的视觉效果。其灵感来自曼德雷克植物（Mandela's Gold）和希腊爱情女神阿芙洛狄忒（Aphrodite）的神话，融合了人类和植物DNA相通的理念。而卷须裙则取材于英国科幻小说作家约翰.温德姆（John Wyndham）创造的虚拟植物物种。阿托基里纳外套受科幻电影《阿凡达》中潘多拉世界的启发，其造型具有强烈的包围感，暗示着人类对乌托邦世界的向往。维纳斯的陷阱裙则以爱情女神维纳斯和食肉植物捕蝇草命名。英国生物学家查尔斯·罗伯特·达尔文（Charles Robert Darwin）将捕蝇草描述为世界上最奇妙的植物之一。伊甸上衣和卷须裙的灵感来自乌托邦中的兰花。艾娃（Ava）套装的灵感来自科幻惊悚电影《机械姬》中人工智能机器人艾娃穿着的超凡造型。其创作理念源于

表3-12　　　　　Auroboros仿生系列的造型符号（部分）

造型编号	造型名称	造型符号	指示符号	象征符号
01	曼德拉草连体紧身衣（Mandrake Bodysuit）		曼德雷克植物和希腊爱情女神阿芙洛狄蒂的神话	象征着大自然与人类的生命息息相关
02	阿托基里纳外套（Atokirina Coat）		《阿凡达》中的潘多拉世界	象征着人类对乌托邦世界的向往
03	维纳斯的陷阱裙（Venustrap Dress）		爱情女神维纳斯和捕蝇草	象征着用美丽狩猎爱情
04	伊甸上衣、卷须裙（Eden Top、Tendril Skirt）		乌托邦中的兰花	象征着新生、成长和希望

Auroboros创始人保拉·塞洛（Paula Sello）对自身健康状况的展现。塞洛患有残疾，她认为自己体内的结构和植物结构类似，于是尝试将令自身痛苦的东西变成美丽的虚拟时装呈现出来。另外，部分虚拟时装还带有配饰，例如，神经项链以及黑暗石神鞋等，体现出光芒四射的天体景象。

总的来说，上述解读的Auroboros的虚拟时装的视觉符号意义是通过其品牌宗旨和理念、设计师的设计灵感所提出的，其视觉符号意义系统的生成深受科技发展和可持续发展观念的影响，表达出特有的视觉符号意义。运用皮尔斯的符号三分法来分析Auroboros的虚拟时装视觉符号，可以发现其色彩符号、图案符号、视觉符号都作为像似符号、指示符号和象征符号而存在。具体来看，Auroboros的虚拟时装的部分图案符号是藤蔓、花蕾、幼苗等植物的像似符号，部分造型符号指示着科幻电影中的乌托邦世界，其色彩符号、图案符号、造型符号的象征符号主要隐喻着自然界生命的新生与消逝，强调保护自然环境的初心。Auroboros的虚拟时装的视觉符号最重要的意义连接就是设计师内心的呼吁：爱护环境，珍惜生命，这也是其虚拟时装制作及传播的意义所在。

第三节　Tribute Brand品牌的视觉符号特征及阐释

　　Tribute Brand是世界首个号称无运费、无浪费、无性别、无尺寸的百分百虚拟时装品牌，其创作来源于创始人加兰特（Gala）从角色扮演系列游戏《模拟人生》（游戏背景设定在虚拟世界）和系列动作游戏《侠盗飞车》（游戏背景设定在虚拟城市）等游戏上获取灵感[1]。《模拟人生》代表了一种以情感共鸣为主导的"现实主义"审美风格，追求真实和深度。而《侠盗飞车》则体现了一种以刺激、冒险和反叛为主导的"极端主义"审美风格，强调自由探索、刺激挑战等元素。二者共同促成了Tribute Brand既追整体设计个性前卫，带有赛博朋克式的未来主义感，又能引发用户真实情感共鸣的风格。通过检索数据了解，Tribute Brand是国外社交媒体平台Instagram上用户发帖量排名前列的虚拟时装品牌。

一、绚丽夺目的色彩符号

　　色彩是最直接、最具有视觉冲击力的视觉符号。Tribute Brand在色彩符号上超前的色彩融合焕发出虚拟时装的生机与活力。其所运用的颜色生动诠释了元宇宙属性，其以霓虹色为主要色系。运用高饱和、色泽饱满缤纷的霓虹色，打破传统色块，带来具有未来感的欢快色彩。Tribute Brand虚拟时装的色彩符号主要有红鲤色、赛博粉红、铬合金色、粉红色、鲇鱼白、乳胶蓝、金色、银色、深蓝色、长春花蓝等（表3-13）。这些色彩符号都带有金属光泽质感，将元宇宙的科幻风发挥到极致。

表3-13　　　　Tribute Brand的色彩符号（部分）

色彩编号	色彩名称	色彩符号
01	红鲤色（Red cypraea）	
02	赛博粉红（Cyber pink）	
03	铬合金色（Chrome）	

---

[1] 知衣科技. Nike、Gucci争先入局，元宇宙如何玩转先锋时尚？| 趋势解读. [EB/OL].（2022-01-13）[2022-12-01]. https://mp.weixin.qq.com/s/s.

续表

色彩编号	色彩名称	色彩符号
04	粉红色（Pink pussycat）	
05	鲇鱼白（Catfish white）	
06	乳胶蓝（Latex blue）	
07	金色（Gold）	
08	银色（Silvery）	
09	深蓝色（Navy blue）	
10	长春花蓝（Catharanthus roseus）	

根据Tribute Brand官网所述，红鲤色象征着热情、力量和坚毅；赛博粉红则是一种将粉色、紫色和蓝色混合而成的数字色彩，与传统的粉红色相比，赛博粉红更加饱和、神秘和富有张力，其象征着科技、未来和活力。

此外，铬合金色、粉红色、乳胶蓝等色彩符号在Tribute Brand官网上没有符号阐释。但结合Tribute Brand的赛博朋克和叛逆个性的设计风格可以得出，铬合金色通常被视为一种具有科技感、现代感的颜色。该色彩符号可能与未来、自由、勇气等概念相关联。粉红色可能象征着自由和创造力。而鲇鱼白的高冷调和纯净感，可能代表着现代科技所带来的效率感，或是与神秘玄妙息息相关。乳胶蓝则带有强烈的Y2K风格（其特征包括鲜艳的颜色、抽象的图案、大量的金属元素等）的色彩介质，将人们带回乳胶时装的经典时期。金色、银色等色彩符号代表了元宇宙时代的科技感和个性化。而且Tribute Brand还在设计虚拟时装时将银色与橙色相融合，这种冷色调与暖色调的搭配使服装呈现出活力与冷酷的别样格调，彰显了Z世代和千禧一代性格的两面性。长春花蓝作为2022年的流行色之一，是蓝红色彩融合的碰撞色，象征着虚拟与现实的碰撞。Tribute Brand和Auroboros一样，也将其运用到了虚拟时装设计中。

二、炫酷夸张的造型符号

造型符号是Tribute Brand整体风格的显露，其主要是指示符号和象征符号的结合。Tribute Brand的虚拟时装造型符号炫酷夸张,以礼裙、礼服为主,主要包括比卡礼裙、利贾语外套、雷普卡礼裙、麦克格礼裙、苏黎世礼服、尊重礼裙、巴拉气球裙、布巴礼裙、玛卡上衣、幸运天使礼服、汽笛礼裙等(表3-14)。这些造型名称大都由Tribute Brand品牌设计团队自行创建,其造型符号不仅极具赛博朋克风格,而且具有性感造型走向。

表3-14　　　　　　　　　Tribute Brand的造型符号(部分)

造型编号	造型名称	造型符号
01	比卡 (BICA)	
02	利贾语 (LIGJA)	
03	雷普卡 (REPKA)	
04	麦克格 (MC G)	
05	苏黎世 (CIRIH)	
06	尊重 (REPK)	
07	巴拉 (BALA)	
08	布巴 (BUBA)	

续表

造型编号	造型名称	造型符号
09	玛卡 （MACA）	
10	幸运天使 （LUCKY ANGEL）	
11	汽笛 （SIREK）	

注：Tribute Brand的英文造型名称全为大写，虚拟时装麦克格（MC G）在MG和G之间的空格键是Tribute Brand官网显示的结果。

有关Tribute Brand的相关文献资料表明，不论是比卡礼裙、麦克格礼裙、尊重礼裙，还是布巴礼裙和汽笛礼裙，都是清一色的夸张拖地裙，较为突显身材，其作为指示符号指示的是日本插画家空山基（Hajime Sorayama）笔下机器人的科幻和性感。其中，麦克格礼裙则是对英国著名服装设计师亚历山大·麦昆（Alexander McQueen）2009年秋季礼服的致敬。而比卡礼裙、尊重礼裙等均未有相关的符号阐释。故本文仍依据Tribute Brand的设计风格，并对照造型名称，作出较为贴切的造型符号解读。例如，尊重礼裙是通过东非地区的官方语言斯瓦希里语翻译而来，其可能象征着对人类文明与生态系统之间关系的尊重。它通过将可持续发展理念融入服装设计中，呼吁人们保护自然环境并促进全球可持续发展。同时，该设计可能还强调了个体价值的重要性。汽笛礼裙的隐喻可能是关于时尚和科技的融合，以及数字化时代对传统时尚产业的冲击和重构。它也可能象征着虚拟现实技术的发展和应用，以及人们对虚拟世界的渴望和探索。此外，汽笛礼裙还可能代表着人们对未来的想象和憧憬，以及对时尚和美学的不断追求和创新。

另外，据Tribute Brand官方介绍，巴拉气球裙是基于法国奢侈品品牌巴黎世家（Balenciaga）2020年SS高定时装秀（春夏高定时装秀）的一款服装设计而成。巴拉气球裙上的超大蝴蝶结是其代表性的视觉符号，超大版型设计风格只有虚拟世界才能超前实现。同时，本书还进一步分析了其象征符号。"巴拉"在西非地区的官方语言中是"舞蹈"的意思，因此巴拉气球裙可能象征着人们身体与灵魂之间的联系，并呼吁人们通过舞蹈或其他形式的自我表达来释放内心情感。同时，它也可能代表了文化多元性和包容性。分析苏黎世这件虚拟时装造型符号的英文名称可以发现，英文造型名称"CIRIH"可能是自信（Confidence）、创新（Innovation）、韧性（Resilience）、智慧（Intelligence）、谦逊（Humility）等单词的缩写符号。这些单词也正传达了该品牌关于设计和时尚的核心价值观。玛卡上衣代表着神秘、创造力和个性的态度，这也是该品牌对其设计理念的诠释。幸运天使礼服的造型与苏黎世礼服类似，但与礼裙有所不同，是一种像似符号，外观类似机甲战袍，仿佛穿戴者可化身为太空作战的战士，具有浓郁的赛博朋克风格。

Tribute Brand的视觉符号意义系统是由其创始人的设计灵感、设计师的设计意图和设计风格、Tribute Brand独特的审美特征所构成的。从色彩符号到质感符号、再到造型符号，都可以深刻地看出Tribute Brand的虚拟时装视觉符号的叛逆个性和刺激冒险等意义的连接。按照皮尔斯的符号三分法对Tribute Brand的虚拟时装视觉符号的阐释来看，其视觉符号作为指示符号，主要指示的是赛博朋克的世界，指代着Z世代和千禧一代乖巧和叛逆的两面性。Tribute Brand的虚拟时装视觉符号作为象征符号，所象征的是人们对未来的期望和憧憬，是一种人们对未来所希望达到的状态和理想境界的符号隐喻。Tribute Brand的虚拟时装视觉符号所蕴含的符号意义是其有效传播的关键和基础。

Tribute Brand的虚拟时装的视觉符号传达出自由独立的精神内涵，并将大多数符号阐释的语境设立在虚拟世界。虚拟时装品牌的视觉符号阐释都具有共性、个性和价值性。而且随着时代的变迁更迭，复杂性的审美体验交织，在一定程度上也影响着视觉符号阐释，元宇宙时代也可能逐渐转变为新型的色彩导向型社会。

第四章 虚拟时装的视觉符号传播解析

第一节　虚拟时装的视觉符号传播机制

　　虚拟时装主要通过视觉符号的传播来体现其价值，使其焕发生机与活力。那么，虚拟时装的视觉符号究竟是如何传播的？这个问题是分析虚拟时装的视觉符号传播的核心问题。因此，在从精神文化层面对The Fabricant、Auroboros和Tribute Brand三大虚拟时装品牌虚拟时装的视觉符号特征及隐喻进行深刻解读的基础上，本书将从传播层面进一步解析虚拟时装的视觉符号传播机制。运用传播学理论"符号阐释的空间"，从设计师、语境、虚拟时装、用户四个维度对虚拟时装的视觉符号传播机制进行分析。

　　虚拟时装的视觉符号传播有一套独特的传播机制，这也是了解虚拟时装视觉符号传播过程的前提。探究虚拟时装的视觉符号传播机制可以用学者段炼提出的"符号阐释的空间"进行细致解读。所谓"符号阐释的空间"是指传播机制中四个阐释维度的统合，即作者之维、语境之维、图像之维、读者之维，四者是不可分割的合一世界。从四个阐释维度拓展至本文的研究对象虚拟时装，可以引申出设计师之维、语境之维、虚拟时装之维和用户之维。设计师之维是指虚拟时装背后的设计师所表达的意义和形象。这个概念强调了虚拟时装与其设计师之间存在着紧密联系，并且通过了解虚拟时装背后的设计师，可以更好地理解和解读虚拟时装。语境之维是指设计师、虚拟时装、用户所处的社会、历史和文化背景。这个概念认为虚拟时装不能脱离其所处的环境来进行解读，因为它们背后的隐喻往往依赖于特定时代、地点和社会群体。虚拟时装之维是指虚拟时装自身所蕴含的意义和价值。通过对虚拟时装之维进行深入剖析，可以更好地理解并揭示出其中蕴含的各种思想内涵以及美学价值。用户之维是指关注或购买虚拟时装的用户群体对虚拟时装的符号隐喻的理解。虚拟时装与用户之间会形成一相互影响和制约的系统。在分析和解读虚拟时装时，需要考虑虚拟时装用户可能具有的不同背景、经验、态度等因素，深刻把握虚拟时装所传达的意义。

一、设计师之维：意图制约下的编码

按照"符号阐释的空间"来解析虚拟时装的视觉符号传播，就是指设计师借助特定的"蕴意结构"，即虚拟时装的视觉符号，使虚拟时装视觉符号的隐喻得以延伸，并构建虚拟时装的"设计师—语境—用户"的传播互动模式[1]。这一传播互动模式在虚拟时装的视觉符号传播中表现为：设计师按照设计意图制作虚拟时装，同时借助设计师语境、故事语境、用户语境等多重语境连接用户的虚拟时装视觉符号最终解码。换言之，"符号阐释空间"之所以能够有效运作，是基于设计师、语境、虚拟时装和用户四个维度与"蕴意结构"的互动而产生，即多重语境与视觉符号阐释的互动。因此，正是由于"符号阐释的空间"从编码到解码的横向传播，贯穿了传播语境中虚拟时装视觉符号的"蕴意结构"，才能使"蕴意结构"的纵向深化成为可能。

设计师的创作意图决定了其在虚拟时装的构思和制作等编码过程中的决定性作用，可以说意图制约编码。现代主义提出编码的"意图的缪见"之说[2]，而后在解构主义思潮中逐渐破除缪见，重新重视作者的编码意图。时至今日，作者的意图依旧备受重视，尤其是在虚拟时装这一存在于现实之外的，寄托设计师幻想的视觉作品中更为突显。虚拟时装的创意设计来自设计师的思想和语言，可以说，"人的思想和语言"便是设计师的意图。虚拟时装品牌Auroboros的两位创始人保拉·塞尔洛（Paula Sello）与艾丽莎·奥尔贝科娃（Alissa Aulbekova）提到，探索科学和技术是现在时尚背景下应该做出的转变，他们抛弃了时尚的"边界"和"原则"，携手打造出一个自由的Auroboros世界。在这个世界里，他们用极具科幻感的自然植物来表达"真实"的自我。同样，中国独立设计师品牌ANNAKIKI的创始人杨子（Anna Yang）通过访谈表达了自己建立虚拟时装品牌的意图以及虚拟时装的创意理念，即在她设计意图下的编码。她表示，ANNA代表着生活中的自己，即当下；而KIKI则代表处于工作状态的自己，或离经叛道，或特立独行，即未来。这也衍生出该品牌虚拟时装的隐喻——一体两面，敢于不同[3]。此外，去中心化时尚链的形成，使得人人都是设计师，人人都可以加入时尚队伍，将自己的意图融入虚拟时装，参与编

---

[1] 朱丹彤. 基于视觉文化学理探究色彩语言在纺织艺术中的符号阐释[J]. 艺术与设计（理论），2021，2（08）：93-95.
[2] 段炼. 视觉文化—从艺术史到当代艺术的符号学研究[M]. 南京：江苏凤凰美术出版社，2018：247-279.
[3] FDC studio. ANNAKIKI[EB/OL].（2021-12-19）[2022-12-01]. https://mp.weixin.qq.com/s/xgb_gqyFybwTQfyINl h30A.

码。例如，虚拟时装品牌The Fabricant就是一个去中心化的虚拟时装屋，在该平台上任何人都可以参与制作虚拟时装，迸发出用户作为设计师的创作价值。这不仅使虚拟时装的视觉符号更为多元化，同时也拉近了编码者与解码者的审美距离。还需要提及的是，设计师在保留意图制约编码的同时，也会在接受美学下进行编码。德国美学家汉斯·罗伯特·姚斯（Hans Robert Jauss）在1967年提出了"接受美学"理论，其核心观点是以用户为中心。就制作虚拟时装而言，设计师也会根据用户的审美风格进行虚拟时装的制作。例如，虚拟时装设计师在运用虚拟时装的色彩符号和造型符号时，往往会选择亮丽活泼的色彩以及夸张科幻的造型，尝试唤醒用户的审美经验，使用户更易接受虚拟时装的风格造型。但与以用户为中心的设计师有所不同的是，虚拟时装设计师是元宇宙时代下特立独行的一批人，他们在接受美学下的编码相较于意图制约下的编码较弱。

二、语境之维：多重密码下的连接

语境是制约编码和影响解码的一大因素。设计师借助多重语境来连接编码者与解码者的关系，可以说是对编码和解码这一过程设置了重重密码。语境的概念是一个历时和共时相交织的流动变化的概念。最初，语境这一概念来源于语言学研究，是指一个词的上下文，而后语境的概念不断扩大至外围因素，例如政治、经济、文化、社会等。但后来美国文学理论家唐纳德·基希（Donald Keesey）又认为外围因素和文本这一内部元素都可视作语境。学者段炼也深受唐纳德·基希的启发，在其基础上提出了语境之维，即语境之维并不仅仅在于语境与文本的关系，还在于语境与作者及读者的关系。

对虚拟时装视觉符号传播的分析可以从设计师语境、故事语境和用户语境这三个语境入手。设计师语境是指设计师制作虚拟时装时的语境。设计师是通过制作虚拟时装将符号意义传递给用户，用户则是通过了解设计师制作虚拟时装的历史语境、社会语境，以及设计师的个人经历，从而阐释出虚拟时装的符号隐喻。故事语境是指虚拟时装视觉符号的语境。虚拟时装是连接设计师和用户的中介，所以在语境的大框架中，虚拟时装视觉符号的隐喻是将设计师和用户连接起来的关键。用户语境是指用户在欣赏虚拟时装时的语境。设计师的设计意图会因时而变，而用户语境则相对不变。用户会依据自身的社会经验、个人认知、文化积累对虚拟时装视觉符号做出不同的解读。此外，每件虚拟时装都存在于其他历史时期实体时装所建构的语境之中，同时也是对其他历史时期实体时装的一种指涉，即互文性。每件虚拟时装不仅是设计师与用户的交流，更是虚拟时装与历史时装的交流，是虚拟时装设计师与早期设计师的交流。而且从外围因素来看，设计师制作虚拟时装时的社会语境和用户购买虚拟时装时的社会语境相重合。这也使用户更能站在设计师的视角来解读虚拟时装的视觉符号。

三、虚拟时装之维：蕴含视觉符号的元宇宙密码

　　虚拟时装的视觉符号等同于元宇宙密码，即学者段炼所说的"蕴意结构"。设计师的设计意图和虚拟时装的多重语境共同决定了虚拟时装视觉符号的编码，设置了元宇宙密码。虚拟时装品牌The Fabricant和虚拟潮牌RTFKT的设计师以重生为设计主题，推出了文艺复兴（RenaiXance）系列性别流动数字服装。该系列中文艺复兴风格的长袍暗示着文艺复兴时期传统男性气质和女性气质的结合。这种文艺复兴和街头时装的融合象征着在虚拟世界中，我们无时无刻地表达自我，一次又一次地重生。此外，由国内先锋设计师张弛创办的虚拟时装品牌METACHI以环保为出发点，以纯粹美学为设计主旨，接续推出"最终幻想"系列、"青梦灵蝶"系列、"三生宇宙"系列以及"只此青花浓"系列作品。其中，"只此青花浓"系列中的"玄机入墨"虚拟礼服，将东方和西方的语境相结合，采用器型感极强的廓形反衬青花肌理与层次。在物化表达上，礼服肩部的短翼代表着女性的坚毅勇敢，腰身曲线则展现出女性温柔似水的一面。上述这些都是元宇宙密码的显露。

　　而且拥有计算机图形学和3D建模技术的加持，设计师在虚拟时装中加入了现实世界中无法实现的材料、图案、AR效果来进行制作，虚拟时装视觉符号的意图观念以超前的形式嵌入虚拟时装中，促使用户带着"审美期待"进行解码。例如，虚拟时装品牌Auroboros将《银翼杀手》《湮灭》《阿凡达》等科幻电影中的植物体运用至虚拟时装上，建立起用户的视觉体验和情绪化体验，引发人们对人与自然关系的反思。虚拟时装品牌The Fabricant的联合创始人安柏·杰·斯洛滕（Amber Jae Slooten）也提到，"在数字世界里，我们可以穿一件水做的衣服，全身布满灯光，根据不同的心情变换任意布料。"[1]可以说，在这个传播机制中，虚拟时装以其突破物理限制的"蕴意结构"连接并沟通了

---

[1] 腾讯网. 元宇宙到来，人类高质量"虚拟时装"你值得拥有[EB/OL]．（2021-12-22）[2023-3-29]. https://new.qq.com/rain/a/20211222A03XBT00.

编码者和解码者[1]，揭示了虚拟时装视觉符号传播的审美本质，即用户对色彩、图案等视觉符号的主观感受。

四、用户之维：审美经验下的解码

　　审美经验会左右用户对虚拟时装的选择以及虚拟时装视觉符号的解码。审美经验是指读者在作品接受中积累起来的审美记忆、形象信息等构成的直接经验、间接经验、感性经验和理性经验。这种经验会影响读者对不同作品或者场景的评价和感受，并且会随着时间推移而逐渐发展和改变。而虚拟时装的用户也具有审美经验，他们对服装的视觉符号有着深刻的自我审美。这是他们在长期生活和人际交往中，直接或间接形成的审美认知结构。这种审美认知结构带有强烈的主观性，即用户会根据已有的审美经验来自主选择购买或拒绝购买虚拟时装，然后在凭借自身审美经验能够解码虚拟时装"蕴意结构"的情形下，实现虚拟时装的视觉符号传播的全过程。

　　实际上，用户与虚拟时装间也存在着一定的"审美距离"。审美距离是指用户与虚拟时装之间的心理和情感距离。当用户与虚拟时装产生情感共鸣时，他们会感觉到自己与虚拟时装之间的审美距离很短；而如果没有任何共鸣或者对虚拟时装的评价不高时，则可能会感觉到自己与虚拟时装之间有很大的审美距离。也就是说，当"审美距离"趋近于零时，用户可以完全进入虚拟时装的设计意图，完成对虚拟时装视觉符号的"透视性"解码。如今在Instagram上最热门的标签#ootd内所发布的关于虚拟时装的帖子已超过3.7亿[2]。可见，虚拟时装的视觉符号满足了用户的审美经验。更为重要的是，当虚拟时装超出了用户的"期待视野"，用户会由于审美经验和期待视野的不一致，反向认为虚拟时装的设计风格及理念拓展了自身的审美视野，丰富了自身的审美经验，从而建立起新的审美标准。例如，虚拟时装品牌Tribute Brand制作的虚拟时装，将用户的审美视野从普通质感的面料延伸至乳胶和金属质感的面料，质感符号远远超出用户惯有的"期待视野"，使用户获得超凡的审美经验。

　　综上，由"符号阐释的空间"的四维延伸出的设计师之维、语境之维、虚拟时装之维以及用户之维所形成的传播机制可以概括为设计师的设计意图制约

---

[1] 朱丹彤. 基于视觉文化学理探究色彩语言在纺织艺术中的符号阐释[J]. 艺术与设计（理论），2021，2（08）：93-95

[2] 皇艺RCF. 2022夏季峰会——时尚设计板块话题揭秘[EB/OL].（2022-05-11）[2023-02-01]. https://mp.weixin.qq.com/s/DrJOexf7Y9rMaOTHvMerDg.

虚拟时装视觉符号的编码,进而直接或间接影响用户在审美经验下进行解码。用户的审美观念在一定程度上也会左右设计师制作虚拟时装,使设计师在接受美学下进行编码。而语境则对设计师、虚拟时装、用户都产生了直接或间接的影响,由此形成了设计师语境和用户语境,这些语境乃是制约设计师编码和影响用户解码的关键。虚拟时装的视觉符号作为故事语境又是连接设计师和用户的桥梁。相反,设计师也会推动虚拟时装视觉符号隐喻这一故事语境的生成,形成一条"设计师—语境—用户"的传播通路(图4-1)。

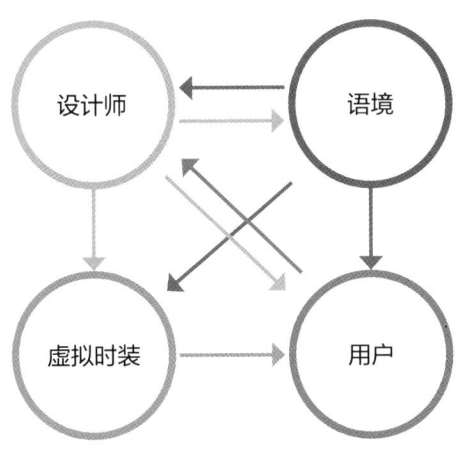

图4-1 虚拟时装的视觉符号传播机制流程图

第二节 虚拟时装的视觉符号传播效果

虚拟时装主要通过视觉符号的传播来体现其价值,使其焕发生机活力。那么,虚拟时装的视觉符号的传播效果又是什么样的?本书利用Python爬取Twitter、Instagram、小红书平台上关于The Fabricant、Tribute Brand和Auroboros三大虚拟时装品牌的用户评论,并通过内容分析法,对用户评论进行分类来分析虚拟时装的视觉符号传播效果,旨在对虚拟时装的视觉符号传播有一个详尽的解读。掌握虚拟时装的视觉符号传播机制后,为进一步研究虚拟时装的视觉符号传播效果,本章将采用内容分析法,运用Python爬取Twitter、Instagram、小红书平台上关于The Fabricant、Tribute Brand和Auroboros三大先锋性的虚拟时装品牌的用户评论,爬取自2021年3月3日至2023年3月6日时间段内的评论。主要对用户评论内容进行分析,并通过绘制词云图分析用户对虚拟时装视觉符号的情感倾向,得出虚拟时装视觉符号在用户之间的传播效果。

一、虚拟时装的样本分析

根据对比国内外社交媒体平台上各虚拟时装品牌的影响力、知名度、粉丝数以及互动热度等，本章将继续以三大先锋性的虚拟时装品牌The Fabricant、Tribute Brand和Auroboros为分析对象。同时，将国内外社交媒体平台上关于The Fabricant、Tribute Brand和Auroboros三大先锋性的虚拟时装品牌的用户评论量从高到低进行排序。通过对比发现，国外社交媒体平台Twitter上关于The Fabricant、Tribute Brand和Auroboros三大虚拟时装品牌的评论量最多，Instagram紧随其后。而国内社交媒体平台则是小红书平台上的评论量最多。故本章选择爬取国外社交媒体平台Twitter、Instagram以及国内社交媒体平台小红书上关于The Fabricant、Tribute Brand和Auroboros三大先锋性的虚拟时装品牌的用户评论量。

本研究通过Python共爬取约13000条数据。根据用户评论内容，对约13000条数据进行数据清洗，剔除无效数据，如"@""#""-"","等，最终选取约8700条用户评论作为最终样本数据。再以随机抽样的方式，从用户评论中抽取1500条评论，对三大先锋性的虚拟时装品牌The Fabricant、Tribute Brand和Auroboros的用户评论进行内容分析。根据对用户评论内容的分析，并且在参考其他文献的弹幕内容分类后，将用户评论内容按照正向情感表达类、负向情感表达类、提问类、表情类和语气词五种类型划分。统计得出，正向情感表达类的用户评论位居第一，占比达35%，负向情感表达类的用户评论占比仅次于正向情感表达类，占比为22%，而表情类、语气词和提问类的占比较为相近，依次为19%、13%、11%。其中，提问类的用户评论占比最小（图4-2）。

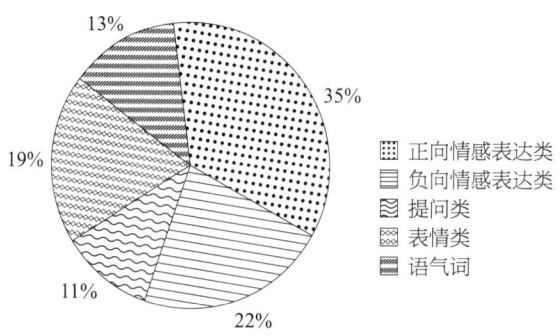

图4-2 用户评论类型占比

此外，从用户评论的词云图（图4-3）可以看出，"好看""喜欢""神奇""有趣""太酷""太棒了"等词出现的频率很高，而"迷惑""Ps""不理解"等词出现的频率较低。由此说明，用户对虚拟时装视觉符号的正面情感倾向大于负面情感倾向，虚拟时装的视觉符号在一定程度上受到用户的喜爱。

图4-3 用户评论内容的词云

二、虚拟时装视觉符号建立虚拟体验

根据正向情感表达类中用户发表的评论，例如，"太喜欢了""这是一个全新的虚拟体验啊！虚拟成衣上身！好酷！""好棒的虚拟体验，我感觉这个衣服好像和我的生命一同生长，好惊喜啊"，可以发现，当前虚拟时装的视觉符号在传播过程中已经与用户建立起了虚拟体验，使用户在视觉感官上体验到虚拟时装的无限魅力。除了正向情感表达类之外，表情类和语气词两种评论类型也表达了用户在欣赏虚拟时装时的审美体验（表4-1）。像爱心、鼓掌、火焰、星星眼、飞吻等表情类非语言符号，可以直观看出虚拟时装视觉符号所建立的虚拟体验是受用户喜爱的，而像"哇""啊啊啊""天呐"等语气词也可以看出虚拟时装的虚拟体验所呈现出的强烈的视觉震撼力。

正向情感表达类评论、表情类评论以及语气词都传达出用户对虚拟时装视觉符号的虚拟体验的赞叹。虚拟时装视觉符号所建立的虚拟体验是共生交互的，具体表现在人与自然的和谐共生、虚拟和现实的交互两方面。简单来说，虚拟时装诞生的初衷之一是保护环境，节约资源，建立虚拟时装与人类的共生共存。例如，Auroboros的曼德瑞克连体紧身衣上的花蕾图案符号，抑或是淋巴系统图案符号都会随人体而生长。这是一种全新的虚拟审美体验，它不会像实体时装那样具有"时效性"，造成资源浪费。此外，虚拟和现实的融合也为

表4-1　正向情感表达类、表情类和带语气词的用户评论

评论类型	类型说明	示例评论	评论量
正向情感表达类	对虚拟时装视觉符号表达正面评论	"太喜欢了""好高级""好棒的体验！""也太酷了！""如果在虚拟世界的感觉和现实一样，那我希望可以抛弃我的肉体，让精神和思维永远活在虚拟世界""这是一个全新的虚拟体验啊！虚拟成衣上身！！！好酷！！""嗯我会珍惜服装的好像即刻加入虚拟时装的体验""哇我觉得这件衣服完全能代表我自己，代表我内心中的双向性格！""好向往这件虚拟时装所表达的乌托邦世界啊好想远离世俗纷争……""太神奇了，美丽的色彩和构图。""好棒的虚拟体验，我感觉这个衣服好像和我的生命一同生长，好惊喜啊"	520
表情类	带有意义的表情	😊😎🙂😃🫧🖤❤️😭🥑🥔	280
语气词	抒发情感的词	"哇！""天呐""啊啊啊"	200

人类打造了具有交互性的虚拟审美体验。例如，Auroboros与英国伦敦数字时尚研究所合作，推出首个仿生系列及数字时装展。英国伦敦数字时尚研究所将仿生系列的二维码粘贴在城市各个广告牌上，人们可通过扫描二维码进行虚拟时装的试衣体验。Auroboros的虚拟时装试衣可自动适配人体身形，实现虚拟技术与人体互动，增强人们的感官体验和交互体验。同时，借助3D技术软件和现代计算机技术制成的虚拟时装秀场也将现实中不存在的视觉符号创造至赛博朋克的世界中，以极强的视觉效果打造虚拟感官体验。例如，加里·詹姆斯·麦奎恩（Gary James McQueen）打造出的属于她自己的第一个虚拟时装秀场——指路明灯（Guiding Light）秀场。该秀场与3D应用程序、虚拟引擎以及动作捕捉技术相结合，为人们带来迷失时空的虚拟感官体验。用户可以通过虚拟引擎建构的虚拟时装展示厅与模特进行交互。而且虚拟时装秀场上的每一款虚拟时装不仅能够在虚拟时装沉浸式陈列室中观看，同样能够在美国虚拟时尚平台DressX上自主购买。

三、虚拟时装视觉符号满足精神需求

用户评论大多是积极正向的情感表达类评论，评论的观点从虚拟时装视觉

符号所给予的精神内涵切入，例如，"如果在虚拟世界的感觉和现实一样，那我希望可以抛弃我的肉体，让精神和思维永远活在虚拟世界""哇，我觉得这件衣服完全能代表我自己，代表我内心中的双向性格！""好向往这件虚拟时装所表达的乌托邦世界啊！好想远离世俗纷争……"等。虚拟时装的视觉符号传播帮助用户获得了精神情感上的满足，用户在欣赏或穿戴虚拟时装时会无意识地将自己带入内心的精神世界。

虚拟时装的视觉符号内涵价值是虚拟时装的灵魂，其为用户所带来的精神需求是无限的。理性的事物都能够通过科学来解释，而感性的事物则为审美体验留下了阐释的空间。虚拟时装的视觉符号在人们看到其符号表征以外，还通过符号隐喻所构造的虚拟空间带领人们进入精神世界，帮助人们在精神层面上获得觉醒。制作虚拟时装最关键的评判标准则是想象力的投入。在元宇宙审美中，审美对象超越了传统的美学属性，他们期望通过想象构筑出自己对美好生活的向往，这种想象是一种超越现实的真实。有些虚拟时装视觉符号的隐喻连接了人类与宇宙之间的情感纽带，让人们恍如见到了宇宙的奥秘深邃，产生了灵魂深处的情感共鸣。而有些视觉符号的隐喻则是打破现实世界规则和秩序，强调一种更加自由、开放的状态。正是因为用户在虚拟时装的视觉符号中体验到了这种超现实的神往，他们才会对虚拟时装发表感兴趣的评论或直接产生购买行为。简而言之，虚拟时装是设计者对其头脑中想象物的映射，也是人们所看重的精神层面的满足，具有元宇宙审美的人们更愿意为建立在想象之上的东西买单。

四、虚拟时装视觉符号存在认知偏差

在虚拟时装视觉符号的评论中，有部分用户表达了负向的情感态度（表4-2）。用户评论主要体现为用户对虚拟时装视觉符号的不理解，对虚拟时装的视觉符号认知观念存在偏差，用户会直接将虚拟时装与特效、贴纸、Ps、QQ秀画等号，而不是将其作为富有精神内涵的虚拟时装。例如，"皇帝的新衣""这不就是特效相机的贴纸啊""等于买了个Ps服务"等评论（表4-2）。

部分用户在欣赏虚拟时装视觉符号时，会不自觉地对虚拟时装视觉符号产生误解，导致偏离虚拟时装设计师的设计意图。而且这种认知偏差大到整个虚拟文化，小到虚拟时装本身。部分社会公众依旧以实用性为原则，对虚拟时装持"无用"的看法，但他们却忽略了虚拟时装给人们带来的精神满足是巨大的，这种"无用之用"是人们从现实世界走向虚拟世界需要领悟的本质。例如，虚

表4-2　　　　　　　　　　负向情感表达类的用户评论

评论类型	类型说明	示例评论	评论量
负向情感表达类	对虚拟时装视觉符号表达负面评论	"皇帝的新衣""好粗糙的质感""是站在风口割韭菜""这不就是特效相机的贴纸啊""等于买了个ps服务""奢侈品笑了，这下只需要设计成本就能卖高价""当代迷惑""审美太超前了，我目前无法理解""对不起，我明白这个设计的意义何在""这衣服没动啊，这一点都不酷""无运费也无实物，无语"	330

拟时装品牌Tribute Brand的虚拟时装"汽笛"虽然是数字化的，但其传达出了一种在快节奏时代下人们仍要保持内心宁静的精神内涵。

除了人们对整个虚拟文化的误解外，美国新闻评论家和作家沃尔特·李普曼（Walter Lippman）在《舆论学》一书中提出"固定成见"说也说明了人们对虚拟时装本身存在误解的原因。李普曼认为"固定成见"即人的头脑中有一种先入之见，它像烧铸的铅板一样牢固而一成不变[1]。例如，部分用户初次看到虚拟时装时，就会下意识地将其看作是高级版QQ秀或是游戏皮肤，认为虚拟时装只是商家"换汤不换药"的新产物。而这种先入为主的看法便会淹没其对虚拟时装的新认知，并建构起成见之墙，使设计师的意图难以正确传输至这部分社会公众。

五、虚拟时装视觉符号传达隐喻模糊

用户在提问类型中的评论主要围绕虚拟时装视觉符号的隐喻展开（表4-3）。例如，"心形图案是象征着爱情吗""这个数字时装和阿凡达有什么关系吗""这是象征着生命具有无限可能性吗"等。评论表明，少数用户难以直接接收到虚拟时装设计师想要传达的视觉符号隐喻，而是依靠自己的主观理解和解读来把握虚拟时装的视觉符号内涵。

虚拟时装设计师通过编码虚拟时装，实现设计理念的传达。但由于虚拟时装的视觉符号讲究艺术性，过分的视觉渲染可能会喧宾夺主，进而加剧用户的

---

[1] 王卫芬. 受众认知偏差现象研究[D]. 郑州：河南大学，2004：10.

表4-3　　　　　　　　　　　　提问类的用户评论

评论类型	类型说明	示例评论	评论量
提问类	对虚拟时装视觉符号提出疑问	"怎么买啊""价格贵吗""心形图案是象征着爱情吗""这个数字时装和阿凡达有什么关系吗""天这种是用啥软件做的""我一直没明白这怎么穿的,是先拍一张照片然后导入这个衣服P上去""想问一下图片都是那些品牌的服装呀？""第一张面料现实中有吗""冷酷和活力交织,这是什么质感的面料啊""这是象征着生命具有无限可能性吗"	170

解码难度。设计师对虚拟时装的色彩符号、图案符号、质感符号以及造型符号的编码具有元宇宙幻想，所蕴含的符号意义较为抽象，故虚拟时装的符号传达存在一定的模糊性。用户或许可以根据部分色彩符号大致理解虚拟时装所要传达的美学情感，活泼或忧郁，但却难以对色彩符号进行深层解码。而且多数用户是由于虚拟时装与众不同的造型风格而购买的，他们或许并不在意虚拟时装视觉符号的隐喻。另外，虚拟时装抽象的视觉符号与文字符号的直接表达有所区别，其传播主体和传播客体之间的编码解码更偏向主观解读，用户对每件虚拟时装都有自己的看法与理解。以虚拟时装品牌The Fabricant第二季的"女性的世界"系列中的图案雷霆之心为例，设计师对其编码的内蕴是心跳的节奏以及女性的力量、怒喝与激情，而根据用户在社交媒体平台上的评论可以看到，他们将其解读为爱情、童趣、卡哇伊等意义。这是因为每个人对心形图案的理解五花八门。更为重要的是，编码和解码的屏障会将原本就无法理解虚拟时装诞生的那批用户越推越远。

上述传播效果是通过分析用户评论所得出的。用户是分析虚拟时装的视觉符号传播效果不可缺少的主体，其评论样本量多，解读传播特征的准确度高。但传播主体是多元化的，除了扁平化的用户之外，具有高影响力的虚拟时装的意见领袖同样至关重要。意见领袖可以分为正式领袖和非正式领袖，正式领袖包括时尚评论者、时尚杂志编辑等公众人物，非正式领袖则指日常生活中与用户互动频繁的人。事实上，两者会通过自己的言行来引导用户在社交媒体上的观点和行为，影响虚拟时装的视觉符号传播效果解读，帮助虚拟时装建立起虚拟媒介景观。

第三节　虚拟时装的传播展望

　　虚拟时装在元宇宙时代乘风而来，虚拟时装视觉符号生动形象的特征令Z世代和千禧一代所追崇。但由于虚拟时装初出茅庐，其在后续传播过程中的传播力仍亟待提升。虚拟时装设计师和虚拟时装品牌作为虚拟时装的传播者，其在虚拟时装传播发展过程中的作用不容小觑，他们既可以增强虚拟体验感受，也可以积聚虚拟体验能量。作为虚拟时装的受传播者，用户是虚拟时装传播效果的验收者和反馈者，用户可以提升虚拟体验的参与度。故本文将从虚拟时装设计师、虚拟时装品牌、用户三方面来展开分析虚拟时装的视觉符号传播发展方向，旨在助力虚拟时装实现传播的广泛性和有效性。

一、虚拟时装设计师：增强虚拟体验感受

　　虚拟时装设计师应在实现虚拟时装传播之路上积极把握传播主动权。设计师可以尝试从形式、内涵、技术等多个角度出发，通过加强视觉符号创新形式、推动视觉符号本土化发展等手段，提高视觉符号制作水平，带给用户多层级的虚拟体验，增强用户虚拟感受。

（一）加强视觉符号创新形式

　　制作素材是有局限性的，但创作灵感却是无限的，创新设计和创新应用可以成为虚拟时装视觉符号创新的新出路。视觉符号可以通过二次创作的方式以全新的形态呈现给公众，虚拟时装也将焕发新的生命活力。纵观服饰的历史发展轨迹，可以发现民族传统服饰视觉符号对虚拟时装视觉符号的创新应用有一定的借鉴意义，尤其是民族传统服饰视觉符号创新应用中的概括提炼法为虚拟时装视觉符号的创新应用带来了新的视角。通过对虚拟时装视觉符号进行分解加工，提炼出其中的构造元素，虚拟时装设计师通过调整、简化等设计手法对视觉符号进行再设计，生成新的形象[1]。需要注意的是，虽然虚拟时装视觉符号已被提炼，但它的符号隐喻不会改变。第一种视角是在保留视觉符号原形态的基础上，通过简化、夸张、变异等设计手法对视觉符号进行再次设计。以The Fabricant第二季"女性的世界"系列为例，太空时代花卉、多巴胺花等都

---

[1] 罗茜. 云南阿昌族传统服饰视觉符号解析及创新设计[D]. 昆明：云南大学，2021：30-32.

是该系列的主要图案符号。通过简化加工太空时代花卉、多巴胺花等，可以得到多个新的视觉符号。此外，虚拟时装设计师可以尝试从视觉符号制作的精细度上入手，打造更具逼真感的视觉符号，提高3D建模技术水平，突显虚拟时装的独特性。

（二）推动视觉符号本土化发展

在融入传统视觉文化元素的基础上实现虚拟时装视觉符号本土化发展，深耕传统文化的筋脉，重视虚拟时装视觉符号的内涵，让其发挥本土化的效应。本土化的视觉符号，是设计者在对本土元素进行地域设计时的一种因地制宜的取材方式。例如，脸谱、皮影、剪纸等都是本土化的视觉符号。同时，在拥有众多民族的中国，本土化的视觉符号也是我国各民族文化的代表符号。人们看到某一本土化的视觉符号时，就会联想到这个民族的文化特色。然而这种本土化的视觉符号不仅是某一地域设计或民族特色，还可以应用到虚拟时装的设计中。虚拟时装的视觉符号可以运用甲骨文、小篆、隶书、楷书等古代汉字作为图案符号，使虚拟时装真正具有内涵魅力。虚拟时装视觉符号还可以融入中国各民族的标志性图案，如土家族的西兰卡普图案（图4-4）、傣族的孔雀图案、畲族的凤凰图案、柯尔克孜族的梅花鹿图案等。

图4-4　土家族西兰卡普图案

认知心理学家唐纳德·诺曼曾提出"情感化设计"的理念，即以设计为手段达到提升产品情感化内涵的作用，让用户从精神情感上得到满足并形成依赖。情感化设计由本能层、行为层和反思层构成[1]。虚拟时装也同样可以利用

---

[1] 喻国明，滕文强. 发力情感价值：论虚拟偶像的"破圈"机制——基于可供性视角下的情感三层次理论分析[J]. 新闻与写作，2021（04）：65.

情感化设计促进中国人的情感内涵连接。消费者首先可以到达本能层，即虚拟时装设计师通过有意识的整合利用本土化的视觉元素符号带给消费者的视觉冲击力，这是最直接的情感反应，在欣赏虚拟时装时，消费者会形成对虚拟时装的视觉符号隐喻的自我理解，发挥行为层的情感诉求，即在各媒体平台发表自身对虚拟时装的看法，与其他公众建立情感互动。消费者在欣赏完带有本土化视觉符号的虚拟时装后，通过大众传播将自己的想法与其他公众进行交流传递，从行为层进入反思层。这些具有本土化视觉符号的虚拟数字可以让我国的各个群体尽可能地加入虚拟时装这场视觉盛宴，可以逐渐唤起公众内心的民族认同感，使公众自然而然地联想到民族文化和民族精神，深化中华文化内涵。

"外师造化，中得心源。"这是唐代画家张璪提出的艺术理论，意思是艺术创作来源于生活中美好的事物，但是生活中美好的事物不能直接拿来成为艺术创作，还需经过艺术家有智慧的构思和设想。这就要求虚拟时装设计师在运用本土化视觉符号时，不要仅将视觉符号生硬地拼贴起来，而要"以衣寄情"，深挖本土文化的意蕴和内涵，最大限度地利用本土化视觉符号引导人们产生情感互动和精神共鸣。例如，虚拟时装设计师采用畲族的凤凰图案符号制作虚拟时装，但如果只是在虚拟时装上单独制作上几只凤凰，很难让人联想到凤凰是畲族的图腾。只有虚拟时装设计师仔细研究畲族凤凰图腾在畲族服饰上的独特形式，了解畲族女装中衣式盛装"凤凰装"的组成和图案，并加以改造创新，才能说是真正意义上传递了民族精神内涵。总的来说，虚拟时装的制作要想在国内得到广泛传播，突破视觉符号内涵弱化的困境，就必须与中华民族文化相结合，这样才能推动虚拟时装视觉符号在中国本土化的发展。

（三）提高视觉符号制作水平

虚拟时装视觉符号的制作水平是虚拟时装得以持续发展的技术基础。虚拟时装设计师在创新视觉符号，提升想象力的同时，必须提高自身的制作水平。如今3D建模、动画等专业技术为虚拟时装的制作带来技术加持，而像CLO3D、Style3D等虚拟技术软件为虚拟时装的制作提供技术平台。虚拟时装设计师既要加强专业技术的制作水平，也要加强虚拟技术软件的使用水平。在加强专业技术水平方面，虚拟时装设计师在掌握现有技术的基础上，可以通过报名参加虚拟时装制作培训班，或是查阅进阶专业技术的课程进行自主学习。同时，虚拟时装设计师还可以通过在线发帖、评论等形式与其他虚拟时装设计师或用户进行互动讨论，汲取制作虚拟时装的经验。在提升虚拟技术软件使用水平方面，虚拟时装设计师必须尽快学习掌握虚拟技术软件新出的功能，再下一次制作虚拟时装时方便使用新功能，打造虚拟时装视觉符号的新效果。除了在专业技术和专业软件等大方向上提升制作水平外，虚拟时装设计师也应该从色彩符号、图案符号、造型符号等细节处增进制作技术水平。虚拟时装设计师对色彩符号的制作要更注重调色，运用专业技术搭配出与众不同的色彩；在图案符号的把控上要更为细腻严谨，例如，虚拟时装品牌The Fabricant的"女性的世界"系列中的太空时代花卉图案，就需要设计师具备高超的制作技术水准。而在制作造型符号时，应将虚拟时装制作得更为生动逼真，从多方位视角看虚拟时装都要尽可能地贴合用户身形，不能局限在平面服饰的原始框架内。虚拟时装设计师只有在大方向和小细节处的制作水平都有所提升，才能为虚拟时装视觉符号的传播提供技术保障。

二、虚拟时装品牌：积聚虚拟体验能量

目前，虚拟时装的传播处于圈层化传播的阶段，虽具有一定的传播广度，但传播力和影响力都难以穿透圈层屏障。所以，虚拟时装品牌可以通过固圈和破圈的方式，将虚拟时装的虚拟体验深厚积聚在圈层内部的同时，也让圈外的用户关注到虚拟时装的发展。同时，在固圈和破圈外，虚拟时装品牌还可以从管理层面入手，加大对视觉符号的审核和监督，让虚拟时装的虚拟体验得以持续传播。

（一）创建虚拟时装体验社区

创建虚拟时装体验社区是增强用户与用户之间、用户与虚拟时装设计师或品牌之间互动的一个高效手段。随着可视化和虚拟现实技术的不断发展，三维实体的虚拟城市、虚拟学校、虚拟旅游等不断涌现。虚拟城市、虚拟学校、虚拟旅游等都是虚拟社区，这种在虚拟空间中将人们互相连接的虚拟平台也可以运用到虚拟时装的广泛传播上。霍华德·莱茵戈德（Howard Rheingold）最早将虚拟社区定义为"具有相同兴趣的共同爱好者借助互联网平台交流互动而创建的空间"。而现在虚拟社区的定义有所丰富和发展，虚拟社区指的是基于互联网创建的虚拟平台，用于用户与企业、用户与用户之间交流互动、提出建议等，可以促进企业提升传播力、竞争力和影响力。根据虚拟社区这一概念，虚拟时装品牌创建出属于虚拟时装的虚拟社区平台——虚拟时装体验社区。实际上，虚拟时装体验社区就是虚拟社区的具体化。虚拟时装品牌可以根据不同的

虚拟时装审美风格来打造虚拟时装体验社区，用户可以自主选择加入其感兴趣的社区。同时，用户不仅可以了解关于虚拟时装的一手资讯，还可以在该社区所打造的虚拟情境中进行虚拟时装穿戴体验，向自己喜欢的虚拟时装设计师发出邀请，让虚拟时装体验社区里的设计师为其量身定制虚拟时装。并且可以通过在社区内的互动交流实时了解虚拟时装制作的进程，提出虚拟时装视觉符号方面的具体要求。此外，虚拟时装品牌还可以对虚拟时装体验社区中互动交流次数多的用户给予奖励，增强社区内用户的虚拟互动体验。

（二）打造视觉符号全产业链

虚拟时装品牌可以打造视觉符号全产业链，使更多在虚拟时装圈层以外的群体也能近距离了解设计师的意图和虚拟时装视觉符号的内涵，化解公众将虚拟时装等同于QQ秀或游戏皮肤的认知偏差。虚拟时装的上游为虚拟时装制作，包括虚拟时装设计师和虚拟时装公司；中游为虚拟时装投放宣传，包括小红书、Instagram、Twitter等平台；下游则是衍生变现，包括虚拟时装周边文创产品、虚拟时装秀场、虚拟时装展览等。

在产业链中游，虚拟时装品牌可以实现品牌与平台间的合作，扩大虚拟时装的传播面。抖音、微信、微博、支付宝、淘宝、知乎等平台都是高流量汇集的平台，虚拟时装品牌可以利用这些平台，通过多样化的传播方式，达到广泛传播虚拟时装的效果。首先，虚拟时装品牌可以最大限度地利用流量聚集最大的平台——抖音。虚拟时装设计师可以抖音直播虚拟时装制作的过程，以及消费者购买虚拟时装后，虚拟时装设计师将虚拟时装穿戴至消费者照片上的操作流程。另外，当前有部分社会公众对虚拟时装的存在还处于完全不了解的状态，那么虚拟时装品牌可以同微信、微博等平台合作，通过转发朋友圈、发布微博话题以及推上热搜榜等方式，引发用户对虚拟时装的关注。虚拟时装品牌还可以和支付宝蚂蚁庄园合作，设置每月收取能量累计最高者可换取一件虚拟时装的体验福利，或者和淘宝天猫合作，每逢各种购物狂欢节或节假日可以通过收集虚拟时装视觉符号碎片来换取优惠券等方式。同时，虚拟时装品牌可以尝试与知乎这种知识类社区合作，定期发布有关虚拟时装的前沿信息以及制作虚拟时装的相关知识。在产业链的下游，虚拟时装品牌可以和动漫产品合作，通过让动漫人物穿戴虚拟时装，使更多用户欣赏并购买虚拟时装。同时，虚拟时装品牌可以推出动漫人物穿戴虚拟时装的周边，搭建动漫人物的虚拟时装秀场，扩大虚拟时装的传播力和影响力。此外，虚拟时装品牌还可以和旅游文化相结合，将虚拟时装视觉符号以旅游文创产品的形式传播给公众。

（三）加大视觉符号管理力度

品牌是虚拟时装视觉符号品质的"把关人"。通过参与管理虚拟时装的制作发售，为用户呈现出高品质且具有精神内涵的虚拟时装，这也是提升用户体验的一大保障。随着虚拟时装热度的上升，制作虚拟时装的门槛逐渐降低，导致虚拟时装的逼真感也越来越低。根据第四章在小红书、Instagram、Twitter上爬取的用户评论可以看出，用户对国内虚拟时装品质的质疑声较高，他们认为国外热门的虚拟时装品牌所制作的虚拟时装是有购买价值的虚拟时装，而国内虚拟时装更偏向修图，缺少逼真感。因此，虚拟时装品牌应加大对虚拟时装视觉符号的审核力度，过滤掉一批质量不佳的虚拟时装，使用户能体验到虚拟时装的真正价值。虚拟时装视觉符号的逼真感是赢得用户喜爱的关键。只有从虚拟时装视觉符号这一源头上把关，喜爱虚拟时装的用户才会逐渐增多。此外，为谨防虚拟时装出现与暴力、低俗相关的视觉符号，虚拟时装品牌应加强对虚拟时装视觉符号的监管力度，尽早推进用户实名制注册，避免用户利用虚拟世界虚拟性和隐蔽性的特点，制作和发售有违价值内涵的虚拟时装。同时，虚拟时装品牌应制定相关的管理细则，对暴力、低俗的视觉符号做出界定，将关于虚拟时装的细则标准化并发布，趁早堵住虚拟时装制作和发售的漏洞。

三、用户：升级虚拟体验参与度

用户是虚拟时装视觉符号传播的最后一环，也是检验虚拟时装视觉符号传播效果的主力军。从思想和行为两方面出发，通过更新用户的视觉符号认知观念、提升用户之间的审美互动以及用户和设计师共创虚拟时装视觉符号三种方式，带动用户全方位地参与虚拟时装的虚拟体验，升级虚拟体验。

（一）更新视觉符号认知观念

面对元宇宙审美下的虚拟时装，审美主体应保持一种和而不同、美美与共的开放态度，更新对虚拟时装视觉符号的认知，学会接纳虚拟时装的元宇宙审美。用户应找到欣赏虚拟时装的正确入口。如今虚拟时装行业鱼龙混杂，很多用户参与制作的虚拟时装视觉符号视觉效果不佳，往往弱化了用户的视觉符号认知观念。所以，用户可以搜索时下热门的虚拟时装品牌，浏览他们所制作的虚拟时装，从感觉和感知上就直观地感受到虚拟时装与QQ秀的差异性，这样用户才能逐渐对虚拟时装视觉符号的认知有所改观。此外，视觉艺术修养能够直接影响用户对虚拟时装的感知程度和欣赏水准。用户可以通过观看虚拟时装秀场和展览，提升自身视觉艺术修养。通过视频感受模特穿戴虚拟时装的3D立体视觉效果，感受虚拟时装的色彩、图案、造型符号的与众不同。同时，用户也可以多了解一些关于虚拟时装视觉符号背后的故事。因为用户的认知观念不仅跟随着感官体验，更表现在情感体验上。所以，用户可以通过观看关于虚拟时装设计师制作理念的访谈，理解虚拟时装的符号隐喻，从精神层面上认可虚拟时装的价值意义。当然，更新视觉符号认知观念光靠用户自身是远远不够的，还需要虚拟时装设计师和虚拟时装品牌共同推动用户认知观念的转变。

（二）更新视觉符号认知观念

审美主体之间进行全方位的审美互动，促进虚拟时装的有效传播。传统审美模式以独立审美活动为主，智能媒介的发展促进了传统审美模式革新，使在共同时空下形成审美互动成为可能。审美主体之间可以开展线上线下的审美互动，将自己欣赏或已购买的虚拟时装进行分享或交换。在线上，用户可以通过微博超话、朋友圈、虚拟社区、抖音等平台进行审美互动，获得审美体验。例如，虚拟时装品牌The Fabricant推出了一款虚拟时装，用户就可以通过线上平台进行转发分享，其他用户会对其转发的虚拟时装讯息进行点赞、评论或二次转发，极大地提高了虚拟时装的传播力。而在线下，用户也可通过虚拟时装展览、虚拟时装秀场等进行直接互动。利用VR投影、3D大屏等智能化场景举办的虚拟时装展览、虚拟时装秀场魔幻十足，可使用户进行及时的审美交流。此外，审美主体与虚拟时装设计师或虚拟时装品牌也可以开展审美互动。用户可以表达自己对虚拟时装视觉符号的设计意见，促成虚拟时装品牌的设计理念的自我反塑，使其朝着调动用户多维感官的方向接续探索。

（三）共创虚拟时装视觉符号

用户与虚拟时装设计师共同制作虚拟时装的视觉符号，形成视觉符号设计风格共建，设计理念共享，打破传统的审美边界，推动虚拟时装视觉符号更为深刻的呈现。当前，很多虚拟时装品牌推出用户参与设计模式，这种模式也在一定程度上扩大了虚拟时装的影响力，但也会使许多参差不齐的视觉符号出现。所以，制作虚拟时装可以创新出一种新的制作方式——设计共创。设计共创主要包括设计师和用户分别完成某一个视觉符号后再进行组合，以及两者共同参与一个视觉符号的制作。前者指的是虚拟时装设计师可以选择制作色彩符号和图案符号，而用户则可选择制作质感符号和造型符号。待设计师和用户分别独立完成所有视觉符号后，再由其中一人将虚拟时装整体制作成型。这种设计共创可以融入设计师和用户两者共同的创意，会迸发出更为意想不到的视觉效果。后者则指的是虚拟时装设计师和用户共同对色彩符号、图案符号、质感符号和造型符号进行制作，在制作过程中二者可以互相交流，提出各自的设计思路。这种设计共创可以使设计师和用户对视觉符号的细节进行交流并着手制作，创新度和细节把握度会比前者更胜一筹，但其缺点是容易在设计理念上发生争执，影响设计进度。可以说，上述两种设计共创可以为虚装视觉符号未来的传播带来无限可能。

四、结语

元宇宙持续释放时尚潮力，虚拟时装作为元宇宙科技生产出的一个新产物，也在潜移默化地影响着人们的视觉审美，开启元宇宙审美新世界的大门。"万物皆可用"的虚拟时装为人们带来了虚拟世界才有的视觉体验，这都得益于虚拟时装丰富的视觉符号。虚拟时装多样化的视觉符号让人们应接不暇，其视觉符号与人们产生了精神共鸣，为人们带来精神慰藉，这是时尚行业取得的巨大成果，也是时尚行业接续发展的方向。但人们也应警惕当前这种过于追求视觉符号的夸张和震撼的虚拟时装。因为夸张的虚拟时装视觉符号在一定程度上也会造成用户的精神内涵的弱化。久而久之，用户只能从虚拟时装视觉符号的隐喻中得到设计师赋予的精神内涵，却难以感受到自我的精神力量。所以，只有警醒虚拟时装设计师切勿追求"乱花迷人眼"的视觉符号，虚拟时装才能达到有效传播的理想状态。同时，也期望未来的虚拟时装能够更具精神文化内涵，更加日常化，成为人人都"触手可及"的时装。

第五章 时尚传播与社会互动

第一节　基于互动仪式链理论的国内户外音乐节研究

随着国内改革开放的大浪潮，文化产业呈现出欣欣向荣的态势。在近十年的音乐产业中，唱片时代的主流音乐高唱挽歌，独立音乐逐渐成为行业龙头，音乐市场也呈现出"百家争鸣"之势。借着独立音乐的东风，国内的户外演出也层出不穷，逐步成为新兴音乐活动中一种独特的文化现象，传播特有的广场文化内涵。但由于国内对音乐节的研究起步较晚，多将其置于评述的层面，鲜于挖掘其文化机制。

为了对户外音乐节进行较为系统的研究，本书引用兰德尔·柯林斯（Randall Collins）的互动仪式链理论。互动仪式链（Interaction Ritual Chains）理论由美国社会学家兰德尔·柯林斯提出，涂尔干和戈夫曼的理论思想对其产生了重大影响。他认为，前人的研究理论都只强调仪式的形态与功能，缺乏对其作用机制的研究。柯林斯认为，互动仪式本质上是一组具有因果关联和反馈循环的过程，其中的参与者生发出共通的关注焦点，感受对方身体微观的节奏变化，分享相似的情感状态[1]。柯林斯提出的互动仪式模型，论证了互动仪式存在的普遍性，试图实现社会学中微观与宏观的统一。

在研究方法上，本书采用了文献分析法、参与式观察法、案例分析法、深度访谈法。首先，搜集相关的文献与资料，获得相关信息，对本书所使用的理论和主要研究问题进行详细的概述和具体阐释；其次，选取上海春浪音乐节、杭州草莓音乐节、上海迷笛音乐节三场典型性音乐节进行深度参与，并将迷笛音乐节与春浪音乐节进行案例对比分析；最后，选取多位音乐节参与者进行半结构式访谈，主要内容为其参与仪式的回忆感知以及其他细节的回溯，访谈均为面对面访谈，共计个样本，具体情况见附录一。

---

[1] 兰德尔·柯林斯. 互动仪式链[M]. 林聚任，王鹏，宋丽君，译. 北京：商务印书馆，2009.

一、国内户外音乐节的发展历程

本章内容将从音乐节狂潮入手,梳理目前国内音乐节发展的历史脉络,分析音乐节作为新社交广场的文化特征。

(一)国内户外音乐节的兴起与发展

学界对"户外音乐节"这一概念并没有标准界定[1]。因此,结合其属性与特征,对其进行自定义:户外音乐节是一种多发生于城市郊野公园、大型运动场的现代音乐节事活动,由摇滚、民谣、流行等各种音乐风格的表演者演绎,观众可自由穿梭于会场,与表演者形成互动,一般持续几个小时或几日。

户外音乐节是一种外来文化形式,起源于美国举办的"蒙特雷音乐节"(Monterey Pop),年代摇滚乐诞生之初,乐迷被分割成独立的小群体,彼此没有交流。而蒙特雷第一次做到将全美风格迥异的无数支乐队集合在"爱与和平"的口号下,将融合与交流辐射整个旧金山港湾。而两年后举办的"伍德斯托克音乐节"(Woodstock Rock Festival)真正将户外音乐节这一形式带入顶峰。莫里斯·迪克斯坦(Morris Dickstein)在那本著名的《伊甸园之门》中这样说:"只有一次,音乐拯救了世界,那就是伍德斯托克。"[2]伍德斯托克创造的"理想国度"能够充分表达世界和平平等自由的嬉皮士思想,奠定了户外音乐节独有的文化特征和表演模式,并通过互动仪式不断传递下去。

我国户外音乐节与摇滚乐的传入有很大渊源,但当时摇滚乐的形式仅局限于模仿与翻唱,主要作品以西方知名乐队的歌曲为主。19世纪80年代末至90年代初期,"中国摇滚"的概念逐渐明确,崔健、黑豹、唐朝、面孔等乐队以横空之势打入中国主流音乐市场。1986年,乐手崔健于北展剧场举办个人演唱会,中国摇滚乐正式出台。自此国内摇滚演出行业开始丰富起来,当人们不再满足于通过介质欣赏音乐,现场享受音乐成为一种新的消费模式时,国内的摇滚乐演出也就比原来更多地走向了大众化和公开化[3]。

国内户外音乐节的形式最早兴起于"Heineken喜力节拍夏季音乐节",但其蓬勃发展始于千禧年,迷笛学校创办的"迷笛音乐节"开始将音乐节这种演出形式带入大众视野。众多地下乐手涌入北京,经历了地下摇滚崛起、朋克新浪潮后的中国摇滚乐进入了不同于年代的新模式,方向趋于多元化。充盈的乐

---

[1] 陈长华. 中国户外音乐节发展现状研究[D]. 济南:山东大学硕士学位论文,2013.
[2] 莫里斯·狄克斯坦,江海. 伊甸园之门[J]. 外国文学,1981(4):70-78.
[3] 罗茜. 中国独立音乐的亚文化研究[D]. 哈尔滨:黑龙江大学硕士学位论文,2019.

队市场亟须舞台，乐迷更想贴近舞台，迷笛音乐节应运而生。其模仿了"伍德斯托克"的表演模式与举办流程，成为我国户外音乐节发展体系的开端。

随着文化产业的发展与音乐行业分工的细化，促成了众多独立唱片公司的成立。其不仅像老牌唱片公司一样，为旗下艺人发行专辑与举办演唱会，更包揽了几乎所有的宣发与演出事物，构成一个更为立体化，多维度的发展平台，更加有效地将其推向大众。"草莓音乐节"就脱身于这样的唱片公司，其作为"摩登天空"厂牌下的品牌，具有"春天、浪漫、爱"的特质，受到当下年轻人的追随。一时，"草莓音乐节"成为摩登的代名词。

除了由摇滚乐催生以及唱片公司孵化的户外音乐节，近年来各地文旅部门也纷纷资助或者主办音乐节，如：春浪音乐节、张北草原音乐节、南京森林音乐节、长沙橘洲音乐节等。2014年左右，音乐节成为打造城市地区旅游形象，提高城市吸引力的一块"香饽饽"，直接将我国音乐节推向一个新阶段。

在2011年至今"音乐节"一词在网络上的搜索指数中，2014年与2018年国内户外音乐节达到峰值，这两年也是户外音乐节井喷式发展的时期（图5-1）。2020年初，线下活动大批量取消，户外音乐节也由原来的纯线下模式，开始进行线上模式的探索，意味着户外音乐节迎来了他的"Z世代"。

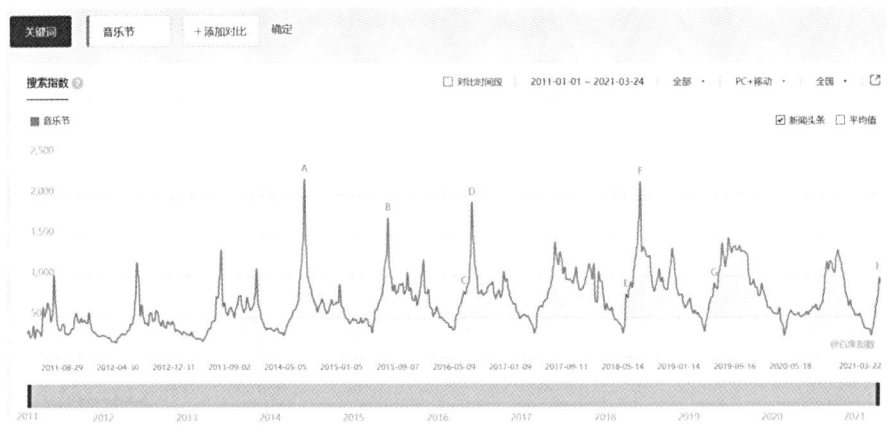

图5-1 国内户外音乐节搜索指数

（二）户外音乐节的文化特征分析

通过对国内户外音乐节的梳理，笔者将其文化特征归纳为空间开阔的场地、风格多元的表演、自由平等的内核、及时互动的现场四个方面，这四个因素也是音乐节广场文化的重要构成。以下是对这四大特征进行的详细阐述。

1. 空间开阔的场地

莉迪亚·戈尔（Lydia Goehr）认为，古典音乐为忠实原作的理想而建造的音乐厅有助于改变听众的预期，也会影响音乐会的风格，促进其程序的变革。说明了音乐风格与音乐场地的选择有着密不可分的关系，户外音乐节中最突出的特点就是其开阔的场地。

与其他独立音乐的表演场所如演唱会、livehouse不同的是，户外音乐节常在城市市郊举行，交通相对便利，有着与自然为伍并且整洁宽阔的场地。参与者与户外近距离接触，远离钢筋水泥，建立绿色自然与美好音乐的通感。选址在市郊是为了不打扰城市中心的节奏，更好地将吃住行的需求集合打包；交通便利是为了尽可能扩大人流量；与自然为伍是秉持着回归自然，不被世俗干扰的理念，建立类似"乌托邦"的逃离之处。国内户外音乐节常设舞台区、露营区、餐饮区和集市区等区域，舞台部分常由一个主舞台与2、3个副舞台构成，其中主舞台一般选在较空旷的场地，长度大于100米，宽度大于50米，可以面向1万至3万名听众[1]。长时间的聚集能够使处于情境中的乐迷发生各种类型的互动，继而成为一个相对封闭的社交广场。

2. 风格多元的表演

随着社会转型后的高速发展，网络时代的降临使人们变得包容与多元，中国独立音乐也同样迎来了变化。摇滚、电子、民谣、嘻哈等多元风格并存，即使再冷门的风格也总有其受众。因此在大型的音乐节中，舞台也会根据不同的风格进行区分，互不干涉。这样的区分有利于更好地集中乐迷，形成更为集中的场域。

在风格表演上，不同音乐类型会呈现出不同的舞台效果，玩法也不尽相同。但相同的是他们都需要和听众形成情感共鸣，乐迷帮助乐手才能集合为一个完整的舞台效果。露天广场隐喻了酒神文化，而全方位立体的音响效果，喧闹的现场气氛极大地冲击了听众，仪式感的演出服装与绚丽的灯光舞美带给乐迷极高的视觉盛宴。在多感观的娱乐场景下，"观众除了和舞台上的表演者交流外，也相互交流并且和自我交流——在拥挤的空间里仍不断地随着音乐扭动，听觉、视觉、触觉、味觉、温度觉、躯体觉或运动觉等，都处于交流的状态，既是和外界交流，也是和自我交流：身心交流……是一种'无中心自我'的状态"[2]。

3. 自由平等的内核

"户外音乐节给人们提供了一种合法的、开放式的音乐展演空间，是一种

---

[1] 岳涛. 户外摇滚音乐节音响系统设计[J]. 演艺科技，2012（3）：18-24.
[2] 宋瑾. 国外后现代音乐[M]. 南京：江苏美术出版社，2003.

公共狂欢的平台和追求自由表达的广场文化。"[1]音乐节的自由体现在创作的自由，场所的自由，传播的自由；平等主要体现在物质的平等与精神的平等。

独立音乐作为一种无法被定义的音乐形式，其本身的创作就是自由的；其次在音乐节中，没有座位的限制，入场后可以随意选择观看演出的位置，站着、坐着、躺着，端着食物或者扛着大旗，以自己最舒服的姿态自由选择最喜欢的演出；形式的自由使音乐人及乐迷都产生一种自发的传播性，这是自由能够产生的结果。关于平等，一般来说演唱会的票价会根据与舞台距离的远近分为数个等级。而户外音乐节的出现，为乐迷提供了一个更低的观演门槛，其门票实行统一价，入场的资格都是一致的；在音乐节中阶层、家庭、教育等区别身份的标志几乎荡然无存，音乐人与乐迷也处于平等的对话状态。自由与平等的内核几乎贯穿整场音乐节，也是众多青年人追随音乐节狂欢的原因。

4. 及时互动的现场

通过现场的演绎，音乐作品会被演绎者与听众重新赋予鲜活的生命力。户外音乐节满足了将演绎者与观赏者置于同一时空进行"面对面"的即时互动反馈。在音乐节中的观赏者不再是一个沉默的听众，他们以调动各种感官的方式充分地享受在其中，"节奏的律动、音响的震荡和体能的消耗融合在了一起，表演者和观众共同用身体叙事的方式在实现生命的燃烧。"[2]

二、户外音乐节的互动仪式链机制

柯林斯认为，想要完成互动仪式，有四个前提条件：两个或两个以上的人聚集在同一场所；对局外人设限；聚集着的人们注意力都集中在相同的对象或活动上，借由相互传播关注的焦点来让彼此知晓；人们分享共同的情感体验[3]。当组成要素有效地综合，并积累到高程度的情感时，互动仪式也会产生四种结果：群体团结，一种成员身份的感觉；个体的情感能量；代表群体的符号，即神圣物；道德感，维护群体正义感，尊重群体符号，防止受到违背者的侵害。本章将从仪式启动、仪式实践以及仪式结果三方面对国内户外音乐节进行分析，通过仪式的产生机制，解读国内音乐节的互动仪式方式。

---

[1] 李岩岩. 独立音乐的狂欢盛会——户外音乐节[J]. 大众文艺，2013（1）：271.
[2] 张谦. 多元文化语境中的音乐现场互动行为[J]. 艺术探索，2011（25）：94-99+144.
[3] 兰德尔·柯林斯. 互动仪式链[M]. 林聚任，王鹏，宋丽君，译. 北京：商务印书馆，2009.

（一）仪式的启动

通过音乐节参与互动仪式也有相应的准备前提：音乐节的身体在场，音乐节的仪式互动的准入门槛，对同一文本符号的认同。

1. 身体在场

柯林斯认为："亲身在场使人们更容易察觉他人的信号和身体表现，进入相同的节奏，捕捉他人的姿态和情感，能够发出信号，确认共同的关注焦点。"[1]柯林斯强调物理空间上的身体在场对于形成团结感的重要性，并认为远程媒介会降低其团结感。我国户外音乐节作为一个巨大的场域，将年轻人从紧张的社会关系的束缚中解脱出来，打造了一个相对自由的乌托邦。

就音乐本身的听觉效果而言，音乐节中的现场演唱并不会比耳机中的音乐占更多的优势；但在集体中，音乐节为乐迷提供的是群体的诱惑力。首先，每场仪式的开始源于人们共同参与的事件。户外音乐节将分散的乐迷和乐迷组织集合在同一片广场，一定意义上限制了其活动的自由性；其次，乐手如果被视作神圣的对象，那么音乐节满足了乐迷接近神圣物的想法，使他们兴奋不已。乐手也会因乐迷的互动更高调动其情绪；最后，乐迷的情感可以通过一系列的身体反应相互增进，身体反应作为仪式的重要组成部分，使其无法被线上的活动取代。因此在精神相通的前提下，乐迷更容易获得群体满足感。

2020年初，线下活动无法开展，相关从业人员借助流媒体进行线上的探索，形成了虚拟在场。例如，2月份摩登天空在B站推出"宅草莓不是音乐节"，随后与今日头条、西瓜视频联合进行"宅草莓音乐节"直播；3月份TME推出超现场演出品牌TMElive；4月份摩登天空推出付费演出直播计划"草莓星云"等。但受到身体缺席的限制，线上音乐节在上线后诟病颇多，乐迷认为现场音乐的魅力是无法被线上取代的，仅仅通过弹幕等形式互动无法积极进行集体响应，不能做到全情投入。

"实在憋得慌，只能通过看之前的live视频或者看这些直播来排解一下，我就一个人在家看着电视蹦蹦跳跳，可是怎么都觉得不太得劲，我就拉着家人一起哈哈哈。他们也算是半只脚跨入音乐节了呢！"（F05，男，28岁）

2. 音乐节的仪式互动的准入门槛

乐迷群体作为一种小众的圈层，具有很强的维护性和排外性，对外界设限并且信仰纯正是增强集体力量的关键。乐迷群体通常注重标签化与符号化，不

---

[1] 兰德尔·柯林斯. 互动仪式链[M]. 林聚任，王鹏，宋丽君，译. 北京：商务印书馆，2009.

同的乐迷群有其独特的准入机制。比如在音乐节的舞台设置中，常常会出现嘻哈与摇滚分为两个独立的舞台，互不干涉，这与其不同的文化内涵是有一定联系的。

"说实话我看不起听嘻哈的，倒也不是有多厌恶，只是我个人欣赏不来。有的rapper一句词，哎呦哎呦的重复整首歌，也没啥旋律可言，歌词还脏话连篇。我反正不喜欢。"（F13，女，30岁）

"听摇滚的多多少少带着点清高吧，毕竟乐队也不是随随便便什么人就能组起来的，观众一听就知道是不是敷衍。"（F01，男，39岁）

除此之外，关于线上的圈层纳入，也是需要由在此圈层中的人带入的。比如常在《乐队的夏天》综艺中被提及的神秘豆瓣"月亮组"，因其中深藏了众多乐手的猛料，早已被设置为私密小组，无人引荐，根本不得其门。这些准入规则就像是一堵墙，圈外的人无法进入，也很好地隔开了所谓的随波逐流的"假乐迷"。

3. 对同一文本符号的认同

柯林斯在互动仪式链理论中提到，相同的关注焦点是形成共享符号的核心，人们将注意力集中在共同的活动上，由此传递该关注焦点，由此了解彼此的喜好。乐迷参与仪式，就是基于对音乐节中体现出的文本符号认同。这一点在音乐节的主题上能够明显体现。

在草莓音乐节的设定中，春天、浪漫与爱的特质被表现得淋漓尽致。草莓不仅只作为一种水果，更是一种生活态度，代表着充分享受音乐与生活，定义新的娱乐形式[1]。历年的草莓音乐节都设定有主题和口号，具体如表5-1所示。

表5-1　　　　　　　草莓音乐节历年主题与口号

年份（年）	主题与口号
2009	草莓发射升空
2010	草莓星球
2011	草莓疯
2012	草莓星球大逃亡
2013	Celebrate C重拾庆祝的权利
2014	SNS life is rubbish, get a real life！真空接触
2015	Freak is good缺的，才是好的

---

[1] 沈黎晖. 音乐节——通往未来的艺术形式[J]. 艺术评论，2011（1）：71.

续表

年份（年）	主题与口号
2016	The world is virtual，you are the reality虚拟即现实
2017	The loners parade孤独巡游者
2018	我
2019	循环世界Circular World
2020	Hi，我也在

每年的草莓音乐节都会以一种庆典的形式呈现，乐迷会自动遵守这一约定俗成的约定，因此，设定不同主题就是为其设定不同的符号价值。例如2019年的主题：循环世界Circular World，以环保为核心理念，携手世界自然基金会（WWF）等海内外领先的环保机构对草莓音乐节进行多方位环保实践，倡导让环保成为青年生活方式的一部分。基于这一价值符号，在音乐节的设置中关注节能与减塑，例如盈创回收的智能塑料回收机将对音乐节的塑料制品进行科学处理，观众通过押金制的方式参与回收会获得返利，或以优惠价购买塑料制品转化的草莓音乐节XBOTTLOOP再生潮品，潮品所带来的利润也会捐赠给"草莓森林"[1]。对这一符号的认同，2019年参与草莓音乐节的乐迷都纷纷以身作则，穿着环保并有意识地进行垃圾回收。

（二）仪式的实践

在互动仪式链理论中，柯林斯指出"程序"不是最关键的，必不可少的是参与个体拥有一致的焦点与情感投入。根据互动发生的空间，可以分为线上的虚拟互动与线下的互动仪式，整个群体呈现出了"线上—线下—线上"的一个"从陌生到熟悉、从想象到真实"的循环互动过程[2]。因此户外音乐节的实践主要分为虚拟仪式、观看仪式与分层仪式三方面，从而在互动过程中形成集体兴奋，制造出仪式的归属感。

1. 虚拟仪式

我国户外音乐节的时长一般为2~3天，依托于社交媒介的兴起，参与者主要依靠网络进行互动，形成特殊的社群，这种基于兴趣产生的群体被称为"趣

---

[1] yida. 草莓音乐节主题发布｜循环世界Circular World正式开启[EB/OL].（2020-08-03）[2021-03-02]. https://www.dahepiao.com/news/yanchu/.html.
[2] 陈濛. 互动仪式链视角下的户外音乐节研究[D]. 广州：暨南大学硕士学位论文，2020.

缘群体"。依据模型来看，这一"趣缘群体"的组建主要有两种途径。

一类是完全通过社交媒体组建，依托于乐迷群体或者社交网络集合，在网络空间内形成相应的社群并进行讨论与信息共享。

"我在杭州的演出群中是个群混子，基本上所有的演出群我都在，一方面是以防万一，可以方便抢票；另一方面是在群里和志同道合的人说话很有意思，身边听演出的朋友实在是太少了，没什么共同语言。"（F14，女，28岁）

另外一类是由线下发展到线上的，个体在音乐节现场相识，经过仪式的互动从陌生走向熟悉，形成网络社群方便彼此联络。

"我之前看演出基本是一个人去的，后来认识了一个同校的朋友，才知道原来学校里还有一个演出群，我就加入了这个微信群。之后我们经常约着一起去音乐节或者livehouse，感觉有组织了之后参与音乐节活动的兴致都变高了，现在我们除了去音乐节还经常约着一起出去玩。"（F08，男，22岁）

虚拟在场的互动为户外音乐节仪式的进行提供了以下三方面的优势：首先，社群可以满足个体对庞大信息资讯的需求，通过社群获取资讯同时自身也传播资讯。而一部分因为种种原因无法身体到场的个体可以通过观看现场的视频弥补遗憾。其次，社群利于情感积累。在互动仪式中，情感的高度一致决定了这个仪式是否成功。而在没有音乐节仪式的空白期，个体可以通过网络环境进行情感交流，这些在普适中"另类""小众"的爱好者首先会得到精神上的共鸣，从而能够延展到私人情感中。最后，社群满足了消费需求的连接。音乐节通常会形成交通住宿等消费行为，出于消费分担的目的，在社群中互动可以节省个人开销。

2. 观看仪式

在国内的户外音乐节中，乐迷通过一些约定俗成的手势、话语、着装、集体行为进行互动，表达自己的感知与情绪，这样的互动仪式可以看作为一种身体表演的特殊传播方式，乐手从符号中接收反馈信息，更可以引领乐迷，形成一种互动的闭环，从而获得一种共同的意义体。

（1）手势　手势是互动中最常用且最简单的方式之一，在户外音乐节的互动中，独特的手势可以激发群体的身份认同并对表演者表达敬意，许多手势已经形成了一套比较成熟的话语体系，具体见表5-2。

虽然手势并没有对错之分，但对参与互动的人群来说，这往往是最直观的能够形成互动分层的依据。通过对忠实乐迷的访谈可以发现，他们常常对比出"我爱你"手势的乐迷嗤之以鼻。

"毫不夸张地说，比我爱你的都是伪摇，当然我是朋克，我看谁都不爽哈

表5-2　　　　　　　　　　户外音乐节常见手势图解

图示	名称	含义	适用场景
	金属礼	金属礼，恶魔之角	摇滚乐现场
	我爱你	表示爱意，手心朝前。本身并没有什么异议，甚至比金属礼出现更早，但并不是rock and roll的专用手势	任何场景
	V字手势	胜利之意，横着比V有和平之意	任何场景
	朋克礼	该手势代表来自受众的支持力量，表现了朋克直接、暴躁的气质	朋克音乐现场
	西海岸	早期是西海岸说唱歌手用来表明出身的，如今也经常被用来表示"Old School"说唱	嘻哈音乐现场
	666	伸大拇指和小指，形似汉字"六"并摇晃，表示"The Primo（一级棒）"	任何场景

哈哈。"（F18，女，22岁）

"真正的摇滚乐迷是绝对不会在摇滚乐现场比出我爱你的，这样的手势就代表了他们只是在随波逐流，并没有真正了解并热爱摇滚乐。有的时候很想把他们的大拇指给按下去。"（F07，男，26岁）

当然，音乐节现场也会有对这些手势的科普，常常由乐手或者主办方带领，从而在互通的过程中获得情感能量，能够使参与者更好地进入互动仪式的传播。

（2）着装　着装的符号性与手势相似，通过穿戴相似符号，比如乐队Logo、穿衣风格等，参与者会自动划分文化属性。不同的文化下映射的着装风格是非常鲜明的，这也方便了参与者在仪式中进行身份认知、建构与确认，并且维系群体的认同感。

"如果看到扎着哪吒头的，那一定是痛仰的乐迷；如果是穿着东北大花袄的，说明二手玫瑰在现场；如果穿着貂的，嘻哈女孩没跑了。"（F07，男，26岁）

"在第一次看完迷笛音乐节后，我在集市买了一件带有迷笛音乐节Logo的T恤。很巧的是，在另外一个音乐节现场我偶遇了一群穿着或者带着迷笛的乐迷,这让我一下子有了一种同道中人之感。这个音乐节就很像一个勉强拼凑的拼盘,看热闹的和流行乐迷占了一大半,之后我就加入了这些乐迷,和他们一起听完了整场音乐节。"(F03,男,34岁)

受亚文化小众圈层的影响,在日常社会生活中的怪异的着装或者奇怪的发型和配饰都被音乐节的现场包容。"服饰是对人的社会、身份地位的一种外在表述,传递着时代的信息和个人的体验和经验,给人以自信并影响其在社会环境中的行为。"表层的怪异下体现的是音乐节中的年轻人"反叛""独立"的理想状态,传递的含义同样利于团体的凝聚。

(3)话语 在户外音乐节的话语体系中,俚语的运用十分广泛,拥有一套可以独立运行的话语体系。参与者通过话语进行互动,与其在其他社交场所的语气用词都有很大的差别。在音乐节现场,除了音乐方面的专业术语以及集体行为的术语外,最常听到的两个交流词汇为"牛""燥"。例如关于一个乐队的描述:

"我最喜欢的乐队就是新裤子。他们虽说音乐不是特牛,彭磊还因为大舌头常被嘲笑,但是这不影响他们现场就是燥,我就是乐意和他们一块蹦跶。"(F11,女,35岁)

"牛"在音乐节中常为强、优秀的代名词,受到摇滚乐自由奔放与肆无忌惮的表达方式,这样一个本来具有粗口意味的词汇被冠上了崇敬的含义;"燥"在音乐节情境下常为燥热,躁动之意,乐手常在调动乐迷情绪的时候大喊:"让我们一起燥起来!"通常也会收到乐迷的积极回应。在音乐节的情境中,类似这些词汇被广泛传播,并且传播者并不会带有羞耻意味,反而是能够互相愉悦交流的一种表现,能够说明道德约束在音乐节现场是有被抛弃的可能性。

(4)集体行为 集体行为是由群体在情境中没有受到约束与强制的前提下,自发地进行一致行为的一个活动。集体行动中存在着极高的情感能量,在触发行为的前提下,情感能量会在一定场所下进行一定时间的累积。在户外音乐节中,熟悉规则的乐迷会进行一些玩法,带动整个音乐节的互动达到高潮。与发生在日常环境中的集体行为不同的是,这系列行为往往在情境消失后立即消散,极快恢复到正常的社会秩序中。我国户外音乐节的集体行为起源于西方,具体分为以下几种类型。

摇旗:在音乐节现场,高举印有乐队、厂牌、制作人、DJ有关的标志口号,或者代表乐迷组织的logo、精神的旗帜,按照音乐节奏8字形摇动,表达支持喜爱。

甩头:常指根据音乐节奏上下方向甩头,扶着栏杆/铁马的称为单甩,一排人勾肩搭背一起完成的称为排甩，常见于金属音乐现场。

拉圈：类似篝火晚会的拉圈，多人手拉手组成一个大圆圈并不断欢呼跳跃，中间区域常为摇旗手。

Circle-pit：指带有个别肢体碰撞的绕圈跑，是拉圈的变式。

开火车：指参与者将手搭在邻近观众的肩膀上或腰上，数十人为一列，形成一个类似火车车厢的循环，并随着音乐节奏在所有观众中穿梭，参与者因此形成一个短暂集体，传达团结、友爱的精神[1]。

开飞机：指由多人举着一人在舞台下奔跑，类似庆祝欢呼的动作。

跳水：在征得后方人群参与的基础上，从舞台/铁马高出跳入人群，并由人群用手攀等支撑方式向后传递，一开始为一种乐手与乐迷互动的方式，之后一般出现在特别躁动的摇滚现场。具有一定危险性。

Pogo：Mosh的先驱，收拢手臂，根据音乐节奏垂直方向上下跳动，常见于朋克音乐现场。在其他类型的音乐现场，Pogo的表现方式可以拓宽为点头、摇摆、跳动等。

Mosh：Moment Sharing的缩写形式，指更为激烈的Pogo。一般为跳起来，使用手臂等肢体与身边的乐迷进行友好的碰撞，多出现在金属、硬核的音乐现场[2]。

死墙：Wall Of Death的中文简称。人群向舞台两边分开，形成人墙，空白处有一位举旗者。当指挥者摇动旗帜后，面对面的人群开始互相冲撞，从而达到宣泄情感的目的。一般出现在金属、硬核等音乐现场。

一场音乐节中，出现了以上集体行为才能说是形成了一条成功的互动仪式链，乐迷才会将其称为"地道"的音乐节，才能将摇滚乐现场所具有的特质：强节奏、狂欢意味强烈、平等互动、大声呐喊等宣泄情感的方式表达。在2018年迷笛音乐节的现场，伴随着痛仰乐队《公路之歌》："一直往南方开"的旋律，几乎全场的乐迷都自发地形成火车队伍，一时间场地中数十条火车穿梭不息，场面十分壮观。通过对乐迷的访谈，绝大多数人的态度是的认同。

"如果来音乐节你不玩一下，和在家里戴耳机听歌有什么区别？"（F17，女，24岁）

"这就是现场音乐的魅力，和朋友们、和乐手完全沉浸在音乐中。跟着朋

---

[1] 廖宜凌. 国内户外音乐节的符号消费体系研究[D]. 上海：华东师范大学硕士学位论文，2019.
[2] BROWNE K. Beyond rural idylls: Imperfect lesbian utopias at Michigan Womyn's music festival [J]. Journal of Rural Studies, 2011, 27(1): 13-23.

友们排甩、跳水、Pogo能让我暂时忘记当下的烦恼，我的脸上会只有笑容的存在。"（F16，女，26岁）

"我在音乐节就是完全放松的状态，对我来说是我的一个伊甸园，能够逃避外面的世俗社会。我特别喜欢跳水，虽然这个行为可能会有一些危险，但是当我站在铁马往下纵身一跃，并且知道身后一定会有一双双手接住你的时候，会有一种无与伦比的安全感。"（F02，男，37岁）

通过解读集体行为：生理层面，其背后的狂欢精神能够使受众暂时放弃对身体的约束，以原始的肢体接触碰撞等生理特征，表达自己的感知与意识；空间层面，因为摒弃了与陌生人的安全社交距离，更容易放开并且融入整个团体，进而能够获得群体的意识。这也是音乐节基本能够形成成功的互动仪式链的重要原因之一。

3. 分层仪式

柯林斯认为，互动式分层是：某些人拥有通过仪式控制他人的权力，其他人则是被动的；某些人处于关注的中心，而另一些人则处在边缘或被排除在外。这些属于权力和地位这两个维度[1]。因此在国内户外音乐节中，仪式同样被这两个维度进行分层。

在研究分层互动之前，首先引入互动市场与文化资本的概念。互动仪式市场与有形的物质市场的共同之处在于都是资源交换的场所，而不同点在于一般的经济市场模型是基于经济人以自身获得经济利润最大化作为考量，而互动仪式市场是以追求情感能量最大化作为人们进行互动的最终目的[2]。情感能量与文化资本是参与互动仪式市场最关键的两样资源，同时也是在互动仪式市场中划分成员的身份依据。

文化资本作为互动仪式市场重要资源之一，在互动仪式理论中是一种个体身份认同的标志，话语权、决策权和荣誉权是组成文化资本的资源。在互动市场中，文化资本的高低与参与互动仪式的积极性有着正向关联。

（1）权力仪式　在国内户外音乐节中，有一部分特殊的青年志愿者，他们拥有乐迷与主办方双重身份，实现了以文化资本中话语权的多寡作为基础的分层仪式。音乐节的志愿者构成以热爱音乐的青年人为主，通常为国内各大高校的学生，他们以官方招募为主，辅助主办方进行音乐节现场的执行工作。音乐节志愿

---

[1] 兰德尔·柯林斯. 互动仪式链[M]. 林聚任，王鹏，宋丽君，译. 北京：商务印书馆，2009.
[2] 方静. 后现代语境下虚拟偶像迷群的互动仪式研究[D]. 广州：暨南大学硕士学位论文，2019.

者一般没有报酬,以证书和周边礼物为奖励方式,参与的人数却络绎不绝。

"首先志愿者基本上可以免费看完一场音乐节的,在完成工作的前提下我们可以自由地去看演出;另外,参与音乐节工作可以让我们离主办方更近一些,更好地参与这次活动;更重要的一点是能够获得一种比普通乐迷更高层次的精神需求,会有更多的特权,比如说获得乐队的周边之类的。"(F08,男,22岁)

"别看这只是一个志愿者,实际上我们能更近距离地接触到喜欢的乐手。我上一次参加志愿者的时候就被分到了艺人接待组,不仅带着新裤子乐队走完了全场,还合影留念了!"(F20,女,21岁)

通过访谈可以知道,被选拔为志愿者的乐迷在音乐节中往往被赋予了更多的话语权:参与仪式的建构过程;维持仪式秩序;形成仪式的传播;烘托仪式的情感。这一部分的乐迷确立了自身在仪式市场的权力,在市场交换到较为充足的情感能量,在下一次音乐节互动仪式开始时会不自觉地带入身份,进行仪式的传播。

(2)地位仪式 在此的地位并不是所谓的等级差异,而是指仪式发生时所处的位置。在仪式中按照地位可以分为:刚刚具有成员身份的人;靠近核心的人;社交明星。换一种通俗的说法就是是否踏入核心的圈子[1]。

"在音乐节中很好辨别这个人是不是音乐节'老炮儿'。一般来说,举着手幅拿着荧光棒扛着相机的,那都是刚刚来音乐节玩的,演唱会看多了来音乐节追星的;如果是一个大花臂,穿着特朋克满脸打满钉子的,一般都是刚开始听摇滚的小年轻;如果人到中年了,穿着看起来特穷,一件T恤一条牛仔裤的,哎那一般都是老炮儿了。"(F14,女,28岁)

当然,以着装进行划分的地位并不是唯一标准,但因为户外音乐节现场表演内容的差异性,群体在发生互动的过程中产生的情感能量是不同的,较高情感能量的群体会具有更强的排他性,当在粉丝文化圈层的群体试图加入音乐节核心群体时,会受到一定的排斥。比如在音乐节现场,乐迷常常会因为举着应援物站在前排的主流艺人的粉丝而恼火,因为他们闯入了音乐节既定的仪式,使群体无法进行正常的互动,这也导致了在户外音乐节中不同的文化表达无法做到巧妙地容纳,边界十分分明。

---

[1] BROWNE K. Beyond rural idylls: Imperfect lesbian utopias at Michigan Womyn's music festival[J]. Journal of Rural Studies, 2011, 27(1): 13-23.

（三）仪式的结果

在互动仪式链中，在积累了高度的共同关注与情感共享时，互动仪式会产生四种结果：群体团结；个体的情感能量；代表群体的符号；道德感，维护群体正义感，尊重群体符号，防止受到违背者的侵害。户外音乐节通过观看仪式与分层仪式不断积蓄情感能量，通过共同消费符号来塑造仪式神话，并产生相应的群体团结和道德感。

1. 仪式神话

费斯克在其著作《关键概念：传播与文化研究词典》中将神话的概念理解为"是指遍及某种文化的一些被广泛接纳的观点，其成员由此而对自身社会履历的某个特定主题或部分进行概念化或理解。"[1]在户外音乐节的仪式中，一些特定的文化符号被赋予崇敬感，进而塑造为"当代神话"。神话中常出现的英雄，置于互动仪式链中，被称为"神圣物"。

神圣物的概念最早在涂尔干的研究中被提出，是群体团结到一定程度后所产生的标志，具有易变性和情境性。在户外音乐节中，最标志性的神圣物就是旗帜[2]。旗帜上的标识基本以两种类型为主：乐队/制作人/厂牌的logo、乐迷组织logo。以痛仰乐迷为例，他们既是乐队的追随者，也是痛仰乐队标志——哪吒的追随者。

"痛苦的信仰简直和我现在的处境太契合了，哪吒虽然是魔丸转世，但是我命由我不由天，能够追求自由与梦想。不管是痛仰前期自刎的哪吒还是之后双手合十的哪吒形象，都代表着永不屈服的叛逆，我永远高举哪吒大旗。"

由访谈可知，这样一个标志的形成可以印证乐迷群体中神圣物的形成，并且这是只建构于户外音乐节现场这种情境下的。旗帜出现于高情感能量的演出中，受到乐迷的追随，产生强烈的互动。另外，旗帜随着音乐节仪式的结束也会消失在人群中，在音乐节之外的情境中挥舞大旗，会让他们觉得"尴尬"与"哗众取宠"。因此印证了神圣物只存在于特定的仪式中，而不是普遍的日常生活。

2. 仪式身份：认同与解构

在柯林斯看来，情感能量是互动仪式中最重要的因素[3]。高度的共同关注与高度的情感彼此联结，从而产生于认知符号相关联的成员认同感；同样，群

---

[1] 秦志希，葛丰，吴洪霞. 网络传播的"后现代"特性[J]. 武汉大学学报，2002（6）：760-766.

[2] 张杰. 户外音乐节青年受众群体的情感传递[D]. 南京：南京理工大学硕士学位论文，2017.

[3] 兰德尔·柯林斯. 互动仪式链[M]. 林聚任，王鹏，宋丽君，译. 北京：商务印书馆，2009.

体身份认同感也为仪式参与者带来情感能量，使得他们更为积极参与仪式[1]。乐迷在参与户外音乐节的过程中能够获得高度的认同感与共识，他们通过集体行为与其他群体进行区分，并在下一场音乐节仪式开始时，携带上一个仪式互动中积累的情感能量和文化资本投入，进行不断地累积，也使得各个仪式能够相互勾连形成仪式分层（图5-2）。

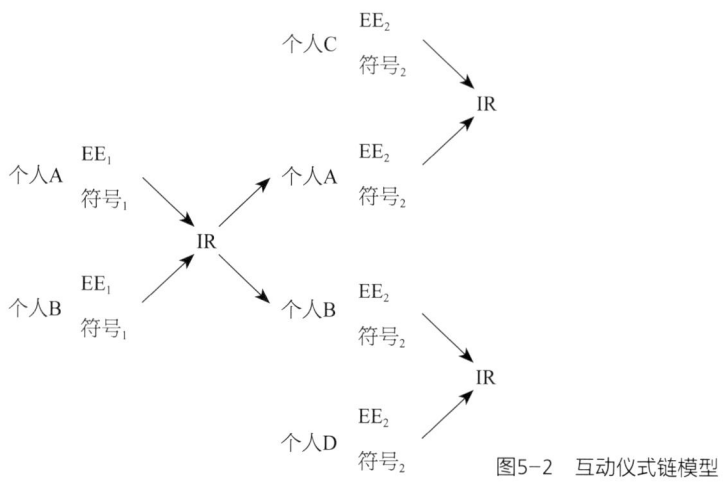

图5-2 互动仪式链模型

但因为户外音乐节的准入门槛在降低，常出现鱼龙混杂的情况，这种混杂的文化表征也逐渐出现在乐迷群体中。一方面，乐迷通过仪式准入，仪式互动巩固身份加强认同感；另一方面，因为文化资本的分层以及大众文化的涌入，造成了乐迷群体中的身份解构。在户外音乐节中，由于仪式分层，处于边缘的群体获得较少的情感能量，成员身份的认同感也较低，因此他们常被称为"混子"，是"仪式的游牧者"，这一部分成员的身份很容易受到解构[2]；另外，因为大众文化的侵入，起源于独立音乐的音乐节开始接纳流行乐迷，带有其他文化资本和文化基因的群体在互动时存在着文化区隔，他们无法读懂与理解独立乐迷的文化符号，在进行仪式互动时常会表现出一种"厌恶"与"逃避"的情感，这会使音乐节仪式中的情感能量下降，身份认同感随之减少。

---

[1] 徐丽环. 户外音乐节迷群的身份认同研究[D]. 沈阳：辽宁大学硕士学位论文，2019.
[2] YANNING Li, E. H. Wood, R. Thomas. Innovation implementation: Harmony and conflict in Chinese modern music festivals[J]. Tourism Management, 2017, 63: 6-7.

三、互动仪式对户外音乐节的影响——以迷笛音乐节与春浪音乐节为例

国内音乐节的爆发式发展暴露出许多问题，导致音乐节的仪式失败。本章通过对比迷笛音乐节与春浪音乐节在情境建构、集体兴奋以及情感能量这三方面的因素，具体分析互动仪式对音乐节的影响（图5-3）。

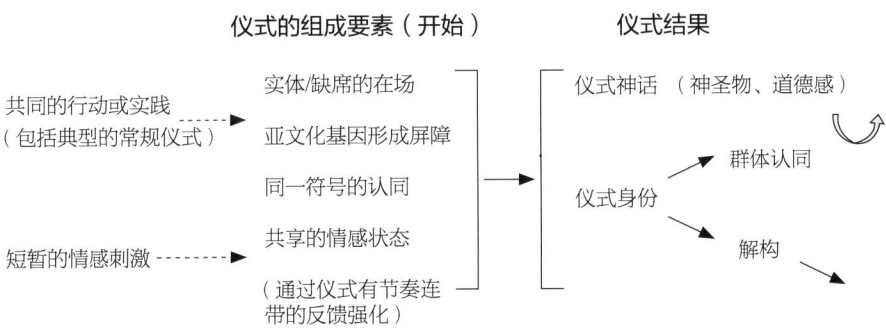

图5-3　户外音乐节的互动仪式链图

（一）情境建构

情境对户外音乐节仪式的发展起到先决作用，良好的情境往往能够助推仪式的发展，为参与者的聚集提供条件。

迷笛音乐节起源于1993年，在20年的发展中，其经历从室内到室外，从校园到社会，从无序到有序的过程。作为摸着石头过河的先行人，迷笛音乐节很好地借鉴了"伍德斯托克"的发展模式，具有周期性和相对稳定的特征[1]。

迷笛的时间基本比较固定，在每年的五一或者国庆期间；同样，地点也都较为固定，很大一部分在太湖迷笛营。因此，在参与迷笛音乐节时，乐迷会形成一种连续的仪式感。

"每年到五一的时候，我身边的朋友都在盘算着去哪玩，而我只有一个想法就是去迷笛。这就像是春节中秋想要回家一样，五一国庆我就想回迷笛，可以说这是我精神的家园吧。"（F19，女，21岁）

春浪音乐节源自台湾，而后被引入大陆。春浪的主办方由台湾的原班人马变为了大陆的代理，但大陆的代理并没有迎合地区需求，也没有形成一种周期性的仪式。

就场地设置来说，迷笛的整个场域空间构建成了一种庙会，舞台设计基本

---

[1]　余伊彤. 审美迷笛音乐节[J]. 艺术品鉴，2019（18）：180-181.

固定：唐舞台、战国舞台、清舞台、明舞台、孩迷舞台等。每个舞台都有其特殊的演出风格，在参与者的选择时可以提前进行预判。但就春浪音乐节而言，因为没有进行空间的合理规划，整个现场显得十分混乱。另外，春浪音乐节的场地配套设施极为不方便，人流量极高的场地仅设置了5个移动卫生间，场地中没有可以进行餐饮娱乐的设施，观众苦不堪言。

"我曾经参加过一次上海的春浪音乐节，场地设置在迪士尼附近，交通十分不便利。不仅如此，春浪整个的场地是一种倒扣的碗形，还只设置了一个舞台，舞台与远处都处于山腰，这就很尴尬。站得远了看不着，所以所有乐迷都拥挤在前排，更别说前排都是前一天凌晨就开始排队的追星女孩，战斗力过于强了，我们实在不忍心上前挤。导致我们整场音乐节都在远处的地方自己玩。"（F04，男，34岁）

（二）集体兴奋

在迷笛音乐节中，参与者通过线上的网络空间自发地组织，并通过手势、话语、着装以及集体行为等符号在音乐节现场互动，使户外音乐节的仪式得以良好运行。迷笛音乐节的音乐类型相对比较单一，几乎都是摇滚乐迷，仪式的分层不明显，更易形成高度的团结，在仪式的实践中形成集体兴奋。

但春浪音乐节的仪式实践相对来说是比较失败的。首先，从虚拟仪式来说，春浪音乐节并没有组织线上的乐迷社群，主办方仅在官方微博中发布音乐节的信息，自发的乐迷社群在当时也不知为何被禁止；其次，就观看仪式来说，音乐节不允许携带旗帜、横幅等个人情感浓重的标志物入场，一旦被发现会被立即没收。同时，为了节约成本，主办方往往不会请正规的安保公司，对一系列的集体行为都进行无理由地制止，导致乐迷仪式无法正常进行；另外，仪式的分层过于严重。由于春浪音乐节中邀请的很多乐手属于大众文化圈层，与小众独立文化本身就存在一定的壁垒，所以当乐迷在进行仪式的过程中，大众乐迷会产生厌恶的情绪。

"我们在开火车的时候，基本上开到中间就进不去了。前面满满当当的占满了来看爱豆明星的粉丝们，她们不乐意参与我们的仪式。在我们摇旗或者pogo时不小心撞到她们，她们常常会以一种让我很不舒服的眼光上下打量我，感觉我不在音乐节而是在演唱会。"（F19，女，21岁）

"上面乐手说'燥起来'的时候，前排的姑娘杵在前面一动不动，可把我尴尬的。没人回应乐手，后来演着演着他们也觉得没啥意思了，体验感真的差。"（F01，男，39岁）

低度的集体兴奋、缺乏即时的回应以及没有共同的连带，使春浪音乐节的仪式链条变得十分松散，造成仪式空洞。

（三）情感能量

在优质的户外音乐节仪式中，通过情境中的聚集以及线上线下的互动，产出了高度的情感能量，进而形成群体团结和社会结构的稳定循环积累过程。每年一度或几度的迷笛音乐节，主题定位清晰，音乐类型较为单一，因此群体所形成的情感类型也较单一且高度集中，由此形成的互动仪式很难被外界的力量打破，这也是其能够形成"乌托邦"的原因之一。

但就春浪音乐节的举办而言，由于主办方本身对其文本符号的不确定，没有独树一帜的品牌形象，导致现场符号极为混乱；在仪式进行过程中，经常出现仪式被打断的情况，例如2018年上海春浪音乐节，志愿者与主办方起冲突，导致全体志愿者罢工，音乐节现场一度出现"瘫痪"的情况[1]；加上乐迷在整场音乐节中的体验观感并不佳，他们无法产出参加下次音乐节的情感能量，对群体的情感认同与道德维护极低，削弱了乐迷的身份认同感，在乐迷中间无法形成共同信仰，这也就直接导致了春浪音乐节现场仪式的失败。

四、户外音乐节的互动对策

（一）完善情境架构

在身体在场的前提下，提供更好的生活条件与硬件设施从而完善情境架构是户外音乐节首要完善的方面。

交通方面，高效的公共交通是疏散高强度人流量的首选。在音乐节选址时应考虑交通及周边配套设施的完整程度，限制私家车出行，倡导公共交通出行。场地设置方面，需要提升配套硬件设施，通过24小时热水供应，增加移动厕所，合理垃圾回收，场地合理规划等方面进行改善[2]。在现场管理方面，增加专业安保，以合理的方式进行管理，一方面可以减少恶性事件的发生，另一方面可以给音乐节仪式的发生提供保障。

---

[1] 吕鑫泽. 中国内地户外音乐节志愿者管理研究[D]. 南京：南京艺术学院硕士学位论文，2020.

[2] ISABELLE Szmigin, ANDREW Bengry-Howell, YVETTE Morey, et al. Socio-spatial authenticity at co-created music festivals[J]. Annals of Tourism Research, 2017, 63: 11-12.

（二）明确仪式符号

1. 确认主题与定位

音乐节的主题与定位是其能否形成成功仪式的关键。就迷笛音乐节而言，20年的主题中覆盖了当下热点（见附录二），迷笛文化不仅在于传播摇滚乐，在互动仪式中更传递了人文关怀的意味，丰富了社会责任感，完成了音乐文化的再塑造[1]。

"我参加音乐节时会很看重音乐节的定位，在关注乐队本身的同时，我也很喜欢在音乐节中传递我认为正确的价值观，类似一场盛大的主题派对。"（F12，女，31岁）

不管是主题还是定位，在互动仪式的过程中，这些抽象的符号都传递给了音乐节的参与者，并吸引了越来越多相似价值观的参与者，从而完成互动，潜移默化促进了文化的发展。

2. 规避同质化

近年来，国内音乐节扎堆举办的现象频发，但不管是音乐作品本身，还是音乐节阵容、内容、举办形式、流程，都出现了严重的同质化现象，显得参差不齐。

首先，国内的独立音乐内容与质量明显跟不上音乐节的增长速度。部分音乐创作人和主办方为了迎合市场，创作出的只是"口水歌"。因此在内容创作上，应更多地强调沉心创作作品，如万能青年旅社的十年一张专辑，审美与共情更强，利于音乐节的良性发展。

其次，演出阵容也需要规避同质化。音乐节作为一种对大众音乐审美疲劳的产物，重复度极高的演出阵容会使其沦为一种简单的商业拼盘，集体兴奋会逐渐消退，乐手轧场也会使其本身演出激情减少，过度消费会使仪式感降低。

（三）音乐仪式细分

柯林斯认为，仪式是需要分层的，因此在户外音乐节的仪式中，也需要对其进行细分。首先能够明确个体成员身份符号，利于情感能量的蓄积；其次也避免了群体间的冲突，维护仪式的顺利发展。

1. 打造垂直细分市场

国内的户外音乐节虽然通过设立多个音乐风格迎合不同观众的口味，但这

---

[1] 李璨. 浅析迷笛音乐节品牌传播现状、问题与对策分析[J]. 长治学院学报，2020（37）：65-68.

依然是一种类似拼盘的方式。主办方可以采用细分市场的方式，创造主题更为鲜明的音乐节，进行市场区分。如专属于金属乐迷的"Wacken Open Air"，专为爵士迷打造的美国的JVC爵士音乐节（JVC Jazz Festival）等类型多样的音乐节品牌[1]。

同时，由于国内音乐节品牌还处于起步阶段，因此可以通过引进国外老牌优质音乐节IP，结合我国本土优势，进行IP本土化发展，从而轻松占据细分市场的份额。

2. 打造不同的仪式场

国内的户外音乐节因为受到主流市场的影响，小众的独立音乐很难拉动盈利，因此在限定时间和场地中打造不同的仪式场是较为高效的解决方式。2021西湖音乐节的举办形式就值得借鉴。首先，将每天演出的音乐风格进行划分，第一天摇滚，第二天嘻哈，第三天主流音乐，在保证整场盈利的前提下打造了风格迥异的不同仪式场。其次，场地中的观赏区域也进行了划分，在舞台前有专为不习惯音乐节仪式的"小白"打造的专属"小白"区域，既保证了仪式的顺利进行，又为仪式外的群体提供了保障。

五、结语

音乐节作为一种新兴的文化形式，国内学术界对其研究甚少。本研究通过将其置于互动仪式链视角下，按照仪式的发展流程将其拆分为仪式的启动、仪式的实践以及仪式的结果进行分析，厘清音乐节仪式发展的逻辑。在整个行业的背景下，通过对迷笛音乐节以及春浪音乐节的个案研究，分析互动仪式对音乐节的重要影响作用，从而对我国户外音乐节的互动提出建议。

通过研究，可以总结出以下结论：

第一，音乐节的文化特征：空间开阔的场地、风格多元的表演、自由平等的内核、及时互动的现场使音乐节形成场域优势，孵化了互动仪式的产生。

第二，我国户外音乐节通过情境，从仪式的三个方面推动者互动仪式的形成，从而体现出互动仪式的机制。

第三，受众通过参与互动仪式的循环过程，不断累积情感能量与符号价值，从而反输到仪式本身，反作用于户外音乐并影响其发展。

---

[1] 熊琴. 中国内地户外音乐节的现状、问题与对策[D]. 南昌：江西财经大学硕士学位论文，2018.

总的来说，通过对音乐节互动仪式的研究，能够大胆展望未来音乐节的发展趋势，其行业将是一片蓝海，等待Z世代的年轻人进一步扩张与发掘。同时，也希望通过完善情境架构、明确仪式符号以及对音乐仪式进行细分这三点，推动音乐节产业往更好的方向发展。

第二节　物的精神化建构：
基于互动仪式链的电商直播互动机制

2019年天猫"双11"期间，仅在活动开启63分钟后，以淘宝直播形式获得的成交额就超过了去年"双11"全天的交易额。其中，超过50%的品牌商家抓住淘宝直播的新风口，最终完成交易额近200亿元[1]。基于如此庞大的成交数额，究竟是什么开启了人们消费的决策按钮？本研究以此为出发点，通过分析受众在电商直播互动中的关注焦点与情感连带发生机制，对电商直播带货的路径模式进行梳理，以期从微观情境视角探查电商直播的火爆现象。

一、研究背景

2019年是电商直播的元年，主播搭载"双11"的消费文化快车，通过一系列线上购物的新玩法，以其广泛的受众参与以及令人瞩目的经济效益，引发了人们的共同关注。

目前，学界关于电商直播的研究主要分为两个层面，第一个层面是从平台的角度出发，研究主要集中在传播学与管理学两大学科。从管理学视域来看，研究关注点更多的在于营销策略的创新与运营技巧方面。而从传播学视域来看，电商直播的研究相对细化，主要分为以下四个部分：其一，部分学者以经典传播学理论为基础，结合时下热点案例对电商平台的传播规律进行阐释。其二，部分学者从渠道平台新特征、电商直播新特点的角度，对电商直播的传播特点进行了论证，例如，陈磊[2]着重分析了短视频平台及移动互联网时代下的

---

[1] 艾媒网. 2020—2021年中国直播电商行业运行大数据分析及趋势研究报告[R/OL].（2020-02-18）[2020-06-25]. https://www.iimedia.cn/c1061/69047.html.
[2] 陈磊. 短视频平台电商化转型运营分析——以快手为例[J]. 新媒体研究，2019（11）：43-45.

电商平台新特点。沈国梁[1]等提出了电商直播在注意力经济、意图力经济下的形态特征及存在的问题。其三，部分学者将视角转向主播个人符号及形象塑造，对当下头部电商主播的引爆点进行了探讨。以当下不同头部主播为例，分析其在电商直播中的差异化竞争优势。其四，少数学者从传播效果方面对电商直播推动乡村振兴给予了高度的认可。

第二个层面是从用户的角度出发，着重关注电商直播中的用户购买意愿及使用动机。通过SOR模型、问卷调查及采访等量化研究方法，对不同群体的消费者购买意愿进行了详尽的阐释。但是从这一视角开展的研究大部分集中在营销学领域，鲜少有人以传播学为切入点进行解读。

由此，对电商直播的火爆，学界关注到这一方面来自媒介技术发展而带来的传播语境及受众行为新变化，另一方面则来自消费者的主体意愿。但对主体意愿在电商直播这种大型互动仪式中扮演的角色及发挥的重要性，并没有引起人们更多的关注。虽然邱诗佳在《电商直播的互动仪式分析——以李某某直播间为例》中指出了电商直播的成功很大程度上来自消费者的"着迷"，但对这种"着迷"以及背后所反映的电商直播带货路径、成功因素没有进一步的解读。因此，本研究将以此为基础，通过对电商直播中互动仪式的再梳理，力图再现电商直播中基于共同关注与情感连带机制下的消费狂欢图景。

二、理论模型

互动仪式链是美国社会学家兰德尔·柯林斯提出的经典社会理论模型，区别于以往社会学家对仪式研究的建构视角，柯林斯强调从微观的情境入手，通过分析不同情境中个人基于不同际遇所获得的符号资本与情感能量，形成以相互关注和情感连带为核心的运转机制，并以不同程度的群体团结、道德标准等集体兴奋得以呈现。在柯林斯的微观社会学的视角下，社会是由不同的互动仪式组成的，人的一切互动都发生在一定的情境中，通过对不同情境中个人际遇的互动链条关系分析，可以阐明社会生活中互动仪式发生的动机流及运转机制。因此，柯林斯的互动仪式链模型为解读社会生活中的众多新兴的文化现象提供了一个独特的分析视角。当前，已有许多学者通过使用互动仪式链模型，为传媒与文化产业的众多时尚前沿热点提供了不同的解读路径。例如，部分学者运用互动仪式链模型，分析了众多网络语境下的文化传播现象。另有部分学

---

[1] 沈国梁. 直播电商：从眼球秀场到新价值带货[J]. 中国广告，2020（1）：95-97.

者重点关注娱乐社交媒体，对社交媒体中的传播路径及互动仪式发生进行了深入的阐释，以互动仪式的角度对平台的独特的竞争力来源进行要素剖析。除此之外，2016年被认为是网络直播元年，随着网络直播的兴起，部分学者开始关注直播带来的互动仪式革新，探究直播平台互动仪式的发生要素，并以互动仪式链的视角对其进行了有益的探索。但是，电商直播作为新兴的直播分类，其互动仪式中所达成的情感凝聚与外化结果同泛娱乐平台仍存在着较大差别，目前还未有人对此进行系统分析，因此，本研究将以此为创新点，对电商直播中的互动仪式及机制进行探究。

三、电商直播的狂欢仪式：物欲的精神建构

柯林斯在《互动仪式链》一书中指出，互动仪式的形成包括四种组成要素：两个或两个以上的人聚集在同一场所，对局外人设定界限，人们将注意力集中在共同的对象或活动上，人们分享共同的情绪或情感体验。他同时强调，通过互动仪式可获得以下四项的结果：群体团结，个体的情感能量，代表群体的符号以及道德感[1]。

（一）电商直播的仪式组成要素

1. 虚拟的身体共在

在互动仪式链中，柯林斯强调亲身在场是互动仪式产生的重要因素，认为亲身在场使人们更容易察觉他人的信号和身体表现。然而随着互联网通信及媒介技术的发展，网络平台为受众创造了日益成熟的虚拟共在空间。尽管传受双方在直播过程中并不处于同一物理空间，但这并不影响受众接收来自他人传递的信号与身体表现。一方面，弹幕技术为受众提供了交流评论的互动平台，有效弥补了远距离传播中即时反馈缺位这一弊端。弹幕评论功能可以有效保障受众及时发出信号并接收他人信号，确认共同关注焦点，完成受众与受众、受众与主播之间的多重互动。另一方面，为了产生更多与受众情感共在的瞬间，电商直播往往更加注重细节的放大与互动仪式的策划。从直播画面的呈现方式来看，以竖屏为主的画幅设置不仅与新媒体时代下受众的"小屏"阅读习惯不谋而合，与此同时也呈现出了一种基于特写镜头下的"直拍"景别。在高清摄像

---

[1] 兰德尔·柯林斯. 互动仪式链[M]. 林聚任，王鹏，宋丽君，译. 北京：商务印书馆，2012.

机的捕捉下，受众可以更加敏锐地感知主播的身体表现与情感状态。因此，电商直播基于互联网与媒介技术的支撑，在一定程度上弥补了及时反馈与情绪感知的不足，构建出了一个高度逼真的身体共在空间。

2. 局外人的建构

电商直播作为新兴的线上消费模式，从其自身定位上就具有"对局外人设限"的特点。对受众来说，"是否关注"与"技术使用"作为参与仪式的两大门槛，决定了电商直播中互动仪式的成功与否以及情感的强弱。首先，直播间作为线上的店铺，每当受众在进入某一直播间的同时，就自觉完成了局内人与局外人的身份建构，能否成为直播间的局内人关乎着之后能否产生相同的关注焦点。其次，个体参与电商直播需要具备相应的媒介设备与操作技巧，二者作为参与互动仪式的必备条件，缺少任何一点都将被排除在外。据相关行业报告显示[1]，"80后""90后"作为电商主播的核心力量，超八成的主播均分布于这一年龄段，其中"90后"占比超过一半，是主播群体中的绝对主力。此外，从用户群体画像来看，"80后""90后"群体作为主要用户，同样占据着极大的比重。因此，成长于互联网时代下的"80后""90后"群体，作为互联网原住民，构成了电商直播仪式中"局内人"的主力代表。

3. 共同关注的焦点

在直播的互动仪式中，当受众选择进入直播间的那一刻，直播间内发生的一切都将成为其共同关注的焦点，无论最后是否达成交易，都会产生情感的连带。其中商品作为最重要的关注焦点，串联起整个互动仪式的始末。在售卖的过程中，主播与受众之间会产生众多瞬间的集体共在。首先，受众进入直播间后最先关注到的就是来自听觉、视觉等多重感官刺激下的立体主播形象。此时，主播个性化的语言、售卖的商品、情境的呈现、传递出的价值观念等都可作为共同关注的焦点。之后，在主播的讲解与弹幕互动的双重刺激下，个体会基于自身喜好在心中形成一种是否参与互动的预判。最后，基于这种预判，随着屏幕上商品链接的出现与主播倒数"3！2！1！"的密集口号，"共同关注"与"集体注意力"在瞬间得以最大化。

4. 共享的情感能量

基于"虚拟的身体共在"与"共同关注"，受众在直播间中产生了大量短暂的情感能量，并通过实时评论得以表达分享。因此，在日常生活中我们经常

---

[1] 淘榜单，淘宝直播. 2020年淘宝直播新经济报告[R/OL].（2020-04-01）[2020-06-25]. http://www.199it.com/archives/1028469.html.

发现，区别于其他泛娱乐直播，电商直播不仅局限于单一的镜头拍摄，专业的主播往往会设置多机位。媒介设备除了承担拍摄功能外，还有一个重要的功能就是捕捉受众的留言与评论。通过留言板的实时监测，受众的评论不仅可以用于核验互动仪式过程中传受双方的动态频率，帮助主播掌控售卖节奏，还可以通过回应粉丝提问，强化受众个体在直播间中的现场感与真实感，推动更广泛的互动仪式得以延续与进行。

（二）电商直播中的符号资本与情感能量

1. 符号资本的积累

电商直播作为时尚消费行业的萌新物，其成功原因与独特的符号建构体系密不可分。纵观当下电商直播对符号的创新，大致可梳理为视觉符号、听觉符号、叙事符号、身份符号四大类。

首先，在视觉符号方面，从传播主体来看，具有较强影响力的头部主播大多面容姣好、时尚前卫，并通过不断加入明星、助理、宠物、亲人等"X元素"引入新鲜面孔，对受众产生持续的视觉刺激。以李某某直播间为代表，助理、宠物奈娃家族作为直播间的重要一员，为该直播间带来了多元化的关注焦点。除此之外，在传播内容上，电商主播的选品包装大多精致美观，无论是美食产品还是日化产品，总能满足受众对美好生活的审美与向往，从而在潜移默化中引导消费者产生购买行为。

其次，在听觉符号上，电商主播的语言往往具有语速快、感染力强、高度场景化的传播特征。以头部主播为例，一场直播往往需要售卖单品20余件，为了在更多销售商品的同时留住不断进入直播间的用户，主播不得不加快语速，重复信息，提高效率。同时，流行话语作为最具感染力的情感表达方式，许多主播正是凭借独树一帜的slogan迅速完成出圈。例如提到某主播，我们不自觉地会想到"oh my god！""买它！"，并对他在口红试色环节中所描绘的"仙女色""枫叶红"等词语进行想象。据企查查数据显示[1]，2020年4月7日，某主播旗下公司申请注册声音商标"oh my god，买它买它！"。由此可见，听觉符号作为电商主播最具鲜明特色的符号标志，对主播自身形象的塑造产生着巨大的作用。

再次，从叙事角度看，能否为受众的购买过程制造更加丰富的情感体验决

---

[1] 上海妆佳电子商务有限公司申请注册声音商标"oh my god，买它买它！"[EB/OL].（2020-05-13）[2020-06-25]. https://baijiahao.baidu.com/s?id=1666719188602390978&wfr=spider&for=pc.

定着电商直播中互动仪式的强弱程度。例如在带货的过程中，主播第一次往往只会放出一小部分库存，营造一种库存紧张的抢夺感，之后当受众听到"还能加货"等信号释放时，就会不自觉地基于潜意识中的抢夺感迅速下单，投身这场互动仪式。因此，通过这种"少量多次"的营销策略，主播为受众绘制了一条跌宕起伏的情绪曲线，使受众在"失"与"得"的循环往复中，增强了自身在互动仪式中的参与感与兴趣程度。

最后，2019年以来，电商直播作为新一轮互联网流量的聚集地，引发了各大购物平台、社交平台的纷纷加入。淘宝直播作为电商直播的先行者，个别几位头部主播至今仍然是电商直播行业中不可撼动的标杆人物。截至2020年4月，几位头部主播在淘宝直播间的粉丝数量均超过2000万，庞大的粉丝群体也使得主播本人迅速完成个人身份与社会角色转变，实现了从网红到明星的阶层飞跃。除此之外，基于这种广泛的受众关注，电商直播也收获了越来越多明星、互联网"大V"的积极响应。自2018年以来，影视行业一直处于寒冬之中，越来越多的明星开始转变身份下沉至电商直播的行业中。2019年7月28日，淘宝直播在北京召开"启明星计划"发布会。目前已有超过100名明星加入淘宝直播的"启明星计划"。

因此，在流量争夺激烈的新媒体时代下，各平台都将目光转向电商直播行业这片巨大的蓝海，面对新一轮的风口，如何积累更加广泛的符号资本，将直接影响着平台后续更多用户的加入与留存。

2. 情感能量的建构

（1）多维度的需求满足　从心理学的视角看，电商直播不仅满足了消费者在购买商品上低成本、便利性等物质需要，还满足了受众对知识汲取及审美追求等多维度的精神追求。一方面，电商直播以薄利多销的售卖逻辑，加持主播团队的强大背书能力，使受众能够在付出较少成本的基础上获得同等优质的产品与更好的购买体验。另一方面，在观看直播的过程中，通过主播专业化的知识普及与丰富的好物推荐，受众在潜移默化中可以获得更加广泛的知识来源与审美熏陶，甚至通过主播场景化的展示，完成自我身份的建构与社会角色的想象。例如，某主播在售卖口红的过程中，不仅为粉丝争取了巨大的经济利益，还科普了美妆品牌相关的专业知识，并通过将不同口红品牌、色号与个人气质进行勾连，为受众认识自我提供了权威性的意见建议与想象空间。

（2）生活气息的陪伴感　电商直播作为新兴的消费模式，不仅重塑了传统购物场景中人、货、场三者之间的关系，还提供了一种更为便捷、高效的购买模式，并且在这种互动的过程中，为受众带来了巨大的情感能量。面对快节奏的生活压力，孤独与焦虑使现代人对情感的满足常处于缺失的状态当中。而电商直播就像一档每天固定上演的加长版电视剧，即便受众最终没有达成实质性的购买行为，但个人通过直播间获得的强大情感共在，早已超越了物质层面的互动仪式，成了更高层次的精神互动存在。在电视访谈节目《十三邀》中，对于主持人提出的职业存在感问题，某主播表示：能够陪伴受众，传递快乐，是她一直坚持下去的巨大动力。

（3）积极励志的价值观　电商直播作为拉动消费经济的新动力，为促进经济的发展打开了一扇新的大门。一方面，依托于电商直播的新业态，农村经济的发展得以获得新契机。数据显示，截至2019年底，淘宝直播平台中，农产品相关的直播已达140万场，覆盖了全国31个省、2000多个县域，带动了60000多新农人加入[1]。2020年5月10日中国品牌日当天，淘宝某头部主播与央视主播开展了一场国货品牌的直播，共推荐了以天堂伞、六神花露水、青岛啤酒为代表的26款国货产品，其中国产汽车WEY首次亮相便斩获了7500台订单的好成绩[2]。

综上所述，电商直播不仅为受众带来了更加便捷的购物模式与更加优质的购物体验，其背后所包含的正向价值观更为推动脱贫攻坚、促进农村经济发展、助力国货崛起做出了巨大的贡献。

（三）物欲的精神转化与团结感建构

在互动仪链模型中，柯林斯在关于团结感的建构论述中指出，基于集体兴奋的高度情感连带往往是短暂的，如何将这种短暂的情感向长期的情感进行转换，就需要通过持续的、不断储备的符号进行团结感的建构[3]。从集体情感产生的能量范围来看，电商直播中产生的互动仪式可分为以下三个层面。

1. 忠实的粉丝

这类群体的互动仪式发生大多具有很强的主动参与性，他们往往在之前的观看与购买中就储备了大量的情感能量，通过持续的参与进一步强化与巩固，将瞬间共在的情感不断凝固升华为稳定的高度团结与持续追随。他们不仅会主动订阅主播的社交账号、查阅直播商品预告，保持自身与主播持续的共同关注

---

[1] 淘榜单，淘宝直播. 2020年淘宝直播新经济报告[R/OL]. （2020-04-01）[2020-06-25]. http://www.199it.com/archives/1028469.html.

[2] 淘榜单. 国产汽车品牌WEY首秀斩获7500台订单[EB/OL]. （2020-05-11）[2020-06-25]. https://mp.weixin.qq.com/s/KdfjiAUg2IknVcfyoT_isA.

[3] 兰德尔·柯林斯. 互动仪式链[M]. 林聚任，王鹏，宋丽君，译. 北京：商务印书馆，2012.

与情感共在，还将这种团结感以符号形式予以呈现并形成群体道德自觉加以维护。以主播李某某为例，粉丝取谐音将自己命名为"2+7"，"2+7"作为粉丝群体的团结符号与神圣物，代表了粉丝对该主播的支持与喜爱。这种团结感不仅局限于直播间的互动中，还将引发直播间外更多的互动仪式发生。一方面，在直播结束后，粉丝将直播中的情感延展至其他社交平台，通过持续的讨论以储备自身更多的团结符号。另一方面，每当该主播遇到非议时，"2+7"群体会自发替其发声，通过意见的表达进一步强化团结感的建立。以新浪微博为例，截至2020年5月17日，以粉丝自建的超话社区粉丝量已有15.8万，发帖量4.8万，阅读量高达8.2亿[1]。持续的团结符号储备不仅为后续直播间中的再次互动提供了巨大的情感能量，也使其他层序上的互动仪式得以延续。

因此，忠实的粉丝不仅是电商直播互动仪式中活跃的参与者，还是促进更广泛层面上其他互动仪式达成的传播者，他们既有购买力，又有传播力，是电商直播互动仪式中最积极、最重要的群体。

2. 直播间的新人

区别于具有较高亲密度的粉丝群体，直播间的新人并没有牢固的情感基础，一切的情感连带都源于直播中的切身体会。对于引发初次互动仪式的发生要素，一方面源于该类群体的主动需要。例如，通过观看直播，满足了其对商品的物质需要、知识获取、娱乐补偿、心理安慰等。另一方面，更多的互动仪式源于潜意识下的跟从或模仿心理机制。在直播的情境中，随着快节奏的商品交易，人们很容易将关注的焦点从单纯的主播带货转移到粉丝群体及其符号行为上。在极具感染力的直播场景下，面对众人抢货营造出的强大团结感，人们会不自觉地产生对主播及商品的认同与信任，随之加入抢购大军，从而达成购买行为，完成焦点的转移与团结感的建立。

因此，新人群体关乎着互动仪式的达成规模，如何争取更多的短暂共鸣并成功转为持续的情感能量将关乎着互动仪式能否长久发生，是电商直播竞争的核心所在。

3. 观望的路人

对于观望的路人，虽然大部分的互动仪式并没有达成实质交易，但这些互动仪式却对符号的积累与传播起着重要的作用。在这一层序的互动中，即便人们没有参与购买，但经过日常信息的接收，已经在潜移默化中产生了许多关于特定符号的联想逻辑。例如，某主播以口红试色在互联网上迅速走红，自此以

---

[1] 新浪微博超话是粉丝自发建立的话题讨论专区，是粉丝群体的聚集地。

后,该主播与"口红"便在人们的心中建立了一种合理的想象。在后续的互动仪式中,该主播与"口红"则作为一种固定搭配,一旦受众产生购买口红的需要,该主播便化身为意见领袖代表浮现在他们的脑海中。

因此,路人群体作为潜在的仪式参与者,在现实生活中会获得一种逻辑关联的自我互动,通过日后不断的符号积累,随时为下一层序的互动仪式进行情感准备。

四、小结

综上所述,电商直播作为时下潮流的社会现象,为人们营造出了一个新型的网络购物情境。在这个情境中,人们基于共同关注会获得丰富多样的符号积累与情感能量。而面对当下电商直播呈现出来的井喷态势,伴随着各类MCN机构的纷纷加入,当机遇红利逐渐褪去,电商直播必将沉淀为一种常态化的内容形式。因此,无论是资本符号的积累还是情感能量的建构,竞争的核心要点仍然在于创新。在电商直播行业未来的发展竞争中,主播及平台只有不断升级、不断出新,充分打好人、货、渠道的创新组合拳,才能免于被同质化浪潮淹没,从而找到自身突围与存续的"造血法宝"。

第三节 "90后"影像日志中的"隐含作者"形象
——以哔哩哔哩生活区Up主为例

一、概述

(一)研究缘起

根据第45次《中国互联网络发展状况统计报告》,截至2020年3月,中国网络视频用户规模达8.50亿,占网民总体的94.1%;其中短视频用户规模为7.73亿,占网民总体的85.6%,刺激视听感官的视频形态已成为主要传播方式[1]。Vlog,即Video Blog,是指创作者以自己为主角记录、拍摄能表达人格化和展示创作者日常的影像日志,起源于世界最大的视频网站YouTube,相对于

---

[1] 王悦. 名校生活类Vlog的符号学解析——以B站"彭酱酱LINYA"为例[J]. 新媒体研究,2020,6(13):98-99.

国外，国内原创的Vlog起步较晚。从媒介技术视角来看，从最初的书写方式到现在的影像日志，随着传播载体的不断更迭，人们对生活记录的记载形式或者说对自我的表达形式也随之发生变化，Vlog作为一种新型的视频形式，与其他视频形态相比拥有更强的个人属性与社交潜能，能够帮助用户构建起以视频为中心的社区网络[1]。这使得影像日志的功用不再局限于个人记录，而更具社交性，而视频创作者的角色也从私人日志的主人变成了虚拟社区的社会人。

与此同时，视频日志在哔哩哔哩（bilibili，即B站，现为中国年轻世代高度聚集的文化社区和视频平台，也是目前中国PC端Vlog流量较大的视频创作平台）践行了"粉丝经济"的关键法则，超级粉丝既是典型的内容消费者，又是内容的生产者，内容的生产者与消费者在B站平台彼此促进，形成了一个良性循环，这一链条的完美衔接促使Vlog生产者，即UP主创作出更多优质视频[2]。这一商业闭环也意味着视频日志不仅是前文所说的日志记录和社交工具，或者说一种文学作品，在一定情况下，同样也是符合市场需求的消费品。

综上所述，笔者认为抛开视频日志原本的个人记录功能，它所承担的三重功用，在一定程度上都使其创作者不得不处于他人的注视之下，使创作者在有或无意识中调整自己的行为以给他人创造某个特殊的印象。换而言之，视频日志作为创作者自我表达的作品的同时，使得创作者为自己创造了一位普遍隐含作者形象，这一过程引起了笔者的思考。

（二）研究意义

普遍隐含作者是一个极具普适性的社会学概念，"一个简单的伦理事实是：我们都至少在某种程度上将别人（尤其是作者）创造的较好的隐含形象当作自己的生活榜样。"由于作者粉丝众多，其榜样作用也较为突出[3]。研究Vlog创作者的"隐含作者"形象，对于探讨视频博客这一新型的视频形式对受众的影响程度有一定的参考价值，而对于"90后"这一特定年龄段群体，具备一定的亚文化背景，故此研究又具有一定的社会文化价值。符号学作为一种方法论，被广泛应用于社会学、语言学、逻辑学、传播学等学科之中，在新媒体时代，用符号学的思辨逻辑研究新媒介现象是极其重要的，因为网络空间中意义的生成

---

[1] 李智，柏丽娟. 记录与表演：Vlog青年创作者的自我建构策略研究[J]. 山东青年政治学院学报，2020（6）：18-25.
[2] 陈瑶. 叙事学视阈下的Vlog分析[J]. 卫星电视与宽带多媒体，2019（11）：65-67.
[3] 邱意浓. 探究国内Vlog发展现状——以哔哩哔哩为例[J]. 西部广播电视，2018（23）：7.

与传播，以及意义社区的建立与维系始终是传播学领域的关注热点。Vlog作为当下流行的传播形式之一，从符号学角度对其进行分析探讨，具有理论意义和现实价值。

（三）研究方法

由于Vlog创作中的"隐含作者"形象建构是相对主观且抽象的问题，而不同Vlog类型、不同年龄群体的创作者的"隐含作者"形象有所差异。B站是PC端Vlog流量较大的平台，截至2020年3月，B站月均活跃用户已达到1.97亿，并在8月首次突破2亿。大部分B站用户在25岁以下，即"Vlog"受众群体主要为"90后"群体，因此笔者选择了"90后"这一年龄段群体，拟从当下B站上最受欢迎的"90后"生活区Up主群体，即截至2021年3月粉丝量最多生活区Up主群体中的"90后"Up主中抽样5到10位，选取其在研究时间范围内观看量最大的代表性视频，分析其中所蕴含的"隐含作者"形象。

本书的研究方案，首先是筛选符合条件的Up主样本；其次是对其作品画像进行总结，如有必要进行适当的分类；然后对整理好的作品画像进行分析；最后进行归纳，总结其中的共性符号，分析其原因并总结得出结论。

第一部分，筛选符号条件的Up主样本。在此部分最主要的任务是进行筛选和记录，选取截至2021年3月粉丝量最多的30位"90后"生活区Up主作为样本区域，随机取样其中5到10位Up主观看量最大的视频作为样本，对其粉丝量等参考因素进行整理记录。

第二部分，分析样本的作品画像。这一部分的目标是对样本的作品画像进行初步梳理，根据哔哩哔哩数据平台提供的分析数据总结样本的视频特征。

第三部分，基于对样本作品画像的分析，总结样本的"隐含作者"形象。这一部分将基于符号学理论对样本体现出的作者形象所具备的基础特征进行描述性分析。同样，为减少对"隐含作者"形象及其具备的一些共性或分别具有的某些特征解释的主观性失误，此部分也将参照哔哩哔哩的官方数据平台火烧云数据和新站数据两个平台提供的数据进行分析。

第四部分，归纳总结，分析原因，得出结论。最后一部分归纳总结样本现象，探讨其作品中"隐含作者"形象的形成原因及其表达内容对当下受众的影响，最终得出结论。

笔者试图通过前人的符号学研究，对视频日志中展现出的作者形象进行整合、研究与分析，考虑到研究对象的性质与研究侧重点的选取，本研究选择主要采用定性分析方法，以符号学分析为主，也有可能涉及描述性研究法。

（四）文献综述

由于选题有且有多于一个的维度和限定条件，且选题所试图探讨的"Vlog"与"隐含作者"在本文中都具有标出性。根据符号学文化研究中的相关理论，出现次数较少的一项是"标出项"（the marked），使用频繁的一项就是"非标出项"（the unmarked），也称正常项（此处是指Vlog对其他视频形态及"Vlog中的隐含作者形象"对隐含作者研究分别具有标出性）。因此，笔者分别以"Vlog""隐含作者（Implied author）""哔哩哔哩（bilibili）"为关键词进行了文献的查阅，并分别查找到侧重点不同的文献或书籍若干，下面笔者将从本文的研究对象"Vlog"和"隐含作者"形象两方面就目前相关的研究进行归纳阐述。值得一提的是，由于Vlog在国外发展相对较早，国外对视频博客的研究较国内更加广泛。总体而言，国内学者与国外学者对选题涉及内容的研究方向和研究方法在一定程度上有所不同，大致状况归纳如下。

首先，在对"隐含作者"形象的研究上，国内和国外目前对该内容的研究存在共性，即多数研究集中在叙事模式、叙事文本研究，尤其是小说和其他文学体裁的叙事研究上[1]。大体是"隐含作者"概念本身出自《小说修辞学》的缘故，对图像和影像作品中的"隐含作者"研究则较小说等文学题材较少，在影像作品的"隐含作者"研究中"Vlog"这一新型视频形态则相对更少，即前文所说的"Vlog中隐含作者"的标出性。

其次，通过对外文文献的梳理发现，目前国外对研究对象是"Vlog"且涉及"隐含作者"的研究方向主要集中在Vlog的创作者人格研究、受众观看动机研究以及Vlog的观看影响三个方面，且都主要运用了定量研究方法。

例如，在Vlog的创作者人格研究方面，有研究提取在线视频的简短行为切片，将YouTube作为个人会话视频博客形式的简短行为切片的存储库，即一种独特的自我呈现和人际感知媒介，使用非语言线索作为Vlog行为的描述符，通过从音频和视频中提取语言和非语言提示进行定量研究，探讨提取的线索之间的几个人格之间的关联[2]。

在受众观看动机和观看体验的研究上，有研究使用社会沟通作为控制变量分析Vlog中影响感知享受的变量因素，并探讨受众在观看Vlog时如何与外界保

---

[1] 陈瑶. 叙事学视阈下的Vlog分析[J]. 卫星电视与宽带多媒体，2019（11）：65-67.
[2] BIEL J I, ARAN O, GATICA-PEREZ D. You are known by how you vlog: Personality impressions and nonverbal behavior in youtube [J]. Proceedings of the International AAAI Conference on Web and Social Media. 2011, 5(1).

持联系[1]；有研究通过比较参与者对未经编辑和经过剪辑的相同内容的视频在识别、非社会反应、沉浸和享受方面的观看体验，探讨创作者和视频内容真实对受众吸引力的影响及受众的心理变化[2]。

在对Vlog的观看影响研究中，有研究采用数据可视化的开源工具，根据用户所遵循的YouTube内容显示用户社区，建立基于青少年偏好的视频创作者网络，研究Vlog观看对青少年受众的影响，并探讨如何减少失格内容传播[3]。

然后，基于国内在研究对象为"Vlog"且涉及"隐含作者"方面的研究文献来看，国内研究多为定性研究，主要集中于视频博客的内容特点、发展现状、用户心理分析、传播策略等方面，研究视角多聚焦于媒介环境学、叙事学、社会学等视角，如有研究以约书亚·梅罗维茨（Joshua Meyrowitz）的媒介环境学观念为研究线索，结合欧文·戈夫曼（Erving Goffman）的"拟剧理论"，与马歇尔·麦克卢汉（Marshall McLuhan）媒介视角，分析Vlog文本中的前台、中区和后台行为展现，探讨Vlog广泛传播后所带来的社会互动变化[4]。或从叙事学的视角，通过叙事交流过程、叙事视角和叙事策略方面对Vlog内容进行分析和探讨[5]，或借助兰德尔·柯林斯（Randall Collins）的互动仪式链探讨Vlog对受众的吸引因素[6]。

最后，国内从符号学角度展开的相关分析和研究相对较少，且如前文所说，涉及研究主要为定性研究，但研究内容和方式略有不同，多数研究是基于符号学概念对Vlog文本进行解构[7]，但也有部分研究通过深度访谈等形式来进行定性研究，例如，有研究通过对22位Vlog青年创作者深度访谈，探讨其创作

---

[1] YU G, LIM J H, CHO N. A Study of Vlog that Analyze Variables Affecting Perceived Enjoyment: Using Social Communication as a Control Variable [J]. Journal of Information Technology Applications and Management, 2020, 27(5): 23-33.

[2] STEIN J P, KOBAN K, JOOS S, et al. Worth the effort? Comparing different youtube vlog production styles in terms of viewers' identification, parasocial response, immersion, and enjoyment [J]. Psychology of Aesthetics, Creativity, and the Arts, 2020.

[3] CIOBAN S, HATOS A. The Analysis of Teenagers' Vlogging Preferences in Educational Research[J]. Romanian Journal for Multidimensional Education/Revista Romaneasca pentru Educatie Multidimensionala, 2019, 11(2).

[4] 刘娜，梁潇. 媒介环境学视阈下Vlog的行为呈现与社会互动新思考[J]. 现代传播，2019（11）：47-54.

[5] 陈瑶. 叙事学视阈下的Vlog分析[J]. 卫星电视与宽带多媒体，2019（11）：65-67.

[6] 陶思彤. 互动仪式链视角下视频博客的互动研究，中国社会科学院大学研究生院，2020.

[7] 王悦. 名校生活类Vlog的符号学解析——以B站"彭酱酱LINYA"为例，新媒体研究，2020（13）：98-99.

背后的自我建构逻辑[1]。笔者将主要基于符号学对Vlog中的"隐含作者"形象进行相关探讨论述。除此之外，笔者在查阅"哔哩哔哩"这一关键词时发现，该关键词涉及了"互动""亚文化"[2]"精神消费"[3]等内容，或侧面印证了研究对象群体具有一定程度的特殊性，不过本书不再进行讨论。

（五）核心假设

基于文献的梳理结果及对研究对象的以往研究，笔者假设影像日志的创作者会在一定程度上塑造出一个理想化的"隐含作者"形象，这些形象具有明显的特质；与真实作者形象有关；比真实作者更具开拓性，以期给予影像日志创作者普遍隐含作者形象研究的新思路。

二、隐含作者与普遍隐含作者

韦恩·布斯（Wayne Clayson Booth）在《小说修辞学》中最早提出隐含作者（The Implied Author），即第二自我的理论。布斯认为，作者在创作时，不是在创造一个理想的、非人性的"一般人"而是一个"他自己"的隐含的替身，而隐含作者其实就是真实作者"理想化的"自我，作者也可以根据具体作品的需要，用不同的态度来表现自己[4]。这意味着作者表现得往往并非真实的自我，而是经过修饰的自我，这一修饰过的自我隐含在文本中，指导着作品的创作。尽管至今为止隐含作者只是在叙述学研究中的一个概念，且对隐含主体到底是不是一个真正存在过的人格，布斯以及讨论小说隐含作者问题的人，至今没有论辩清楚，但不可否认的是这一概念不仅具有文学批评价值，还具备社会文化批评价值。当然，如同前文所述，隐含作者只是叙述学研究中的一个理论，所以本书所要探讨的并不是叙述学意义上的隐含作者理论，而是赵毅衡学者从符号学的角度提出的普遍隐含作者概念，这也是本文所要探讨的核心概念。

---

[1] 李智，柏丽娟. 记录与表演：Vlog青年创作者的自我建构策略研究[J]. 山东青年政治学院学报，2020（6）：18-25.
[2] 王蕾，许慧文. 网络亚文化传播符码的风格与转型——以哔哩哔哩网站为例[J]. 当代传播，2017（4）：69-72.
[3] 杨颖. 消费文化视域下国内视频播客（Vlog）热现象研究——以B站为例[J]. 传播力研究，2019（10）：233.
[4] 闫文君. 名人符号隐含作者的价值预设与语境顺应[J]. 符号与传媒，2019（2）：152-163.

赵毅衡在《符号学原理与推演》中提及布斯的隐含作者理论，并从符号学角度提出了普遍隐含作者的概念。他认为，隐含作者可以扩大到所有的符号文本，这时可以将其称作普遍隐含作者。在这个概念下，每个人的人生都可以看作一个符号文本，每个人的人生都是符号行为的集合，其言谈举止，在旁人眼中无不是有意味的形式。由于每个社会人都不可能无所顾忌地展现出完全的自我，所以符号接收者只能从这些公之于众的符号表意活动归纳出一个拟主体，即"隐含作者"[1]。虽然这一概念本身有很大魅力，笔者在本书中并不会再论证普遍隐含作者形象本身的存在性，一方面，本书想要论证的并非概念本身，在文中不会大篇幅探讨普遍隐含作者概念；另一方面，虽然对隐含主体的研究已经非常的广泛，普遍隐含作者的概念本身也已经有别于叙事学的隐含作者理论，二者的主体也有所区别，但其研究论证具有一定相似性，且普遍隐含作者的自我部分研究涉及甚广，所以不再展开论述，本书试图探讨的是视频日志创作者普遍隐含作者形象背后的形成原因和传播影响。

三、从画像分析开始的样本研究

（一）样本的选取

1. 抽样平台概述

影像日志在定义上是以日常记录为内容的视频，所以在研究中笔者将生活区作为样本选取和研究的主要分区，以下是哔哩哔哩生活区的相关情况介绍。

2021年2月至2021年3月，哔哩哔哩Up主月平均涨粉数946.04人，平均涨幅7.08%，涨分幅度分布见图5-4，与上月幅度基本相同。

生活区平均涨粉率为7.25%，涨粉率最高的Up主Aaashire涨粉率为3438.39%，粉丝数量目前为2.8万以上，在生活区排名为6888名，整体来看生活区在各分区涨粉幅度中等偏上水平，各分区涨粉幅度对比见图5-5。

从投放稿件与播放数量的占比情况来看，生活区的投放稿件数量在十八个分区中排名第一，投稿数量占比23.68%，与此同时播放量占比19.34%，同样在各分区中排名第一。由此可见，受众对生活区的关注程度较高，或从侧面印证青年群体对Vlog这种生活记录方式的喜爱程度，各分区播放贡献率对比见图5-6。

---

[1] 赵毅衡. 符号学[M]. 南京：南京大学出版社，2012：369.

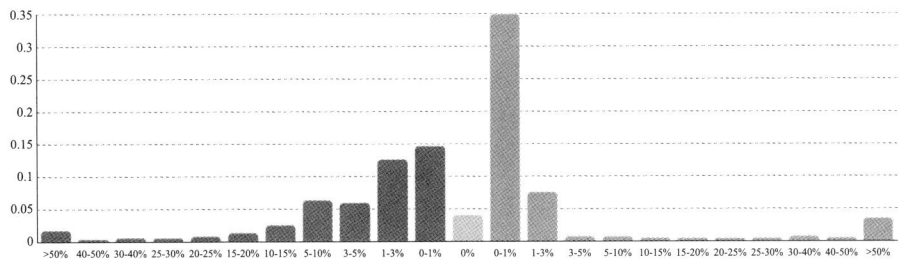

图5-4 涨粉幅度分布

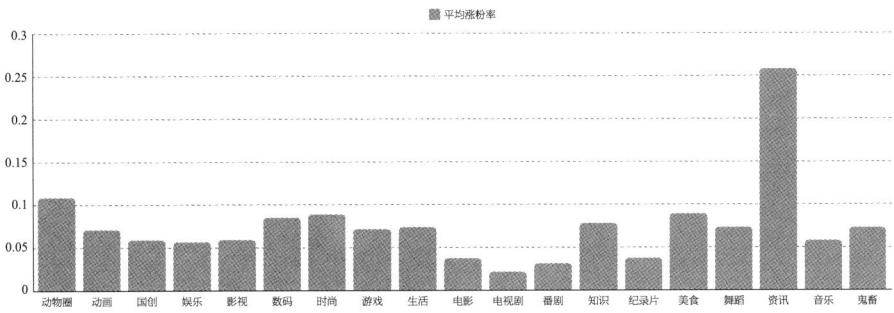

图5-5 各分区涨粉幅度对比

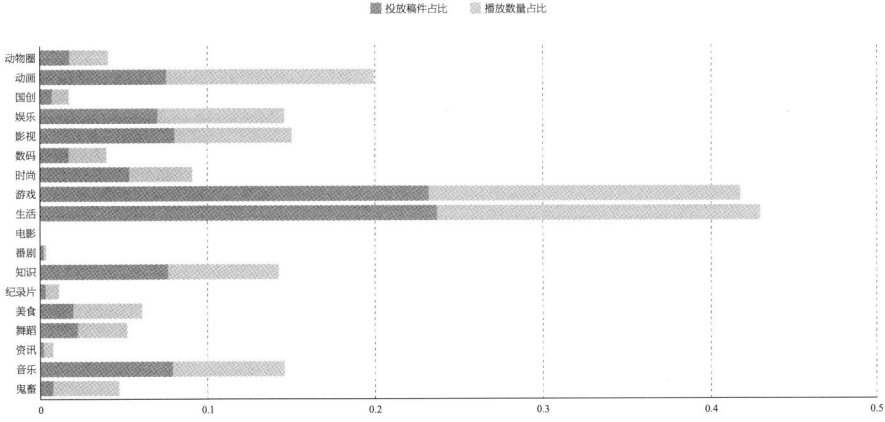

图5-6 各分区播放贡献率对比

与此同时，生活区也是哔哩哔哩19个视频分区中粉丝数量超过百万的Up主数量最多的分区，截至2021年3月，生活区粉丝量过百万的Up主共有134位，远超出除游戏区以外各个视频分区的百万粉丝Up主的数量（图5-7）。

综上所述，生活区承担了哔哩哔哩投稿类视频的主要流量，而其分区中主打的生活Vlog及其创作者便是本次抽样及后续研究的研究对象。

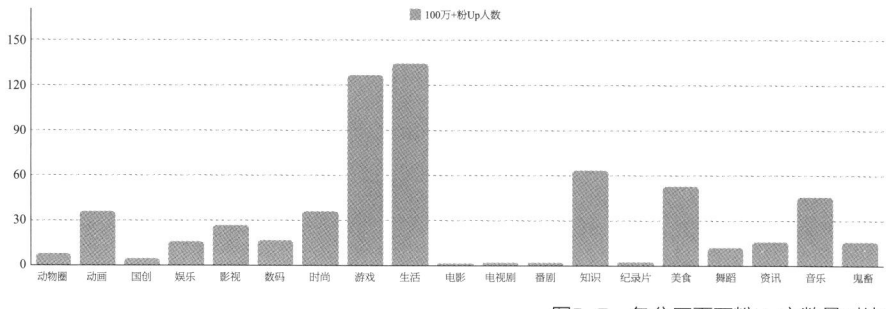

图5-7 各分区百万粉Up主数量对比

2. 抽样说明

研究问题：90后生活区Up主Vlog作品的画像研究

抽样阶段一：选择抽样的平台

支持上传Vlog原创视频网站种类繁多，抽样的目的在于为影像日志中的普遍隐含作者形象研究提供数据样本，所以在抽样平台选择上，本次抽样选择了国内支持上传Vlog原创视频的主流视频网站哔哩哔哩，其在规模和用户群体范围上都符合本次研究需求，因此笔者选择哔哩哔哩作为抽样的平台。

抽样阶段二：选择研究日期

鉴于样本数量不多且变化性一般，为便于样本抽样统计和之后的研究，研究将2021年1月到2021年3月的时间段作为时间区间。

抽样阶段三：选择研究样本

该研究主要针对生活区视频博主，因此笔者将哔哩哔哩弹幕网站的生活区作为研究和取样的分区。由于研究对象为"90后"群体，基于后续研究目的，笔者将从当下哔哩哔哩弹幕视频网站上粉丝量最多的"90后"Up主群体中进行取样。该研究侧重于隐含作者形象的显性和隐性展示，在样本研究中笔者将作品内容和作品画像作为主要分析对象。

3. 抽样对象集合

研究根据火烧云数据提供的粉丝量排行榜进行人工筛选，筛选条件为"90后"且投稿主要内容为Vlog视频的Up主，经过筛选，笔者记录了B站生活区粉丝数量Top100中的部分"90后"Up主。在这里值得一提的是，此次筛选过程与笔者原本的预计有些许出入。原本的方案是筛选在生活区粉丝量Top50中的"90后"Vlog博主，笔者原先预计此部分博主会有很大数量，但在筛选中发现，生活区分区除Vlog视频外，还包括许多搞笑、测试、科普等方向以及视频内容无法进行作品画像分析的博主，因此将筛选范围扩大到粉丝量Top100的生活区Up主，筛选出的样本可见表5-3，由于部分Up主年龄在筛选过程中没有得

表5-3　　　　　　　　　抽样Up主集合

生活区粉丝数量Top100中的"90后"Up主				
敬汉卿	我是郭杰瑞	徐大虾咯	纳豆奶奶	吃花椒的喵酱
毕导THU	歪果仁研究协会	东尼ookii	啊吗粽	宝剑嫂
蜡笔和小勋	力元君	在下哲别	老坛胡说	★⑥榀轮囧★
拉宏桑	杰里德Jared	nya酱的一生	自来卷三木	雨哥到处跑
是你们的康康	杜海皇	kei和marin	小缸和阿灿	活蹦乱跳的肥瞳
波桑吃遍世界	吉原悠一_yui	富乐小哥	白醋少女	达达达布溜-

注：样本依照抽样时粉丝数量降序从左到右排列，筛选条件为"生活区分类中粉丝数量前100名的投稿视频内容以生活内容为主的'90后'Up主"，该集合并非该平台符合条件的全部Up主，部分具体年龄无法考证的Up主并未在此列举。

到确认，或如前文所述其内容无法进行研究所需要的分析，笔者标注了并非全部的生活区"90后"Up主以免造成误会，"90后"Up主在生活区内所占比重还是相当大的。

4. 样本集合

将上一步骤筛选出的30位"90后"生活区Up主进行1-30的编号，对照表5-4，依照从左到右从上到下的顺序进行编号，即1=敬汉卿，2=我是郭杰瑞，3=徐大虾咯，4=纳豆奶奶，5=吃花椒的喵酱，6=毕导THU，依次类推，完成编号。

表5-4　　　　　　　　RANDBETWEEN函数抽样结果

集合						抽样
1	2	3	4	5	6	4
7	8	9	10	11	12	9
13	14	15	16	17	18	16
19	20	21	22	23	24	29
25	26	27	28	29	30	14

利用Excel表格的BRANDBETWEEN函数进行随机抽样得出抽样结果，得到4、9、16、29、14五个随机编号（表5-5）。

将经过随机抽样得出的五个编号对照得出五个样本，下面的部分将以五位Up主为样本展开研究，对其视频作品进行作品内容的分析。

表5-5　　　　　　　　　　　　样本集合

抽样编号	样本ID	样本概况
4	纳豆奶奶	B站2020百大Up主，微博海外博主
9	啊吗粽	B站2020百大Up主、2019年度原创栏目奖Up主
16	拉宏桑	B站2019百大Up主，知名搞笑Up主
29	白醋少女	B站知名Up主，模特
14	老坛胡说	B站2020百大Up主、2019年度原创栏目奖Up主

（二）样本的画像研究

在这一研究部分，笔者将对样本的基本情况进行概括性的介绍，并通过采集到的五个样本视频作品的显性伴随文本对其作品画像进行分析。在此基础之上以具体的视频作品为例，尝试解读样本或样本在不同阶段的普遍作者形象。

1. 样本一

（1）Up主概况　样本一，旅居日本的中国Up主，B站2020百大Up主，微博海外博主，粉丝量447.3万，生活区排行第11名。2016年2月27日样本一上传首个视频，现有作品180个，视频播放数3.2亿，目前在日本工作定居，在视频创作上以日本生活为主题，因其对日本生活和文化的科普、搞笑的视频风格受到喜爱。

（2）作品画像

样本一现有视频作品180个，生活类视频占比84%，从二级类目看日常和搞笑是其主要内容，分别占比62%和22%，详见图5-8。

从图5-9（a）中可以看到样本一180个视频作品中标题的关键词是"日本"，二级关键词为"妹子"，三级关键词包括"中国""女子"，图5-9（b）中可以看到其作品标签关键词是"日本"，二级关键词包括"搞笑""妹子"，三级关

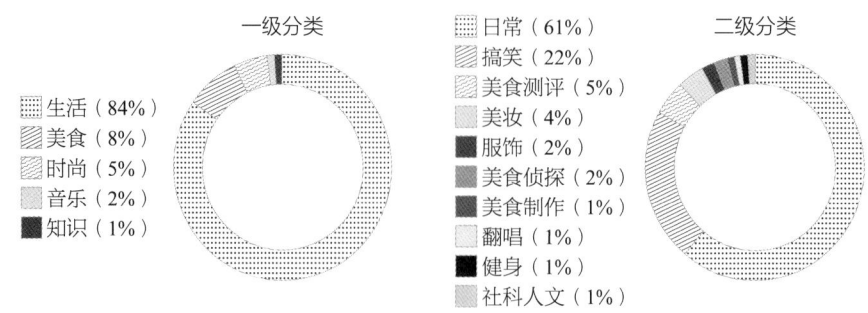

图5-8　样本一作品总量

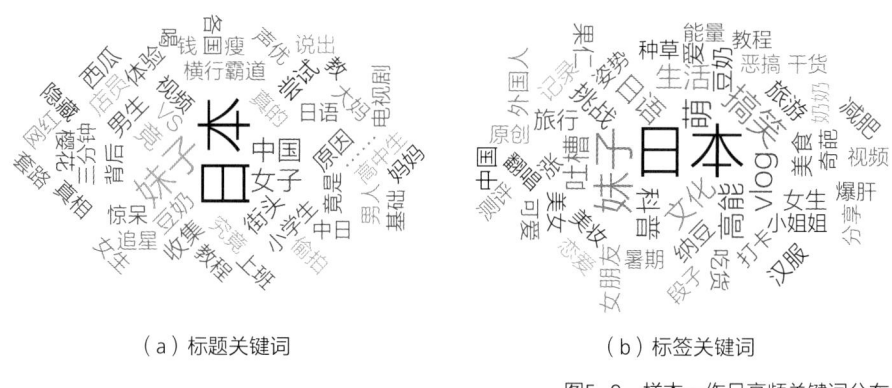

(a) 标题关键词　　　　　　　(b) 标签关键词

图5-9　样本一作品高频关键词分布

键词有"文化""高能""日语""生活""吐槽"等,这些关键词组成了样本一作品中的显性伴随文本,其视频内容包括样本在日本的日常生活和对日本文化的科普,视频风格以搞笑、吐槽为主,样本一在视频中展现出了"开朗"和"搞怪"的形象。

(3) 作者画像　第一个样本视频是样本一在2017年6月19日上传的《当董小姐在日本东京街头响起,路人们会有什么样的反应?》。视频的主要内容是样本一在涉谷街头演唱中国民谣以及对停驻路人听到中国民谣的感受和对中国文化的了解程度的采访。

该视频拍摄于2017年,是样本一所投稿的第13个视频,视频属于样本一在B站的早期视频,从视频内容来看,样本一早期投稿的主要是一些生活片段。通过对样本作品及过往资料的查询,笔者发现样本一有很多视频拍摄的尝试。2017年5月29日开始,样本一开始创作了包括视频一在内的中国与日本对比的系列文化科普视频,这一资料作为该视频的前文本,补充了这一时期视频作品中表现出的样本一的爱国特质。

第二个样本视频是样本一在2019年1月10日上传的投稿视频,该视频之后,样本一投稿了一系列关于日本女生的视频,作品的二级关键词从这时开始变成"妹子"。该系列既是样本一截至2021年3月在B站投稿的视频作品中的主要系列,又是其视频作品中存在争议的部分,有观众认为该系列内容有消费日本女生的嫌疑,笔者通过对其视频内容的考量,并没有发现视频中存在实质性的消费日本女生的行为,更多的是面向国内观众的标题炒作,不过视频风格确实迎合了大众口味。整体来看,其话题素材和封面设计逐渐从零散趋于统一,且此时的视频作品中含有大量的广告内容,可以很明显感受到这一阶段是样本的视频创作从生活记录向商业化视频转变的过程。而在这一阶段里,样本展现出了一个具有煽动性的科普博主形象，视频作品存在贴标签和迎合观众印象等的因素。

第三个样本视频是样本一在2020年9月13日的投稿视频。该视频为样本一投稿视频出现舆论事件后投稿的第一个视频。

受2020年8月投稿视频舆论影响的一个月后，样本一重新投稿的这期视频相较之前的视频在选材方面更加慎重，该视频主要内容为日本的古着店铺即二手市场的情况和对资源循环利用的倡导，这里的样本逐渐回到中日文化的科普博主的角色。

2. 样本二

（1）Up主概况　样本二，B站2020百大Up主、2019年度原创栏目奖Up主，B站Up主组合变形兄弟的成员之一，代表作《Up主变形记》《动物圈的问号脸》等，粉丝量353.1万，生活区排名第19名。样本二最早在2016年开始投稿在澳洲留学的科普和生活记录的Vlog视频。毕业回国后开始尝试不同题材的Vlog视频，这段时期是过渡时期，视频内容主要是一些自己拍摄的搞笑视频和旅拍视频。2019年4月，偶然与Up主徐大虾咯等5人合作拍摄了自制综艺《Up主变形记》，粉丝量大幅上涨，同年5月20日，投稿视频《七年女友首次出镜当场发飙差点分手！》，该视频播放数量大幅增加，样本二从此开始投稿情侣生活视频，同年7月，与变形兄弟其他成员拍摄第二季原创栏目，凭借两季原创栏目获得2019年度原创栏目奖，因其开朗的性格、别出心裁的视频主题以及认真的视频内容受到广大粉丝喜爱。

（2）作品画像　样本二现有视频作品202个，生活类视频占比86%。从二级类目看，日常和搞笑是其主要内容，分别占比61%和24%，（图5-10）。

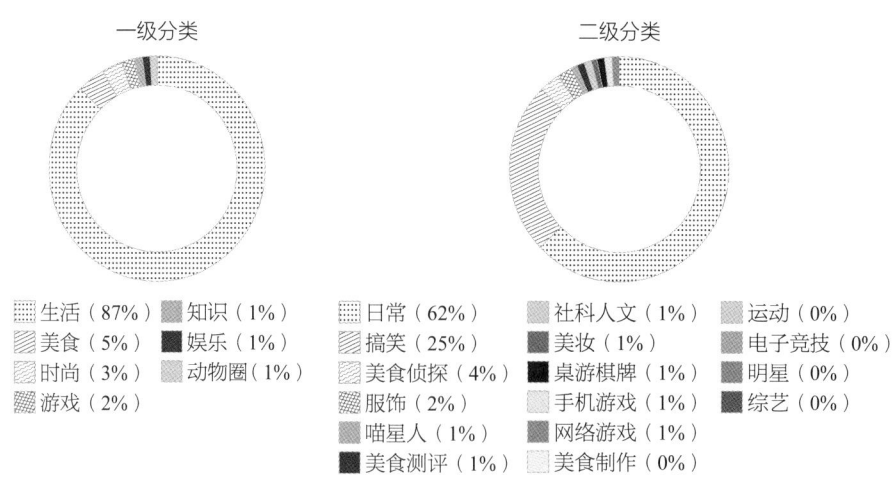

图5-10　样本二作品总量

在样本二的202个视频作品中，作品标题的关键词是"Vlog"，二级关键词为"挑战"，三级关键词包括"变形记""兄弟"等，其作品标签关键词包括"搞笑"和"Vlog"等，二级关键词包括"生活""挑战"等，这些词汇组成了样本作品的显性伴随文本，样本二的视频内容类型多样，各个系列又有一定的统一性，主要视频系列包括日常挑战视频、情侣视频以及与其他Up主的合拍视频，样本在视频中展现出了富有挑战精神和会照顾人又爱恶作剧的老大哥形象（图5-11）。

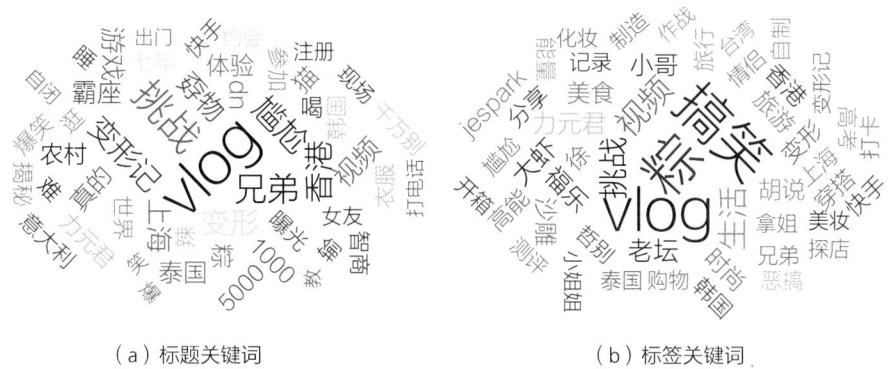

（a）标题关键词　　　　　　　　　　（b）标签关键词

图5-11　样本二作品高频关键词分布

（3）作者画像　虽然样本二的视频内容在不同时期有所区别，但笔者通过浏览其视频发现，作者形象在此过程中并没有明显出入，视频随生活状态动态变化。因此，笔者选取了两个记录样本重要生活事件的视频作为样本。

第一个视频是样本二在2020年1月21日上传的生活视频。该视频主要内容是样本二在B站百大现场向其女友求婚的现场记录和准备期间的感受的补录，记录了样本在这一过程中表现出的焦虑、激动、欣喜等真实情绪。

第二个视频是样本二在2020年5月20日上传的记录视频。该视频是样本截至2021年3月播放量最高的视频，样本二在视频中和粉丝分享了其妻子怀孕的消息以及两人的心路历程。在2020年11月21日，样本二上传了后续视频《我今年最开心的视频》，主要内容是生产前后夫妻两人的生活记录。样本二在此过程中表现出了非常乐观积极的生活态度，在样本二的其他视频中也存在该特质。

3. 样本三

（1）Up主概况　样本三，B站2019百大Up主，知名搞笑UP主，粉丝量201.4万，生活区排行第42名，二级分类日常排行第36名。2016年7月16日样本三上传首个视频，现有作品235个。样本三最初上传视频的目的在于自我娱乐，拍摄自己喜欢的内容,因其有趣真实的生活状态被粉丝喜爱。随着粉丝的增长,样本三的视频风格较之前稍显成熟和内敛。

(2)作品画像

样本三目前有视频作品235个,生活类视频占比67%,美食类占比12%,从二级类目看日常占比43%,搞笑内容占比23%,美食测评占比10%(图5-12)。

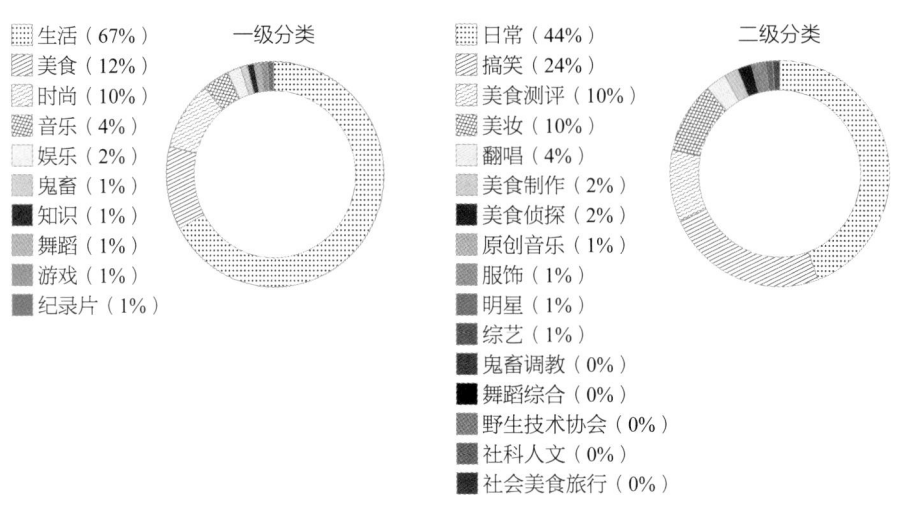

图5-12 样本三作品总量

在样本三235个视频作品中,作品标题的关键词是"拉宏桑",二级关键词包括"学生党""第一次",三级关键词包括"试吃""生活""分享",其作品标签关键词是"生活"和"搞笑",二级关键词包括"美食",三级关键词有"学生党""挑战""记录"等,这些关键词组成了样本三作品中的显性伴随文本(图5-13)。相较其他几个样本,样本三作品的成长变化更明显,内容也

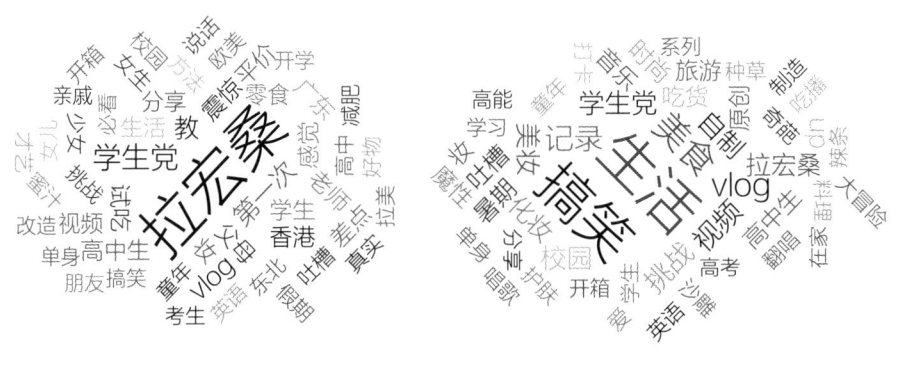

(a)标题关键词　　　　　　(b)标签关键词

图5-13 样本三作品高频关键词分布

更加贴合观众生活，主要视频内容是日常生活，视频风格以搞笑为主。通过资料查阅和视频浏览笔者发现，样本三最初的拍摄目的是记录生活，所以视频内容没有太多策划痕迹，拍摄状态自然真实，人物表现更加夸张。随着粉丝的逐渐增加以及样本的成长变化，其视频水平逐渐增高，作品更加成熟，特别是升入大学后，样本开始尝试一些包括体验类活动在内的不同的内容类型。

（3）作者画像 第一个视频样本是样本三在2018年6月9日上传的，该视频拍摄于样本三高考结束后，是样本三中学录制视频的典型代表。在视频中，样本三扮作拉黄桑采访参加完高考的拉宏桑和拉黑桑高考前高中生活的感受，用夸张和搞笑的方式展现了高考前的高中生活，样本三表现出的是没有拘束的"沙雕"中学生形象。

第二个视频样本是样本三于2021年2月14日上传的《网课上扮成财神爷，外国老师都惊呆了》，主要内容是样本三在上网课的时候扮成财神爷向外教和同学送出祝福，延续了原本的搞笑风格，但可以看出相较于之前夸张的程度收敛了很多。

4. 样本四

（1）Up主概况 样本四，B站知名Up主，模特，粉丝量125.7万，生活区排行第93名，二级分类日常排行第81名，二级分类搞笑排行第57名。2019年9月27日入住B站，现有作品89个，视频播放数7236.7万，在视频创作上以生活为主题，因其百变的风格、精致的外观和可爱的性格受到粉丝们喜爱。

（2）作品画像 样本四现有视频作品89个，生活类视频占比85%，二级类目日常占比55%，搞笑占比28%（图5-14）。

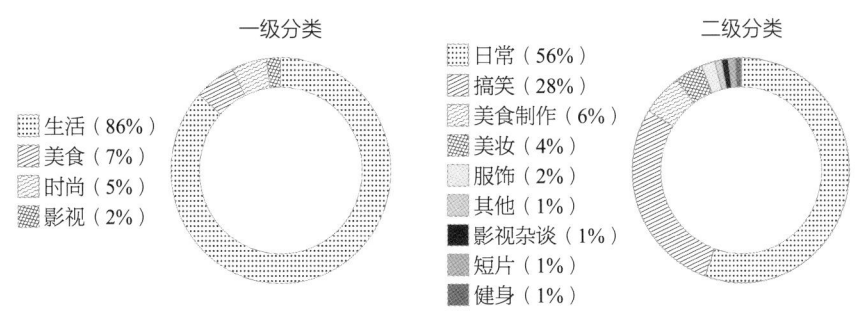

图5-14 样本四作品总量

与其他样本相比，样本四89个视频作品中的作品标题和标签的关键词较少，或者说更加集中，作品标题的关键词是"爱宁"，随之而来的二级关键词包括"少女"等，其作品标签关键词是"搞笑"，二级关键词包括"生活""记录",三级关键词有"Vlog""可爱"等,这些关键词组成了样本四作品中的显性伴随文本(图5-15)。样本四的视频作品同样有着显著的显性伴随文本,与其他样本不同的是样本四视频作品中的显性伴随文本非常单一,样本的主要视频风格是以"可爱"和"少女感"为主。

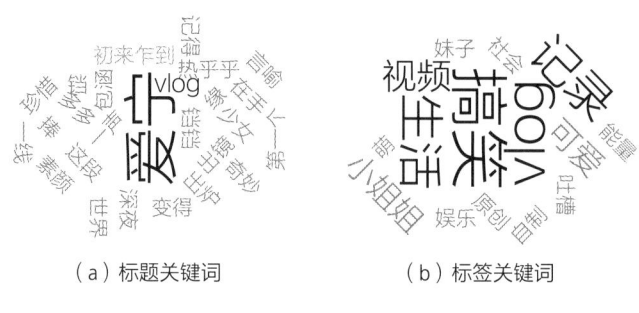

(a)标题关键词　　　　(b)标签关键词

图5-15　样本四作品高频关键词分布

(3)作者画像　鉴于样本四的视频数量相对于其他样本少,且展现出的作者特质较为单一,所以这里只选取一个视频作为样本。该视频是样本四于2020年12月3日上传的《解压少女1.0》,视频主要内容是样本四向观众介绍自己平时的解压方式,样本四在其视频作品中塑造的是一个"活泼""讨巧"的人物形象。

5. 样本五

(1)Up主概况　样本五,B站2020百大Up主,2019年度原创栏目奖Up主,粉丝量238.8万,生活区排行第32名,2018年1月19日发布第一个视频《给加拿大同学看一下我们的嘻哈》,现有作品208个,视频播放数2.2亿,代表作品《莽吧!变形兄弟》等。其最初的作品是其在加拿大留学时和外国同学拍摄的美食视频和向外国同学科普中国资讯的视频,在此之后是独居和深夜美食系列的视频,2019年回国后发起并和徐大虾咯等5位Up主一同拍摄了原创栏目《Up主变形记》,同年7月,拍摄第二季变形兄弟栏目,凭借两季原创栏目的大火获得2019年度原创栏目奖。随后视频增加了歌曲创作和田园生活等内容,多为生活和美食,并因其精致有格调的创作风格和视频内容,受到粉丝们的喜爱。

(2)作品画像　样本五现有视频作品208个,生活类视频占比54%,美食占比36%,二级类目日常占比43%,二级类目美食测评占比26%(图5-16)。

在样本五208个视频作品中,作品标题关键词是"同学",随之而来的二级关键词包括"半夜""班上"等,三级关键词有"挑战""体验"等,作品标签关键词是"生活",二级关键词为"美食",三级关键词有"Vlog""吃播""搞笑"等,这些词组成了样本作品中的显性伴随文本(图5-17)。样本五的视频

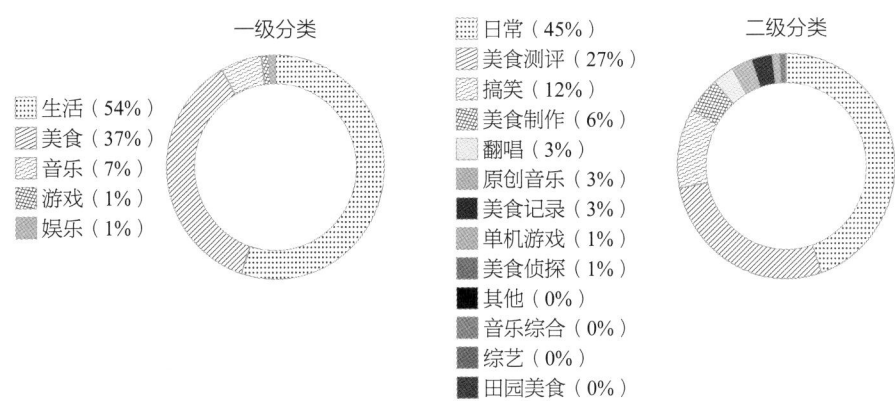

图5-16 样本五作品总量

作品风格统一,保持了良好的审美和格调且各个系列都给人非常工整的感觉。笔者认为,其视频作品截至2021年3月可大致分为三个阶段:第一阶段是其在加拿大留学期间,这一阶段的视频所展现出的人物形象相对内向;第二阶段是和其他视频创作者互动的阶段,这一阶段样本五相较前一阶段在视频中更加开朗;第三阶段在尝试更多适合自己的视频内容。样本五的视频作品十分精致,作者形象更内敛,样本五表现出的人物形象兼有"内敛"和"幽默"的特质。

(a) 标题关键词　　　　　(b) 标签关键词

图5-17 样本五作品高频关键词分布

(3) 作者画像　如前文所述,样本五截至2021年3月可大致分为三个视频创作时期,因此笔者在三个时期分别选取了一个视频样本作为分析对象,第一个视频是样本五于2018年11月30日上传的视频《三更半夜肚子饿,来碗螺蛳粉,真的爽》,该视频属于样本五作品中的深夜美食系列,这也是其在留学时期的主要系列视频。

这一时期的美食系列视频主要内容由制作美食、吃夜宵以及外出三部分构成，一些视频还有问答内容。如在该视频开始时，样本五在购买食材的路上对粉丝的提问进行一些回答，接下来是大段美食制作的视频，结尾是拖着椅子到雪地里吃夜宵的镜头。从该系列视频中能够感受到强烈的人物情绪和作品中的生活"审美化"特征。

第二个视频是样本五于2019年4月19日上传的投稿视频，实际上这个视频样本是变形兄弟的第一个合拍节目《Up主变形记》，该视频拍摄于样本五刚回国时，在上海和其他成员初次汇合前往乡村拍摄，样本五的视频主体从个体变成了集体，在该视频中可以看到在集体状态下的样本五的作者形象，与之前个人拍摄不同的是，在集体环境下样本五展现出了比个人录制时更加开朗的性格。

第三个视频是样本五于2020年3月21日上传的投稿视频，作品的前文本是样本五为自己立下了想要完成的一系列年度目标，该视频是2020年度样本完成的第一个美妆挑战视频，与该视频有着属于相同型文本上的还包括在2019年拍摄的舞蹈挑战、2020年拍摄的写歌挑战等，这一系列的显著特点是通过对完成挑战获得对自身成长的反馈，完成"仪式感"的过程。除此之外，这一时期的其他系列作品还包括2019年10月开始的田园生活系列、2020年3月拍摄的"小食坛记"系列和2020年5月拍摄的"金曲"系列等。整体来看，样本五在其视频作品中展现出了显著的生活"审美化"和"仪式感"特征。

四、影像日志与普遍隐含作者形象

（一）推演

在第二章的研究中，笔者通过采集到的伴随文本和视频样本切片对五个样本在视频作品中展现的作者形象进行了梳理，在这一部分笔者将对样本在不同阶段所展现出的作者形象或某些特质进行对比和归纳，通过对其展现的共性符号的梳理，探讨影像日志中真实作者与普遍隐含作者的关系。

1. 阐述：有关"自我"与"身份"

在这里不得不事先阐明本章涉及的几个纠缠在一起的概念以及这些概念与本书的关系，首先需要说明的是自我与身份，二者具有密不可分的符号学意义。

自我是一个社会构成，必须在与外界的符号交流中才能确定自身，而确定自我的途径就是身份。自我的任何社会活动，不管是作为思索主体（Subject）的表意与解释，还是作为行动主体（Agent）的行为与反应，都必须从具体的身份出发才能进行。具体的符号活动中，自我必然以某种表意或解释身份出现，身份暂时替代了自我，因而最后能集合的自我只能是自我所采用的所有身份的集合。在符号学意义上，本来只有各种身份构筑的自我，才是一个可以理解的自我。当人面对他人表达意义，或对他人表达的符号进行解释，就需要把自我演展为某种相对应的身份。赵毅衡认为，自我是身份集合形成的，因此身份的真假，实际上是此身份与同一自我的其他身份之间的关系，而身份的获取可以到非常"认真"的程度，所谓的"认真"，是与"自我"相当近的距离[1]。

接下来要阐明的是身份与文本身份，文本身份是符号文本的社会性身份，它们与发出者的身份有关却也并不等同。符号文本的"文本身份"是一种重要的"型文本"，它们影响着意义的解释，文本身份通常比"真实"的发出者身份更为重要。身份的集合构成自我，而文本身份也可以构成一种主体，并不一定真实存在有此人格主体，文字声音又或是影像，都能拼凑出足够身份材料来构建一个复杂人物，在这个构建过程中，解读者对这些"主体"的了解甚至多于了解一个真正存在的主体[2]。

事实上，本研究的普遍隐含作者便属于一种特殊的（文本）身份，在生活视频的记录过程中，亦是样本对他所期待的受众的表意过程中，将自我演展为一种恰当的身份。而笔者之所以认为它在此语境下是一种特殊的身份，是因为影像日志兼有自我作为思索主体的表意与解释活动和作为行动主体的行动与反应活动，而同时又兼具了自我的真实性与身份的演绎性这两个既相悖又相互关联的属性，剥离具体的境况，我们很难判定视频中所展现的作者形象是不是只是一种文本身份。然而写作或其他表意，背后都有且需要有一个隐含主体或者说"符号主体"来作为支撑，文本身份是文本的"社会资格"，而符号主体，则是些文本身份集合起来形成的一个拟主体，只要不讨论作者的意图意义，我们完全可以讨论"拟主体"身上的社会文化价值集合，而且这个符号自我，是普遍的，是任何符号表意活动后面都存在的[3]。

在第一章笔者曾提及有关于隐含主体的存在性研究在叙事学的视域下未曾解决，真实自我与隐含自我重合的假设很难证明，实际评论操作中也无济于事。如此说来，确实很难通过影像或其他文本了解真实的作者境况。然而，笔者坚信影像日志这一载体使得普遍隐含作者在此境遇下具有了某种特殊性，提供了某种"在场"，如上文所言，影像日志展现出了兼具自我的真实性与身份的演绎性的作者形象。因此，笔者期盼能够从这些视频中提取出的零散元素中还原出部分哪怕零星的真实作者特质，如同赵毅衡所说的到达某种非常"认真"

---

[1] 赵毅衡. 符号学[M]. 南京：南京大学出版社，2012：346-347.
[2] 同[1]：362-363.
[3] 同[1]：369-370.

即与"自我"相当近的程度,从而与其"文本身份"进行比较,得出某种确实存在的关系。

2. 比较:真实作者与普遍隐含作者

下文将从三个方面阐述真实作者与普遍隐含作者的关系。

首先,真实作者与普遍隐含作者具有某种自我的统一。这句话在逻辑上不难理解,在本章开头笔者提及自我是身份集合形成的,而身份的真假本质上是身份与同一自我的其他身份之间的关系,因此不难理解两者具有一定程度的统一。而在前文样本研究中,我们发现无论样本的作者形象表现如何,我们都能够捕捉到一些一定程度上"真实作者"的碎片,这些都指向了自我的统一。

其次,笔者认为普遍隐含作者"身份"或者"客我"在本研究范围内是经过真实作者"自我"的某种调整而诞生的,通过研究中样本所展现出的风格、内容乃至角色和形象异差对比可见一斑。回顾前文的样本研究:

样本一投稿作品的时间跨度将近五年,从其投稿历史来看,视频所展现出的人物特质在不同时间有着明显差异。除此之外,通过文本资料研究,笔者发现样本一尝试过很多拍摄风格,在工作经历上有过不止一家签约公司,尽管对于这些是否为样本一所在公司刻意的运营手段不得而知,但从其视频变化来看,可以认为样本一展现出了明显的对商业语境的顺应。

样本二虽然在不同时期有着视频内容的变化,但所展现出的作者形象在各个时期体现出的明显差异却相对较少,样本二并没有展现出明显的作者形象变化。

样本三的作者形象变化则显得有迹可循,这要归功于其早期视频提供了很大程度的真实作者信息,将近五年的投稿,随着作品量增大而来的是创作的瓶颈,可以明显感觉到样本三到香港读书以后,视频的风格不再像以前那么夸张,视频内容更贴近生活或者说更贴近生活的定义,而其视频中也更多体现出她的成长变化。在一定意义上可以说样本三的变化过程是一个"认真"的"真实作者"到"真实作者"随着成长对社会语境的顺应的过程。

样本四有着明显的普遍隐含作者形象,其特质在视频中的过度统一显得有些刻意,样本四本身具有模特和演员的"身份"。笔者认为样本四在B站投稿的生活类视频或许也是其又一层"身份",其真实作者的信息则难以判断。

样本五则有着某种程度上接近"认真"程度的"真实作者"信息。样本五有着三年多的投稿历史,独居视频的"安静"氛围体现出样本五相对"内敛"的特质,大多数视频表现出了"幽默"的特质。通过观察样本五的直播及其他社交媒体信息笔者又发现,样本五在群体中表现出"融入"和"开朗"的特征,在开放性体验的视频内容里样本也有良好的表现，笔者只能推测相较于样本的真实自我，样本五的普遍隐含作者"身份"更具开拓性。

可以看出，无论是从自主拍摄转为公司签约创作者展现出风格差异的Up主，投稿开始就有明显运营痕迹的Up主，还是占更多比例的自由Up主，在镜头前或多或少都会展现出来一个顺应了某个又或某些语境的普遍隐含作者形象。

最后，普遍隐含作者"身份"在某种意义上使得真实作者的"自我"产生了纵横地移动，笔者将其理解为自我在身份的切换中获得了某种增减。这种变动使得一种身份占比更大，对自我产生了某种影响，具体内容在本章的第二节中。

综上所述，笔者认为真实作者与普遍隐含作者两者更像是多重身份之间的柔性调整，我们不能断定二者的确切变化，但可以肯定的是它们在不断重塑自我。

3. 合并：影像日志视角下的普遍隐含作者形象特征

（1）经过过滤和强化的人物特质　在有关真实作者的信息上，与自身普遍隐含作者形象不同的信息被适当隐藏了起来，而相对一致的特质则在不断强化，从而迎合观众的印象。例如在性格或情绪的表达上，作者表达和被关注的需求使作者对自身的性格或情绪的展现作出一定的调整，这些通常是外向的，过度外向的创作者则会有所收敛。

（2）表达与开放性体验的增强　在视频投稿的环境下，创作者为了吸纳更多范围内的粉丝多会尝试更多开放性的体验活动。与此同时，观者对内容的需要使视频创作者考虑表达更多的观点和内容。在这个过程中，作者"身份"的表达和开放性体验感得到增强。

（3）日常生活的仪式感和审美化　影像日志视角下的作者的日常生活通常更具仪式感和审美化，或者说通过影像日志来记录生活这一行为本身便具备仪式感的特征，大量的运镜和摆拍使作者表现出的生活状态源于生活，又脱离人们对生活的认知，更具艺术性。

（二）归因

1. 影像日志的语境顺应

普遍隐含作者"身份"的构建离不开符号文本的内外语境，"语境"原本是由人类学家布罗尼斯拉夫·马林诺夫斯基（Bronislaw Kaspar）提出的语言学概念，笼统指代语言的语言环境，他将其具体分为语言性语境和社会性语境，随着研究者的增多扩展到其他学科领域。在符号学中，"语境"由于在符号意义的解码中起到关键作用成为一个重要概念。对照来看，语言性语境即是符号文本的内部语境即伴随文本，而社会性语境即是符号文本的外部语境。在维索尔伦（Verschueren）的语境顺应理论里将其分为心理、社交及物理三种维度，笔者亦将按照这三种维度阐述普遍隐含作者在影像日志中的顺应情况[1]。

（1）Up主对其内容伴随文本的顺应　真实作者在进行有计划的视频创作时会根据自身计划的主题内容进行有意识或无意识的调整。在作品画像分析中，笔者亦是通过样本的伴随文本进行的初步的作品分析，需要注意的是在这里所说的对内容伴随文本的顺应只适用于有计划的视频创作。举例来讲，当一个创作者有计划地拍摄一个主题视频时，会根据要拍摄的内容适当调整自己出现在视频中的方式，组成一个普遍隐含作者形象，当他无计划地去拍摄一个视频作品时则不会出现这种情况。

（2）Up主对视频创作心理语境的顺应　心理语境指作者的认知、情绪或情感状况，真实作者在视频创作时难免受到心理因素影响。如在样本研究中，样本二在创作瓶颈时在作品展现出的焦虑情绪，样本五在深夜美食系列展现出的"孤独感"，都是这一语境顺应的体现，情绪成为此时普遍隐含作者形象的主要构成要素。

（3）Up主对影像日志社交语境的顺应　绪论中笔者曾提及影像日志在当代环境下亦承担了社交功用，视频的创作者处于观者的审视之下的同时，又能够通过作品和广泛观者进行交流，交流双方的社会关系、交流方式及规范等都属于社交语境。普遍隐含作者的构建和对语境的顺应，在某种意义上都是为了迎合某种社会规范。

（4）Up主对自身物理语境的顺应　物理语境与其他三个语境稍有不同，笔者所说的物理语境指的是时间和地点等的物理情况，在不同地点和时间有时会展现出不同的普遍隐含作者，这一点与Up主对内容语境的顺应有相似之处。此外，笔者认为真实作者对自身及周边的变化的反馈亦属于此情景，如样本研究中，样本二重大的人生事件，样本三作者形象变化的成长因素，都会对Up主"身份"造成影响。

2. 自我的纵横移动

当一个人对自身及世界进行概念化界定的时候，自我的经验开始形成，一

---

[1] 闫文君. 名人符号隐含作者的价值预设与语境顺应[J]. 符号与传媒，2019（2）：152-163.

个自觉的自我只有通过符号才能探索自己存在于世界上的意义。赵毅衡在《符号学原理与推演》一书中，引用了皮尔斯（Pierce）关于人的本质是符号的看法：自我意识就是理解自我在符号过程中起的作用。这个过程并不是均一的，而是由一系列与自我相关的符号行为身份组成。对自我来说，"意义身份"比社会情境中的"表演身份"更为重要。法国存在主义哲学家让·瓦尔（Jean Wahl）最早将自我站位的超越分为两种，即向上和向下超越。自我之所以无法确定，正是因为在当代环境下自我的身份过多，身份迫使自我发生移动，而随时间和经验的变化，自我又会在此过程中演展变化[1]。

那么在影像日志中是否发生了自我的移动呢？答案是肯定的，在影像日志中作者在真实作者与普遍隐含作者"身份"的更替中也发生了此种移动。影像日志无论何时都不会脱离自身的存在，或者说不会完全脱离生活记录的本身的功能，那么作者为自己记录的视频影像对作者自身的审视和意义就远大于对于外界的演绎。换而言之，普遍隐含作者对自我有着远大于客我的符号意义。

（三）影响

1. 自我的重塑

斯图亚特·霍尔（Stuart Hall）谈论到文本身份既"存在"又"变化"的特征时，将主体的建构看作一种变动的过程。在一定意义上自我不可能完成，因为人需要不断与外界建立意义联系，而这种意义表现的文本身份，会对自我进行不断的重塑[2]。

如本章第二节所言，在影像日志的拍摄过程中作者发生了自我的移动，向上的位移使作者的自我变成"他人的自我"、符号意义的自我，这些使得自我变得丰富化和理想化，充满了社会意义。有时候这并不是坏事，督促自我呈现出一个相对丰富的形象，将自我好的一面提取并加以强化，对自我进行监督调节甚至改变生活习惯从而塑造积极生活，拥有着乐观态度的普遍隐含作者形象，展现出理想化的生活状态。在这个意义上，自我的向上位移对于自我和社会都有所益。然而，自我的向上位移亦可能将自我变成理性的自我，彻底卷入社会结构，失去自我独立性，与之相对向下的位移也有利有弊。因此，无论何种位移都应当注意这种位移带来的风险，而不可否认的是，身份的切换在一定意义上确实促进了自我的重塑。

---

[1] 赵毅衡. 符号学[M]. 南京：南京大学出版社，2012：355-356.
[2] 罗钢，刘象愚. 文化研究读本[M]. 北京：中国社会科学出版社，2000：208.

2. 感染和共鸣

这里笔者想引用布斯（Booth）的一段话"一个简单的伦理事实是：我们都至少在某种程度上将别人（尤其是作者）创造的较好的隐含形象当作自己的生活榜样。"[1]在B站，影像日志的普遍隐含作者最直接面向的便是观者，B站特有的粉丝模式使得Up主特别是优质Up主的榜样作用大大提升。如前文所述，这些使得作者不得不在某种程度上顺应某种语境，构建出一个普遍隐含作者形象，而这一形象往往是正面的，这些正面的作者形象同样以某种形式影响着观者，粉丝效应也如是。罗兰·巴尔特（Roland Barthes）在《明室》中提及，面对镜头的人同时有四种身份，即我以为我是的那个人，我希望人家以为我是的那个人，摄影师以为我是的那个人，摄影师要用以展示其艺术的那个人，而作者形象的作用以及影像日志的日常生活的审美化和仪式感等特质也使得观者理想化的"我希望人家以为我是的那个人"得到增益，在此过程中观者对作者产生共鸣，获得正向的自我反馈和心理慰藉。

五、结语

雅克·拉康（Jacques Lacan）说："当我思'我思故我在'正是我不在之时"[2]，自我本身是一个不可能成立的概念。赵毅衡认为："自我中心之不可能，正是因为它的中心地位靠自我的各种表意身份构建，而这些身份又必须靠自我"，自我必然是个悖论[3]。在此基础上，普遍隐含作者作为"自我"的身份自然也很难言明。值得庆幸的是，影像日志在某种意义上为我们提供了一个或许可以尝试去窥其一斑的通道。通过样本的研究，笔者认为在影像日志视角下的"普遍隐含作者"与"真实作者"形象更像两种自我的身份，而普遍隐含作者本身与自我的移动密不可分。到了这里，对本选题的研究大抵算是告一段落，或许有机会的话笔者还会以其他视角对选题进行论述，但无论如何，笔者都相信符号学对普遍隐含作者这一身份的解读都是十分必要且意义深远的。

---

[1] 韦恩·布斯, 申丹. 隐含作者的复活[J]. 江西社会科学, 2007（5）: 30-40.
[2] MALCOLM Bowie. Lacan[M]. Cambridge, Massachusetts; Harvard University Press, 1991: 67.
[3] 赵毅衡. 符号学[M]. 南京：南京大学出版社，2012: 359-360.

第四节　统摄与对话："法喜寺"文化传播中的视觉修辞
——以哔哩哔哩生活区Up主为例

宗教文化必须努力与全社会一起，与新时代中国特色社会主义文化同向同行、相即相融。近年来，许多寺庙试图通过打造文创周边、吸睛的"招聘信息"、开展功夫国潮秀等各种方式拉近自己与年轻人的距离，还通过博主们在小红书、抖音、微博等新媒体平台上分享、"种草"，以各种美图、美食等内容来吸引大波游客前往打卡体验，以此提高大众对宗教文化的兴趣。其中，"法喜寺"是较为典型的一个案例。

法喜寺，指上天竺法喜讲寺，始建于五代后晋时期，位于浙江省杭州市。它不仅是中国白衣观音的起源地，也是杭州天竺三峰中最大的一座寺庙。2018年，法喜寺因其推出的"萌系烧香袋、明信片"等文创周边首次爆红网络。而据支付宝2021年五一报告显示，法喜寺在支付宝景区小程序的"访问人次排名"中位居首位，直接击败了大众所熟知的灵隐寺，成为人们争相前往的"网红圣地"。

一、视觉修辞理论缘起及应用研究

视觉修辞研究起源于修辞学传统，但作为学理问题则源自新修辞学的兴起和视觉传播的发展。与传统修辞学不同的是，新修辞学在理论上重新界定了修辞的本质和对象，将包括图像在内的一切符号系统都纳入修辞学的研究对象范畴，修辞学研究对象从语言符号拓展到了视觉符号，而在视觉修辞的研究视域拓展过程中，也逐渐发展至互联网图像传播[1]。

所谓视觉修辞，是强调以视觉化的媒介文本、空间文本、事件文本为主体修辞对象，通过对视觉文本的策略性使用，以及视觉话语的策略性建构与生产，达到劝服、对话与沟通功能的一种实践与方法[2]。那么，作为一种研究方法，在进行视觉修辞分析前，需要对修辞对象做概念性的界定，确定研究对象的文本形态。有学者将视觉文本对象分为三类：诉诸"观看"实践的再现性视觉对象，即媒介文本对象；诉诸"体验"实践的体验性视觉对象，即空间文本

---

[1] 刘涛. 视觉修辞的学术起源与意义机制：一个学术史的考察[J]. 暨南学报（哲学社会科学版），2017（9）：66-77.
[2] 刘涛. 媒介·空间·事件：观看的"语法"与视觉修辞方法[J]. 南京社会科学，2017（9）：100-109.

对象；诉诸"参与"实践的过程性视觉对象，即图像事件文本[1]。

罗兰·巴特（Roland Barthes）从符号和象征意义出发，将图像看成语言、直接意指和内涵意指构成的多层级符号系统，从而开启了在图像中寻找意义的视觉修辞传统，学者从隐喻、语境、语图、意象等具体的修辞维度切入来把握图像意义的生产机制。其中，学者根据视觉隐喻和转喻之间的互动方式，进一步形成了"基于单域转喻的视觉隐喻"模型和"基于双域转喻的视觉隐喻模型"[2]；也有学者将语境作为图像符号意义实践的作用机制，与符号、辞格的修辞实践共同架构了现代图像文本修辞实践基本的知识模型和结构框架，认为语境为图像符号的指涉实践提供了多维度的意向性场所，为图像修辞的生成提供了回应机制[3]。而如果语言和图像这两种元素按照特定的组合逻辑形成一个文本，又构成了一种新的叙事关系——语图叙事，学者立足于语图结构中的统摄叙事和对话叙事，深入挖掘不同语图叙事方式深层的修辞机制及其产生的文化后果[4]。还有学者从主体间的社会维度、交流维度和对话维度出发，提出图像交际的两种修辞观：图像有助于主体间彼此认同；图像是编码者劝服解码者的修辞工具，在语图互文的过程中，编码者可以利用符号表征的多义性、凸显性、推理性、联想性和语境性来误导解码者[5]。

二、"法喜寺"的媒介文本分类

本书以小红书中有关"法喜寺"的图文笔记为研究对象，主要分析其文本生产实践过程，而作为再现性的视觉对象，其图像文本和语言文本存在一定"含蓄意指"，需结合"语图互动理论"对这一媒介文本的视觉话语生产机制进行分析与研究。

基于此，本书对小红书中有关"法喜寺"的图文笔记进行了分类（表5-6）。经过内容的分类与梳理，初步发现在"法喜寺"的媒介叙事文本中，图像文本和语言文本并不一定有着传统意义上的紧密联系，并且不同的叙事主题所对应

---

[1] 刘涛. 何为视觉修辞——图像议题研究的视觉修辞学范式[J]. 湖南师范大学社会科学学报，2018（6）：1-11.
[2] 刘涛. 隐喻与转喻的互动模型：从语言到图像[J]. 新闻界，2018（12）：33-46.
[3] 张伟. 符号、辞格与语境——图像修辞的现代图式及其意指逻辑[J]. 社会科学，2020（8）：171-181.
[4] 刘涛. 语图论：语图互文与视觉修辞分析[J]. 新闻与传播评论，2018（1）：28-41.
[5] 甘莅豪. 图像的谎言：符号交际视阈下的视觉修辞行为[J]. 西北师大学报（社会科学版），2020（2）：15-26.

的受众群体也各不相同。因此，本文将从视觉修辞角度出发，研究"法喜寺"媒介叙事文本中有着怎样的语图互动关系，以及"法喜寺"媒介叙事文本如何通过不同的语图互动模式达到它的传播目的。

表5-6　　　　　　　"杭州法喜寺"媒介文本主题分类

叙事主题	分享话题	图片内容	文案内容
"文案主题"	法喜寺文案分享	法喜寺的风景、人像等照片	1. 诗情画意 2. 与佛有关
"姻缘主题"	法喜寺求姻缘	法喜寺的网红御守、情侣照片	1. 求姻缘攻略 2. "亲身经历"的求姻缘小故事
"摄影主题"	网红机位拍摄教程	法喜寺的风景、人像照片	1. 法喜寺网红机位； 2. 相机设备及调色参数； 3. 拍摄构图及后期修图参数
"旅游主题"	素食体验	法喜寺风景、寺内斋饭、寺外美食等照片	法喜寺寺内斋饭及寺外素斋美食的介绍
	#旅游攻略	法喜寺风景照片	1. 景区地址、开放时间、门票、线上预约、路线等基本信息； 2. 进入法喜寺的相关温馨提示； 3. 网红机位等

三、统摄叙事："法喜寺"媒介文本的视觉化呈现

"法喜寺"媒介文本作为一种语言和图像并置的文本系统，其中存在着语言统摄和图像统摄两种主导型叙事模式：一种认为是语言统摄了图像，从而主导了语图叙事中的意义发生系统，展现一种强调和谐、永恒、他律、韵味等合乎"规则"的古典叙事风格，就像中国古代的题画诗，对整个绘画本体起着"点睛之笔"的作用；另一种认为图像居于霸权地位，大比例地占据了文本的主体构成，语言则成为图像的附庸。

（一）文字统摄：锚定了图像的表征空间

文字记载：天竺三寺深藏林间山谷，由下而上，寺宇壮丽，景色清幽，高僧辈出，佛学与诗文并茂，而法喜寺则是天竺三寺庙中规模最大的一座，在国内外享有盛名。在当今的"图像转向"时代，这种对法喜寺的形象描述不再只是停留在想象层面，而是可以通过各种摄影设备进行视觉再现。但如果只有再

现性的视觉图像，而没有语言文本去锚定它的表征空间，仅通过山寺、和尚等元素又可能难以判定它是天竺山寺的哪一寺。在语言主导的叙事文本中，"法喜寺丨山林茶海觅神隐，人世浮沉语法喜"的标题、"法喜寺"的话题标识等文字内容则可以让人对它有清晰的认知（图5-18）。从笔记评论区中"首图绝了，前方佛光普照的即时感""意境绝美""图片和文字一样优美，不分伯仲……"等反馈中可以看出，图像表征与文本认知在情感维度的双重结合，可以为视觉文本构建一种新的意境，而具有视觉表达力的图像符号还可以强化文字叙事的认同逻辑。

图5-18 "文案主题"的叙事文本一（资料来源：小红书）

（二）图像统摄：拓展了文字的表意空间

在语言文字主导的整体叙事体系中，图像作为一种具象化的表意方式，它直接展示的是自身的存在样态，与其表征对象存在着结构、时间、空间以及因果的关联，因而它具有对文字加以说明、解释和拓展的功能[1]。作者主要分享"灰瓦黄墙红绸祈愿，皆是空山心亦静；若无闲事挂心头便是人间好时节；所念皆所愿所求皆所得……"等有关法喜寺、佛文化、寺庙祈福的文案素材，而搭配这种"文嵌图内"的视觉效果图，则可以在视觉维度上对文案素材进行补充和说明，向受众展示了法喜寺文案嵌入法喜寺照片中所呈现的唯美效果。这

---

[1] 刘涛. 新媒体竖屏叙事的"版面"语言及其语图关系[J]. 现代出版, 2021（5）: 25-35.

种"文嵌图内"的视觉文本,作为中国古代"题画诗"的一种现代化演变,依旧是两者共享一个文本,但不是以真正的笔墨在画中题上诗词,而是以Ps软件中的艺术字体将诗句编辑在照片中,可凭借作者本人的感官审美将其置于最佳效果位置,最终呈现出"诗画一局""以书入画"的意境美。另外一种则是"法喜寺文案+九宫格照片"的效果示意图,是中国古代的"咏画诗"的演变,两者的文本呈分离状态,更具新媒体文本特点的文字不再是"诠释"画面本身的内涵,而是表达发文者自身的心境与情感(图5-19)。

图5-19 "文案主题"的叙事文本二(资料来源:小红书)

四、对话叙事:"法喜寺"媒介主题的多样化生产

不同于统摄叙事中讲求和谐韵律的古典主义叙事方式,对话叙事体系中的语图文本往往制造的是一种浪漫、异化的现代主义文化或游戏、拼贴、破碎的后现代主义文化,图像和文字之间以一种平等对话的方式形成一种新的语境空间和消费空间。"杭州法喜寺"图文笔记中的主题叙事文本,就是将两种独立且平等的图像元素和文字元素结合起来,例如"姻缘故事"的姻缘主题叙事文本、"网红机位+拍摄教程"的摄影主题叙事文本、"素食体验+旅游攻略"的攻略主题叙事文本,以不同的视觉效果和视觉心理,构建出新的内涵。

(一)"姻缘主题":语图互动下的情感共同体

法喜寺最初因"萌系"文创周边走红,但一直是爆款的却只有"网红御守",其根本原因不是它外观上的"萌系"设计,而是它本身作为护身符的各种寓意,是人们对"学业有成""爱情顺利""平安健康"的一种心理诉求。视觉符号之所以能够达到一定的劝服效果,根本上是因为其征用或指涉的文化意象和特定的霸权话语、生活方式、价值观念、情感诉求、历史记忆、生命哲学或身份想象建立了某种象征性联系[1],而"网红御守"就是人们各种"情感诉求"的一种"凝缩符号"。在媒介文本的叙事过程中,图像文本和语言文本可以通过两者之间的对话互动搭建一种情感共同体。在法喜寺"姻缘主题"的媒介叙事文本中,它以象征爱情的"姻缘御守"作为一种情感动员的道具,以网络流传"求姻缘很灵"的法喜寺作为标志性的场景空间,又结合"宝子们,求姻缘话术也要掌握呀!""五个月后,我带男朋友来法喜寺还愿啦!真灵"等直白的标语,形成了一种情感表达空间(图5-20)。

图5-20 "姻缘主题"的叙事文本
(资源来源:小红书)

而在这个情感表达空间内,人们会以"祝福爱情,期待遇见""沾沾喜气""打算明天一个人去,接好运"等话语进行自我表达。从中我们可以发现,类似"姻缘御守"这种媒介叙事文本中的视觉意象能够激活受众在视觉认知中的情感反应,进而引发受众的心理认同。一旦特定图像与价值的关联建立起来,并内化于人们心中,图像的抽象价值就变为一个符号,进而能够激发与之

---

[1] 刘涛. 文化意象的构造与生产——视觉修辞的心理学运作机制探析[J]. 现代传播(中国传媒大学学报),2011(9):20-25.

相关的情感。"法喜寺"就是在媒介文本的叙事传播过程中,形成了它所独有的情感价值,成为一座"求姻缘很灵"的"网红寺庙"。

(二)"摄影主题":语图互动下的视觉化体验

在视觉修辞中,编码者可以从场景分割、视觉注意、空间拓扑三个角度对视觉场景进行选择性呈现,以诱导解码者注意某些场景而忽视某些场景,例如通过仰拍、俯拍、局部近景等拍摄角度来营造出的"小圣托里尼""小三亚""小镰仓"等人造景点,但同时它也可以成为旅游景点的宣传手段。作者通过拍摄角度、构图框架的选取,镜头景深、光影和色调的运用,对杭州法喜寺的景别进行一种别具意境的视觉呈现,但又不同于简单的图像统摄,拍摄者还将视觉构图、光影效果等拍摄技巧进行公开分享,形成一种文字解构与图像再现的语图互动模式,并通过这种自我解构与建构,搭建"摄影主题"的媒介叙事文本(图5-21)。

图5-21 "摄影主题"的叙事文本(资料来源:小红书)

在有关法喜寺"摄影主题"的叙事传播中，主要有两类受众：一类是喜欢捕捉美景的摄影爱好者；另一类是喜欢在美景中进行自我呈现的摄影爱好者。但无论是哪一类受众，都会通过自身的视觉体验对拍摄者的审美表达产生认同，与拍摄者在视觉交流上形成共鸣，进而付诸行动。如果说语言文本主导下的单一叙事可能会引起受众的"对抗式解读"，那么视觉文本的直观再现则可以使受众沉浸式地感受它的光影效果，不自觉地对作者在图像背后建构的劝服性话语产生认同，受众会自发性地将"最佳网红机位""最佳拍摄时间""调色教程"等内容收藏。对专业摄影者来说，镜头的画面感和美感除了其构图之外，光影和色彩也是重要的视觉元素，例如"一步一风景，黄墙、寺门，楼梯都是拍照点""拍摄时间最好选在下午4点到5点光影俱佳的时候"等拍摄建议的采纳性就极高；此外，充满古建筑元素的法喜寺也是古风摄影主题的打卡场景之一，寺内的天王殿、圆通殿、大雄宝殿、地藏殿、方丈楼等古建筑依山而建、层层递进，"翘脚屋檐、黄墙映衬、黑瓦红灯"这些古风元素与中国汉代服饰形成一种相得益彰的视觉效果。其中，一部分热衷于自我呈现的摄影爱好者，就会被这种媒介景观所吸引并进行打卡实践。因此，在专业和非专业的受众对视觉化体验的追求中，法喜寺逐渐成为摄影实践的空间载体，进而不断生产出各种视觉文本作品。

（三）"攻略主题"：语图互动下的消费共同体

"旅游攻略"是将旅游的吃、穿、住、行等各个方面的信息整合成一篇笔记，进行多方面、多角度的集中推广，不仅具有超强的信息聚合能力，还有极快的传播速度，是一种综合性的媒介叙事文本。在"法喜寺"的"旅游攻略"图文笔记中，除了景区地址、开放时间、门票、线上预约、路线等基本信息及相关寺庙禁忌提示外，其实还囊括了"网红御守""网红机位""法喜寺素斋"等内容信息的介绍，只要是符合游客心理需求的内容，都能成为旅游攻略的分享内容之一。有研究者通过对"网红"消费空间的空间属性和消费特征的分析，发现从网络内容分享者到网络内容浏览者，实体消费空间的虚拟形象在网络上被体验与消费，其中存在一种正反馈关系（消费者、网红消费空间与消费的关系演绎流程图[1]）。而作为一种叙事传播，它又存在着由个人、社会、文化的不同意识、无意识和集体潜意识的推动，以及"科学逻辑""人文象征符

---

[1] 中国城市规划学会. 面向高质量发展的空间治理——2021中国城市规划年会论文集[C]. 北京：中国建筑工业出版社，2021.

号""理性秩序""感性狂欢"四股力量拉扯的结构形态（叙事传播的八面晶体结构[1]）。因而，本文基于这两种理论模型，对"攻略主题"的媒介叙事文本进行研究和分析，并绘制出媒介叙事文本的消费共同体模型（图5-22）。

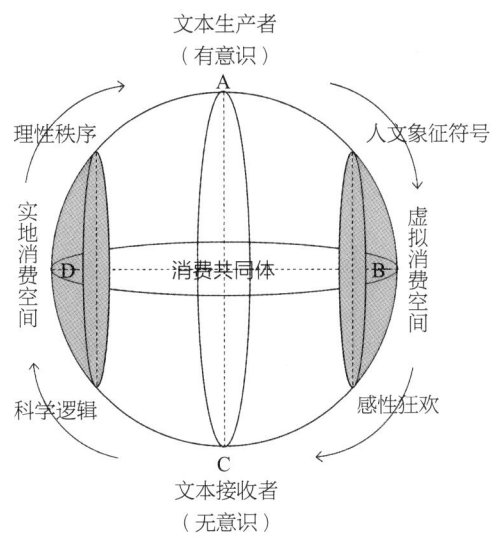

图5-22 媒介叙事文本生产下的"虚拟—实地"消费共同体模型（资料来源：作者自绘）

小红书博主在平台上分享"法喜寺"的图文笔记，吸引的受众可能是纯粹的旅游爱好者，也可能是素食爱好者、求姻缘的单身男女、摄影爱好者等。而受众在观看欣赏时，会进行浏览、点赞、评论及转发再到收藏等一系列操作，进而提升该图文笔记的传播热度，形成一个虚拟消费空间。由媒介文本生产者进行有意识的日常行为传播，通过"法喜寺"相关的人文象征符号进行语图互动叙事，而文本接收者最初会因为"情感认同""视觉体验"等感性狂欢进行无意识的"转赞评"行为，最终推动文本内容的传播。在媒介文本带来的短暂的"感性狂欢"后，文本接收者在文本内容的科学逻辑引导之下，对"旅游攻略"的文本内容进行实地打卡体验。例如坐一趟1314中意巴士通往法喜寺，在寺内买一个象征着美好寓意的网红御守，在网红机位打卡点拍下具有纪念意义的照片，或是尝一尝寺庙旁"知竹"面馆的素面。在一场真实的旅行体验之后，文本接收者即作为体验者的受众才会有更加理性的评价，而后他们通过记录自己的消费行为并在社交平台上发布，再一次将个人的体验以媒介文本的形式呈

---

[1] 臧国仁，蔡琰. 叙事传播：故事/人文观点[M]. 杭州：浙江大学出版社，2019：64.

现出来，形成一个实地消费空间。基于此，本文研究发现，杭州法喜寺的"攻略主题"可以通过媒介叙事文本的生产到再生产，从虚拟消费空间到实地消费空间构建出它的核心——消费共同体，并通过这个循环的消费共同体让"法喜寺"逐渐出圈。

五、结语

在小红书平台的媒介叙事文本中，"法喜寺"作为著名的宗教文化地，其媒介形象主要是通过图像文本与语言文本之间的统摄叙事、对话叙事的方式进行呈现。而在具有明确叙事主题和受众群体的对话叙事中，将包含隐喻、框架、情境等视觉修辞手段的图像文本与"互文性"的语言文本结合，可以形成一种共情达意、视觉消费的文本内容，其传播过程不再是文本生产者对文本接收者的撒播和欺骗，而是在视觉维度上进行一种对话与交流。研究发现，这种更偏向于现代主义和后现代主义的对话叙事文本，对宗教文化地的旅游文化发展起着重要的助力作用。

本书从视觉修辞角度研究宗教文化地的媒介叙事文本生产，并思考了语图互动下的消费共同体建构，有助于为宗教文化地在社交媒体中的旅游文化宣传提供参考意见。但涉及寺庙本身更深层的宗教文化传播，还有待进一步的探索与研究。

第六章 时尚传播与社会文化

第一节　轻青叙事：文博节目的创新与拓展
——以《此画怎讲》为例

随着真人秀节目在电视市场的占比不断攀升，大众对文化类节目的呼声逐渐高涨。2017年，在《中国青年报》社会调查中心联合问卷网对2003人展开的一项调查中，有86.4%的受访者表示喜欢看文化类综艺节目，61.0%的受访者期待文化类节目能够发扬更多优秀的传统文化[1]。事实上，自2017年文化节目元年以来，一大批的文博类节目如雨后春笋般跃入荧屏，在社会上掀起了一股国学风潮，故宫、长城、敦煌等文化概念通过创意性表达已经飞入寻常百姓家。对中国传统文化艺术进行解构与再创造，赋予其年轻的生命力，正是当下潮流。腾讯视频出品的叙事化文博节目《此画怎讲》便是在传统文化年轻化的浪潮下进入大众视野。

《此画怎讲》开创国内以叙事形态进行名画科普的先河，通过赋予传统艺术崭新的生命力，让中国美术史上的人物画活起来，让博大精深的传统文化年轻起来。基于此，本研究将从《此画怎讲》的编码层面出发，在影视文化传播视域下分析《此画怎讲》创造性的节目样态与创新性的传播策略，为文博类节目的年轻化创作、传播升级提供可参考的范本。

一、创造性的节目样态

英国文化研究之父斯图亚特·霍尔（Stuart Hall）受马克思生产理论的启发，将媒介文化视为一种产品。电视节目是一种文化产品，节目话语的意义生产涵盖了编码、成品与解码三个阶段，其中，编码是意义生产的第一阶段，也是节目制作者不容小觑的关键一环，如何最大限度地减少受众的对抗性解读，提高讯息的到达率是编码环节的重要议题。《此画怎讲》运用当下年轻人喜闻

---

[1] 中国青年报调查：86.4%受访者喜欢看文化类综艺节目[R/OL].（2017-03-07）[2021-03-01]. http://culture.people.com.cn/n1/2017/0307/c22219-29128025.html.

乐见的叙事策略，借助仪式化的叙事场景，将传统文化艺术、价值理念具象化，实现了通俗传播与学术圈层的共振。

（一）新瓶装旧酒：中国俗语的故事化重构

正如约翰·费斯克（John Fiske）所言，电视剧、新闻、体育节目、益智节目等都是叙事的，电视广告和摇滚乐电视片也是叙事的[1]。换言之，叙事能力成为节目编码效果的核心要素。作为近年来受到市场拥趸的文化类节目，《此画怎讲》跳出了文化工业机械复制的编码逻辑，对传统俗语进行解构，将其置于当代语境下重塑意义，并通过故事化呈现唤起大众的文化认同。在《蕉阴击球图》中，名画的粉丝望文生义，误将"婴戏图"与幼童玩耍、戏曲表演相联系，而事实上"婴戏图"与戏曲并无联系，宋代由于战争造成人口流失，且婴儿夭亡率较高，为鼓励生育才涌现了大量寓意"多子多福、生活美满"的婴戏题材作品。《蕉阴击球图》用故事化的演绎手法解读中国人物画，在片尾的名画艺术鉴赏环节总结了"一知半解等于无知无解"这一俗语，既能够让观众深入地了解名画的历史渊源，又能更深刻地领会传统俗语对当代人价值重塑的现实意义。

法国学者茨维坦·托多洛夫（Tzvetan Todorov）在《〈十日谈〉语法》中首次提出将"叙事"作为一门学科研究，进一步而言，合适的叙事视角对讲好故事有着不可估量的作用。《此画怎讲》在叙述名画故事时善用故事中的横截面——人物关系。"横截面"结构常被用于短篇小说中，旨在提取故事中最精彩的一段或一方面，以"横截面"来代表一个人，或者一个国，或者一个社会。《此画怎讲》亦是如此，导演往往通过人物关系的快速搭建来完成叙事。如《捣练图》中，通过捣练组女工的抱怨来构建人物之间的亲密关系，向观众生动地描绘了唐代仕女缝纫、熨烫的日常劳作，并在片尾戏谑地提出"别人的葡萄更甜？那可不一定！"，使艺术表达既阳春白雪又曲高和众。

（二）从静态到动态：名画"复活"缔造场景仪式

与以往名画静态的画面呈现方式不同，《此画怎讲》邀请了知名喜剧团队开心麻花演绎画中人，实现了名画一维展示到二维叙事的流转，并由博物馆级的装束复原团队和曾获白玉兰最佳美术奖的道具团队1∶1复刻画中场景，力求妆发、服饰还原史实。如节目组为使《韩熙载夜宴图》中宴会所用的鼓贴近原

---

[1] 约翰·费斯克. 电视文化[M]. 祁阿红, 张鲲, 译. 北京：商务印书馆, 2005.

画，光制作道具形状便花费数日，再反复精心打磨、上漆，而后一笔一画彩绘图案，前后历时一周左右。再如《明代帝后半身像》中孝慈高皇后的凤冠饰有凤凰样珠宝，冠上饰件以龙凤为主，龙用金丝堆累工艺焊接，凤用翠鸟毛粘贴，色彩经久艳丽，重达25斤。又如《唐人宫乐图》中唐代宫廷仕女所用的四弦琵琶，其样式、形制、大漆均成功复刻，甚至琵琶花纹均是唐朝流行的水纹。大到服装道具，小到金钗步摇，《此画怎讲》的细节让人叹为观止。节目中服化道的空间仪式感强化了观众对传统文化艺术的认同，同时也依靠这些吸引力强、互动性高的仪式建构，制造了观众在场体验的媒介场域。

事实上，在"传播的仪式观"中，詹姆斯·凯瑞（James W. Carey）把"仪式"作为传播的隐喻，认为传播是一种以团体或共同的身份把人们召集在一起的神圣典礼[1]。在媒介化的当代，伊莱休·卡茨（Elihu Katz）认为电视媒介具有仪式功能。《此画怎讲》具有一系列的程式安排，是由"博物馆中的名画展示+画里人物叙事+名画艺术鉴赏"建构起的节目结构，而每个环节中出现的场景符号、行为符号、色彩符号等均是围绕中心议题向大众传达象征意义与名画艺术价值。因此，《此画怎讲》通过媒介仪式的话语逻辑和具有特殊象征意义的符号，为观众营造了集仪式感与审美性于一体的舞台空间，使素日高居庙堂之上的名画更具传播力。

（三）平视消解仰视：精英语态让位"网语+方言"

自1998年6月，我国第一个大型科普节目《走近科学》开播以来，我国的文博类节目在相当长的一段时间内多采用演播室内录制器物介绍+主持人解说的节目形态，主持人专业的解说词无疑极富文化底蕴，但这种曲高和寡的精英语态加之庄严恢宏的配乐往往会让观众产生压迫感，文博类节目一度被调侃为"一群文化精英做给另一群文化精英看的节目"，解码效果自然不尽人意。

《此画怎讲》的监制朱乐贤对节目寄以希冀："降低绘画艺术欣赏的门槛，努力推动一些艺术启蒙。"《此画怎讲》打破了精英文化与大众文化的固有圈层，在名画主体叙事中融入了更贴合当下社交平台原住民的网络用语，如第六集《蕉阴击球图》中，宋代女童在家庭作业中运用了"雨你无瓜"这一网络流行梗；第二集《捣练图》中，熨烫组女工迫于职场生存压力，违心地大喊"干就完了呗，奥利给！"《此画怎讲》用生动诙谐的"时尚流行语"代替以往平铺

---

[1] 詹姆斯·凯瑞. 作为文化的传播：媒介与社会论文集[M]. 丁未，译. 北京：中国人民大学出版社，2019.

直叙的"报道体",能够拉近用户与名画间的距离,消融高级艺术与日常生活间的壁垒。

在叙事语言的编码过程中,除了网络流行语的使用,《此画怎讲》中方言的运用更是别出心裁。方言作为一套特殊的符号系统,不仅能够使表意更加传神,还有着建构身份认同的功能。如第九集明代院体画代表作《砺剑图》的主角铁拐李在讲述艰难的创业史时融入了"好嘛""撒样子""咋改嘛"等重庆方言,能够迅速唤起一定地域内共享意义系统的社会成员的身份认同和文化归属,自然而然地发射"重庆人来了"的弹幕。不仅如此,豪爽、耿直的重庆风格与铁拐李怒视前方、欲以砺剑斩妖除魔的院体画主题相得益彰,拓展了节目受众对院体画的文化认知空间,延伸了大众对名画的艺术触及深度,提升了节目编码的效果等级。

二、创新性的传播策略

叙事化文博节目《此画怎讲》遵循了新媒体平台的物理性质和符号特征,探索到与年轻人的对话方式,通过对节目内容的轻量化、场景化、互动化传播,将流淌千年不绝的艺术文脉呈现在大众的视野,使深者得其深,浅者得其浅,可谓匠心之作。

(一)移动视听升级,运用轻量化传播形态

媒介形态的急剧变动正深刻地改变着年轻观众的收视习惯。在印刷时代,文字为人们带来了理性、严肃的意识形态,而海量信息高速更迭的新媒体时代为人们带来了"短平快"的意识形态,越来越多年轻人的注意力被信息洪流分散,其信息消费的耐性阈值越来越低,难以沉下心来欣赏长达几十分钟甚至数小时的文化类纪录片。据CNNIC发布的《第46次中国互联网发展状况统计报告》,截至2020年6月,我国网民规模为9.40亿,其中,短视频用户规模达8.18亿,占网民整体的87.0%[1]。在短视频大行其道的时代,视频自身所承载的意义内涵将远远超越传统的娱乐功能,成为大众传播信息和表达社会性认知的重要渠道之一。

《此画怎讲》作为传统文化复兴先行者和名画艺术传承开拓者,主动迎合

---

[1] CNNIC. 第46次中国互联网发展状况统计报告[R/OL]. (2020-09-29)[2021-03-01]. http://www.gov.cn/xinwen/2020-09/29/content_5548175.htm.

当下年轻人的碎片化收视习惯和新媒体时代的传播逻辑，开辟了一条走近年轻人、传播专业媒体内容的新路。除了鲜明的后现代叙事特征，《此画怎讲》在众多文博类节目中脱颖而出还在于它的短小精悍，节目采用每集时长五分钟左右的微纪录片形式，并在腾讯视频这一视频网站上传播年轻化内容。一方面，《此画怎讲》在时间、空间的双重维度上突破了传统媒介对节目观众的限制，被年轻网友亲切地称之为"泡面番"，即在泡好一碗方便面的时间内就能观看的一集节目。这样的时长设定，在舒缓当代人焦虑的同时，也以"小而精"的内容杠杆撬动了传统文化的年轻化表达，有益于大众去解读名画背后的故事。另一方面，将中国名画的意蕴价值有条件的年轻化更易唤起观众的情感共鸣和集体记忆，激发观众发布弹幕的冲动，这种在被动接收信息以外获得的满足感是观看传统纪录片无法满足的。

根据创新扩散理论，在创新扩散的过程中，大众传播在获知阶段相对来说更为重要，而人际传播在劝服阶段更为有利，两者的结合是最有效的途径。《此画怎讲》的观众可以将腾讯视频这一平台上的节目内容分享至微信朋友、朋友圈等强连接渠道，而部分微博大V的发声实现了年轻符号的二级传播。大众传播与人际传播的结合，充当着网络传播中的"强连接与弱连接"，最大限度地提升了《此画怎讲》的受众触达率。

（二）古今双重叙事，建构场景化传播场域

《此画怎讲》所叙述的并非传统的名画纪录片，也非正统的真实历史，而是采用了"借古喻今、虚实相生"的美学创作手法，"一方面，捕捉、考据古人与今人生活中相通的细节；另一方面，以古人的视角，来审视当下年轻人真实的生存状态，对一些社会现象、热门的社会议题发出节目组的关照和思考，引发观众的共鸣。"朱乐贤如是所说。在《西湖吟趣图》中，隐士为咨询下单七日却迟迟未发货的取暖器而拨打智能服务，不料人工智能反复道歉而未能解决实际问题，这与当代社会的大众热点高度契合，能够迅速唤起大众的情感共鸣，不由自主地发送"像极了我打客服电话的亚子（样子）""过于真实"等弹幕。《西湖吟趣图》在情节组织上找寻到古今结合的共鸣点，将历史人物与荧幕角色纵向联系，在黑色幽默中描绘了隐士清贫却不孤苦的生活状态。

在借古喻今的叙事中，《此画怎讲》擅用"反英雄"的方式塑造人物。如《砺剑图》中反复更改工程要求的甲方让铁拐李几度接近崩溃；《步辇图》中使臣禄东赞大呼"职场太难了"、宫女们齐齐要求升职加薪，好似当代职场里疲于奔波的员工。名画中的历史人物会疲惫、会抱怨、想偷懒、想放弃，这样真

实的叙事逻辑和陌生化的收视体验能够给观众带来前所未有的亲切感、新鲜感，并容易产生"移情"。

除了合理虚构的故事情节，《此画怎讲》还娴熟地运用了纪实手法。小到人物站位，大到史实记载，《此画怎讲》力图为大众呈现更为丰富的细节以增强代入感和对传统文化艺术的敬畏感。《步辇图》通过礼官、使臣、通译向唐太宗告假这一故事情节，诙谐地向大众科普了始自汉代、唐宋时期最为繁盛宽松且假期长度空前绝后的中国古代官员的休假制度。而《听琴图》通过描绘宋徽宗抚琴、朝中权臣专心听琴，传达了帝王的道德之音被臣下接受和遵行的政治意蕴。这些纪实手法都为故事的演绎奠定了情感基础和历史支撑。

《此画怎讲》通过"叙事"和"科普"的相互呼应，勾连"虚"与"实"和"过去"与"现在"的两对关系，在立体化的叙事空间中，将虚拟语境中的"故事"与现实语境中的"艺术"缝合起来，营造了场景化的传播场域，带给观众强烈的"在场感"。在这一叙事空间中，观众通过二维的实景空间符号可以直面人物画的历史印记，深入体验名画背后的故事，对名画艺术的感知程度获得了极大提升。

（三）主动设置议程，开启互动化传播

唐纳德·肖（Donald L. Shaw）提出，如今网络社会中，水平和垂直这两种议程越来越交织在一起，影响着人们的公共生活和私人生活，推动新型社会"纸草社会"的形成。《此画怎讲》在开播之前，就依托节目自身所承载的话题热点在微博上开通官方账号进行多维度、立体化的话题营销，形成了自下而上的交互式宣传路径。节目组利用网络议程设置帮助人们寻找、归属于某些小众群体，并促进大众对中国名画艺术的认知。

在互联网时代，相较于传统的群体传播、组织传播，情感传播、关系传播更契合当下年轻化重构的文博节目的传播。《此画怎讲》结合网络新媒体的这一传播特性，于节目开播前一周，在微博官方账号"腾讯视频此画怎讲"上持续发布预告，并不断向大众呈现道具细节、拍摄花絮等相关内容，使这档叙事化文博类节目在短期内成为媒介受众的话题中心。此外，为不断提升节目受众的接触面和知晓度，扩大节目在新媒体平台的影响力与讨论度，官博在临近节目上线之际发起转发抽奖活动，使节目热度不断发酵。节目播出期间，《此画怎讲》从不同维度开展主动的话题议程设置，先后在微博上发布"此画怎讲""名画今天活过来""古代离婚有多难""国宝级心动男孩"等17个话题，其中，"在古代相亲会遇到什么奇葩"这一婚恋话题不再囿于时空限制，登上

微博热搜榜引发网友趣味讨论，且在@头条新闻上达到1.1万点赞量，519条评论。不仅如此，微博上《此画怎讲》的相关话题累计阅读量超过1.2亿，且连续三周荣登"微博纪录片话题周榜"榜首。此外，《此画怎讲》官博在第一季收官时，通过与网友互动，了解观众的观感体验与审美需求，为第二季的节目创作积累思路。

事实上，节目组贴合当下大众热点设置话题，不仅能够增强受众与节目之间的黏性，也使受众从文化传播符号的被动接受者转变为文化传播符号的主动创造者。美国文化研究学者约翰·费斯克（John Fiske）提出了"文化偷猎"的概念，认为受众对意义的解读不受生产者的制约，能够偷猎出自己的通俗文化。如网友对庄严、古典的名画人物进行解构与意义再生产，以娱乐化的方式制作了画中人表情包，并在社交媒体上传播，无形中推动了名画的"破壁出圈"。

三、《此画怎讲》创新实践的困境

叙事化文博节目《此画怎讲》对传统艺术文化进行创造性转化和创新性传播，平衡了民族文化厚重感与节目内容年轻态之间失调的状态。但与此同时，《此画怎讲》在创新实践中显露出文化性与娱乐性占比失衡、节目发展后劲不足导致生命力有待考究、盈利模式较为单一等现实困境。

（一）文化性与娱乐性的失衡

不可否认，叙事化文博节目《此画怎讲》以独特的叙事策略增添了节目的趣味性与吸引力，消解了人们对名画晦涩难懂的刻板印象，推动了传统艺术的跨界传播。如《捣练图》中熨烫组女工在加班时抱怨道"美国艺术家楼里的那些外国画都要下班了"，暗指此名画现藏于美国波士顿艺术博物馆；《蕉阴击球图》融入了网络流行梗，并运用当代故事叙述名画创作的历史渊源；《果亲王允礼图》通过果亲王直播，辟谣热播电视剧中与史实不符的细节。

但正如尼尔·波兹曼（Neil Postman）所言，"我们的问题不在于电视为我们展示具有娱乐性的内容，而在于所有的内容都以娱乐的方式表现出来。"[1]《此画怎讲》在对传统艺术祛魅之际，文化本位的价值准则显得尤为重要，而节目中有所偏颇的叙述无疑会招致观众的不满。如《韩熙载夜宴图》中融入了

---

[1] 尼尔·波兹曼. 娱乐至死[M]. 章艳, 译. 北京：中信出版社, 2020.

"狼人杀"（时下热门推理类游戏）元素，在众人进行角色扮演、辩论的游戏过程中，委婉地表达了《韩熙载夜宴图》的历史渊源，即韩熙载洞察南唐社会动荡、颓局难挽遂有意在自家府邸夜夜笙歌以避免卷入政治纷争，并在片尾名画艺术鉴赏中戏谑地引出该集主题"人生如戏，全考演技"。《此画怎讲》解构了传统文化艺术的严肃性，在对其赋予时代意义进行再创造之时，部分节目内容由于过度娱乐化使缺乏史实积累的观者难以迅速捕捉到所传达的文化线索。

此外，诸如"捣练图：自古姑嫂是天敌""果亲王允礼图：甄嬛是不是果亲王的理想型"等剧集标题，秉持着借大众所知晓的热点话题拉近节目与观众间距离的初衷，但使用网络流行梗不当则容易使其陷入标题党以博人眼球之嫌，非但不利于拓宽节目的覆盖面，更有可能产生文化误读。

（二）垂直领域发展的后劲不足

近年来，以悠久绵长的传统文化为依托的文化类节目逐渐进入大众视野，获得了叫座与叫好的双丰收，这让从业者敏锐地捕捉到节目市场的星星之火，《我在故宫修文物》《国家宝藏》《如果国宝会说话》《上新了·故宫》等一系列以传统器物为载体的文博节目蔚然成风。尽管这些节目努力地创新以规避同质化内容，但接近性高的节目类型决定了其不可避免地出现一些相像的内容，久而久之，观众很容易产生严重的视觉审美疲劳。

不仅如此，国内节目偏向采用季播形式，因为第一季的优良内容可为后续发展奠定一定的观众基础，但与此同时，若新一季的节目无法满足大众的心理期待，必然直接影响到该档节目的生命力。正如现象级爆品《中国诗词大会》自第一季推出以来，收视与热度皆达到里程碑式高点，即便如此，其第五季豆瓣评分已然从前四季不低于8.4分的成绩滑落到7.4分。而《此画怎讲》深耕中国美学史上的人物画，其所展现的文物承载了特定的民族文明和艺术内涵。《此画怎讲》的制作公司"上海哇力影视有限公司"在其官方微博上发布信息以征集大众所期望的第二季展演画作，但因艺术品鉴的区隔，参与讨论的用户少之又少。因此，如何勘察民情、斟酌节目所挖掘的文化深度，实现传统文化与大众生活的对接成为节目长效运作的难题。

（三）单一盈利模式的掣肘

《此画怎讲》为最大限度还原名画场景，匠心布景，道具花费便是一笔可观的支出，如《砺剑图》中铁拐李使用的并非普通表演性质的剑，而是选材自龙泉好钢，并由道具组依据原画重新雕刻剑把后所呈现的开刃剑，价值一万元。但目前,《此画怎讲》在中国领先的在线视频媒体平台——腾讯视频独家投放,仅以付费播放为主要获益途径,难以支撑节目的持续性革新。

事实上,电视媒体节目主要通过售卖高质量的节目内容来吸引广告商赞助,而许多传统文化类节目的广告收益并不理想,甚至有些文化类节目没有广告商冠名,广告招商资源匮乏势必限制节目的发展,长此以往将不利于节目在市场中脱颖而出。因此,《此画怎讲》亟待突破单一的盈利模式,在以优质内容吸引广告商的传统盈利模式基础上,直接对接消费市场,依托品牌优势开发文创领域的联动,完成叙事化文博节目盈利模式的升级。

四、叙事化文博节目的优化策略

在各类综艺节目纵深发展的时代背景下,以《此画怎讲》为代表的文博类节目以中华传统文化作为灵感源泉,并不断创新节目外壳,能够在竞争激烈的市场上占得一席之地。但是,如何坚守"内容为王",打破传统文化节目的形式限制,创作出兼具艺术性和观赏性的节目,赢得市场与观众的文化认同,是编码者实现文博类节目长效运作的重要命题。

(一)把握文化内核与创新形态的边界

《此画怎讲》带给观众耳目一新的视听体验,在"网生代"中好评如潮,豆瓣评分高达8.2分,获得China Daily、时尚芭莎、广电特评等媒体的肯定,并成功入围微博人气纪实文化节目大赏,夺得"2020年腾讯视频最受95后用户喜爱纪录片"榜首。由此可见大众对优质文化类节目的热爱与渴望。文博节目在未来的发展中,除了创新叙事形式以在市场中实现突围,更重要的是叙事化表达分寸的拿捏。

文以化人,文以载道。叙事化文博节目作为继承与传扬历史文化的一个窗口,应当顺应时代之声,不断推陈出新,彰显中华民族的文化底色。但不管节目形式如何变化,文化传承与艺术科普始终是节目创新的基石,叙事化的创新表达只是为激活大众文化基因而生的要素,不应将其反客为主,掩盖文博节目的本质。节目编码者应将文化视作节目之根,将文化传播贯穿于节目始终,再依据内核不断升级创新形态,节目才能大放异彩。

(二)融合数字化技术与文化产业的展演

在数字化技术高速运转的环境下,新技术手段成为信息展示的强大助力,尤其随着3D、4K、5G、VR、VI等技术的引入，大众视野中涌现了一大批应用新技术、使用新平台、展现新内容的优秀融媒体作品。如中央电视台推出的大型文博探索类节目《国家宝藏》融入了LED开合车台、全息图像技术、冰幕支柱等多种数字化技术，为观众营造了一场3D器物盛宴[1]。

《此画怎讲》的监制朱乐贤曾在采访中表示，节目组将有着神龙飞涧的《雍正行乐图》、场景宏大的《清明上河图》等古画纳入第二季的制作蓝图。不难发现，运用科技思维和数字化手段俨然成为叙事化文博节目创新发展的必由之路。通过借助数字化技术，搭建虚拟现实的空间，能够呈现出"真实与虚拟同在"的传播情境，让观众在"虚拟"中抵达名画，实现360°的全景观赏，在真实世界中体会文化意象。

此外，伴随着移动端的消费趋于主流，科技文化的不断融合催生了"竖屏影像"。竖屏影像通过画面的重构与叙事的重塑，增强了观众对节目内容的注意力及沉浸式体验，而取景、布光、隐喻等镜头语言延长了观众的视听余温，更易激起深度共鸣。诸如《雍正半身西服像》《明代帝后半身像》等人物较少、场景较简单的画作运用竖屏特制，或许对增强节目生命力有所裨益。

（三）实现传统文化带动文化经济的价值延伸

此前，先有《国家宝藏》借助知名购物平台，开设"你好历史"旗舰店，带动博物馆文创产品形成产业链；后有《上新了·故宫》与百雀羚、小米、五粮液等知名品牌合作，研发出数十件文创产品。而《此画怎讲》因其精美的服装及饰品让大众赞不绝口，更有不少观众在观看后前往官方微博留言询问"通过何种渠道可以购买到同款服饰"。由此可见，文博节目通过研发、销售与节目关联度高的衍生品、打造精品IP是实现文化价值建构与市场利润回报的有效路径。

以《此画怎讲》为代表的叙事化文博节目通过产业链的构建，一方面能够最大限度地拓展节目的经济价值，提升盈利能力。另一方面，就传统文化艺术传播效果而言，通过研发、销售融历史意义、文物内涵与使用价值于一体的文创产品，能推动静置于博物馆的藏品衍生物活跃于大众的消费市场里，而节目观众对其消费的行为体现了文化认同，同时，也以一种更为隐蔽的方式强化了节目内容的传播效果。

---

[1] 高小燕，吴跃龙. 数字传播视域下文化遗产价值的"逆转"与"复活"——以《国家宝藏》为例[J]. 新闻研究导刊，2020（12）.

五、结语

在鉴赏品味诗词、探讨国学、致敬工匠、朗读与书信等细分领域的文化类节目走进大众视野被集体消费之时,《此画怎讲》以名画"复活"的崭新形式打造了文博类节目的新标杆,提升了节目的叙事能力,拓展了节目的叙事空间,并按照当代叙事逻辑来建构、传播年轻化内容,升级了观众的叙事体验,使其从被动的围观者转变为节目的参与者。在叙事化文博节目未来的创新路径中,如何平衡节目中娱乐元素与文化元素的占比,融入数字化技术,开发出有文化张力的高品质节目,并推动节目受众实现从认知文化到消费文化的演进,是节目生产者在编码过程的题中应有之义。

第二节 千镇千面:符号学视域下浙江文旅古镇差异化发展

江浙地区几百年来都是国内工商业最为繁荣的区域之一,因而保留的历史文化资源也极为丰富,在古镇资源方面尤其如此,古镇类型多样,可挖掘的资源较多,这也是本次研究选取浙江为样本的原因,浙江古镇研究具有典型性。浙江古镇开发历史较早,在国内古镇景区开发中起到样板作用,但也不可避免地陷入了"千镇一面"的怪圈中,这是资本介入下的自发性导致的,但更为重要的是文旅古镇没有做好自有优势符号资源的梳理。

当前学界对文旅古镇已有研究,但基于符号学理论的研究依旧较少,研究主要集中在以下三个方面:第一,古镇的传播策略的研究。如丁洁琼就针对当时古镇发展的现状,提出整合古镇文化意象,以视觉化的影像方式呈现出来并加以传播;第二,古镇的媒介形象演变研究;第三,文旅古镇的宣传效果研究。总的来说,当前对古镇的研究主要在策略、传播效果等方面,在古镇文化符号梳理方面仍有不足。本文着重运用符号学方法对古镇文化符号资源进行系统的阐释。

一、地域文化视角下浙江古镇资源分类

较早以前就有前人有意识地对浙江地域文化进行了划分,如明人王士性在《广志译》卷四《江南诸省》中说:"杭、嘉、湖平原水乡,是为泽国之

名，金、衢、严处丘陵险阻，是为山谷之名；宁、绍、台、温连山大海，是为海滨之民……"[1]实际上，书中将浙江的地域文化分为水乡文化、山地文化与海洋文化，不同的地理和文化单元所表现出来的文化内涵和气质也是千差万别。

按照地域文化视角，浙江省内古镇也可以大致依据水乡文化、山水田园文化、海洋文化等三种类型进行划分，三种地域文化类型各具特色。本次研究对象特指经过旅游开发的古镇，文旅古镇的研究样本选自浙江省文旅厅2020年11月发布的浙江省A级景区名录表[2]，名录显示全省共有798家A级景区，搜索"古镇""古"为关键词，筛选后全省的古镇景区共有14家（图6-1）。

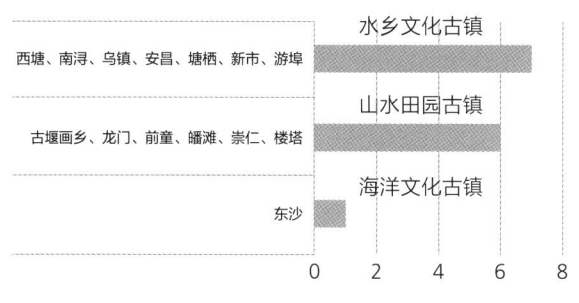

图6-1　浙江省内文旅古镇分类

（一）水乡文化古镇：人与水的共生

水乡文化植根于浙江省东北部的杭嘉湖平原与宁绍平原，地势平坦，水网密布，优越的地理环境下诞生了著名的鱼米之乡，富庶的江南诞生了江南水乡文化，在大运河的加持下，浙江最初自由开放的人文精神在此生根发芽，水乡文化古镇主要分布于此，闻名全国的西塘、南浔、乌镇与宁绍平原的安昌等古镇就属于这一类型。

（二）山水田园古镇：山水与历史的融合

山水文化古镇主要分布于浙江中西部的山脉丘陵中，古代时期的这里陆路交通相对不便但水运通畅，山与水的融合是最好的文化基因，历史上众多文人墨客在此留下诗篇与足迹，这里是"诗意浙江"的源头。地处山水结合地带的龙门、前童等古镇可以归属这一类型。

---

[1] 万斌. 浙江文化概论[M]. 杭州：浙江人民出版社，2010：17-18.
[2] 浙江文化广电与旅游厅. 浙江省A级旅游景区名录表. [EB/OL]. （2020-11-06）[2021-03-01]. http://ct.zj.gov.cn/art/2020/11/6/art_1643509_58998786.html.

（三）海洋文化古镇：大海、古镇与栖息地

渔民长期与海相处，懂得了与自然和谐共生的道理。浙江人向海而生，由此而生的海洋文化有崇尚自由的天性，其强烈的个体自觉意识、竞争意识和开创意识，都比内陆文化更具开放性，舟山群岛的东沙古渔镇较为典型。

二、"DIMT理论"视角下的浙江古镇符号资源分析

（一）东方符号学中的"DIMT理论"

"DIMT理论"是李思屈在东方文化的视角下提出的，在东方智慧中，传播不是按子弹的线性轨道发生作用的，而是按照"风行草偃"的模式发挥影响的。在影响方式上，也不是线性的、强制的，而是无形的、熏陶式的。这种思维模式被称为"整体的传播观"[1]。中国人的传播思维与东方文化语境下，不太强调"能指""所指"和"意义"的线性思维，在长期的交流中形成了一种基于"言—象—意—道"四种要素一体化的思维模式。DIMT模式就是基于阴阳球变化规律的四体要素合一的符号阐释模式，在该模式下，传播符号的语言要素、形象要素、心理及意义要素、客观的真实要素被整合成了有机的整体。该模式可以对大众传播以及相关的文化现象进行灵活的研究，在东方符号学视角下能够给予我们丰富的启示。

（二）基于"DIMT理论"的浙江古镇符号资源分析

从浙江古镇的三类划分中可以看出，它们都根植于底蕴深厚的地域文化，不同的古镇可挖掘的符号资源也不尽相同，不同的研究对象可以依据"DIMT理论"的"言"（Discourse）、"象"（Image）、"意"（Meaning and conscience）、"道"（Tao）四个层面逐次展开分析。

1. "言"：个体言说的产业名人禀赋

"言"在模式中指的是言语的部分，在这里也可理解为名人历史和产业禀赋，这一部分是看不见摸不着但是可以给予古镇话语表达的能力。

（1）产业禀赋　产业发展是古镇自身的先天基因，很多古镇在旅游开发之前就有自己独特的产业基础。时过境迁，虽然有的产业趋于没落或者已经消失，但至今仍有独特文化与历史意义，成为古镇话语表达独特的符号形式，也

---

[1] 李思屈. 东方智慧与符号消费——DIMT模式中的日本茶饮料广告[M]. 杭州：浙江大学出版社，2003：55.

是当前进行文化资源挖掘的宝贵财富。

如位于江浙两省交界处的南浔镇，京杭大运河流经该地，江浙核心地带的地理优势以及便利的水路交通给最初的南浔蚕丝业带来了繁荣。清末，借助上海开埠的契机，南浔丝商迅速崛起，积累了巨额的财富，奠定了水乡古镇南浔的经济基础。具有先天优势的湖丝产业可以看成南浔的产业禀赋，与此类似的还有蟠滩古镇的盐业贸易。

（2）名人禀赋　浙江古镇很多都有几百上千年的建镇历史，本身就有很多历史文化名人资源，名人本身也是本镇历史文化符号的重要载体，是古镇个体言说的生动体现，如南浔古镇的四大家族、乌镇的矛盾和木心等。

2."象"：和而不同的自然历史景观

"象"指的是传播符号的形象要素，既包括自然界形成的经久不变的自然要素，也包括历史积淀下来的文化符号。对古镇这个形象符号的集合来说，"象"包含自然景观和人文景观两大部分。

（1）自然景观：山、川、海洋　浙江古镇环境随着地理条件的改变而不尽相同，北部的杭嘉湖平原和宁绍平原的"水"，东部沿海地区的"海"，中西部地区的"山""水"相融，自然要素在古镇的文化空间里发挥得淋漓尽致，不同的地理空间环境奠定了古镇不同的气质和基调。

如杭州富阳的龙门古镇位于龙门山下，龙门山海拔一千多米，峰峦叠嶂，为富阳群山之冠，山清水秀的自然风光与古朴雅致的古镇韵味成为龙门古镇的最大特色；位于舟山岱山岛的东沙古渔镇，独特的海洋自然生态景观与悠久的历史、繁荣的商贸元素相融合，积淀了东沙独特的文化底蕴和人文内涵。

（2）人文景观：古桥、古街、古民居　古镇诞生之时就被地域决定了基因，但因后天人文要素的影响而变得千姿百态。密集水网形态带来的是乌镇、南浔等江南水乡的小桥流水，却给了塘栖大石拱桥与宽广的运河。从乌镇东栅狭窄的巷弄到南浔沿河大街，再到西塘的烟雨长廊，从江南水乡的白墙黛瓦到蟠滩的鹅卵石民居，人文景观形象各显魅力。

3."意"：独一无二的古镇精神内核

"意"指的是事物符号集合所指代的意义，是由符号反映到具体的文化内涵，从"言""象"到"意"的符号是从直观的符号呈现到一般的价值共识。浙江古镇通江达海、含山衔湖，不同地域、不同类别的古镇蕴含的文化意义差别很大，古镇立于世必定会有其自身独特的精神内核，这个精神内核才是引领古镇发展的主动力。

4. "道":"各美其美、美美与共"的存世之理

"道"是客观的真实,即作为真善美的最高统一,是现实中的符号选择是否与真善美的最高价值相统一。古镇符号系统所指代的"道"就是"各美其美、美美与共"的存世之理,这是古镇符号系统的最高价值选择标准,文旅古镇在现代模式下符号开发的成与否,最关键的就是看与这一价值标准是否相符。每一个古镇的符号开发,都是对其符号系统的最高凝练,是对古镇精神内核的传承和发扬,也是对"各美其美、美美与共"的价值遵循。

三、浙江文旅古镇差异化发展的新思路

浙江古镇目前面临的最大问题,就是符号资源整合与挖掘的深度不够。衍生而来的就是古镇方对自身的定位不够清晰,造成了一定程度上的同质化开发以及优质资源的搁置浪费。在DIMT模式下进行梳理后认为,今后文旅古镇开发必须在差异化的整体思路下进行。

(一)寻"言":历史中寻找话语,加强历史资源的挖掘

1. 基于传统产业积淀,探索"文旅+传统产业资源"融合发展模式

浙江文旅古镇在省内星罗棋布,曾经依托的传统产业也千差万别,不管这个产业是否延续至今,都曾给古镇留下了宝贵的产业符号资源。如蟠滩古镇曾经兴盛一时的盐业贸易,虽然如今早已随着浙东水运的衰落而消失,但在当今时代仍有利用价值,可以基于盐业历史文化,拓展出一系列文旅开发的价值链。

2. 依托历史名人资源,领衔文化主题古镇建设

浙江文化深厚悠久,人文荟萃。古镇作为浙江历史文化的重要见证地之一,成百上千年的历史长河中必定积淀着丰富的名人资源。古镇作为历史记忆的空间载体的作用,是大部分其他种类景区不具备的。如桐乡乌镇这个小小的镇子就是矛盾、文心两位文学大家的故乡,鲁迅也曾在此生活过一些时日。乌镇目前以开辟纪念馆、故居、美术馆等形式传播名人文化,但整合力度依然不够,未来乌镇可发展近代文学主题小镇,继续丰富古镇文化内涵,打造特色古镇。

(二)成"象":保护与开发有特色的自然人文景观

1. 加大传统景观保护,避免大拆大建

不管地域文化类型如何,不同古镇都拥有独特的自然历史文化景观,浙江沿海有海洋文化景观,北部有水乡文化景观,中西部有山水文化景观,这些风

格迥异的文化景观是古镇生命力的源头，我们应避免市场商业逻辑下的冲动式开发、破坏式开发。很多古镇也有过深刻的历史教训，因此必须避免无原则的拆旧替新，应以修复为主，保存最原汁原味的自然风景和历史风貌。

2. 提升最有价值的文化景观，避免一哄而上

很多古镇本身的符号资源相当丰富，有自然山水、民居小路、宗祠寺庙等。但发展过程中不应均等发力，古镇应做到景观开发与本身调性相吻合，把握资源开发的侧重点，做到人无我有、人有我强、人强我优。如浙北三大水乡古镇（西塘、乌镇、南浔）都在江南水乡文化的滋润下，西塘如何脱颖而出？经过系统的符号资源梳理不难发现，西塘的宅弄小巷和烟雨长廊就是一众水乡古镇中最有特色的景观，能在水乡古镇景观中脱颖而出的也将是这一元素，未来西塘可以继续提升与保护这些景观，将其做成水乡古镇中最有竞争力的样板品牌。

（三）写"意"：提炼核心精神，引领古镇发展

核心精神是古镇当前最应当凝练的一般价值共识，也决定了古镇符号资源开发的具体方向。浙江古镇文化内涵深厚，不同的古镇能够提取的价值共识也不尽相同，但方向是一致的，就是在充分挖掘"言"与"象"的之后去"写意"。如塘栖基于"大运河诗路"下的诗文化、皤滩古镇的盐业历史文化、新市古镇的蚕桑文化与运河文化、东沙古镇的海洋渔业文化等精神内核都是这些古镇未来最应抓住的价值点。

如南浔历史基因中的浙商文化，南浔凭借着位置优势以及南浔人敢闯敢拼的精神，形成了以南浔丝商为代表的清末湖州商帮群体，造就了南浔湖丝产业重镇的历史地位。以张静江为代表的湖商子弟较早就接触到资本主义革命思潮，他们站于历史的潮头，投入反对清王朝统治的革命运动之中。可以看出，南浔的浙商文化也是"干在实处，走在前列，勇立潮头"的浙江精神的重要体现，在经济与文化方面都能给浙江历史添上浓墨重彩的一笔，因而浙商文化的精神内核在未来更值得进一步深入挖掘。

（四）遵"道"：恪守"和而不同"的最高价值理念

"道"是所有浙江文旅古镇建设与开发的最高价值规律，即"和而不同"的价值理念。"道"在现实的"言""象""意"的符号资源开发中起到了统筹全局的作用。未来无论在哪一种市场开发模式下，"道"都是不应该被摒弃的。古镇管理者必须要有差异化开发的意识，这体现在不同类型、层次的符号资源整合的各个方面。

浙江古镇的历史禀赋不尽相同，相应地也应当有自身独特的发展路径，最重要的就是进行既有资源的整合。无论是产业名人禀赋、自然人文禀赋，还是拥有丰富的精神特质，都应当在"道"的最高价值标准下统一做好整合，参照"言—象—意—道"的方向进行系统反思，将对未来文旅古镇的发展有一定的借鉴意义。

四、结语

作为全国范围内古镇旅游资源开发的先行者，浙江省一直在积极的探索中，近年来也取得了一定的成效。未来根植于古镇自身肥沃的符号资源土壤，做好文旅古镇形象符号差异化建设与开发，必将对增强县域乃至市域文化软实力具有更加重要的意义，也将促进浙江省文化与旅游融合发展，进一步推动浙江文化强省、旅游强省战略。

第三节　不同流行文化场中的意义阈限问题
——以近年音乐综艺删改歌词字幕为例

2020年，#徐佳莹我还年轻#的词条随着湖南卫视音乐竞技类真人秀——《歌手·当打之年》的热播登上新浪微博的热搜榜，这条热搜获得了924.2万的阅读量。而登上热搜的原因是因为在演唱过程中歌词呈现将"给我一支烟"改成了"给我一只眼"，被网友们热议"细思极恐"。自此期播出后的节目中都多多少少有删改歌词、歌名的情况出现，给观众留下了删改歌词的深刻印象。而每一次的删改都会在网络上引起轩然大波，受到网友的嘲讽。而《歌手·当打之年》结束后，陆续有多档音乐综艺节目在上星卫视或网络平台播出，也有出现过删改歌词的情况。随着互联网、智能科技的发展以及媒体融合的趋势，这样的现象会被更大肆地传播，带来更多意想不到的影响。本文将对此情况进行深入研究和分析（附录三、附录四）。

一直以来，亚文化是通过风格对主文化进行挑战从而建立认同的特殊文化方式，往往涉及边缘文化、弱势群体对主文化和权力的抵抗[1]。随着互联网和新媒体时代的发展，青年亚文化开始趋向主流文化。以综艺节目为例，无论是

---

[1] 胡疆锋，陆道夫. 抵抗·风格·收编——英国伯明翰学派亚文化理论关键词解读[J]. 南京社会科学，2006（4）：88.

电视综艺节目还是网络综艺节目，亚文化开始并广泛活跃其中，尤其是音乐类型的综艺节目。但是青年亚文化的形式和内容要在主流文化平台中得到体现和传播，必须遵守主流文化的规则且受到一定的限制。本文将通过伯明翰学派的"收编"理论对近年音乐综艺节目中的删改歌词现象进行分析，讨论不同流行文化场中符号意义阈限问题的原因、成效以及未来的发展。

一、音乐综艺删改歌词现状

音乐综艺在我国有着很长一段时间的发展历史，从1984年第一届青歌赛到2005年"音乐选秀元年"超级女声，再到2013年我国第一音乐综艺《我是歌手》的横空出世，在这么多年的发展过程中，音乐综艺中的歌词字幕被删改的情况鲜少发生，只有在2016年的《燃烧吧！少年》中存在对歌词进行改编的案例，没有其他的删改案例。直到2020年的《歌手·当打之年》，徐佳莹在节目中改编翻唱了由老王乐队作词作曲并演唱的歌曲《我还年轻我还年轻》，观众们的关注点不在歌曲而是在歌词上，"烟"字被改成了"眼"字，即"给我一只眼"。节目播出当晚，#徐佳莹我还年轻#词条登上了微博热搜榜第一，引起了网友广泛关注。从这时开始，我国音乐综艺节目中删改歌词的现象大肆出现。但是，这些删改歌词的情况仅仅出现在音乐综艺节目的字幕上，在各大音乐平台上，歌词字幕显示出来的都是原版歌词，并不是删改后的版本。

（一）音乐综艺删改歌词的表现形式

通过对2020年在电视上播出的音乐综艺《歌手·当打之年》和《天赐的声音》以及网络音乐综艺《乘风破浪的姐姐》和《青春有你2》的文本分析。笔者归纳了三类音乐综艺歌词删改的形式，下面进行详细介绍。

1. 谐音字替换

这是各大音乐综艺最常用的一种方法，只需找到被替换字的谐音字即可，最出圈的当然就是前文所提到的"给我一支烟"和"给我一只眼"，因为"眼"字和"烟"字是谐音字，所以用眼代替了烟。同样，也是在《歌手·当打之年》中，歌曲《神树》中的"牢房"被改成了谐音的词语"老房"。在另外一期中，徐佳莹唱了一首《大艺术家》，歌词中的"纹身"被改成了"闻声"，虽然"身"和"声"有前后鼻音之分，但是在唱歌过程中比较难分辨出，因此也算在谐音字替换法当中。在网络音乐综艺《乘风破浪的姐姐》中，万茜组和新裤子乐队一起合作的《手扶拖拉机斯基》中的"他是懦夫"改成了"他是诺夫"等。

2. 词语替换

这种方法不会找谐音字，而是直接用新内容替换原内容。如陈粒的《易燃易爆炸》因为音乐风格和编曲受到众多音乐综艺节目的青睐，但因为歌词过于非主流，让这首歌成为删改歌词的重点对象。在《歌手》《天赐的声音》和《青春有你2》中将这首歌的歌词改出了三个版本（图6-2）。

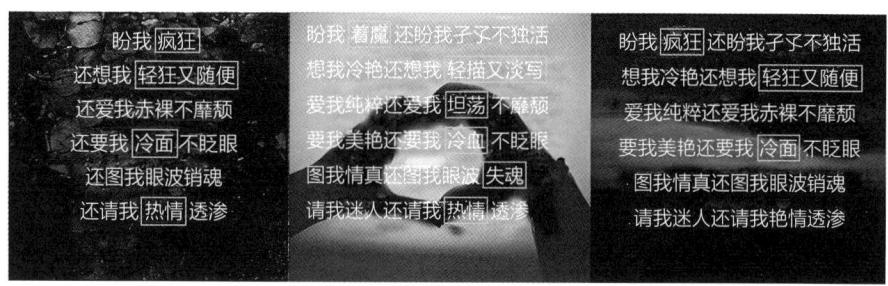

（1）易燃易爆炸华晨宇版　　（2）易燃易爆炸萨顶顶版　　（3）易燃易爆炸青春有你版

图6-2　易燃易爆炸各种版本歌词

在《乘风破浪的姐姐》中也有这种形式的改词，如郁可唯组唱的《傲娇》，将原歌词改成了"我天生迷人又招惹谁了""放肆是傲娇的一种记号"和"咒语毒药收好"。这种类型的改词不在少数。

不仅仅是歌词的部分，有些歌曲的歌名也会被收编。在《歌手·当打之年》中，华晨宇的歌曲连着两期被节目组要求更改歌名，原名分别为《疯人院》和《七重人格》的歌曲在最后播出时变成了两首和原曲名称截然不同的《强迫症》和《哥谭》。

3. 删除歌词字幕

最后一种是最简单的方法，字幕组会不显示整首歌的字词。比如《歌手·当打之年》中袁娅维唱的《盛夏光年》和《乘风破浪的姐姐》中郁可唯组的《傲娇》就是整首歌曲不显示字幕。在《傲娇》这首歌中更是出现了前所未见的一幕，那就是一首中文歌曲在屏幕上出现了"歌词大意"。据调查，在以前的音乐综艺节目中，歌词大意只出现在外文歌曲中，为了方便观众理解歌曲所表达的内容而出现。这是有史以来第一次，中文歌曲中不显示原版的歌词而打上了"歌词大意"。除了整首歌不显示字幕外，还有一种是不显示部分字幕的情况。同样是在《乘风破浪的姐姐》，孟佳唱的《皮囊》没有显示"坏蟑螂，毒老鼠"，万茜组唱的《新物种》没有显示"你嘲我粗鄙粗鄙"。这种类型相对来说是比较少见的情况，以上就是全部案例。

（二）音乐综艺删改歌词的原因

1. 对青年亚文化的收编

在青年亚文化之中包含批判、厌世、颓废和颠覆等成分。但在青少年看来，这些文化内容中充满了轻松、自由和愉悦，相对而言更容易得到他们的认同。青年亚文化一般会偏向对特立独行的赞颂，出现一群对雷同进行主动拒绝和反抗的青年人[1]。这些青年亚文化里面存在青少年们所认可的情感方式，从而形成他们自己的专属的沟通方式。情绪发泄、感官刺激是当今青年亚文化的外在特性，但就内在思想来说，它是消极的、非建设性的，也隐含着对主流社会潮流抵制、叛逆的倾向，尽管这些只是符号层面的抵抗，实质上来说并不能对主流文化带来颠覆的影响，更多的是用一种象征性的姿态来体现青少年内心的叛逆[2]。因此，在青年亚文化出现并得到广泛传播之后，主流文化会对这些不同形式的青年亚文化进行贴标签、再定义、转化和吸收，将他们融入主流文化当中。

2. 因节目所需而被收编

（1）升华节目立意

《乘风破浪的姐姐》这个节目从开始立项到开播一路火爆，就是因为节目对焦的是"30+"的女性，这档节目不仅给熟龄女性们提供了工作的机会，更为她们打造了一个平台可以让她们自身的潜力和魅力得到释放，同时也缓解了女性因年龄带来的焦虑和压力，当香港歌手郑希怡登场的时候，弹幕里有一句话刷爆全网"我仿佛不那么害怕变老了"。"一切过往，皆是序章""直挂云帆，乘风破浪""三十而骊，青春归位"这三句话在首播开场就打在屏幕上，为整个节目定下基调，铿锵有力且振奋人心。为了更升华这个立意，在第一场公演中，将全体姐姐的开场表演《明天的烦恼交给明天》以及宁静组第一次的公演曲目《兰花草》的歌词进行了收编。

"把明天的烦恼交给明天，今天别想了，以后再说"，"别担心十年八年以后，将来的问题到时候再说，每一天过得轻松一点，别想太多"，这是《明天的烦恼交给明天》的原版歌词。MR.MISS乐队把这首歌写给所有迷茫和备受困扰的人们，告诉他们不要怀恋过去、忧虑将来、烦扰现在，要活在当下，明天的事情交给明天去做，今天要开心地过。导演吴梦知将歌词按照每个姐姐的

---

[1] STOREY J. Cultural consumption and everyday life[M]. Arnold: Oxford University Press, 2001: 96.
[2] FRANCIS R G, FISKE J. Television Culture[J]. Contemporary Sociology, 1989, 18(4): 605.

人物形象和性格——重新填写、量身定做，比如郁可唯的"把明天的烦恼交给明天，今天要歌唱，乘风破浪"很符合郁可唯作为大VOCAL的身份却又不想局限于站桩式歌唱的舞台，张雨绮的"没有姐搞不定的"也对应了她性格中的大大咧咧、雷厉风行，30位姐姐合唱的"穿高跟也敢乘风破浪，未来有多难又怎样，那今天的潇洒只等今天，勇敢就对了，爱就对了。三十岁也敢乘风破浪，而过往不过是序章"等，每个单句不仅突出了姐姐们的个性，又将30+女性的多面性展现得淋漓尽致。而最后的合唱完美地呼应了主题"一切过往，皆是序章"，每个姐姐的表演姿态也再次帮助节目升华了主题。

《兰花草》作为所有公演的第一首曲目同样也奠定了节目的立意。在第一段中保留了原有歌词"我从山中来，带着兰花草。种在小园中，希望花开早。一日看三回，看得花时过。兰花却依然，苞也无一个"，这首词原本是胡适先生的作品，描述了兰花草的清新、质朴以及胡适先生对生命的期待与珍惜。在第二段中将歌词改成"我朝山中去。山间风雨大，悬崖亦开花。不愿居暖房，迎风晒月光。不愿谁在旁，裙裳亦飘扬。我慕天地广，花语意铿锵"。新歌词体现出兰花草哪怕生存环境险恶也能在悬崖上开花的顽强，不愿谁在旁裙摆也能飘扬的独立，以及慕天地广、花语铿锵的坚韧，改后的歌词更符合姐姐们这个年龄的心境，而且由锋芒毕露的宁静、阅历丰富的阿朵和实力在线的袁咏琳来演唱也很适合，她们恰当地诠释了"乘风破浪"背后的属于女性的力量，也是当之无愧的全场最佳。

（2）将观众带入节目

《歌手·当打之年》的总决赛在2020年4月末举办，是第一个恢复有观众在现场的综艺节目。为了振奋人心、给现场观众和网络观众在特殊时期带来能量，节目组让突围赛成功的两位歌手吉克隽逸和袁娅维改编了由SIA演唱的《MOVE YOUR BODY》（摇摆你的身体），歌词大意是让我们的身体动起来，一起摇摆，一起律动，是非常适合作为开场曲的。为了让观众可以更好地记住《歌手·当打之年》这个舞台上留下的经典作品并深刻烙下贯穿节目的"奇袭"的概念，将歌词改成了中文且内容串联了整个节目，从歌曲上的《达拉崩吧》到《我还年轻》，到《交出邦尼》，再到赛制上的"奇袭赛"、被淘汰和"突围赛"，观众可以一下就回想起整季节目的高光时刻。

（3）被表演者所收编

为了让整个演出可以有更好的体现和表达，表演者们会根据自己的新编曲而删改一部分歌词。

作为《天赐的声音》节目中公认的改编魔王胡彦斌，在和火箭少女101的李紫婷改编《野蛮游戏》时，将歌曲的开头改成了四四拍，所以为了歌词可以更工整，符合新的编曲，也方便表演者们的演唱，将"老虎老鼠，傻傻分不清楚。满脸泥土，失败的被俘虏。小堵豪赌，相爱就别怕苦。看不清楚，迟早粉身碎骨"改成了格式对照的"老虎老鼠，分不清楚。满脸泥土，别被俘虏。豪赌想爱，就别怕苦。看不清楚，粉身碎骨"。

而在《青春有你2》和《乘风破浪的姐姐》这种带有选秀性质的音乐综艺节目中，都会涉及RAP的部分，所以这一部分需要选手们自己改词，这样才能评判一个选手写RAP、唱RAP的实力以及是否有自己态度。因为这一部分的案例数量十分庞大，所以不列举具体文本进行详细分析。

3. 其他原因

除了以上原因外，还有一些更改歌词是歌词的内容不适合所有年龄观众，特别是对18岁以下未成年人来说。为了我国青少年能够积极地合流地成长，并且为了维护国家的绿色电视环境，这些不宜出现的歌词是要被收编的。

此外还有一种没有原因的收编，这些收编现象不能归于以上的所有种类，而这些收编在笔者看来也是没有意义的。如《歌手·当打之年》中黄霄云演唱的《少年他的奇幻漂流》把"靠过来"改成"飘过来"，周深的《达尼亚》中"空虚悲哀"被改编成"空旷悲凉"，徐佳莹《管他什么音乐》中的"谱造""鼓噪"和"混乱""紊乱"等。

二、收编过程中产生的问题

在如此多种类型的收编案例中，笔者经过更详细的文本分析，总结出了以下几种在收编过程中所产生的问题。

（一）收编的标准不统一

收编标准不统一不仅出现在不同卫视上播出的不同形式的音乐综艺节目中，甚至同一个节目中的收编标准也可能不统一。

《易燃易爆炸》是各大音乐综艺的热门曲目，然而也是这样一首歌曲难倒了各个节目的字幕组，部分歌词被三个节目改成了不同的版本。

对同一个音乐节目来说，内部存在标准不统一的情况也是值得讨论的问题。如《歌手·当打之年》这个节目，周深唱的《达尼亚》中将"孤魂野鬼"改成了"孤身一人"，但在第一期的《少年他的奇幻漂流》中也出现了"鬼"的字眼，但并未被更改。同样在华晨宇的《哥谭》（原名：七重人格）中将个别血腥词语进行了收编，但是却没有对"冲杀"进行更改，如果没有"冲杀"就不会有后面歌词描绘的血腥场面，所以为何不把"冲杀"一起修改掉呢？除此之外，湖南卫视在电视节目对青少年观众的正面引导上做得相当不错，积极响应国家号召开展禁烟行动，将"烟"字改掉了。对"烟"这个字的更改是可以理解，但为什么不把酒也一并改掉呢？酒对青少年来说也是被禁止的，而且宣传语"开车不喝酒，喝酒不开车"也是国家提倡号召的，醉酒驾驶更是违法行为。而烟和酒这两个字在浙江卫视是都被更改的，这进一步体现了不同卫视之间的收编确实存在着标准不统一的问题。

通过这些例子可以看出，各个卫视对什么内容可以播放什么内容不可以播放是未知的，而且同一个节目内和节目与节目之也是不统一的，收编的标准是存在很大差异的。

（二）矫枉过正的收编

歌词收编的最终目的是可以更好地在主流平台上呈现。但在所有的删改案例中，也有部分案例在更改完之后和原本并没有什么区别，甚至比原版的歌词更不好、带来更负面的结果。此外，有很多删改之后的词语读下来是不通顺的，都不是一个句子，那么它又怎么能称为歌词呢？再加之改完之后前后文变得没有关联，且与整首歌曲的主题立意脱离，也不是恰当的收编。华晨宇一首关于环保的歌曲《神树》描述因为环境污染和破坏，很多无辜的动植物失去了栖息地甚至没了生命的歌词"太多生命无一幸免，都失控"被改成了毫无逻辑且语句不通顺的"太多生命无疑心愿，多时空"。这么一改，歌曲的内核荡然无存，完全看不出来这是一首关于环保主题的歌曲。同样是华晨宇的歌曲《强迫症》中"穿着很考究的两只苍蝇"生动形象的拟人化，将外界对他的恶评和争议比作苍蝇们聒噪的声音，改成"窜着很考究的两只倒影"后，首先逻辑上是不通的，倒影如何考究以及倒影如何发出嗡嗡声来证明自己的存在，气氛瞬间变得诡异起来。如果节目组实在是遇到了不可抗力必须更改歌词，希望可以认真理解整首歌曲的立意再创作出与之相关的歌词。

（三）使表演者和观众分心

每周一次录制的音乐综艺节目，对忙碌的明星们来说，准备的时间肯定是仓促的。因此，要在练习歌曲的过程中熟悉被节目组更改后的歌词，极有可能影响表演者的表现。如《疯人院》的词曲都是华晨宇原创的，但是这首歌不仅被节目组改了歌词，连歌名也一并改了。故在华晨宇输出强烈感情和进入状态地唱玩高潮段落后，进入最后一段钢琴独白的部分，可以明显看出在唱完第一个音后陷入了1、2秒的沉默并且这个沉默被观众发现了，然后他火速抬头将视线从钢琴键盘上转移到提词器上，才接着唱下去。从这可以看出，临时的更改确实会给表演者带来一些额外的压力。在周深演唱的《达尼亚》中，原版歌词为"背叛务必坚决"，收编后在电视上显示出来的版本是"放弃务必坚决"，而表演者唱出来的是"抛弃务必坚决"。我们可以合理推测节目组确实将"背叛"改成了"放弃"，但是由于收编后的内容与歌手的本身的记忆产生冲突，又因为"抛弃""放弃""离弃"等近似的词语过多，而最终导致表演者唱出了第三个版本。虽然可能一个近义词语的改变不会对歌手最后的竞演成绩造成很大的影响，但多少都会对歌手的心理以及表演时的状态产生影响。

除此之外，一些歌词的删改也会使观众产生分心的状态，如《管他什么音乐》和《想自由》等这些观众已经非常熟悉的歌曲，突然的改词如"管他什么音乐，每天都是圣诞节情人节"和"一边紧抱我"改成了"管他什么音乐，每天都是中秋节元宵节"和"一边抱紧我"就会令观众感到疑惑，这个地方真的是这个词吗？是不是有什么地方被改动了？为什么唱上去没有以前顺口了？笔者在节目直播的当下，发现这个异样后火速和朋友们展开了沟通，并且也去百度和音乐App进行了核查，发现确实是改了歌词。删改歌词也会使观众分心，然后打断整个表演，无法完整地融入歌曲和它要表达的情感里面，这也不是表演者希望看到的场面。而且这个现象已经在微博特定群体中产生了大范围的讨论。音乐综艺节目一般会找微博上的音乐大V博主，通过他们对自己播出音乐内容的分析来达到宣传节目的效果。所以被改词的部分内容会得到核心观众的负面讨论，甚至产生抵制节目的情绪，得不偿失。

（四）没有意义的收编

最后一种问题也是最无解的一种问题，因为这种收编是没有原因的，而且是毫无意义的。在《想自由》中出现了多处没有意义的收编，如将"很多"改成"很重"，"或许"改成"也许"，"紧抱"改成"抱紧"。这里的改词都是没有意义的，更改前后的意思并没有出现任何变化，只是换了一种表达的方式。而且其中一句歌词"一边紧抱我"在整首歌中出现了三次，却只有第一次将"紧抱"改成了"抱紧"，后面两次出现还是保留着原本的"紧抱"。这种无谓的收编可以减少甚至消失，不仅可以减少节目组的工作量，也是对作词和歌曲的一种尊重。

三、解决收编问题的方法

（一）对我国文化抱有信心

歌曲的创作算是一种文化创新，比如著名电子音乐唱作人尚雯婕就致力于将流行的电子曲风与我国的传统诗词文化相结合，开辟一种新的音乐形式"电子国风"，这种创新的实质就是对我国文化的继承与发展。

（二）建立适当的收编机制

对于一些内容，我们也确实可以建立一套合理的收编机制，同时可以缓解卫视之间、节目之间以及节目内部的收编标准不统一的问题。笔者发现，抖音有一套自己明确的说明与词库，在这个词库中主要有几种违规形式：非原创、广告、负能量和违规关键词。在违规关键词中又分了七大类，可以归类成两种形式的违规：第一种是负能量的词语，比如不文明用语、各类歧视以及十八禁词语等；另一类是与营销相关的词语，比如免费领奖和化妆品、医疗物品的作用这类虚假信息等。这些内容会给我们的社会带来大小不一的负面影响，必定受到限制，广电总局在2015年就对2007年发布的《互联网视听节目服务管理规定》进行了修订，规定了要坚持为人民服务、为社会服务，要求对正确导向的坚持，将社会的效益放在第一位……禁止黄赌毒等不良信息。因此，创作者们在获得流量和关注但又不违背国家规定的情况下，采用了拼音首字母来代替这些词语的方法，这个方法既通过了平台的收编机制和审查机制，消除了违规词语的负面性，同时也没有让观众感到疑惑。

同时，笔者在广电总局的所有通知中并没有找到一条明确说明要屏蔽敏感词的规定。那么可以建议发布一个敏感词规定，让节目组明确歌曲审核问题，并提前规避问题。观众们也可以有一个明确的认知，在被收编后不会产生过激的反应。收编机制可以部分借鉴抖音的违规词明细，对广告词语可以保留，因为每个综艺节目都需要招商，这样才能有经费打造一个好的节目，如《乘风破浪的姐姐》节目开始前的广告长达两分钟，但这并不影响之后对音乐内容的输出。我们需要借鉴的是，这些词语并不表示这些歌曲是违规的，因为这些歌曲在音乐文化中，如各音乐App或者各网站的MV中都可以正常出现，只是音乐出版与综艺审核的规则不一样，我们可以为综艺审核制定一个机制，只要把标准制定清楚，这些问题或许可以被解决。

四、结语

近年来，相关部门对我国音乐综艺的监管力度逐渐加大，无论是画面内容、歌词字幕还是展现形式。通过对四档音乐综艺节目《歌手·当打之年》《天赐的声音》《乘风破浪的姐姐》以及《青春有你2》的文本分析，总结出了音乐综艺中收编歌词现象的表现形式、产生该现象的多种原因、这种现象中存在的问题以及最后对这些问题提出的解决办法。我们可以发现，不同的流行文化场之间确实有不同的规则，在音乐文化场中，歌词字幕并不会受内容是不是主流文化的影响。但在电视文化中，对部分符号意义的呈现会受到限制，我们将带有负面含义的词语规避，收编后呈现在大众面前的是积极向上含义的词语。因此可以得出结论，在不同的流行文化场中，部分意义是会被限制的。总之，我们发现问题后，要积极地面对问题并且想方设法解决问题，这有利于我国文化更多元、更成熟地发展。

第四节　再收编：中国说唱的本土化符号呈现和意义表达
——以《中国新说唱》为例

《中国新说唱》是爱奇艺自制的华语青年说唱系列网络综艺，节目改版自2017年说唱文化现象级推广综艺《中国有嘻哈》。自2018年7月第一季首播以来，共播出三季，旨在"发扬中国新时代下的新说唱，做属于中国的说唱的作品、说唱的风格、说唱的歌手和他们身上新的风貌，以及在这些年轻人当中所体现出来的真正的属于中国文化的那些新的风韵、新的情怀"。

费斯克（John Fiske）认为，亚文化被收编后变成大众文化，这不会导致亚文化失去抵抗意义。相反，亚文化一直在进行着反收编，应对、规避或者抵抗着"宰制型力量"[1]。本研究认为，说唱亚文化在被中国主流文化收编的过程中，也一直没有放弃"抵抗"，共经历了因消极逃避到沉默的一次收编失败，到重新本土化编码以主动拥抱主流文化的两次收编过程。

---

[1] 约翰·费斯克. 理解大众文化[M]. 王晓珏，宋伟杰，译. 北京：中央编译出版社，2001：40.

一、一次收编失败：文化解码误差带来的短暂"嘻哈潮"

对主流文化来说，亚文化是一种"噪声"，这种噪声是由编码者与解码者的社会、文化差异引起的。说唱源于嘻哈文化，属于嘻哈文化的一个子集，起源于黑人的文化自救运动。作为一种舶来亚文化，说唱在中国的本土化传播过程中势必会经历一个"编码——解码"的过程，即剔除无用的信息，留下有价值的信息并将其打包编码进行发送和传播。不同于斯图亚特·霍尔（Stuart Hall）认为的受众在解码时出现的三种方式：主导、协商及对抗立场[1]，说唱文化在中国的传播过程中，由于编码者与解码者的文化语境和文化身份定位不同，易产生文化解码误差。

20世纪80年代，说唱文化传入中国。由于传入初期缺乏适合其发展的文化土壤，说唱的受众群体相对摇滚、民谣等音乐派系更加垂直、狭隘。2006年，中国台湾流行歌手周杰伦将说唱的节奏感转变为一种全新的音乐气息，并结合中国传统元素融入了歌曲《双截棍》，尝试推动具有中国特色的说唱，但是之后的说唱文化并没有延续发展这一本土化结合明显的思路。Iron Mic（钢铁麦克）等国内早期的说唱比赛基本保留了美国嘻哈互相攻讦、Battle等强调冲突和个性的选拔方式。由于与主流文化格格不入且缺少展示风格的良好平台，市场和文化气候的双重缺失使得绝大部分说唱团队或音乐人只能在有限范围内活动，转为现在大众所周知的说唱文化的前身——"地下说唱"。

（一）"潮起"：《中国有嘻哈》收获高热度

直至2017年，爱奇艺网综《中国有嘻哈》抓住了当时垂直小众音乐刚进入受众市场的陌生化效应红利，将地下说唱的神秘搬到镜头前，呈现出中国以往综艺节目中从未出现过的火药味和真实感。说唱文化逐步引起了网络社区和青少年群体的广泛关注，拥有了更加广阔的听众市场，中国的"嘻哈元年"正式到来。

传统收编方式可以分为商业收编和主流文化收编两种，而中国说唱文化本身就脱胎于网络综艺之中，自发展初期就没有脱离商业收编。随着网络碎片化时代的到来，《中国新说唱》审查相对宽松的网络综艺形式以及互动形式更加即时多元的媒介特性也为中国的说唱文化提供了最佳的商业收编路径，但同时也为主流文化提供了重新界定说唱亚文化等的机会。

---

[1] 罗钢，刘象愚. 文化研究读本[M]. 北京：中国社会科学出版社，2011：11-12.

为了消弭与主流文化间的对抗，刚起步的《中国有嘻哈》选择了逃避性"反抗"，遮掩了原本地下说唱音乐存在的问题，另辟蹊径地将将"Peace and Love"这句Slogan在节目中贯彻到底。这样的运作方式，既避开了主流文化的锋芒，给当时刚刚起步的中国说唱文化带来了发展机会，又在无形中埋下了失败的必然性。

（二）"潮落"：广电禁用嘻哈文化艺人

中国传统思想的儒家文化重视人伦道德，倡导保守、规矩、父母在不远游等；道家思想的"知天者乐，无天怨，无人非，无物累"，倡导的也是精神世界的知足常乐。而《中国有嘻哈》中节目呈现的"真性情""Free"等关键标签，在核心价值观上与中国传统思想中的安分与知足有所出入。因此，建立在西方说唱文化基础上的《中国有嘻哈》始终找不到能被主流文化认可的文化基因。而说唱歌手们在台前幕后等平台中塑造的不服就"Diss back"的人物形象也使得"传播扭曲效应"进一步显现，逐步异化了节目编码的"态度""Real"等符号。说唱一步步在观众心中埋下了说唱文化不合主流，不符常规的既定印象。

2018年初，《中国有嘻哈》节目结束短短3个月内，一系列rapper私生活混乱、歌词负面、用去世歌手的名字当韵脚等负面事件直接回应了公众心中对说唱歌手的形象认知，导致了说唱集体的人设崩盘。节目的价值导向、歌曲内容以及部分歌手对女性的态度激起了主流文化的强烈抵制和批判。新华网评论直言："不想千古流芳，也别遗臭万年"。随后，《国家广播电视总局关于进一步加强广播电视和网络视听文艺节目管理的通知》《关于进一步规范网络视听节目传播秩序的通知》等文件被接连颁布，广电总局更是重申了2015年针对传统电视媒介下发的《关于进一步加强广播电视主持人和嘉宾使用管理的通知》，并附加文身艺人、嘻哈文化、亚文化、丧文化坚决不用的标准。初次主流文化收编的失败，也进一步导致了商业收编的停滞，不仅合作商、代言商解约，甚至《中国有嘻哈》的品牌都受到极大冲击，这一次收编正式失败。

二、再收编：《中国新说唱》的本土化符号系统呈现分析

2018年夏天，《中国有嘻哈》改名为《中国新说唱》重磅回归。凭借再收编中节目制作的本土化运作，在同样的市场环境及节目制作团队下，不仅顺利播出，而且在微博话题总阅读量、短视频播放量等数据上取得了不俗的成绩。

一次收编的失败证明了说唱作为一种舶来的亚文化,要想得到主流文化的认可,必须通过本土化符号的整体构建来实现。

随着世界范围内文化交流和互动的日趋频繁和深入,关于文化本土化的研究也不断增多。根据主体和本土化运作目的的不同,可以将文化本土化的内涵分为"文化免疫与文化变异"[1]两种。第一种是以费孝通的研究为代表,以本土文化为主体,认为"文化本土化"是本土文化出于抵抗文化威胁的需要,进行自我价值强化的过程。即"各个民族在现代化发展过程中,根源于自身历史的传统、习惯、生活方式、符号、信仰、价值观这一整套认知秩序重新得到尊崇。有时表现为对本国传统文化的歌颂,有时表现为对外来文化特别是欧美文化的排斥,有时则同时表现为两者"[2]。

第二种是本文主要研究的"文化本土化",是以舶来文化为主体对象的,指改造"外来事物",帮助其纳入本土社会,或是"调整或改变自身来适应当地环境,与当地历史文化传统相融合,以更好的借助客体文化要素从而实现其传播"[3]。但是,本文在内容分析中,会从更微观的符号层面,着重分析舶来说唱文化如何找到、借用共通的本土化共同内涵,积极赋意,实现与本土文化共生的"再收编"结果。

(一)《中国新说唱》语言符号的本土化

作为一种注重表意的文化,说唱的符号呈现相较其他文化更为多元和丰富。弗迪南·德·索绪尔(Ferdinand de Saussure)认为,"符号是语言的基础单位,语言是符号的集合"[4]。在说唱文化中语言符号是最有力度的符号类型之一,最直观地呈现歌手想要表达的情感。

1. 歌词文本符号的本土化

说唱最直接的表意方式就是歌词,作为歌曲意义的调性基础,相比其他内容,歌词是更能显示出内涵和深度的文化符号。在中国,说唱文化为了更加凸显本土化即"中国风"的音乐风格,通常会在歌词中借用一些中国元素或是用

---

[1] 张放. 文化免疫与文化变异——全球化背景下文化本土化的双重内涵[J]. 天府新论,2009(1):124-128.
[2] 费孝通. 经济全球化和中国"三级两跳"中的文化思考[J]. 中国文化研究,2001(1):2.
[3] 孙雪岩. 浅析文化本土化在文化传播中的作用——以基督教在近代中韩两国的传播为视角[J]. 聊城大学学报,2001(4):27.
[4] 费尔迪南·德·索绪尔. 索绪尔第三次普通语言学教程[M]. 屠友祥,译. 上海:上海人民出版社,2007:6.

成语、俚语来丰富文本的层次。除了这些浅层化的符号,在文本的表意上,中国说唱也逐步为内容注入了新的文本内涵,主要围绕传统"侠"和"家"等文化主题展开。

不同于说唱形成的西方文化背景,在中国说唱的文化视野中,宗教、金钱、匪帮等因素实际上都没有对本土说唱产生很大影响,但是许多中国说唱歌手却对"侠"情有独钟。许多人会误以为中国的"侠"起源金庸的武侠小说,事实上古人对于"侠"早有描述,曹植的《白马篇》对"侠"有这样的描写"弃身锋刃端,性命安可怀?父母且不顾,何言子与妻!名编壮士籍,不得中顾私。捐躯赴国难,视死忽如归!"晚唐名相李德裕也曾在《豪侠论》提出:侠"虽以然诺许人,必以节义为本。义非侠不立,侠非义不成"。以往侠客文化的传播主要借助文学(小说、说书、戏曲等)和电影,但在现当代,说唱的直抒性文本成了承载"侠"文化中"快意"情怀的最贴合的载体之一。中国说唱也重新对传统江湖侠义文化进行了借用和创新,建构出新的内涵。《中国新说唱2019》选手刘聪的《江湖流》就更多地挪用了传统"江湖"的情境来传达自己的态度,但是不强调个人的"孤胆",更强调个人归于社会、团体的义气和责任。将"江湖侠义"文化本身对权威的反抗性剔除,解构文化的边缘性,通过说唱作品重新构建普通人的"侠"价值:

"整个江湖都任我闯,我的生命像一首歌

反正什么都带不走,那就跟着那湘江水哗啦啦流

……

这文化的沙漠,将火苗传到他心里

……

想要成为传奇是命运也是从底层一步步爬起……"

——《中国新说唱2019》选手刘聪《江湖流》

另一层本土内涵就是"家"文化。中国重视血缘关系,强调家国一体,"齐家"是前提,即家庭的幸福和兴衰与国家的命运休戚相关,家庭是中国文化社会结构的基础。《中国新说唱2018》的歌曲《家人》里"恨铁不成钢,只有家人才是你最重要的庇护"、《中国新说唱2018》冠军艾热作品《巨人》中"真的有超级英雄,那我觉得她一定是我最万能的妈妈"等歌词都让我们看到了中国当代说唱文化对早年地下说唱缺失的"人伦""孝道"内涵的重拾。"家"文化的重申实际上弥合了与主流文化价值观之间的差距,借用传统文化对亲情和社会责任的重视,主动使说唱成为主流语态新的承载。

2. 地方方言符号的运用

方言是说唱文化的最具特色的中国化符号之一。将具有浓郁地方特色的方言符号融入说唱,既能彰显中国说唱风格的多样性,又增加了作品的个性化表达。不同于常见的普通话说唱,方言的使用既特立独行,又在风格上向中国特色靠拢。伯明翰学派把亚文化的"抵抗"视为一种寻求"认同"。在《中国新说唱》中,就有很多选手以方言说唱为独特标签,用地域共性加速了认同的过程。本研究选取了比较有代表性的《中国新说唱2019》选手雾都的《雾都夜话》进行具体的能指呈现和所指意义分析(表6-1)。

表6-1 《雾都夜话》方言文本能指呈现和所指意义分析

方言能指呈现	所指意义
小龙坎是我的hood	小龙坎作为重庆人共同记忆中的重要文化地标,快速唤起受众感知,借此符号说明自己的故乡是重庆,强调身为重庆人情怀和骄傲(小龙坎原来是一个"石门",因窄而短,故称小门坎,后改名小龙坎,临近嘉陵江,背靠平顶山,坐落于成渝古道东小路。明清由此修建驿道,发展古道文化。如今的小龙坎,是学区和美食的聚集地)
沙坪坝最早的市中心	"最早"一次带出重庆人共同的文化回忆,沙坪坝区是重庆市最早的城市商业圈
从小走到大的路全都是托儿车司机	路上都是出租车。出租车="托儿车",因为重庆第一批出租车是长安生产的奥拓,这是重庆特有的叫法,包含了重庆人共同的生活经历
长醒了才晓得一个小娃儿根本没人要管你	用方言自嘲对重庆这一座大城的渺小,却又与重庆方言表达的豪爽形成呼应
勒世界那么精彩肯定不得服输	表达自己不服和拼搏的心态
衣服花里古息,差账后天补起	反映了重庆的真实场景,富有生活气息
夏天不管走到哪里空调都不给力	表达重庆的气候特点——夏天很热
勒不是电视剧,勒是真人真事	表达歌词的源于生活,真情真感真体会
勒是我们重庆人个人演个人的故事	表达身为"重庆人"的自豪,突出每个重庆人都很个性,活得自我、洒脱
勒是雾都夜话	那是重庆发生的真人真事。"雾都"指代重庆,《雾都夜话》是重庆一档经典的电视节目,被称为全国栏目剧鼻祖,已有20多年历史,是重庆人共同的文化记忆,所有剧情都来自真人真事,影响了一代重庆人

方言符号在中国说唱文化的本土化建构中屡见不鲜，推动了受众对中国特色地方语言文化的了解，构建地方的说唱文化，创造富有中国特色的说唱社区，更生动地刻画出地方说唱的张力和感染力，使得作品更多地挖掘出地方文脉深处的社会意义和情感意义。小龙坎、沙坪坝、托儿车司机都是重庆这座城市所特有的文化记忆，歌手用正宗的重庆方言表达和用词，将只有在重庆生活的人才能感同身受的经历放入作品当中，消除了地方听众在面对说唱音乐这一新潮的外来音乐形式时所产生的距离感，从而推动说唱音乐的本土化传播。

无独有偶，《中国新说唱2020》台上陈思健的粤语说唱，李佳隆用川渝方言演绎的《月儿圆》也都让人眼前一亮。而方言说唱的创作思维实际上也是"真实性"内容生产逻辑的应用。说唱在乎实感和共鸣，它需要创意性的编辑，但更不可忽视它本质的真实。这一生产逻辑使得歌手们更加真实地用方言直抒自己的地域身份，表达本土人真实的生活体验，忠于当下真实的生活体验进行音乐创作，加深传者和听者两方对本土文化的认同。

（二）《中国新说唱》非语言符号的本土化

1. 宣传符号：节目主题的本土化嬗变

一个文化的对外宣传需要建构很多的符号，具化到《中国新说唱》这档综艺的宣传中，节目名称、主题、宣传曲等符号都充满了中国本土化的特点。综艺名称中，前身《中国有嘻哈》"嘻哈"到"说唱"二字的转变，以更官方更严肃的话语表述。节目的主题也相应由之前的"主张表达、强调态度"改为了"说出正能量，唱出大情怀"。在开播的宣传时期，弘扬的内容也更多偏向"家""中国""真挚"等与主流文化相切合的内容，并以尝试发掘更深层次的本土化基因，由新路径向主流文化谋求再收编。

2. 场景符号：中式格调的再烘托

场景符号包括舞台布景、灯光色调等内容，具有显性特征，是制作层面上说唱文化结合中国元素进行本土化构建的重要一步。布景是舞台上无可或缺的角色。只有通过布景综合地辅助呈现，才能"规定情景"[1]，精准表达艺术所处的环境和深处的内涵。《中国新说唱》在布景中重视对中国元素的借用，金黄麦田等接地气的背景设置，古筝、中国鼓、萧、锣、琵琶等多种民族乐器的道具运用，京剧、剪影等民粹的亮相（图6-3）都在无形中规定了中国的文化情景，唤起受众的民族自豪感，加速了说唱文化的本土认同。

---

[1] 李国伟. 舞台布景的重要性[J]. 剧影月报，2015（1）：74.

图6-3 《中国新说唱》中本土化的舞台布景

如同布景,灯光色调也承担着烘托舞台气氛的重要角色。色彩反映民族性格,而红色无疑是最能代表中国文化的颜色。中国人对红色的喜爱和崇拜源于古人对火驱赶野兽、征服恶劣客观条件的情感寄托。自汉代起,红色也代表着"圆满""吉祥",与春节要贴红对联,婚嫁要挂红灯笼等民俗融合在一起,植根于在中国人的文化记忆中。近代中国军民不屈不挠的反帝反封建战争又将红色符号和革命鲜血串联,"五星红旗是革命烈士的鲜血染成的",战争重新凝聚出红色符号珍惜革命成果,担负民族责任的表意。不同于《中国有嘻哈》惯用的金属色、冷调蓝色等烘托神秘感的灯光设置,《中国新说唱》无论是前台、后台还是观众席,都采用了红色为主的灯光。红色灯光映照中国化的内容,协调受众的感知,让人感受到更直观的中式风格(图6-4)。

图6-4 《中国新说唱》中中国红灯光应用

3. 厂牌符号：地域区分性加强

随着《中国新说唱》节目的体系不断完善，更多的说唱艺人开始走进大众视野，然而他们往往不是独立个体而是以"厂牌"的形式出现："大家好，我是老舅Gem，来自东北吾人族（厂牌）"，"我叫GALI，代表BASE（厂牌），来自上海"，"我是成都的李尔新，来自CDC（厂牌）"……从选手们的自我介绍可以看出，中国说唱歌手的形象认知是个人、家乡和厂牌三者结合在一起构建完成的。

"厂牌"一词原指音乐专辑的出版公司，在摇滚和独立音乐等领域比较频繁地被提及，包括SONY、环球、摩登天空等实际上都属于厂牌。但在中国的说唱文化中，厂牌往往与地缘结合在一起，按照区域划分建立，你来自哪里就归于本地的说唱厂牌，少有歌手加入非原生地的厂牌。这与传统音乐厂牌只看音乐和市场，而不受地域限制的组成方式有很大不同。这样的中国说唱厂牌文化成立背景，赋予了厂牌符号鲜明的地域调性，客观上也加强了说唱的本土化风格。"风格"是亚文化研究的关键词，菲斯克认为，"风格是文化认同（身份）的表达，是赋予群体有效性和一致性的强有力的途径"[1]。在厂牌符号的建构中，通过对地方文化内涵的共同认可，同个地区的说唱歌手得以组织化，并确立了共同的身份——厂牌，形成与他者之间的区分。

调查显示，西南地区62%的人支持本土厂牌[2]。这表明，随着说唱不断本土化，地方和厂牌符号之间形成了一种共生关系。一方面，当歌手本人还不具有知名度时，单单介绍所属厂牌，就能让听者知道其音乐的水平和大致风格，建立初步认知，减少距离感。另一方面，厂牌间成员的联系是非常紧密的，常常会有合作曲、专场演唱会等合体活动。这种联系在《中国新说唱》综艺中表现为个体对自身厂牌身份的骄傲，成员间互相鼓励、力挺，不同厂牌之间的对立冲突三种形式。但是不管如何呈现，厂牌符号也在成员共同的演绎中不断成熟，拥有了厂牌图标、厂牌手势、厂牌口号等更多共同表征，系统地展示这一区域文化的血与肉，帮助说唱本土化，甚至成为地方青年文化的代表（表6-2）。

4. 人物符号：本土Rapper的具身形象符号设置

身体作为信息的处理器，在视觉、听觉等知觉受到外界刺激时，会结合所

---

[1] 胡疆峰. 伯明翰学派青年亚文化理论研究[M]. 北京：中国社会科学出版社，2012：79.
[2] QQ音乐. 青年志Youthology. 中国说唱青年"秘密"图鉴[EB/OL].（2020-11-28）[2021-03-01]. https://mp.weixin.qq.com/s/g8AAQXztL52nvFThHn7WcA.

表6-2　中国地方说唱厂牌代表艺人、作品和受众关键印象总结

所属地区	代表厂牌	代表艺人	代表作品	关键印象
西南地区（重庆、成都、昆明等）	GOSH 成都集团 开山怪	GAI、L4WUDU、谢帝、马思维、小青龙、新秀	《天干物燥》《老子明天不上班》《TIME》《表态》	有狠劲 江湖气 火爆男孩
东北地区	吾人族	宝石Gem、莲花	《野狼disco》《出师表》	接地气的糙汉
华东地区（南京、上海等）	Walking dead SHOOCStudio	法老、福克斯、JONY J	《庆功酒》《不用去猜》	才气 新时代
华中地区（长沙、武汉等）	C-Block	大傻、刘聪	《江湖流》《长沙策长沙》	坦荡真诚、重兄弟的伢子
华北地区（北京等）	丹镇北京 龙井说唱	黄硕、梁维嘉、孙骁	《活在地下》《归》《感谢》	硬核 Old school
西北地区（乌鲁木齐、西安等）	红花会 NOUS	弹壳、贝贝、派克特	《黑怕不怕黑》《人海人山》	热情、直爽 有故事
……				

处情境产生态度。因此，当主体听到说唱音乐时，也会感知到上文所阐释过的多维度符号形态，最终形成对表演者的完整形象认知。个体听觉、视觉的亲身认知实践作为符号和现实之间的中介，让抽象的观念最后范畴上内化为对说唱歌手具有本土特色的共识。

以《中国新说唱2018》亚军那吾克热的本土化具身形象符号塑造为例。节目主要围绕非传统Underground环境培养的黑马三语说唱选手，奶爸顾家的家庭顶梁柱，有北漂奋斗经历的普通平民群众三方面形象去设置，先是将他与Underground地下说唱环境的文化边缘属性割裂开来，再塑造了承担家庭责任、经历奋斗才实现梦想的符合传统、接地气的中国社会普通男性形象，让听者迅速缩短符号距离，结合自身所经历的现实体会形成具身的代入感，建立共识。最后一步再用作品说话，汉语、维吾尔族语、英语三语说唱能力的展现，其中网易云、QQ音乐专业乐评人的认可，导师们对那吾克热说唱技术的评价都帮

助受众更快地感知到节目组为那吾克热设置的三重本土化形象（表6-3）。

表6-3　　那吾克热本土化具身形象符号设置分析

符号设置	受众认知	本土化形象
自我介绍：来自新疆乌鲁木齐	建立新疆地方Rapper的身份认知	奶爸，顾家的家庭顶梁柱
介绍作品：《儿子娃娃》（儿子娃娃新疆语境=男子气概）	有男子气概，通过自己的双手养活自己的家庭，顶天立地	
自述短片：玩说唱久，没融入	埋悬念，不从流还是水平不高？	非传统Underground环境培养的黑马三语说唱选手
登台表现：大方和制作人打招呼	反转：舞台掌控力强，有舞台经验	
歌词符号：我不混underground不代表我是假的	快嘴，有实力，与underground特质不同	
表演结果：制作人3 PASS（满分通过）	悬念揭晓，实力肯定	
环境互动：等待席的选手都起立为他鼓掌	收获内行的认可，实力肯定	
导师评价：邓紫棋"愿意帮他唱hook"	实力肯定，黑马选手	
作品符号：《漂part Ⅱ》	为了家人选择北漂	通过北漂奋斗，最终实现梦想的普通奋斗者
作品符号：《飘向北方》	北漂经历共鸣：思念家人，奋斗改变命运	

在受众对说唱Rapper本土化符号认知的形成过程中，除了听觉之外，场景中视觉的互动刺激也是非常重要的辅助性元素，其中服饰就是非常具象化的符号之一。《中国新说唱》中为了配合节目主题和歌曲内容，将受众传统认知中个性张扬、别具一格的歌手形象与节目意图呈现的本土化形象割裂开来，许多选手和导师的穿着和搭配也趋向中式化。凯瑟（Susan B. Kaiser）曾在《服装社会心理学》中，对亚文化的服装美学有这样的论述："亚文化采取各种美学符码的原因，可能是为了使自己和其他亚文化或主流文化区别开来"[1]。因此，通过这样的中式符号编码，说唱歌手的反叛性也在这种过程中被消减了。

---

[1] 苏珊．B.凯瑟．服装社会心理学[M]．李宏伟，译．北京：中国纺织出版社，2000：615-616.

三、中国说唱本土化符号呈现的意义追寻和价值分析

（一）拥抱主流：强调共通共生

中国说唱通过本土化符号的建构，找到了与主流文化深层内涵的共通之处，解构说唱的舶来属性。相较于用"地下"说唱文化的"KEEP REAL"与主流文化进行摩擦，《中国新说唱》改版后从挖掘普通人真实感受的地方文化基因的角度入手，显然是更接地气的选择。而实践也表明，说唱作为一种青年亚文化与地方历史文化记忆的碰撞也是十分有趣的。如城市物质层面的标志地标、日常文化景观，城市人的精神品质，这些积淀下来的内涵，本应该慢下来细细品味，却通过说唱文化的"快"直抒出来，却更显示出文化自信和文化感染力。这一快一慢的对比，一老一新的交融别有韵味。

不同于往日的逃避主流文化关切的重点，现在的说唱文化采用更积极主动的态度拥抱主流文化，寻求共生。据《青年志》2020年11月28日最新公布的数据显示，57%的受访青年认为说唱文化已经从地下走向主流，客观说明了中国说唱文化本土化符号运作的意义和价值（图6-5）。

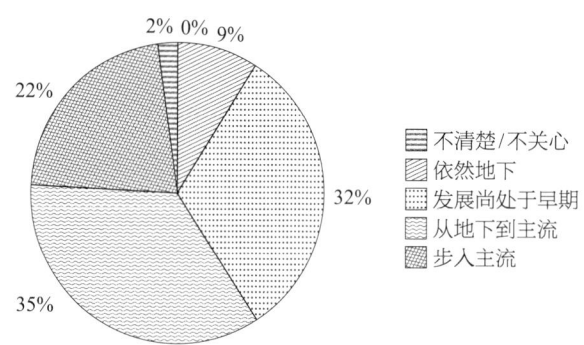

图6-5　青年人对当下说唱文化所处状况的判断[1]（资料来源:《青年志》）

（二）价值重塑：作品价值多样化

说唱文化符号的本土化客观上消除了受众对以往说唱音乐的"文化定势"，积极、青春、中国的新面貌解构了大众心中的负面的刻板文化形象。据国内最多年轻人聚集在线的音乐平台——QQ音乐公布的数据显示，自2017年起上线的说唱类歌曲是之前总和的10倍，2017—2019年QQ音乐说唱流派类歌曲总

---

[1] QQ音乐，青年志Youthology. 中国说唱青年"秘密"图鉴[EB/OL]. （2020-11-28）[2021-03-01]. https://mp.weixin.qq.com/s/g8AAQXztL52nvFThHn7WcA.

播放量高达907亿，听说唱歌曲用户高达2亿[1]，说唱音乐拥有了更开阔的受众市场。

在这个过程中，说唱文化也在不断丰富自己，开枝散叶，作品价值的评判也逐渐多元化。不再仅仅以歌手的嘴有多快，歌词的韵押得有多对称为标准，专业性、文化价值和市场都成为评判说唱作品价值的重要因素。

随着说唱的流行化，越来越多在普通教育环境下成长，没有Underground背景的青年人也试图戴上耳机，尝试创作。《青春有你2》中Melody组的"淡黄的长裙，蓬松的头发"之所以能够破圈成梗，引得抖音、朋友圈效仿重唱，正是因为说唱文化正在通过降低创作门槛的方式，鼓励青年人共创。因此，这样的现象出圈作品，未必能成为好作品，但确是亚文化寻求主流文化收编的好尝试。2020年B站推出的《说唱新世代》正是这样试图入圈的青年群体共同呈现出的一档好综艺。"万物皆可说唱"，呈现出网生一代"初生牛犊不怕虎"的创作激情，其歌曲题材广泛涉及女性关怀、校园暴力等社会热点话题，体现出说唱的议论价值，Beef（冲突）不再是说唱文化引起主流关注的唯一工具。

（三）重新表意：年轻人的中国情怀

被再收编后的说唱文化为青年一代如何在个性化和同质化之间找到平衡提供了一条新思路。2020年，说唱凭借本土化建构跻身除流行音乐之外Z世代（指1995—2009年间出生的青年一代）最喜爱的五种曲风之一。

《中国新说唱》事实上也是构建了一个窗口，通过对文化符号的重新构建，让真实的力量不再只是"Real"的口号，帮助年轻群体看到了新形式和传统文化融合的可能性，鼓励年轻人用自己的方式表达中国情怀。

四、结语

再收编后，围绕本土化进行符号设置的中国说唱文化展现出了中西文化结合的强大张力，也使得面临一次收编失败危机的说唱音乐重见被主流文化接受的曙光。《中国新说唱》通过对传统"侠""家"文化价值的挪用，逐步解构了说唱在传统受众心中"地下"边缘性的特质。地方方言符号的运用、地方厂牌

---

[1] QQ音乐，青年志Youthology. 中国说唱青年"秘密"图鉴[EB/OL]. （2020-11-28）[2021-03-01]. https://mp.weixin.qq.com/s/g8AAQXztL52nvFThHn7WcA.

符号的设置更是打造出鲜明的地方说唱风格，拉近了主流本土文化的认可。在此基础上，说唱文化通过积极主动的宣传靠拢、中式格调的情境设置和人物具身形象符号的推广进一步消解文化解码误差，构建起中国说唱的本土化新语境。

本研究认为，说唱文化的本土化或者被收编，并不意味着说唱亚文化特质的消失，比如其文化特质中的个性表达特点仍然通过另一种本土化诠释——因各个地方风土人情不同而区别化形成的地方厂牌调性这种方式保留了下来。反而，只有通过对本土文化与说唱亚文化共通点的挖掘和应用，才能使得说唱音乐建立本土发展自信，转变文化策略，让说唱亚文化和主流文化和睦共生、相辅相成，让说唱真正意义上成为一种扩大主流青年声量的新载体。

第七章 时尚传播与审美价值

第一节　生活美学视域下的茶包装设计

中国是茶叶大国，也是茶的故乡，中国人对茶叶的发现与利用距今已有四五千年的历史。茶作为中国生活美学的一种典型意向，流露出中国人对生活美学的感性体验。然而经过一代代的传承与变迁，如今市面上的茶包装设计使茶叶给大众留下了"土""繁""奢"等刻板印象。随着消费升级与购买力的提升，茶包装设计也渐渐向茶文化本身与生活美学求索。通过建构美学符号、塑造茶道美学、给予茶叶消费者更高的审美体验。这一过程具有艺术性、哲学性，更凸显了中国人自己的文化传统与符号系统。本研究认为，茶包装在审美升级中蕴含的符号体系与李思屈提出的基于传统阴阳理论、以"言—象—意—道"为元素的符号模式（DIMT模式）不谋而合。因此，本文对茶包装设计进行符号学分析，建构一个生活美学视域下茶包装的新符号体系，同时也完成了对中华文化思想智慧的东方符号学的归纳与实践。

一、"DIMT"模式在茶包装符号研究中的应用缘由

在西方符号学的研究中，往往偏重符号的"能指"与"所指"这种传统的线性组合，"魔弹论"这种子弹轨迹似的传播效果更是将传播的主客体对立开来。东方符号学，是广义的符号，有着自身独特的编码与解码系统，重视符号的"鼓动"力量，即所谓"风行草偃"。李思屈吸纳中国古代智慧而提出的"DIMT"模式，构成了"言""象""意""道"四种要素的一体化模型。其中，话语（"言"Discourse）、形象（"象"Image）、心理"意识"（"意"Meaning）和作为宇宙人生最高意义之源、真善美的统一（"道"Tao），有机统一、相互消长[1]。

在此模型基础上，李思屈分析了日本茶饮料广告中对传统东方符号的利用，进而彰显了东方符号的传播潜力。"DIMT"模式中阴阳球转动下划分的

---

[1] 李思屈. 东方智慧与符号消费——DIMT模式中的日本茶饮料广告[M]. 杭州：浙江大学出版社，2003：55-58+11-13+180-189.

四个象限，代表了老阴区、少阴区、老阳区、少阳区四种对立循环的广告说服特征。老阴市场位于第Ⅰ象限，以日常话语为特色；少阴区位于第Ⅱ象限，是"意"和"象"的结合，决定了符号的审美性质，属于艺术式广告。第Ⅲ象限的老阳区，力图深入消费者内心深处以求达到认同感与归属感，这类说服方式以中老年人为目标群体。由"言"接近"道"，这是哲学性的特征，也是位于第Ⅳ象限的少阳区富有的探究精神。

据此，李思屈通过符号学分析将"统一"品牌的茶饮料划分至第Ⅳ象限，在广告传播中选择了茶叶本身与人文情感的关系，一句"大自然是统一的绿色"体现了其哲学式的思考。而位于第Ⅰ象限叫卖式广告的"娃哈哈"品牌茶饮料，选择了一套以日常话语为基础说服叫卖式的传播方式，"不用沏的龙井茶""天堂水、龙井茶"等此类朗朗上口且有号召力的广告语完成了叫卖式的宣传。通过两者对比形象地展示出中国茶饮料品牌广告营销中的特点以及传播的局限性[1]。"DIMT"模式在划分传播的四个维度的过程中，不仅考虑了各种因素的互相影响，还结合了中国消费者的传统文化心理共识。自此，更多学者使用这一模式进行符号学分析。例如焦晓虹利用该模式对文化类综艺节目《朗读者》的建构特征进行分析，从东方符号学角度阐释其艺术性、抚慰性与哲学性[1]。倪月通过分析高票房电影之间海报设计的"言""象""意""道"，发现了高票房中西电影海报在"言""象"之间的共性与在"意""道"之间存在差异[2]。

本研究专注于茶文化中特有的东方符号表达分析。例如，"禅茶一味"这一茶道思想，融合了中国禅宗文化中的修身养性、净化内心的思想内核，与"DIMT"模式下"象"和"道"引导的宗教式的说服不谋而合。据此，延续这一东方符号学的分析模式，探索更多茶包装符号使用的内在逻辑。

二、"言—象—意—道"模式下的茶包装与生活美学

（一）茶包装的符号提取——文化溯源

中国茶文化源远流长，有丰富的历史以及多元的表达方式，为茶叶包装提供了源源不断的创作源泉。例如，茶叶的生长环境——"高山云雾出好茶"这一优质茶的生长标准在包装设计宣传中，既是一种话语符号，又可以作为一种

---

[1] 焦晓虹. 以东方符号学"DIMT"模式解析电视节目《朗读者》[J]. 西南民族大学学报，2018（2）：164-168.
[2] 倪月. 高票房电影间的海报之别——基于DIMT模式的符号学分析[J]. 未来传播，2019（3）：48-52.

图形符号，即"象"。带有"高山云雾"的元素被广泛运用在茶叶的包装设计中，成为"好茶"的代名词。

从平面设计的角度出发，文字、图形、色彩是要素采用的关键。诗、书、画、印融合着东方气韵，常用于茶叶等传统文化产品的包装中。如今茶叶包装中经常使用的古代茶诗、茶俗等文字作为视觉的主要元素，读起来朗朗上口，起着更为广泛的宣传效果。如卢仝脍炙人口的七碗茶歌、苏轼的试新茶诗等，将喝茶的心境与画面跃然纸上。这便是"DIMT"模式中的"言"，通过话语的说服给予消费者直观感受。依据这种逻辑，本文梳理了茶文化物质与精神层面所涉及的茶叶形态、茶历史、饮茶文化等各个方面内容。与此同时，再归纳出茶包装在视觉设计层面上包含的文字、图案、色彩、材质、文案等要素，使两者在"言""象""意""道"四个维度中相匹配，建构出表7-1所示的"DIMT"模式下茶包装的符号体系。

表7-1　　　　　　"DIMT"模式下茶包装的符号体系

维度	茶文化	视觉符号设计
言Discourse	茶叶养生保健功效 六大茶类的"功能说" 茶诗词、茶传说、茶俗	产品名称 文案 宣传语、标语
象Image	六大茶类的品相特征 茶叶形状、汤色 茶叶生长环境（高山云雾） 茶叶四大产区的地域特征 茶艺表演	产品名称字体、产品字体色彩 图形选用、图形颜色 海报页面设计、线条设计 包装材料（木、竹、铁、纤维等） 传统文化元素（纹样、文人画）
意Meaning	茶叶历史 加工方式 饮用方式 生活态度	品牌LOGO 产品定位
道Tao	茶道精神 文化底蕴 君子之交 "茶本味"说	品牌理念、品牌文化 产品包装形式（原叶/茶包；整装/分装）

茶文化在物质上有种类丰富多样的茶叶品类、历史悠久的品饮变迁及茶艺等表现形式。在精神层面上，有悠久的茶历史与茶道精神。两者作为一个整体的符号体系分布在语言、图像、精神的各个维度。而其在"言—象—意—道"

的划分中，兼顾各个要素的特征，使其不失形象文字与形象思维的整体性。如同DIMT模式中的阴阳流动，本文对于各个要素的划分没有绝对性，能够在传播过程中互相流动。如表7-1所示，言（Discourse）作为一种日常话语在包装中体现为文本形式呈现的产品名称、宣传语与产品文案。象（Image）作为一种图案形象，是对茶叶显著的形象符号的描述，在包装中体现为色彩、材料等可视化图形。意（Meaning）则是在了解一定茶文化基础后对于茶这一物质基础精神内核的探索，并在包装上呈现出对符号价值的探索与意义建构。道（Tao）即为茶道精神、文化底蕴等精神层面上的升华，是包装中一切物质材料的选取与组合需要表达的最终目标，体现为该产品的最后呈现形式和品牌的理念与文化。

（二）生活美学的表征解析——感性表达

生活美学，将日常生活纳入审美范畴。不论是西方的"审美实践"，还是东方的"天地人和谐统一"，在根本上，都是一种关注人感性体验的美学形态。总的来说，生活美学就是一种"有情人生"的表达，围绕着人的体验而展开、因为人的实践而丰富。本研究将生活美学的表征放入阴阳球中（图7-1），从生活本真中探寻哲学思辨的过程是由"言"入"道"的哲学性思考，由"象"入"道"观测人们的心灵深处的精神感知能够产生抚慰性的心理价值。"意"与"象"之间累积的审美经验与生活实践能够将意向符号创造出审美信息。而"言"与"意"之间的日常话语对生活的观察具有理性的说服意义与参考价值。

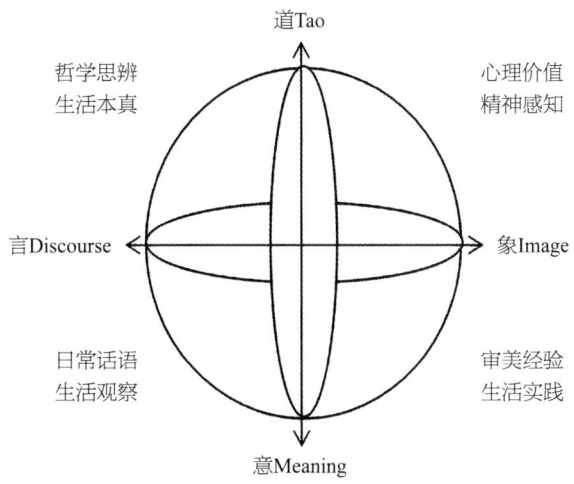

图7-1 "DIMT"模式下的生活美学表征（作者自制）

作为一种生活的美学,这种审美的诉求既是物质的,又是精神的;既是实践的,又是理论思辨的。人们所感知的生活点滴、美的活动游走于日常与非日常之间,两者并非二元对立,而是在实践中互相影响、互相转化。如同阴阳球的流动规律,日常话语体系中的一些规律也可以被解读为精神的感知与哲学的思辨。"人生如茶""一期一会"这看似理性的话语说服,在审美形象上的营造进行意义的提升,便可以形成不同的编码与解码机制。再结合"鼓动传播"的过程,从说服到说动,再到说懂,情感诉求、逻辑语义与形象直觉交差,最终以"美"的形态进行感性表达。

三、生活美学对茶包装的"美化"

在"泛审美化"的现代社会中,生活美学体现了现代人对日常社会生活感性的认知与表达。茶文化的"美",是一种多维度的美,也是一种可以让人直接感知的美。本研究在提取茶文化的符号时,可以感受到物质与精神力量的共存。而作为茶叶产品包装,在庞杂的符号体系中,表现茶的"美",最直观的两种形式便是文字与图形的组合,即"言"和"象"的建构。在激烈的市场竞争中,茶叶包装设计既要满足消费者的实用需求,又要考虑产品本身的文化价值以及品牌的定位。如何做到内容与形式的统一,结合生活美学对于美的表达,本文提出以下几个特征。

(一)"象"的建构:符号的选择

生活美学是艺术审美的泛化与延伸,与艺术鉴赏不同,日常生活中对"美"并没有一个统一的标准。但通过生活实践与自我提升却可以累积审美经验,让我们对符号本身的"美",有一种直观感受。

中国的书法与国画本身就具有美感的艺术形式,方块字的框架结构对国人有自发的吸引力。在茶叶包装中,选用与产品特性相一致的图案进行包装补充,进而具有更强的说服力与审美体验。书法与国画作为中华文化的极则,留存着创作者的精神轨迹,将茶产品的灵性跃然纸上。

(二)"意"的营造:场景的建构

在东方符号学思维中,传播的效果如"风过草立",对人的影响不是一蹴而就的,而是反复出现的。在对人的影响方式上,是一种涵化的、潜移默化的熏陶。同时,茶文化与生活美学在传播中,也注重体验感与过程感。

打着将茶叶生活化口号的小罐茶茶叶品牌，通过生活性的场景搭建，将茶深度代入了各种熟悉的生活场景中。如小罐茶广告中借用书、美食、运动等日常生活中常见的熟悉的场景，容易引起消费者的共鸣。其年轻时尚的包装设计也于潜意识中告诉消费者：在这些场景中加入茶，也是一种时尚的消费选择。这便是"风行草偃"鼓动传播的宣传形式，旨在靠文字与图案的配合把产品理念娓娓道来，诱导潜伏意见，让消费者接受或改变立场。

与此同时，小罐茶选择与时尚、设计、艺术、摄影等领域跨界结合。2018年，邀请视觉艺术家陈漫和演员陈乔恩联合拍摄制作一组春茶大片，陈乔恩的侠客气质一改消费者心目中采茶工、采茶女的传统形象。这种冷峻美艳的时尚形象与传统的含蓄自然之美的碰撞冲突，是互联网思维下的一大成功。明星作为自带流量与关注度的时尚元素，在提升茶的时尚性方面占据重要位置。近年来，影视剧中也频频出现茶文化的身影，如演员赵丽颖在电视剧《知否知否》中演示了宋代点茶技艺，使点茶这一唯美典雅的中国式喝茶方式得到进一步传播，也让更多年轻人了解宋代饮茶历史。演员易烊千玺在《长安十二时辰》中展示了唐代煮茶之考究，并拍摄了古风工笔画风的饮茶艺术写真，赢得"古风美少年"之称。在明星的这一时尚意见领袖的带动下，其粉丝与更多年轻人也加入了解茶文化的行列中。

（三）由"言"入"道"：返璞归真

不论是东方的"天地人统一"还是西方的"本味与自然"，生活美学在哲学意向上，都体现出了一种归于自然、归于"本我"的超脱感。这也是"DIMT"模式划分的第Ⅳ象限中，代表着有探究精神的、一种哲学式的"真善美"统一过程的体现。

丰富多元的饮茶方式，也是饮茶成为一种美的生活方式后，人们对于美的意境、美的形式的探索。从古至今，茶文化在一代代人的传承与发扬中发生着意义的变迁、符号的流动。小罐茶的小罐试饮装是小体量分装茶的探究，在认可中国传统的清饮方式的同时，还原清饮茶叶所需要的品质，在一定程度上做到了由"言"入"道"的潜移默化的传播效果。如何将传统的茶文化精髓融入当下的茶消费市场是新一代茶人、茶行业工作者的重要课题。

四、结语

茶包装，其本意在引导消费。而茶叶这一特殊的文化商品赋予了茶包装更多审美鉴赏的功能。从本文"言—象—意—道"的分析中，将茶包装设计建构出一套极具审美体验的新的符号体系，明确了茶文化之于茶包装的符号性。茶包装的审美，由中国人共同的历史记忆与审美经验为入口，进入人们日常生活的方方面面。从生活美学的视角出发，茶包装不断推陈出新，将物质本体与精神内涵不断统一，成为可鉴可品的艺术品。做好茶叶包装、弘扬茶文化、营造生富有美学的生活方式，也是一种对传统文化的传承方式。而在实践中，也需要设计者审美经验的累积与对茶文化的理解，才能满足物质与精神的统一。

第二节　灵与美的符号创造：广告中的东方美学表达
——以花西子《傣族印象》系列广告为例

2021年国货潮流出现井喷现象，一众国潮品牌乘着"国风"席卷了国内外市场，"国潮"进入3.0时代。《百度2021国潮骄傲搜索大数据》显示，"国潮"一词在过去10年的关注度上升528%，近5年中国品牌搜索热度占品牌总热度由45%提升至75%[1]。互联网为品牌崛起提供了前所未有的增长空间，伴随着"审美经济"的浪潮，国潮品牌在营销过程中对审美价值愈发重视，迎合"Z世代"新视角下的消费偏好与审美态度，书写全新东方符号，在品牌构建中融入东方美学，增加产品文化认同感，打造出一个又一个国风广告。

作为国潮先锋的花西子，无疑在经济浪潮中抓住了国潮营销的钥匙，创造了一个又一个的销售奇迹。2017年诞生于中国杭州的美妆品牌"花西子"是东方审美体系下品牌的代表，其品牌理念围绕"东方彩妆，以花养妆"展开，在其品牌建构的过程中使用了东方符号，其中品牌名称中的"花"指"以花养妆"，"西子"既是后人对古代四大美人之首西施的尊称，也是诗人苏轼笔下"欲把西湖比西子"诗句中杭州西湖的美名之一。在品牌影响力打造的过程中，花西子紧密捆绑国风元素，面世的广告短片如《张敞画眉》《苗族印象》《傣族印象》等都带有着强烈的东方元素。尤其值得注意的是，2021年10月推出的《傣族印象》系列广告，一经推出便引起轰动，不仅赢得国内市场关注，更走出国门向外输出。其在内容诠释上充分发挥了东方传统文化符号势能、傣族民族文化符号势能，并借用符号势能塑造出自身品牌独特的审美

---

[1] 《百度2021国潮骄傲搜索大数据》报告，2021年5月10日由百度与人民网研究院联合发布。

价值。

国潮品牌在宣传上不断推陈出新，越来越多的品牌注意到了"东方符号"背后隐藏的巨大商业价值，不断尝试将"国风"与自身品牌融合。但事实上，在品牌文化与传统元素融合方面，能够"出圈"的品牌并不多见，花西子传递的广告语言具有一定的典型性，研究并借鉴已经取得不错成绩的花西子品牌显得格外重要。因此，研究花西子广告中的东方美学表达对我国本土美妆产业、广告产业的发展具有现实指导意义。

一、国潮、东方符号广告创造研究现状

（一）国潮的定义

国内学者对国潮定义的研究是一个不断推进深入的过程。张配豪[1]将"国潮"解读为"中国品牌+潮流风格"或是"国风+潮流"，是一种广义上融合了传统文化元素和现代潮流审美的消费概念。才隽指出，国潮是中国式潮流设计，并非是指单纯的、狭义的在设计上利用中国元素的产品，而是在合理吸收国风元素的基础上，通过设计者的原创"再设计"出的复古潮流产品。王战[2]认为，"国潮"实际上是具有中国元素，并将传统与现代、文化与科技、本土与国际相融合所进行的经济文化活动。他认为，国潮品牌作为一个民族的集体记忆，已蜕去商品价值的金色光环，成为激活消费者历史认同的美学符号。

（二）从"传统"走向"现代"

李星[3]认为，对传统文化的深刻理解和创造性转化是国潮品牌"现代化"的关键，既要"仿"得合理，有理论依据，也要融入新时代审美，更要杜绝低俗媚俗和缺少文化内涵的艺术表达。高传华在推进国潮国风化内容生产问题上谈道，国潮一方面需要从优秀传统文化中提取元素进行文化内容生产，与当下的流行时尚进行结合，突出内容生产的文化性和时代感，另一方面需紧跟时代潮流，把握当下青年消费趋势，以此为基础进行创意产品设计，实现传统文化元素与青年文化消费的紧密融合。

---

[1] 张配豪. 国货正当"潮"[J]. 人民周刊，2020（22）：52-53.
[2] 王战，靳盼. 消费文化视域下"国潮"品牌的文本呈现和文化认同策略[J]. 传媒观察，2021（12）：54-61.
[3] 李星. 传播文化中的国风新潮流[J]. 中国文艺家，2021（9）：191-192.

才隽[1]认为，国潮文化需具备两个要素方能从"传统"走向"现代"，即中华民族传统文化和风俗底蕴与当下时兴的流行文化和现代风格，是既具有传统文化气韵，又符合当代消费者的审美的新兴风格。杨涛[2]找到了国潮风格的品牌形象设计的关键，他认为仅仅单纯地应用国风元素是不够的，需要在简单应用之上研究品牌的核心价值观所在，将设计思维、品牌的行业与主题、品牌想要传达的理念等抽象概念，通过设计师的主观能动的设计与创新，具象地表达出来。

（三）合理表达东方美学的方法

颜奕桐[3]认为，"中国风"绝不是简单地文化元素堆砌，设计者要不断发掘品牌特征与文化属性的共性，借助国风潮流的发展趋势，保持经典，不断创新，将中国传统文化根植于品牌文化中，融合东方美学，巩固品牌特性，为消费者传递新鲜感，进而行稳致远。王战[4]认为，"国潮"品牌表达东方美学的方法唯有丰盈文本呈现、深挖国粹精髓与创建文化认同以实现品牌升级，方能在风云变幻的消费市场中引领新的消费风尚。

才隽[5]指出，东方美学是否能被很好地诠释，重点在于"国风"与"潮流"的结合、"传统"和"现代"的结合，品牌结合东方美时，应尽量选择稳重、传统的国风元素，保持其严肃沉稳的风格，传达出安全、沉稳、可信赖的感觉。设计者从传统文化中汲取灵感，再将其与时尚结合的过程中，是否始终保持了民族文化特色，即"民族性"与"现代潮流"的比例极为重要。品牌需要清楚定位，合理、适当、巧妙地将东方美应用于品牌形象设计中，避免进入生搬硬挪、搭配不协调等误区，将富有内涵与品牌理念的国潮风格融入品牌形象设计中。

（四）花西子品牌研究现状

截至2021年12月21日，在中国知网上搜索主题"花西子"共出现42条结果，

---

[1] 才隽. 国潮文化在品牌形象设计中的应用[J]. 西部皮革, 2021（12）：26-27.
[2] 杨涛. 城市品牌形象设计的策略与方法——以唐山市为例[J]. 设计艺术研究, 2020（4）：36-39.
[3] 颜奕桐, 阳兴龙, 王天来. 文化认同视域下的中国风品牌设计策略研究——以茶颜悦色为例[J]. 艺术品鉴, 2021（23）：99-100.
[4] 王战, 靳盼. 消费文化视域下"国潮"品牌的文本呈现和文化认同策略[J]. 传媒观察, 2021（12）：54-61.
[5] 才隽. 国潮文化在品牌形象设计中的应用[J]. 西部皮革, 2021（12）：26-27.

包括26篇学术期刊，其中被引用次数较高，大于等于100次的共计二十二篇。目前对"花西子"的研究集中在品牌营销策略、符号生产增值、产品美学以及国货发展趋势等方向。研究过程中，一般将品牌置于"罗兰·巴特"符号学理论、"AISAS"模型、"4P"理论、"4C"理论等框架中来分析，多数研究认为花西子成功塑造了一个极具文化的品牌符号体系，从形象符号、直播视听符号、消费仪式符号等实现了从外延层面到内涵层面的品牌升级，最近一年里，对"花西子"的研究变得更加多元，从品牌认知度过渡到国民文化认同感、从品牌形象塑造发展到东方美学融合度，更多研究开始以"花西子"为例寻找国潮营销的发展可持续发展之路。

综上所述，在现有的关于花西子的研究中，基本上能够找到有关符号学的相关解读，但不管是"罗兰·巴特"的符号学理论还是艾珂的"符号生产理论"始终以"线性"思维分析解码符号含义，而这套模式很难全面"读懂"以形象文字和形象思维为特征的东方编码模式。因此，本文将选择相对于西方"线性"思维，具有"整体传播观"的以言、象、意、道为主要元素的符号分析模式——DIMT模式对本土品牌花西子《花西子·傣族印象》系列广告进行"本土化"解读。

二、东方DIMT模式

DIMT模式是学者李思屈提出的东方符号学研究范式，基于《周易》中的符号语言，设置了阴阳对立的四极象限，形成了一个具有整体性的符号体系，将符号的研究从一维空间思路提升为三维空间思考纬度。模型由"言"（Discourse）、"象"（Image）、"意"（Meaning, Consciousness）和"道"（Tao）四条坐标轴构成，分别代表了话语、形象、心理"意识"和真善美之源和真善美的最高统的"道"，四个象限分别对应了动态体系中的"少阳""老阳""少阴""老阴"，分别代表了日常话语、艺术、哲学和宗教四个区域。模型独特之处在于每个区域分别对立统一相互关联，契合了无形熏陶式的东方高度发达的以形象文字和形象思维为特征的代码编码模式，同时能够很好地对按照"风行草偃"的模式所建构的东方智慧符号模型等作出解读与分析。

选择DIMT模型是为了更加有效地解读《花西子·傣族印象》系列广告中的语言符号、画面符号，同时能够更加精准地找到该短片中的东方符号亮点，诠释东方美学。

三、《花西子·傣族印象》中的"DIMT"要素分析

首先从"言"的纬度出发对广告短片进行解读,"言"包括文字层面和听觉层面中的语言要素。在《花西子·傣族印象》中语言要素主要包括台词、音乐两部分,整体语言符号有张有弛,珠联玉映。

(一)言

1. 有张有弛,相互呼应的文本内容

《花西子·傣族印象》短片中的台词由一男一女两位演员共同演绎,语言整体风格具有极高的文学性,富含文化韵味。例如台词中出现的"时光的养分,被藏在每一次花开"、"灵动的图腾映照出民族的神采"、"那里万物生长,繁花长出了千年的时光"通过含蓄委婉、绚丽飘逸的文字描绘出一个具有"灵与美"的想象空间,不直接表意,而是藏意于文字,让观众主动去构思搭建幻想空间,使其置身于"一望无际的花海",或"郁郁葱葱的森林",或"鸟语花香的世界",悄无声息地感受"灵与美"的东方美学。

两段台词同时做到了上下呼应,对仗工整,文字优美,朗朗上口。例如在短片中,女演员说"我在寻找一个地方,那里有……",男演员说"我看到了那个地方,那里有……";"灵动的图腾映照出民族的神采","民族的图腾焕发出新的质感";"穿过神秘的时光,将传统抵达未来","穿过东方的雨林,将民族抵达世界"。观众通过一前一后的铺垫,被代入一个"寻找"的过程并获得了寻找的"结果",不断激发"获得感"与"满足感"。

2. 起承转合,珠联玉映的声乐搭配

美国加州理工大学克林顿·弗朗西斯(Clinton Francis)教授的研究报告显示,当人们在听到自然声音时,能使皮质醇的分泌降低并提升幸福感。短片开始部分,导演大范围地铺陈了来自"自然"的声音,如鸟鸣声、水滴落的声音、风声等,借助大自然的治愈力,让观众在观看短片之初就能够处在一个相对放松的环境下。在此情景中,观众对广告的刻板印象与固有思维模式被打破,转变为欣赏"灵"与"美"的思维层面,忘记自己正在观看一段广告,而是在欣赏一部美学作品。

在短片后续的配乐中不断升华灵与美的主题,使用了多种带有明显民族特征的傣族乐器,如葫芦丝、象脚鼓、叮琴、芒锣、筚、筚箫、玎列、横鼓、排笙、葫芦笙、牛角琴(拉弦)、玎光、多洛、西玎等,很高程度上地还原了傣族民俗中的音乐文化,增加观众对短片所传递内容的心理认同。观众通过"听"

感受傣族婉转细腻、自然古朴的文化魅力，快速完整地将画面主旋律向"自然"主基调过渡。

（二）象

图像符号对广告的效果呈现至关重要，花西子团队在探索傣族文化的过程中，找到能够表达"灵"与"美"的符号，并将其错落有致地排列布局，使观众在观看短片的过程中身临其境地感受品牌文化中的东方美学。

1. 饱满浓郁的色彩搭配与布置精细的场景建构

短片中颜色构成饱满浓郁、有主有次，值得探究。其主要基调为孔雀绿，这是中国特有的一种颜色，短片中大面积的使用这一元素，几乎将绿色应用到了每一个出现在场景中的人与物上。绿色的服装、绿色的眼妆以及各式各样的绿叶、绿草、绿水等，在不同的物像上都能找到这一色系，而其中传递的情感色彩含义几乎趋同，不仅传递象征傣族文化的这一抹"孔雀绿"，更给观众营造出静谧、向往自由的初印象。

为了呈现更好的视觉效果，短片采用的是棚内摄影的方式，整体构图完整，拍摄角度到位，搭建的场景模仿热带雨林的一角，美学视觉效果极高，其中用到了多种云南特色植物。值得一提的是，化妆品使用成分中出现的草本花卉也尽数出现在了短片的画面中，让消费者看到了动态的"成分"，满足新鲜感的同时加大了对产品的认可度。场景中还加入了"天窗""水"等元素，营造出洞穴感，使消费者联想到"宝藏""世外桃源"，配合上"我在寻找一个地方"的背景台词，为品牌增添不一样的神秘感。

2. 动态有声的图像符号、丰富多元的民族元素

孔雀是短片中出现最多的元素，通过多种符号表现，如动物孔雀、孔雀羽毛服饰、孔雀舞蹈、孔雀手势、孔雀舞等。选择孔雀的原因不仅因为孔雀是动物界美丽的代表，更是因为孔雀图腾是傣族人民心中的文化图腾，象征着吉祥如意。短片中给到特写镜头的孔雀舞作为傣族象形舞蹈的代表，也是傣族民间音乐文化中的重要组成部分，与当地自然文化、图腾崇拜、宗教信仰存在密切联系，短片借此将自身品牌与傣族文化深深捆绑，实现1+1大于2的效果。

短片通过"无声"的图像讲述了"有声"的品牌口号。片中出现了大量姹紫嫣红、五彩缤纷的花卉，其对应的是花西子品牌中的"花"。"花团锦簇"的东方花卉在短片中不仅是装饰，还是生产产品的"花材"，是传统积累的千年古方养颜智慧，很好地与品牌"东方彩妆，以花养妆"的宣传标语所贴合。在场景中还出现一扇中式传统窗户——轩窗。轩窗是花西子品牌logo的外形轮

廊，品牌想要传递的不仅是"纳千顷之汪洋，收四时之烂漫"的愿景，更是"为世界打开一扇东方彩妆窗户"的口号。

3. 自带流量、好感记忆的人物符号

花西子在这部广告片中与三位不同领域（知名导演、国际超模、头部主播）的人物进行了合作，他们都是意义丰满的肖像符号，能够为品牌调动起在观众中积累的好感记忆。

该知名导演本身就被符号化，其导演团队名称作为水印贯穿广告全程，并涵盖在媒体矩阵宣传的文案中。导演的名字对国人而言首先是品质的保证，其次是与其作品风格挂钩的民族特色、中国韵味。该国际超模被西方媒体称为"Chinese beauty queen"，是具有国际影响力的东方面孔，她在短片中的出现代表的是花西子的时尚品位与登上国际舞台的野心。该头部主播是当下电商直播行业的佼佼者，是花西子的缪斯，与品牌有深厚的合作。他在片中出现有两个含义，其一是品牌方想要广告效果辐射到该主播的受众，其二是彰显花西子不忘初心的美德。

（三）意

"意"是事物的内涵，通过符号得以表现表达，巧妙的"言""象"组合能带来深刻的心理"意"知[1]。独特的东方符号能够将静态的符号转换为动态，并发挥出"风行草偃"的传播效果。

1. 建立共鸣桥梁，打造审美"仪式感"

片中有一段孔雀舞独舞，选择的背景音乐是著名傣族乐曲《月光下的凤尾竹》，是傣族音乐中最具有大众知名度的乐曲。"视"与"听"相互结合，能够让观众"浮想连篇"，领会到舞蹈和音乐之外的幻想空间。观众会产生的幻想主题大致分为两种，其一：郁郁葱葱的凤尾竹林，悠扬的曲调娓娓动听，令人心旷神怡；其二："原来是这首曲子，我很熟悉，听了好多次了，还能看到这段这么美的孔雀舞，太满足了"。一方面展现傣族的民族之美、音律之美，另一方面通过观众熟悉的乐曲，引起观众共鸣，建立起有效沟通的桥梁，拉近与观众的距离。

能够吸引消费者并留住消费者的是审美价值背后的"仪式感"，短片中通过"言"与"象"的起承转合，营造出了能够激发观众情感的"意"，花西

---

[1] 倪月. 高票房电影间的海报之别——基于DIMT模式的符号学分析[J]. 未来传播，2019（3）：48-52.

子把静态的符号包装成动态的、具有东方仪式感的"灵与美的线索""孔雀图腾""傣族印象""欲把西湖比西子"等，不仅收获消费者好感度，也能够让消费者对品牌产生"追随""热爱""想拥有"等主题的强烈感情，用独特的傣味仪式感实现与消费者情感联结与价值共享。

2. 将传统的"灵"与"美"带向现代

从短片中的细节设定可以发现，剧情的推进从传统过渡到现在。女演员所穿着的服饰在设计上融合了傣族的传统服饰元素，男演员在片中的汉服与刺绣西装都带有国风元素，片中的音乐由开始的傣族乐曲到后半段开始融入有节奏的流行音乐节奏，带着缂丝、镶嵌工艺的化妆品包装等，都在传递一个观点：传统不应被遗忘在角落，它可以被挖掘，并以更好的样子出现在现代，并融入当下。

整个短片的故事线是一个"寻找"与"找到"的过程，这一过程也代表着团队在新产品创造过程中对傣族文化的探索，"如何让傣族花的成分在雨林之外的地方延绵生机"的问题。当观众听到"沙沙"的声音，看到孔雀开屏的瞬间"美而自信的状态"，他能够感受到的是自然的、灵动的、自信的美，是源源不断支持傣族文化源远流长的"灵美"。这不是自身创造的灵与美，而是在探索傣族文化过程中，找到了能够表达灵与美的符号，将之结合到自身的产品中，通过宣传产品向外传递灵与美。

（四）道

通过意象表达的内涵是可视的，当"言""象"所表达的"意"开始深刻，输出精神文化时，就上升到了"道"的层面，让受众在精神层面上感知到洗礼并升华，在心灵深处获得认同与肯定。

1. "唯变所适"之真理观

"唯变所适"是基于"变易"的基础上，在时间秩序中展开的唯变是从的思想。《周易》谈变的核心思想精髓之处在于"变则通、通则久"，所谓知"变易"而"唯变所适"。美学研究、美妆行业等领域在国际舞台上一直被西方世界统治，"崇洋"思想在这个领域有深厚的根基。传统文化在这一领域遇到"难"题，无法适应时代更迭，传统美学、民族彩妆过去的发展模式远不能与当下西方行业比肩，因此传统需要直面"难题"，尝试"变"化，以适应发展趋势。

《花西子·傣族印象》中的"变"表现于多处，具体表现于通过学习探索，将傣族的传统符号与现代的人、事、物相结合，把传统模式变成了赋有民族色彩的现代传播风格，将古方养颜智慧运用现代研发技术变成了独特的东方彩妆产品；把旧符号变成了新的符号，赋予传统全新表达，树立了文化自信的旗帜，找到了打开东方美学的正确方式；将过去的美学沉淀复苏变"活"，用有"灵"气的方式找到了中华文化独特的视觉美感。

2. 为世界打开东方美学的窗户

东方美学不同于世界上任何一种美学，具有无可取代的性质，短片中最后的"言"是"民族美就是世界美"，想要表达的不仅是对产品的宣传，还有品牌对东方美学的底气。普及美学，就是普及美品学，是让大众在对自我的"本来美"的认识、对艺术之"美品"的认识以及"物我合一"的相应呼应中，觉知本性和光大本性。它并非凭空生发，而是对众多先人的思想成果的进一步生发，借助了文化传统而超越文化传统，是艺术哲学归于天人合一的尝试[1]。

花西子深入实地考察，走访云南西双版纳，将热带雨林里探寻到的"灵与美"变成符号，呈现在屏幕前。《花西子·傣族印象》在传统文化中找到了源源不断的动力，将远在云南热带雨林的灵与美变成了一只孔雀或一朵花，将"民族文化"合理、适当地与"时代潮流"相结合，巧妙地表达出了东方美学。在整个筹备过程中包括文案拟定、场景布置、拍摄背景、音乐制作等环节中，借助了传统文化并超越了传统文化在受众心中的固有化表达，实现了东方美学的现代化创新，用独特的方式"为世界打开了一扇东方彩妆的窗户"。

四、结语

现如今，"国潮"已经崛起，并通过多个不同赛道涌入市场。在数量庞大的产业群面前，如何借助博大精深的中国传统文化构建独特符号体系打造新国风，生产能够吸引消费者的"意"与"道"，扩张品牌影响力，成为当下新兴国潮品牌需要学习深究的板块。

国货在当前消费模式下，想要"出圈"，只抓住国风元素是不够的。传统文化博大精深，在不同的领域和方向上都能够深挖且具有深挖的价值，但有一定价值高度的文化成果不一定具有潜在的宣传价值。想要"出圈"想要"爆"，则需要找到与品牌调性相符，且能够发挥出文化势能的文化内容即适合自己的"言"和"象"，比如花西子以美妆出发，定位傣族民族文化，有选择性地深

---

[1] 邱伟杰. 普及美学原理[M]. 成都：四川文艺出版社，2019：195-202.

挖傣族传统美妆制造与民族美学工艺，学习并表达出了具体的文化价值与美的内涵，创造出一种富有审美价值且贴合品牌形象的"意"，由此发挥出了东方符号的符号势能，塑造出了一个表达民族美学的东方品牌。

品牌想要"长红"，在宣传筹备阶段从"言、象、意、道"出发分析是非常好的选择。《花西子·傣族印象》的符号体系设置具有借鉴意义，其通过条理清晰的"言、象、意、道"的四个维度，层层推进，使观众从形象思维和情感逻辑两个不同方向展开思考。通过不同符号的搭配设计，把不可见的"灵与美"生动的表达并贯穿全片，用丰富的"言"、多元的"象"，建立了一个富有美学意义的艺术场所，把观众从"现代"带进了"热带雨林"。在短片中，"言""象"与"意""道"深度契合，视觉符号与精神价值高度统一，观众在观看时，能够身临其境进入作品，感受到短片传递的精神价值，迈上由"意"构成的共鸣桥梁，透过园林轩窗看到东方国风之美。

"国风化"的花西子不仅仅是一个单纯化妆品品牌，褪去商业价值的背后，他成为能够激发青年一代文化认同的美学符号。通过《傣族印象》，"民族美"转化成为直观生动的视觉符号，他成为傣族文化的代表，东方美学的传声筒。如何让"品牌美"与传统文化的精神内核挂钩，如何让"东方美"变成了可以让消费者产生认可、喜欢、追随等情感起伏的美学符号是国货品牌需要着重思考的问题，让国货成为潮流并赋予国货在美学、文化、价值等多个层面的意义是国货品牌的价值与使命。

第三节　木兰故事再创作中的东西方符号拼贴
——以迪士尼真人电影《花木兰》为例

木兰故事来源于中国的传统民间故事《木兰辞》，讲述的是南北朝时期花木兰女扮男装替父从军的故事。2020年迪士尼的真人版电影《花木兰》在上映后产生了中西方两极分化的口碑。上映不久的《花木兰》在美国著名影评网烂番茄网的新鲜度高达81%，而在国内上映后，其豆瓣评分仅5.0分，甚至没达到及格线。国外观众接纳认可的态度和国内观众的普遍不认可形成了鲜明对比。比之迪士尼先前的动画版本《花木兰》（1998版烂番茄评分86%，豆瓣评分7.9）受到的国内外普遍认可，为何真人版木兰故事电影"沦落"至此？从电影中跨文化的符号拼贴来看，产生了哪些问题？跨文化领域中的创作如何更好运用符号的拼贴？本书将对这些问题进行深入分析。

一、文献综述与主要概念

"拼贴"一词原指绘画中一种对现成物进行操作的工具性手法。这种拼贴的方式多用于服务传统艺术领域（如绘画、建筑中）。随着历史发展，它逐渐成为一种源自绘画而又超越绘画的手法，"拼贴"早已突破了绘画的困囿向更多的领域发展。法国人类学家及符号学家列维·斯特劳斯（Claude Levi—Strauss）在《野性的思维》一书中使用"拼贴"的概念来形容原始人的思维方式，即原始人通过拼贴的方式，将原有的物品组合创造出新的意义[1]。因而"拼贴"一词也即将原本不属于同一语境中的对象组织并放在一个新的语境中产生新的意义。随着时代的发展，后现代的"拼贴"理念也逐渐发展，如柯林·罗（Colin Rowe）的城市研究中提出的"拼贴城市"[2]观念，便试图用拼贴的方法连接因工业化而被割断的城市历史。美国学者弗雷德里克·詹姆逊（Fredric Jameson）则对后现代拼贴颇有指责，他指出："拼贴，像戏仿一样，是对一种特殊或独特风格的模仿。"[3]在詹姆逊这，拼贴像一种充满着抄袭意味的临摹，它代表着胡乱的拼凑和融合后产生的大杂烩，事物失去了原本的意义。这些观念与时代变换紧密相连，不同于以往狭义上的"拼贴"，"拼贴"作为一种思维已成为后现代主义中方法论的代名词。

我国对"拼贴"的相关研究起始于20世纪80年代初期，国内学者更多着眼于广义层面，即将"拼贴"作为一种思维方式或手法来考察。目前，国内关于"拼贴"的研究大致可分为两类：第一类，亚文化中的"拼贴"研究。"拼贴"对于亚文化群体风格的塑造产生着持续的意义，相对于艺术领域内的拼贴，亚文化中的拼贴更产生了一定程度的对抗意味。胡疆锋是国内较早研究亚文化中拼贴运用的学者，在2008年，他便将拼贴作为恶搞现象的重要手法研究亚文化。他认为，拼贴消解了经典文本的神圣性，符号被去历史化和去语境化，建立了与原文本不同的具有反讽意味的新文本[4]。而后他在其著作中论述伯明翰学派的青年亚文化理论时再次提到拼贴的概念，即："通过'新的语言'和'不同的信息'，一种新的意义与原来的符号系统形成了对立。"[5]拼贴是成就青年

---

[1] 列维·斯特劳斯. 野性的思维[M]. 李幼蒸，译. 北京：商务印书馆，1987：22.
[2] 柯林·罗. 拼贴城市[M]. 童明，译. 北京：中国建筑工业出版社，2003.
[3] 弗雷德里克·詹姆逊. 文化转向[M]. 胡亚敏，等，译. 北京：中国社会科学出版社，2000：5.
[4] 胡疆锋. 恶搞与青年亚文化[J]. 中国青年研究，2008（6）：5-12.
[5] 胡疆锋. 伯明翰学派青年亚文化理论研究[M]. 北京：中国社会科学出版社，2012：177.

亚文化风格的重要手法，亚文化群体企图通过拼贴形成的新事物传递抵抗性质的、叛逆的、戏谑恶搞的内容，并表达自己的诉求。第二类，艺术领域中的"拼贴"研究。"拼贴"除了在传统艺术如绘画、建筑中的运用，它作为后现代主义艺术创作中重要的思维方法，更被广泛运用于各种现当代艺术的创作中。如今在文学、电影等艺术形式中也随处可见拼贴的手法。关于拼贴在后现代影视艺术中的运用，王瑾[1]较早展开了相关研究，拼贴被他用作一种后现代的互文性手法来研究《大话西游》的文本。他认为，拼贴在影视中的优越性在于其文本互异性，即通过各种歌曲、台词、行为艺术、国外文化以及国内传统元素的拼贴糅合，实际上对影片的叙事产生了颇具震撼的效果。随后该方面研究数目也逐年增长，通常都是结合具体的影视剧案例进行拼贴手法的分析。

究其本源，"拼贴"即是各类符号的拼贴，拼贴之所以为拼贴，拼贴后的事物之所以能产生新的意义，与其作用对象即符号有着密不可分的联系。前人对"拼贴"的研究成果虽已颇丰，但从符号学的角度解读拼贴的研究仍较少。因此，本文以电影中符号的拼贴为研究对象展开论述，将对拼贴整体的研究作出一定程度的补充。

综合前人的研究成果，本书将符号拼贴界定为：将原本属于两个意义系统中的符号进行拼凑而最终生成一种全新意义事物的手法。

二、罗兰·巴尔特模型之下的东方符号及其拼贴

（一）故事创作：揭开东方的神秘面纱

法国符号学家罗兰·巴尔特（Roland Barthes）认为，不能把符号本身当作能指与所指的唯一联系来对待，他建议必须不再通过它的"构成"而是它的"环境"来研究符号[2]。巴尔特通过对叶姆斯列夫（Louis Hjelmslev）层次理论的吸收改造，将符号的意指系统分为了表达层面E（即能指）和内容层面C（即所指）。意指作用相当于这两个层面的关系R，所以表达式为ERC。他设定这样一个意指系统为第一系统，它又可以成为第二系统的表达或内容层面，这样意指系统就有了二级关系，在此基础上可以无限衍生。巴尔特的符号学意指系统的最终结果是一个完整的框架，体现了他全部符号学的精华，表现出他对符

---

[1] 王瑾. 互文性：名著改写的后现代文本策略——《大话西游》再思考[J]. 中国比较文学，2004（2）：65-76.
[2] 罗兰·巴尔特. 符号学原理[M]//赵毅衡. 符号学文学论文集. 北京：百花文艺出版社，2004.

号学意指系统的关注和重视[1]。他的意指系统的复合整体呈现见表7-2。

表7-2　　　　　　　　　罗兰·巴尔特意指系统

含蓄意指	能指：修辞学		所指：意识形态
元语言、直接意指	能指	所指	—
真实系统	—	能指、所指	—

在巴尔特的复合意指系统中，底层第一系统（即真实系统）的ERC构成了第二系统的内容层面，因而巴尔特称第二系统为"元语言"，属于直接意指的层次。而元语言的层次又成为第三系统的能指，因而以元语言为中介，完成了第三层含蓄意指的功能。基于罗兰·巴尔特的符号意指系统，西方人眼中的东方符号解读形式便能更清晰展现出来，具体见表7-3。

表7-3　　　　罗兰·巴尔特模型下西方人的东方符号解读

东方事物1（如真实系统里的"福建土楼"）	
东方符号1（东方人眼中的东方理解，"福建土楼"具有宗族聚居的历史性和实用性意义）	能指（"福建土楼"）
东方符号2（西方人眼中的东方理解，经由跨文化传播后的东方符号1成为东方符号2，西方人对东方的不了解使"福建土楼"成为新奇、诡谲、神秘的存在）	

源于东方语境中的事物本身带有其语境赋予的意义，如"福建土楼"，其作为福建、广东一带的建筑物于2008年被列入世界遗产而被各国人广泛知晓。"福建土楼"作为一个东方符号体现了历史上该处居民宗族聚居的盛景和实用性等文化意义（即东方符号1）。随着西方对福建土楼的知晓（非中国语境下），该种体量庞大且结构简练的圆形建筑成为世界意义上中国历史的重要建筑代表。由于现代西方人本身对东方历史了解甚少，因而在非本语境的人们解读之下，土楼本身所带的历史意义便已模糊不清。他们将该建筑与对东方的传统印象结合而转化成了中国或者东方世界的带有神秘、诡谲气质的符号（即东方符号2）。在此，含蓄意指便是东方符号跨文化传播后产生的新意义层面，在该层面时刻反映着西方人解读东方符号时的惯用修辞和其意识形态内核。

---

[1] 王青. 能指的狂欢：罗兰·巴尔特的意义[J]. 江淮论坛，2006（3）：98-101.

中国一直是世界东方文化的典型代表之一，现代主义上西方对东方文化的研究也主要聚焦于中国和日本等远东地区。近几十年里，西方电影对东方文化符号的应用大多以中国、日本等远东国家为主，对东方故事的发掘创作也多中日元素。随着对东方故事的挖掘和影视化创作的进行，以往在西方小说或媒体报道中神秘的东方世界逐渐变得生动起来。然而因为创作选用的题材甚少，以及所用的东方符号过于单调化等原因，许多东方元素的运用仅仅成为西方创作者以及观众基于惯有印象和意识形态理解下的"狂欢"。他们的经验来源于以往，亦希望从创作后的电影中看到的东方世界能符合其对东方的印象期待，甚至可以满足其本族群中心主义理念，无论这些元素符号的运用是否与真实之间拥有鸿沟。

在这层意义上，东方符号在西方人的理解中便成了别样的能指，它的所指为西方人的东方符号需求服务，也为西方电影工厂对东方故事的创作服务。

（二）吊诡的拼贴：脱离原始语境的融合

在罗兰·巴尔特的符号意指系统解读下，东方符号对西方人来说呈现出了某种程度上的边界模糊和符号意义的融合特征。不论是中国故事还是日本故事，西方人在进行故事影视化创作的过程中都展现出了符号的混用和意义的融合解读。尽管中日两种东方文化具备一定程度上的相似性和同源性，但其差异性在东方文化语境中也是显而易见的。从西方语境出发将这两种不同文化背景下的符号进行主观化拼贴是颇显吊诡的。正如真人电影《花木兰》中木兰相亲时的妆容，类似日本女子的艺伎妆容出现在了我国古代的女子花木兰脸上，同样的白面红唇妆效给了观众视觉记忆的重合和碰撞。这对中国观众来说颇显诡异，不可接受（图7-2）。

图7-2 日本艺伎妆容与《花木兰》妆容对比

而在西方观众看来，同属于东方一系的符号经此拼贴并未有不妥之处。此时的东方符号2经过拼贴后的意义融合更贴切西方观众的内心期待，但拼贴后的东方符号1却在东方内部语境中产生了意义的割裂，带给中国观众以格格不入的符号拼贴体验感。

迪士尼的真人版电影《花木兰》正因符号系统中多类符号拼贴不合语境的运用而导致了中国观众的观感不适。相较于西方的良好口碑来说，真人版《花木兰》在中国遭受的冷遇更能揭示其深层次的符号系统失败内因，而这种失败与电影中吊诡的符号拼贴则是息息相关的。

三、木兰故事再创作：符号拼贴败于何处？

在2020版真人电影《花木兰》之前，迪士尼已有对木兰故事的影视化创作，即1998版动画电影《花木兰》和2004版的动画电影《花木兰2》。1998版的花木兰讲述的是木兰替父从军的故事，2004版则讲述了木兰成婚后的故事，这两次创作使花木兰的人物形象深入人心。"花木兰"符号的知名度在国外打响，这个别样的迪士尼公主几乎成为家喻户晓的存在。而今经历再创作的真人电影花木兰虽在国外口碑尚可，但在中国却经历了口碑滑铁卢，这与其整体符号系统的失败有相当的关系。

（一）语言符号的拼贴：陌生的陈述

语言是人类所独有的、用于交际的符号系统，是语言集团言语的总模式，同时又是文化行为的最重要形式[1]。语言是最重要的符号形式，语言符号的运用时刻彰显着文化的意义。语言符号的不恰当拼贴会导致电影陈述的失败，在跨文化的语言对译和言语翻译中，也需要时刻注意具体运用的语境差异。

真人版电影《花木兰》的主要选角基本为华人华裔，中国观众对主演阵容相对熟悉，因此剧情带来的沉浸感会更加强烈。然而此版电影在呈现中选用了让演员全英文讲台词的方式，英语语言符号与中国真人演员符号的拼贴虽是为了迎合全球更大范围观众的口味，却在中国产生了适得其反的效果。木兰故事的本土语境在中国，所用的语言符号应是中文，因此演员非本土语境的英文演说对生根于中国传统语境的观众来说接受度并不高。

---

[1] 吴建平. 语言符号对译、言语翻译与跨文化信息[J]. 厦门大学学报（哲学社会科学版），2002（6）：51-56.

反观同样讲述木兰从军故事的1998版动画电影《花木兰》，其在人物的语言处理上则相对易接受。动画版具备英文、中文等不同语言的配音，且没有与真人演员口型配对的需求，所以由中国配音演员进行配音的动画版《花木兰》实际上并没有产生符号拼贴后的不适。木兰故事是中国民间本土的故事，中国观众对其影视化改编的作品拥有较高期待，且对其的要求相较于国外观众来说更为严苛。真人符号的使用在适合其语境的条件下呈现，演员的台词口型与故事的背景语言相符，影片的文化意义才更受肯定。

除此以外，真人版电影中对花木兰品质中的"忠、勇、孝"几个语言符号的英文翻译与中国文化语境存在着意义偏差。影片中将"孝"译成"devote to family"，在中文里的实际意思是"奉献家庭"，与"孝"本身讲述对父母的顺服回报意味有较大不同。而字幕中对于"孝"和"devote to family"的拼贴对中国观众来说则显陌生。基于语言符号脱离原语境的不恰当运用，迪士尼真人版电影中的语言符号拼贴便像无源之水无本之木，在中国观众的眼里成为陌生的陈述。

（二）意象符号的拼贴：混乱的观感

从符号学的角度来看，意象是通过意象符号表达出来的，它们是情感和形式的统一体。每一个意象符号都有其背后的情感和文化意义，电影中每一个意象符号的存在都与影片的时代背景息息相关。无论在哪一版的木兰故事里，西方的影视制作者都致力于在影片中呈现尽可能多的东方元素，首先便是从意象符号的大量选取中来展现表面东方化。

在1998动画版中，长城、龙、红灯笼、笔墨纸砚等丰富的中国传统意象符号的运用增添了电影故事的生动性和东方性（图7-3）。同样地，在2020年的真人版电影中，皇宫、福建土楼、中国的大好河山风景的呈现等都尝试了对传统中国原景的刻画（图7-4）。与1998版不同的是，2020真人版电影在这些中国传统意象符号的选取上却相对偏离了创作的真实要义，进而造成了意象符号拼贴的混乱之象。一般情况下，观众对创作者基于真实历史进行的意象选取和拼贴创作是保持肯定态度的，正如动画版中的中国元素运用。动画版《花木兰》中中国传统符号的存在为木兰故事的主要脉络发展起到了添砖加瓦的作用，使故事背景呈现更加还原，凸显了积极的传统文化意义，且不影响影片故事的走向。因而意象符号虽然对影片中的人物叙事所起作用不甚明显，但仍然发挥着举足轻重的作用。

而真人版《花木兰》电影中的意象符号呈现与原始的木兰故事背景却存在

图7-3　动画版《花木兰》中国意象呈现　　图7-4　真人版《花木兰》中国意象呈现

着一定程度的违和，如符号所代表的年代与木兰故事的年代不相符等。这样的意象符号拼贴会给了解中国历史的观众造成年代混乱的观感，并直接影响故事的带入性和接纳度。具体而言，在真人版电影中存在着两种意象符号的拼贴方式，即从中国其他故事语境中挪取符号进行拼贴和直接将西方的符号植入中国故事中进行拼贴这两种方式。

其一，真人影片中出现了"福建土楼"和"气"等符号。"福建土楼"是古代中国宋元时期的传统建筑，与花木兰的年代南北朝并非同一时期，影片中呈现的南北朝时期出现了宋元的建筑，便凸显了拼贴的混乱。而"气"则来源于中国传统文化，多见于中医术语中，用来形容人的精气运作。而在西方人的理解中，"气"被神秘化和夸张化，甚至内化为了中国人拥有的"超能力"。创作者将"气"挪用到花木兰身上，便将原本平凡的木兰形象"超级英雄化"了，与原本故事中平凡姑娘的勇敢抉择和蜕变所传达的意义不符；其二，真人影片中对西方意象符号的植入也不鲜见，如女巫角色便是创作者在电影中植入的西方元素。将西方语境中的意象符号拼贴到东方木兰故事中，实际上加深了跨文化创作中的"魔改"（即妖魔化改编）程度。"魔改"手段破坏了原故事文本的真实性，消解了其原本的文化意义，也在一定程度上对西方的此类妖魔意象符号产生了消极的跨文化意义。此种"魔改"意象符号的植入式拼贴影响了木兰故事发展的真实性和合理性，因此在中国语境中产生了"水土不服"的效果。

（三）叙事符号的拼贴：剥离了的传统

电影不可避免地具有叙事性，它通常比电视剧更多地借助影像艺术独特的符号系统，这个独特的符号系统非常丰富多彩，具有很强的艺术美效果[1]。合理的叙事符号对于整体故事的推进具有事半功倍的效果。但是叙事符号的"容错率"并不高，只有符合场景需要且有自身作用价值的叙事符号才更加被认可。出自好莱坞电影工厂的《花木兰》电影系列本身深受西方叙事模式的影响，因而创作者在创作时尽力撷取有力的东方叙事符号与西方叙事模式进行拼贴以完成作品的效益最大化。

1. 色彩符号的拼贴

色彩是第一视觉要素，在视觉传达的过程中，具有特殊含义的、有符号性质的色彩成为最具备认知和传播的视觉语言[2]。色彩符号在影片的叙事中传达着视觉的文化信息，且配合着故事的发展进程，对推进叙事有其独特作用。在色彩符号方面，本文将通过动画版和真人版的对比进行分析。

动画版《花木兰》在叙事中运用的色彩符号比较丰富，从花木兰相亲到木兰从军以及营救皇帝，影片里不同时期的花木兰衣着色彩都不相同。木兰相亲时的衣服和头饰使用了红色、蓝色、粉丝几种色调，丰富的色彩更切合中国古代年轻女子的外表形象；木兰从军时则使用了绿色、黑色和灰色的色调，与军营艰苦的生活相称；最后营救皇帝时木兰的衣物颜色则为绿色、黑色和红色，与便衣夜行于皇宫的氛围相合。动画版在色彩运用上注重还原传统的真实情境，使这些传统色彩符号更加深刻贯穿于故事的背景和现实中，在总体上呈现了色彩符号和叙事整体的优化拼贴。

真人版《花木兰》电影中对主角的色彩运用相对较单一。除了花木兰相亲时的衣服色彩使用了红色和紫色的色调，木兰从军后以及营救皇帝时基本只有红色一种色调，色彩符号因此在情节中所起的作用效果不大。真人版影片中，主角以及从军时军队的衣着基本设定为不同程度深浅的红色，主要角色和场景中过于强调一种色调容易导致影片审美的单调化。色彩符号承载的视觉信息较少，因而表达的视觉语言也相对不充分。

色彩运用所产生的情境色彩和基本情调，对影片中环境气氛的营造、观影者的情绪调动以及作品主题思路的表现等都起着至关重要的作用[3]，对叙事的

---

[1] 倪祥保. 电影叙事符号的美学分析[J]. 苏州大学学报，2005（3）：81-84.
[2] 王宇. 视觉艺术中的"色彩符号"研究[D]. 开封：河南大学硕士学位论文，2006.
[3] 聂书法、赵会宾. 美国动画电影《花木兰》色彩设计研究[J]. 电影文学，2012（16）：67-68.

推进也有不可小觑的作用。在动画版故事的开头，阴沉黑暗的色调预示了一场匈奴南下的危机的到来，而花木兰家中的生活场景色调则明亮艳丽。随着剧情的发展，替父从军后征战沙场时花木兰所在场景的色调又变为压抑灰暗的冷色调，既而获胜归乡时，色调恢复了明亮的暖色调。与之形成对比的是，这些色彩符号在叙事中的作用在真人版电影中被削弱了。真人版中对匈奴人侵和最终与其决斗场景的塑造都摒弃了黑夜背景的刻画，黑色的色彩符号预示着危险、不安定，更能以视觉语言的诉说开启故事新情节。两军雪地交战的场景中，真人版场景更加明亮，色差更明显，而动画版相较于真人版色调更加灰暗及压抑，更能彰显氛围，也更显色彩叙事能力。真人版《花木兰》中的色彩运用对于影片的氛围营造效果不甚突出，在对于推进故事叙事发展中的作用也不如动画版明显，色彩符号的叙事能力在真人版中有所下降（图7-5）。

图7-5　动画版《花木兰》中的叙事节点色彩呈现

2. 人物符号的拼贴

艺术本身是通过创造一系列富于深意的符号来激发人类共鸣的特殊逻辑形式，这些符号浓缩了创作者对物质世界的理解，以及在此基础上所进行的理性实践活动[1]。电影中对人物的符号式塑造便如此，人物符号所蕴含的品质内核、精神等在一定程度上体现了创作者本身持有的价值观以及所用的叙事模式。

真人版《花木兰》呈现的花木兰是典型的好莱坞类型化叙事模式下的人物符号，与传统故事《木兰辞》中所描写的花木兰形象有较大的不同。从木兰从

---

[1] 邱瑜毅. 论《等待戈多》中符号式的人物形象[J]. 名作欣赏，2013（33）：47-50.

军的角度看,《木兰辞》中对此仅有30字描写,即"万里赴戎机,关山度若飞。朔气传金柝,寒光照铁衣。将军百战死,壮士十年归。"而整篇文章的大量篇幅主要着墨于描写木兰对父母的孝顺和对皇帝的忠诚。

在迪士尼的真人版影片里,创作者则将大量篇幅放在木兰的从军生活和救皇帝的故事中,以此凸显花木兰从冒险离家到成功立业的个人形象。影片中塑造人物符号的模式与迪士尼其他动画电影的类型化人物塑造如出一辙,即十分注重人物从平凡到非凡、获得成功的成长历程。从商业角度来说,类型化的电影减少了制作的难度,也降低了影片的投资风险[1],但类型化的人物符号塑造却也丢失了原文本中重要的叙事方向,改变了故事的整体叙事重点。在该方面,真人版对动画版并没有超越之处,更多的仅是对动画版的叙事人物符号进行了复刻。

真人版《花木兰》的创作者在对叙事色彩符号和人物符号的运用中表现出了后继乏力,在具体的制作中也没有逃脱类型化叙事的框架,缺少创新意识。比之动画版,真人版在更大程度上剥离了传统。它将动画中主角的绚丽色彩褪去,又把传统中叙事的人物归于类型中重塑,再将这些"改造"后的符号拼贴到了创作者的叙事文本中。与动画版创作暌违22年后,"再创作"三字的涵义对创作者来说似乎仅仅是多了"真人"一层面。

四、创新拼贴:打造具备全球意义的影像作品

尽管真人版《花木兰》中拼贴思维的不妥运用影响了整体符号系统的和谐构建,但其并非没有值得肯定之处。影片在内核意义的呈现上体现了中西价值观的拼贴融合,使传统的东方故事呈现出了新的时代意义。西方人在价值观理念中十分崇尚个人价值的实现,他们崇拜"个人英雄主义",把个人成就视作个人最高价值之一。基于此,创作者在改编传统的木兰故事时将源自西方的个人价值内核与东方的木兰故事框架相拼贴融合,因此花木兰被赋予了全新的涵义。原本出于忠孝而替父从军的选择融合了实现个人价值的需求,因而个人价值被内化进了人物的性格呈现中,并在人物的选择和日常行为中表现出来。如从军生活中的木兰充分发挥了自己的智慧和价值,凭借一己之力引发雪崩拯救了整支军队,随后又只身救皇帝于险境之中。这种价值的拼贴在一定程度上体

---

[1] 赵泓,李俊鹏. 好莱坞动画电影改编中国文化资源研究[J]. 电影文学,2016(23):111-113.

现了人物塑造的时代意义，能够符合大多数当代受众的审美需求。诚然，东方价值与美式价值的拼贴具有进步意义，但经历了再创作的木兰故事相比于动画版的内核表现并没有超越之处，而是基于原版故事的重现。在新的时代，如何创新利用拼贴的思维来打造更多具备全球意义的跨文化影像作品，是值得深思的问题。

在跨文化领域内进行的创作，也是传播和被传播双方对文化的编码和解码过程。伴随着传播中的符号互动，作品传达着重要的意义。全球化语境为中国本土故事进行跨文化创作提供了良好的契机，而拼贴的思维方式在其中则不可或缺。文化拼贴也许并不是一把打开世界之门的万能钥匙，但它至少是一种能使本土文化更加易被海外市场接受的、比较可行的思维方式[1]。因此，从符号拼贴的内容角度出发，本文对东方传统故事的跨文化创作提出了一些可供参考的建议。

第一，尊重原故事语境，倾听受众诉求。故事影视化创作时要努力找到国际化和本土化的契合点，采用国际化和本土化的"双重编码"[2]策略、既要注重本土文化的稀缺性，又要最大程度让国际受众接纳和认可。因此，影视化改编时需要适宜、适度、适量，如在语言符号的使用上，真人演员配合真实语言才更还原本土，后续全球化传播时加入不同的翻译版本则考虑了国际受众的需求。

第二，充分认识历史，把真实还给真实。遵循真实原则是跨文化创作的重要前提，创作者必须对所选取故事的文化背景有充分的历史认识，才能更好地运用其中的符号进行东西方元素的拼贴。且符号的植入需慎重，应警惕西方电影工业中妖魔化改编手法对传统东方故事的渗透。一些全人类共通的情感要素如亲情友情对应的符号植入在跨文化创作中效果较佳。

第三，创新叙事模式，发扬传统力量。从叙事角度来看，跨文化影视作品所选取的叙事符号应最大程度保留传统。传统故事有其自身的力量，因而得以世代流传而不消亡。因此，在发展叙事时，创作者应尽可能不重蹈类型化的覆辙，而更专注于故事传统的优秀基因提取。跳脱"超级英雄化"的叙事思维，跳脱线性的人物符号塑造，我们的本土创作者应得到更多的发挥空间，把传统的力量发扬光大。

---

[1] 冯林林. 浅析文化拼贴在跨文化传播中的作用[J]. 才智，2013（20）：203.
[2] 邵培仁，潘祥辉. 论全球化语境下中国电影的跨文化传播策略[J]. 浙江大学学报（人文社会科学版），2006（1）：65-73.

五、结语

巴尔特的符号意指系统为西方创作者对东方故事的改编提供了良好的解释模型,在揭开东方神秘面纱的同时,西方对东方语境中的符号进行了大量的拼贴运用。然而目前跨文化电影中的符号拼贴仍存在不少问题,在拼贴内容的语言维度、意象维度以及叙事维度都可以进行更深入的改进。未来,在木兰故事的再创作中,中西方的创作者都应该秉着诚挚的态度,致力于向全球传播具有中华民族特色的文化符号,展现东方的独特魅力。同时也应将中西方文化进行有效的结合,顺应国际文化潮流。在全球文化加速融合的背景下,走出国门的传统故事不应只有木兰一个,对其进行跨文化创作的也不应只有西方人。东方文化的本土创作者应主动进行跨文化的作品创作,创新运用符号拼贴的方式,改善更多东西方之间的刻板印象和文化壁垒,凸显独特的东方魅力。

在全球范围内,跨文化创作者应处理好故事本土化和全球化的关系,在立足于本土文化内核的前提下,影片的价值传达、审美表现、制作水准等方面可以更趋国际化。国际化必然意味着不同符号的拼贴,让符号拼贴更有内核力量和传播力量是未来国际创作者共同努力的方向。

第四节 神话的诞生:偶像网络剧价值观传播

网络技术的发展以及"偶像类"媒介内容的广泛传播推动着粉丝群体的形成。粉丝群体在微博超级话题等网络社交平台得到了长远的发展。粉丝群体的逐渐扩张使其影响力逐渐扩大,政治、经济等多个领域都出现了"饭圈化"的现象。网络剧也受到与偶像和粉丝相关的文化的影响,多部偶像作为主演的网络剧出现在公众视野中。这些网络剧将众多外形靓丽的偶像塑造为完美的"男神"和"女神",让粉丝深陷其中,无法自拔。

美国学者格伯纳(George Gerbner)指出,电视剧等媒介内容会在一定程度上影响受众对真实世界的感知。以粉丝为目标受众制作的网络剧也会在不知不觉中影响粉丝价值观的形成与发展。本书将借助符号学理论对此类网络剧传递的价值观进行剖析,希望能够从传播主体的角度发现此类网络剧面临的问题。

一、相关概念界定

（一）偶像与粉丝

在中国的文化发展历程中，"偶像"一词最早源于宗教，意为用木头、泥土等雕塑的，供人敬奉的人像。随着中国媒体环境的发展，"偶像"一词在不断发生嬗变。有学者认为，偶像涵盖了远古偶像、传统偶像、现代偶像三个范畴。远古偶像即宗教意义上的偶像；传统偶像包括政治领袖、战斗英雄等英雄伟人；现代偶像则与今天大众对偶像的认知贴合，主要指涉受大众喜爱、追捧的明星。目前，我国学界对偶像的相关研究主要集中于现代偶像方面。

基于大众消费环境生成的现代偶像概念具有多重内涵：演员、歌手、体育健将等都可以被视为偶像。本书想要讨论的偶像则主要包括受日韩偶像文化影响培养出的唱跳表演者以及网络偶像制造类节目生产的偶像。我国网络媒体环境中节目类型复杂，诸如《明日之子》《国风美少年》等综艺虽然并不生产唱跳类偶像但其选手也可被称为偶像。

偶像神话的产生需要多层符号意义的叠加，而能够理解多重符号意义需要粉丝对偶像长期的关注与情感投入。基于对偶像的界定，本研究中的粉丝主要指对偶像具有持续情感投入的人。

（二）网络剧

网络剧自2000年出现至今，已有20年的发展历程。目前，我国仍没有对网络剧的统一界定。国家广播电视总局将网络剧定义为"由节目制作机构或网民个人制作，主要在视频网站等网络视听节目服务机构播出，并由播出平台对节目内容履行审核责任的剧情类连续剧、系列剧作品"，并将获得《电视剧发行许可证》的作品统一视为电视剧。本书认为诸如《如懿传》《烈火军校》《锦衣之下》《鬓边不是海棠红》等众多获得《电视剧发行许可》的剧集在网络平台首播时已经引发一定的社会影响，也应该将其视为网络剧。故而本书从更加广义的层面将网络剧界定为：在网络平台首播的连续剧集。

（三）偶像网络剧

本书的研究对象为"偶像网络剧"，即偶像主演的网络剧。偶像网络剧与网络剧中的偶像剧类型具有一定的差异性。剧中具有偶像气质的人既包括具有偶像气质的明星也包括具有偶像气质的演员。网络剧中的偶像剧类型也与此定义贴合。而偶像网络剧则指涉由唱跳表演类偶像以及网络偶像制作节目生产的偶像担任剧中主要角色的网络剧。

偶像比其他明星更容易被神话化。亨利·詹金斯（Henry Jenkins）认为，网络媒体时代是参与式文化崛起的时代[1]。如今我国偶像制作也走上粉丝与节目制作方共同参与生产的模式——粉丝通过投票决定偶像在节目中的去留。此种偶像生产方式拉近了偶像与粉丝之间的距离。此外，此类节目中融入的真人秀元素使得偶像的公域与私域被进一步模糊，也使粉丝更易被误导。虽然专业演员也可以在网络剧中搭建其神话，但是由于其现实生活中真实性格未在大众面前得到充分表露，因此不能比偶像神话化更具有迷惑性和典型性。

值得注意的是，我国众多学者都将偶像剧限定在现代剧的范畴中。学者吴素玲在其《电视剧类型论》中指出偶像剧主要展现了都市青年男女的爱情[2]。学者郝建虽然在其《中国电视剧：文化研究与类型研究》中提及民国偶像剧、古装偶像剧高频出现的现象，但其仍倾向于将偶像剧圈定在校园、都市等现代背景中[3]。本研究中，偶像网络剧则不限定故事发生的社会背景，只要是偶像出演的网络剧均可纳入偶像网络剧的概念范畴。

二、网络剧中偶像神话的打造

媒体资源的丰富催生了大众对符号消费的需求。鲍德里亚（Jean Baudrillard）在其《消费社会》一书中提到"今天，在我们的周围，存在着一种由不断增长的物、服务和物质财富所构成的惊人的消费和丰盛现象"[4]。物质的丰富让其使用价值减弱，符号消费成为人们消费的主要目的。在丰富的商品中，"有一种比其他一切都更美丽、更珍贵、更光彩夺目的物品"[5]就是身体。粉丝对偶像的追捧正是对其美色的消费。在粉丝、偶像、资本同构的场域内，粉丝的消费欲望被无限放大，偶像神话不断涌现。

本书统计了从2000年（第一部网络剧《原色》播出[6]）至2020年11月30

---

[1] 亨利·詹金斯，伊藤·瑞子，丹娜·博伊德. 参与的胜利：网络时代的参与文化[M]. 高芳芳，译. 杭州：浙江大学出版社，2017：5.
[2] 吴素玲. 电视剧艺术类型论[M]. 北京：中国传媒大学出版社，2008：109.
[3] 郝建. 中国电视剧：文化研究与类型研究[M]. 北京：中国电影出版社，2008：183.
[4] 鲍德里亚. 消费社会[M]. 刘成富，全志钢，译. 南京：南京大学出版社，2000：1.
[5] 同[4]：138.
[6] 王玉玮. 内容差异化：我国视频网站自制剧的突围之路[J]. 现代传播（中国传媒大学学报），2014（8）.

日播放的所有偶像网络剧，共计122部。2014年由韩国偶像辉灿出演的《你好外星人》可视为我国偶像网络剧的发端。此后偶像网络剧的数量呈逐年递增趋势。2018年受网络平台偶像制造类节目热播的影响，偶像网络剧出现了数量上的井喷。据《2019腾讯娱乐白皮书》显示，2019年我国播出的网络剧总量为233部[1]，其中偶像网络剧数量为33部，占网络剧总量的14%左右（图7-6）。

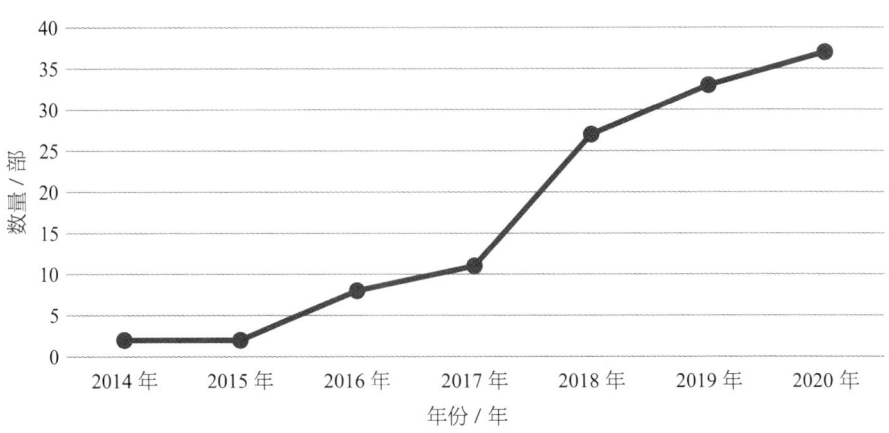

图7-6　偶像网络剧历年数量增长情况

偶像网络剧数量的不断增多，重要性的不断加强使其成为一种无法忽视的文化现象。本书将借由罗兰·巴尔特（Roland Barthes）的神话意义建构模型剖析偶像网络剧的发展。

（一）偶像神话意义建构

偶像网络剧中的偶像神话化是一种意义建构的过程。这种意义建构使人们脱离对物使用价值的消费，而是对其符号意义进行消费。在罗兰·巴尔特看来，一个物摆脱其原有含义，被赋予额外附加含义的过程就是一个神话建立的过程。神话是"一个社会构造出来以维持和证实自身的存在的各种意象和信仰的复杂系统"。

罗兰·巴尔特的神话意义建构理论模型源自索绪尔（Ferdinand de saussure）的"能指/所指"理论以及叶尔姆斯列夫（Louis Hjelmslev）的符号体系。在其

---

[1] 腾讯. 2019腾讯娱乐白皮书：电视剧篇：粉圈入局，热剧造星[EB/OL]．（2020-01-09）[2021-06-06]. https://ent.qq.com/zt2020/whitePaper19/television.htm, 2019.

理论模型中主要涉及三个概念：能指、所指、符号。能指是可以被人们直接感知的事物；所指是被这些事物指代的，新的东西。二者之间通过符号建立其意义联系。将这三个概念放进神话意义建构理论模型中，第一层能指与所指建构的意义符号成为第二层中新的能指，这一能指又被用来指涉新的东西，由此构建出一个神话。

  本书将罗兰·巴尔特的理论放在偶像网络剧中进行了如下解读。以2019年凭借《陈情令》走上"神坛"的王一博为例，首先他是一个独立存在的个体。这是该神话中最原初的能指。接着"王一博"借助偶像的身份建构了自己的第一层符号意义，即当粉丝提及"王一博"时最先想到的不是他作为一个真实的人的一面，而是其在公众面前营造的"偶像人设"。随后王一博在《陈情令》中饰演"蓝忘机"。该角色的人物性格、身份等设定增添了偶像王一博的符号意义。粉丝在接收到王一博参演《陈情令》的消息时，自然地联想到自己的偶像成了"蓝忘机"，"蓝忘机"就是王一博。由此一个有关"王一博"的神话得以建构（图7-7）。

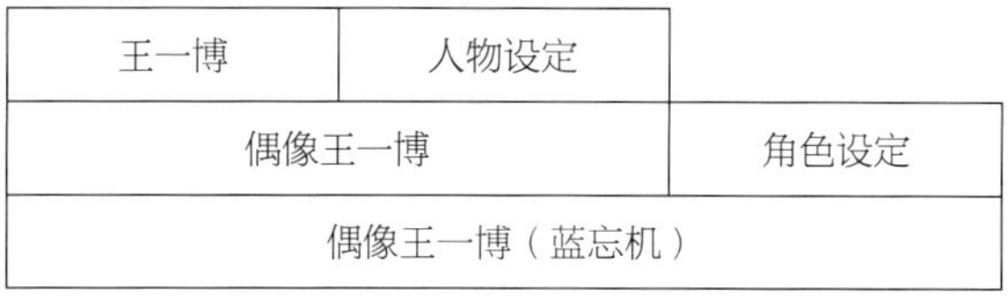

王一博	人物设定	
偶像王一博		角色设定
偶像王一博（蓝忘机）		

图7-7 "王一博"神话建构分析

  此理论模型适用于本文研究的所有具体文本。此外，罗兰·巴尔特的二层意义建构理论模式也可以发展为多层意义的叠加。仍以王一博为分析文本，这种意义的叠加可以表现为，将"王一博（蓝忘机）"看作新的能指，当其饰演其他影视作品中的角色、演唱了新的歌曲时，粉丝就会在王一博（蓝忘机）的基础上增添其他内涵，使其偶像形象进一步丰满，更贴近完美。

（二）神话中的偶像画像

  偶像网络剧中偶像神话的出现某种意义上源自粉丝自身诉求。迈克·费瑟斯通（Mike Featherstone）认为，消费社会通过"无数梦幻般的、向人们叙说着欲望的、使现实审美幻觉化和非现实化的影像"[1]模糊了真实与虚幻之间的

---

[1] 迈克·费瑟斯通. 消费文化与后现代主义[M]. 刘精明，译. 南京：译林出版社，2000：98.

关系，使人们的日常生活走向审美化。偶像网络剧正是通过唯美的偶像神话满足粉丝的心理需求。粉丝需要通过完美偶像来完成自我心理的投射以及对自我的建构，其每一次对偶像网络剧中偶像神话进行解读、消费的过程，都是一次从私人自我迈向公共自我的演练。偶像网络剧在偶像第一层符号意义的基础上通过身份地位、性格等符号元素打造出近乎完美的神。

1. 身份设定

"身份"即个人处在社会中所具有社会属性。本文具体从职业角度对文本进行分析，发现偶像在剧中的身份主要为：学生、偶像等。主角为学生身份的偶像网络剧共有46部，占总数的38%左右；主角设定为偶像身份的网络剧共有10部，占总数的8%左右[1]。《中国电视/网络剧产业报告2020》指出，2019年网络剧女性观众占比为63.3%，平均年龄为25.3岁[2]。学生的身份设定与网络剧受众的生活更具接近性。偶像则是目前众多年轻女性追捧的对象。偶像网络剧中的人物的身份设定符合网络剧主要受众的心理期待。

从家庭背景的角度来看，偶像网络剧中主角往往具有良好的家世，意在塑造出接近传统偶像剧中"白马王子"或"公主"的形象。本研究中共有17部剧的主角为"豪门继承人"，占总数的14%左右。这种家庭背景设定更容易打造唯美的"童话故事"，激起受众的幻想。

本研究中的所有研究样本都将剧中主角打造为某个领域顶级人才并被其他人高度崇拜。这种身份设定使偶像"神"的意蕴得到进一步加强。此外，许多偶像网络剧都赋予主角一种超乎现实的特殊能力，为其增添了一抹神秘的色彩。本书选取的全部文本中共有31部偶像网络剧中的主角具有穿越时空、变身、预言等能力。剧中主角通过这些能力解决自己或他人面临的问题，成功地塑造了神话式的英雄。

2. 性格特点

本研究选取的全部文本中，男性偶像参演的数量为91部，女性偶像参演的数量为24部，男女偶像共同参演的数量为7部。男性偶像参演的网络剧数量远远高于女性偶像，可见偶像神话的目标受众主要为女性粉丝。对剧中偶像的性格塑造进行分析，总结出偶像网络剧中男性偶像和女性偶像的性格图谱。从两

---

[1] 注：有许多网络剧中出现了身份双重叠加的现象，本研究采取重复计算的方式来计算身份占比。
[2] 尹鸿，司若. 中国电视/网络剧产业报告（2020）[EB/OL].（2020-4-26）[2021-06-06]. https://www.sohu.com/a/391367397_385084.

张词云图中可以看出男性偶像的性格主要表现为：高冷、温柔、可爱、开朗、玩世不恭等类型（图7-8）；女性偶像的性格主要表现为：可爱、开朗、温柔、善良、乐观等类型（图7-9）。这些性格符号大多数积极正面，有助于偶像建构完美性格，进行其偶像形象的升华[1]。

图7-8　男性偶像性格图谱

图7-9　女性偶像性格图谱

偶像剧中霸道总裁、温柔暖男[2]、甜美少女、可爱邻家女孩等都是极具典型性的类型化角色。这些类型化角色在与偶像这一能指结合之前就已经作为神话对粉丝产生极大的诱惑。霸道总裁是类型化角色中被频繁应用的角色设定，其对爱情的专一往往最能勾起粉丝的联想。"高高在上不可一世的总裁最终还是臣服于爱情。犹如神仙往往贪恋红尘世俗，高冷的系统世界无法抵御生活世界的魅力。"[3]在偶像网络剧中，霸道总裁、温柔暖男等概念被挪用到学生、偶像等角色身上，由此衍生出霸道偶像、霸道校草/校花、阳光学长、温柔校花等人物类型。类型化角色与偶像融合创造出多种偶像神话，满足了不同粉丝的类型期待。

---

[1] 傲娇：指人物为了掩饰害羞腼腆而做出态度强硬高傲表里不一言行的代名词，常用来形容平常说话带刺，态度强硬高傲，但在一定的条件下害臊地黏腻在身边的人物。（出自百度百科）
高冷：高傲冷淡。（出自百度百科）
自恋：自我崇拜并过分关心自己的完美的一种心理状态。（出自百度百科）
腹黑：指表面和善温良，内心却黑暗邪恶的人。（出自百度百科）
[2] 暖男，指顾家、爱家，懂得照顾伴侣，爱护家人，能给家人和朋友温暖的阳光男人。（出自百度百科）
[3] 谷李. 情不自禁的资本主义：理解"霸道总裁"[J]. 国际新闻界，2019（5）.

三、偶像神话的价值观建构

偶像网络剧中偶像神话的建构过程是将偶像现实生活中的人格持续抽离的过程。当偶像成为神话时，粉丝会在无意识的状态下将偶像与剧中角色联系在一起，忽视偶像在现实生活中不完美或者不具象的部分，并通过自我想象和创作将偶像的完美形象填补完整。偶像网络剧中的偶像神话传递出的价值观可能会在一定程度上影响粉丝价值观的形成与发展。本文将从幻象与真实观、偶像与择偶观、神话与文化观、叙事与审美观四个方面对偶像神话传递出的价值观进行分析。

（一）幻象与真实观

偶像神话通过唯美的画面、完美的偶像为粉丝打造出浪漫的幻象。这种幻象却与现实生活存在很大的差距。列维·斯特劳斯认为，神话是用来解决现实生活中无法解决的矛盾和问题。横亘在粉丝与偶像之间最大的问题是：偶像可望而不可即的。这一问题却在偶像神话中被消解。曾有学者对TFboys的微博粉丝进行调查发现，18岁以下的粉丝占总体的42.46%，18～24岁占总体的52.55%，25～29岁占总体的3.7%[1]。我国整体偶像粉丝的年龄构成也与之相似，学生为其主要粉丝构成。偶像网络剧中学生身份的出现将偶像与粉丝放在相近的环境中，加强了粉丝对偶像具有可接近性的观念。然而在真实的社会环境中，粉丝与偶像之间的距离十分遥远。

此外，偶像网络剧中爱情故事的设置也营造出虚幻的假象。偶像网络剧中的爱情故事主要有三种模式：粉丝拯救偶像、平凡粉丝吸引偶像、优质粉丝与偶像相恋。

1. 粉丝拯救偶像

偶像网络剧通过设置脆弱、需要得到帮助的完美偶像被粉丝拯救并与之相恋的故事架构，在心理层面暗示粉丝与偶像之间的距离并不遥远。《淑女飘飘拳》《想看你微笑》《亲爱的活祖宗》《喜欢你时风好甜》《彗星来了那一夜》等都是此类故事模式的代表。

2. 平凡粉丝吸引偶像

平凡粉丝与完美偶像之间的爱情故事与人们传统认知中的爱情故事结构相

---

[1] 朱丽丽，韩怡辰. 拟态亲密关系：一项关于养成系偶像粉丝社群的新观察——以TFboys个案为例[J]. 当代传播，2017（6）.

似。剧中偶像高不可攀的印象被打破，普通人也可以触及偶像，并且与之发生一段美好的爱情。粉丝将现实生活中对偶像的渴望投射到偶像网络剧中，因为虚假神话传递出粉丝与偶像之间距离并不远，粉丝与偶像也可以拥有美丽爱情的观念。以《命悬一线的浪漫》为例，该剧中的男主角是帅气、有钱、有地位，性格又温柔的偶像，而女主角则是外貌普通并且喜欢追星的平凡女大学生。这种叙事风格具有极强的暗示性，即平凡普通的粉丝也可以与偶像产生甜蜜的爱情（表7-4）。

表7-4　　　　《命悬一线的浪漫》男女主角对立身份设置

角色	女主角	男主角
长相	外貌普通甚至有一些邋遢	帅气
性格	开朗、可爱	温柔、善良
身份	普通大学生、追星女孩	偶像、校长孙子

3. 优质粉丝与偶像相恋

偶像网络剧中的第三种爱情叙事模式为：优质粉丝与偶像恋爱。此模式中男女主角之间的关系对等。以男性偶像参演的偶像网络剧为例，剧中女主角大多肤白貌美且在某些领域优于常人。《北灵少年志之大主宰》《热血同行》《心宅猎人》《狼殿下》等剧均是此类型的代表。

目前的偶像网络剧播放量都较为可观，如：截止到2021年初《夜空中最闪亮的星》在腾讯视频的播放量达到21.9亿，《致我们甜甜的小美满》在腾讯的播放量达到7.1亿。学者李普曼认为，媒介内容营造了一个并不真实的社会环境即"拟态环境"。偶像网络剧凭借其巨大的影响力为粉丝营造了众多美好的幻象，使得粉丝对真实与虚幻的界限逐渐模糊。

（二）偶像与择偶观

偶像网络剧中被神化的偶像在现实生活中基本不存在，但偶像神话的频繁出现，在不断规劝、询唤粉丝相信现实生活中完美偶像型人物的存在。梦想与现实之间具有差异性。偶像神话的打造从某种层面来看是资本规训的结果。偶像网络剧中的爱情故事为粉丝（尤其是女性粉丝）创造出美丽的幻象，但虚假的美好会误导粉丝对现实的基本认知，使粉丝误以为自己与偶像之间的距离很近，无法把握"追星"的尺度。择偶是择取配偶而不是择取偶像，偶像神话在一定程度上不利于粉丝现实生活中择偶观的形成。

（三）神话与文化观

偶像网络剧中偶像超自然能力的出现成为无法忽视的现象。中国神话中的神主要是人兽同体的，而西方神话中的神则往往是神人同体的[1]。在偶像网络剧中，具有超自然能力的偶像往往与西方神话中的神更加贴近。在本文整理的全部文本中共有27部偶像网络剧中的偶像具有超自然能力，而这其中有20部网络剧中的偶像拥有诸如：透视、瞬移、控制时间等更贴近西方神话的超自然能力。我国一直在强调中国传统文化的根植，西方神话的过度传播在一定程度上影响着人们对于本国文化的感知，不利于中国传统文化的传播。

（四）叙事与审美观

粉丝观看偶像网络剧的首要目的是欣赏自己的偶像、支持自己的偶像。这在一定程度上造成了偶像网络剧注重对人物形象的刻画而忽视情节叙事的问题。只要剧中偶像的外貌、穿着、家世、性格等各方面极尽完美，就会有粉丝"慕名而来"。本文收集的全部文本中有35部没有豆瓣评分，其余文本的豆瓣评分平均值为6.27分，刚刚达到及格线。而这其中许多偶像网络剧的情节叙事近乎荒诞，完全不具有艺术鉴赏性，是典型的消费主义催生出的"垃圾食品"。如豆瓣评分只有4.5分，播放量却达到16.7亿的《超星星学院》；豆瓣评分5.0分，播放量却有23.3亿的《哦！我的皇帝陛下》等偶像网络剧都是此问题的表征。粉丝长期浸润在此类文化内容中，其审美观不可避免地受到偶像网络剧的影响。

四、结语

偶像网络剧中的偶像神话说到底是消费主义神话。它的出现并不是基于艺术创作的目的，而是以诱导粉丝消费为目的。西奥多·阿多诺（Theodor Wiesengrund Adorno）认为大众文化只是文化工业时代的商品。"顾客不是上帝，不是文化产品的客体。文化工业是我们相信事情就是如此。"[2]偶像网络剧的出现正是基于粉丝出现的一种消费商品，其表现出一种后现代主义消解一切现实深刻意义的特点，仅仅以肤浅的"快感"为内容制作的重点。这种内容的广泛传播不仅传递出不利于粉丝发展的价值观，也不利于粉丝进行批判性的思考与生活。如何解决此问题仍需进一步考量。

---

[1] 董新祥. 中西神话中神的形象与"天人观"差异[J]. 山东社会科学，2007（9）.
[2] 希奥多·阿多尔诺，王凤才. 再论文化工业[J]. 云南大学学报（社会科学版），2012（4）.

第八章 时尚传播与符号消费

第一节　媒介景观中的真假名媛异轨之困

一、媒介景观：名媛符号的演进

"媛"，先秦时期已有出处。《说文解字》有云，"媛，美女也。人所援也。从女从爰。爰，引也。"[1]《诗经·鄘风·君子偕老》中通过一句"展如之人兮，邦之媛也。"故此，"媛"的意思，指代美女；"名媛"，顾名思义即为"有名的、美丽的女人"。

"名媛"一词真正流行是在民国时期，特别是指如陈衡哲、凌书华、陆小曼、林徽因、张爱玲、宋氏三姐妹等女人。从民国至"名媛"事件之前，名媛是人们对高门大户、勋贵之家的一种身份认同，奢侈品消费、金银珠宝是家常便饭之事。民国时期，名媛是身份、地位、才情、美貌兼备的象征，她们代表了上海滩最美好、最富贵的事物，是世人向往的顶端，是权贵追逐的梦，也是那个时代最出色的代表。然而，在消费主义思潮侵蚀下，"名媛"的符号已经发生了异变，如果说真名媛如上所述，那么伪名媛就是消费主义意识形态下媒介用物质符号包裹和建构起来的符号。

"媒介景观"是居伊·德波（Guy Debord）在《景观社会》（Spectacle Society）中提出的概念，是一种被媒体制造出来的可观的景象、景色[2]。从古至今，景观就是积累到某种程度的资本，这时它就成了图像。也就是说，一种掌控意识形态力量的媒介，在资本助推下所呈之像，是一种隐秘性的媒介奇观，一如"名媛"这一符号的演进和变化。社会对优质女性形象的共识发生了异变，由于媒介掌控了话语权，就如电视剧《三十而已》中的顾佳一角，想要融入贵太太圈，敲门砖必须是限量款的爱马仕包这样的媒体作品，用古驰、路易威登等奢侈品牌符号为人们构建身份认同感。鲍德里亚（Jean Baudrillard）认为，每

---

[1]〔东汉〕许慎,〔清〕段玉裁. 说文解字. 卷十二[M]. 黄勇，译. 中国戏剧出版社，2008：2485.
[2] 居伊·德波. 景观社会[M]. 张新木，译. 南京：南京大学出版社，2010：28.

个人的内心深处都憧憬向往着一种"完美地位"[1]。"名媛"成为"完美"的身份标签,而这些限量款包、精致下午茶、高奢酒店打卡、私人飞机照片,就是伪名媛们展示自己"名媛"身份、迎合媒介景观的表现。

二、景观商品:伪名媛的异轨

伪名媛是当下社会媒介所构建的景观商品。德波口中的"综合景观"随着物质经济条件和技术水平的提高,成为一种新的控制手段:利用景观成功催眠大众,使清醒者无力改变现状,且景观操控下呈现出的图景都是虚假的。异轨类似于一种有讽刺意味的模仿,采用直接援引或完全模仿原"作品"的方式来制造一种强烈的反讽暗示,从而传达相反的思想,颠覆原有的主流观念。伪名媛的符号表达即为媒介操控下异轨的、虚假的表达,主要受到以下几点因素影响。

(一)充裕主义促使商品价值变异

首先,随着经济水平的不断提高,社会风气逐渐浮躁。媒介激起人们物质的欲望,继而通过追求物质达到感官的享乐,在消费主义思潮中,一切都显得平淡无奇,唯有娱乐至死才能达到多重刺激。伪名媛的出现则是人们内心精神文化空虚的体现,唯有通过对物质的追求和享乐主义的快感,才能彰显自己的与众不同。

其次,名媛由真到伪的过度,实则受到消费者盲目的攀比和从众心理影响,在景观的构造中,不再将名媛打造为"书香门第""气质佳人"的符号,而将"宝格丽""爱马仕""蒂凡尼"等物品打造出一个"有钱人才能消费,上流社会的必备物品"的理念,利用奢侈品logo来激发人对物的异样的追求。

最后,伪名媛们对物的消费已经形成一种变异的时尚和惯习,如同印第安人的古老的"贵族夸富宴"中表现的那样,送礼和还礼的过程逐步演变为奢侈、浪费、攀比。人的异化,一般地说人同自身的任何关系,只有通过人同其他人的关系才得到实现和表现。人们把能拥有奢侈品符号当成一种身份地位的显示,实则是对商品拜物教的过度追逐。商品的价值尺度在当下社会成了一种身份地位的衡量,才会导致某些名媛们没有钱,却为了拥有奢侈品logo打卡而

---

[1] 让·鲍德里亚. 消费社会[M]. 刘成富,全志钢,译. 南京:南京大学出版社,2008.

进行几十人拼单。这实际是渴望一把敲开上流社会大门的钥匙，希望借此包装自己高学识、独立女性的形象，吸引真正的豪门，从而实现身份地位的逆转。

（二）女权效应增强，消费符号引起过度追求身份认同

近年来，女性觉醒意识增强，由于对女权地位的过度追求，使得媒介投机于对女性"高贵"身份的标榜，通过食、色、欲主宰自己的命运[1]，导致女性对外在的盲目热捧。鲍德里亚认为，消费时代的来临，使得个体不再反思自己，而是沉浸到对不断增多的物品/符号的凝视中去，沉浸到社会地位能指秩序中去[2]。在中国，女性想要逃脱"黄脸婆"这样的刻板标签，追求媒介树立的新时代女性形象，如电影《蒂凡尼的早餐》中的女性那样"经济独立、思想对立、生活小资"。因此，一些女性过度地利用奢侈品来装点外在，打造人设，甚至像"上海名媛"事件中表现的那样，只要在蒂凡尼吃早餐，似乎自己已经是跨越阶层的公主。

虽然美国经济学家凡勃伦（Thorstein B Veblen）在《有闲阶级论》中提及奢侈品的消费是一种为了消费者自身的享乐所做的消费[3]。但另一方面，鲍德里亚也指出，物（object）或客体对主体或人的报复的策略问题。这一策略彻底颠覆了笛卡尔哲学以来的近代哲学有关主客体问题的看法，将主体对客体的支配和役使转换成了客体对主体或人的奴役或报复[4]。消费者在当下社会中，在人手一只奢侈品成为通识的情况下，看似在消费社会中，女性得到了更多的主动权与选择权，甚至借助消费建构了自己的身份，实现女权主义的身份认同。然而，一味地追求物质享受和执着与身份不相匹配的消费，消费者自身也将沦为社会的消费品，最终在消费社会中失控，反噬自身。

（三）技术赋权，纵横屏加剧"凡学"膨胀

首先，纵横屏加速了技术场和信息场的交互，全民在场刺激横纵多屏联合、多屏生产，民众在技术赋权的基础上，多方发生，全民创造，在消费主义刺激和群体倾向的选择中达到全民狂欢的高潮。海德格尔说，技术是时代的座驾。非理性群氓的压抑、害怕和苦痛，在互联网上达到了宣泄的高潮，而这种

---

[1] 王琳. 美国城市文学地图：以纽约、芝加哥和洛杉矶为中心[M]. 北京：中国社会科学出版社，2018：81.
[2] 孔明安，陆杰荣. 鲍德里亚与消费社会[M]. 沈阳：辽宁大学出版社，2008.
[3] 凡勃伦. 有闲阶级论[M]. 李华夏，译. 北京：中央编译出版社，2012：59-65.
[4] 孔明安，陆杰荣. 鲍德里亚与消费社会[M]. 沈阳：辽宁大学出版社，2008.

伪名媛的活动和行为，也通过互联网场域实现了非见面式的互联互动。

同时，凡尔赛文学凭借技术手段，以理查德·道金斯（Richard Dawkins）的迷因模式疯狂席卷赛博空间内外，加速膨胀，暗示了技术场域下的阶层分化。2020年迅速出圈的"凡学"，是网友对当下某些人每天在社交平台上描述享用的高档酒店、奢侈品、红酒等，字里行间透露着莫名的优越感行为的一种嘲讽。而互联网时代兴起的伪名媛，实则是将麦克卢汉眼中"媒介即人的延伸"延异为凭借技术和平台增强"精致名媛"人设的手段，通过网络平台如小红书、微博、Facebook等交互平台展示自己的美照，利用金钱符号为自己在屏前观众心中打造高阶层的名媛形象，增强他人"所见即真实"的感知。

因此，技术红利带来了纵屏横屏交互式传播，网络上的伪名媛此时无疑演变成一种变异"KOL"，被群氓朝拜、模仿、神话。根据第47次CNNIC报告，截至2020年12月，我国网民规模达9.89亿。在网民普及率达70.4%的状况下，凡学膨胀成一种潮流，更多的网民妄图利用变异的符号观去复制这种伪名媛的模式，致使青少年群体迷失在互联网络中，不仅造成了盲目消费，还消解了主流文化体系和价值观。

三、反景观化：名媛符号的复归

媒介景观化操控下的呈像已经扭曲，改变了"静女其姝"的名媛特征，而当下我们必须要反抗这种意识形态上的操纵，尽管无法完全从媒介的场中逃离，但受众可以重组对抗式行为，与时俱进的复归与重构名媛形象。如德波所认为"异轨"那样，是对现有意识形态的重新调整、赋值，代表着一种颠覆，即新的意义的产生[1]。

（一）呈现反向景观：营造正能量名媛符号

尽管媒介景观营造的意见气泡无法避免，但可从媒体导向性进行议程设置，守好经济红海与职业规范的最后一道关卡，谨慎把关，恪守从业者专业主义素养和从业规范，为社会营造正确导向，向民众传递媒体工作者的"传播四力"，即传播力、引导力、影响力、公信力。道格拉斯·凯尔纳（Douglas Kellner）认为，"媒介景观是名人文化，也为受众提供了时尚、外形和人格的

---

[1] 郎超，张玉栋. 延异与重构：作为媒介景观的乡村生活短视频[J]. 科技传播，2020（12）：133-135.

塑造模型。在媒介景观世界里，名人跨越了从娱乐、政治、体育、商业到社会生活的各个类型。"[1]名媛作为一种符号，亦是一种名人文化，媒体在历史洪流中解构与重构"名媛"符号时，应赋予名媛以中华民族优良传统价值观，推崇知书达理、才情兼并、高贵典雅、坚韧不屈、民族大义等价值符号，进行意义解构，当解构面临"符号能指不断弱化与异化，符号所指不断漂移，符号原型价值变异"[2]时，把好商品经济和社会良知的度，警惕消费主义社会来临时的异轨现象。

（二）弥合断裂带：改观性别歧视，均衡社会差距

在女权主义强化的当下，应该不断追求妇女解放、弥合性别不平等产生的断裂带，改变社会差距和阶层带来的"高级感"，才能从根本上改变女性借用物质符号表征身份地位的表象。社会性别与社会不平等结构有机地联系在一起，是一种社会文化建构，也是一种语言机制，一种制定个人在社会中的意义（身份、价值、声望、在血亲关系中的位置以及社会地位等）的再现体系[3]。媒体在塑造女性形象时，应该立足平等来进行传播，而非贴上性别刻板印象，杜绝男尊女卑、男主外女主内、男主女从、男高女低这样的地位定势，否则，偏见形成时就导致提起女性时就默认为是弱势群体。鲍德里亚指出了社会对女性的偏见：女人之所以进行自我消费，是因为她与自己的关系是由符号表达和维持的[4]。当社会对女性高阶层的定位停留在被奢侈品包裹、精致美妆、身材玲珑的物质层面时，女性对话语权的追求便不断陷入了对物欲追求的误区，只有真正提高女性地位，当媒体为改变性别歧视和性别刻板印象产生的偏见做出努力时，当女性拥有真正地位和权力时，"名媛"或许便不再被物质所裹挟前进。

（三）虚拟与现实共振：公众应握好达摩斯利剑

在互联网座驾体系中，公众应该厘清自身需求，握好手中的技术之剑，明辨虚拟与现实，把握真实与自我，形成清晰而明确的认知框架，才能避免沉溺在网络汪洋所带来的海市蜃楼中。借用马克思（Karl Heinrich Marx）一言，任

---

[1] 道格拉斯·凯尔纳. 媒体奇观——当代美国社会文化透视[M]. 史安斌，译. 北京：清华大学出版社，2003.
[2] 赵敏. 符号的漂移："一带一路"视域中的玄奘符号演化及其当代价值[J]. 艺术评论，2019（3）：51-59.
[3] 罗斯玛丽·帕特南·童. 女性主义思潮导论[M]. 艾晓明，等，译. 上海：华中师范大学出版社，2002：30.
[4] 孔明安. 陆杰荣. 鲍德里亚与消费社会[M]. 沈阳：辽宁大学出版社，2008.

何一个存在物只有当它用自己的双脚站立的时候，才认为自己是独立的，而且只有当它依靠自己而存在的时候，它才是用自己的双脚站立的[1]。无论哪个时期的真名媛，都是依靠自己的才干和能力去拼搏事业，或许外在的家世和金钱能为她锦上添花，但这绝不是她们能作为名媛流传千古的原因。虚拟赛博空间的伪名媛活在美图软件和社交平台里，意义演变逐渐失范，网民在公共领域的举止行为应分清虚拟与现实的界限，利用虚拟的在场便利生活学习，追逐名媛符号中"诗书大义"的复归，而非荒谬的想象。

总而言之，新时代女性倡导的经济独立和自强是一种精神内核，名媛流传至久必然是因为她们拥有能够跨越千年不朽的品质和贵族精神，绝非随便打卡网红饭店坐标、营造所谓"名媛"形象就可以成为真正名媛。我们也应警惕消费主义给没有辨别是非能力的未成年人带来"商品拜物教陷阱"，希望名媛符号能够传承真正的名媛品质，谦和、低调、沉稳、大气、知礼、有才、厚积薄发、坚不可摧，这些都应成为中国传统文化中的优秀精神内核。

第二节　盲盒社群的符号消费与身份认同
——以泡泡玛特（POP MART）为例

在现代社会，由于互联网的发展，人们被大量的碎片化信息吞没，个体的社会存在感变得微弱。因此，为了彰显自我价值，符号消费成为青年群体争相效仿的行为趋势，并且通过消费不同的文化元素来彰显自己的个性，以此获得他人的认同。盲盒作为一种没有任何提示的手办潮流玩具，深受青年群体的喜爱。从2005年开始至2020年，以泡泡玛特为代表的盲盒市场已经达到千亿元。在盲盒经济热度不减的当下，国内文创产业也设计了一些盲盒产品，然而销量并不如泡泡玛特，因此本文通过探究泡泡玛特产品的编码机制，理解其传播逻辑，体会符号消费社会下的青年文化心理，以及产生的文化认同。

随着带有街头、反叛、动漫化特征的潮流艺术在时装、艺术品收藏领域的走红，潮流艺术IP的商业价值水涨船高，艺术家难以凭借个人力量将IP转化为商品。作为潮流玩具的"盲盒"弥补了IP衍生品消费场景密度较低的缺陷，中国潮流玩具产品的头部品牌泡泡玛特，凭借其独特的品牌IP，融合街头潮流文化与品牌跨界联名合作，击破了"玩具是给小孩子玩的"万年定律，成为继服

---

[1] 马克思. 马克思恩格斯全集（第一卷）[M]. 北京：人民出版社，2002.

饰、球鞋之后又一受年轻群体青睐的文化潮流。盲盒（Blind Box）也称为惊喜盒子，是指在不透明的外盒包装上有一些产品介绍，内盒装着未知款式的纸盒，属于一种潮流玩具。通常里面都会装着动漫手办、游戏周边或设计师的原创作品等。在我国经济不断发展背景下，人们的消费观念逐渐升级，对商品的消费不仅限于其使用价值，还是一种对符号价值的消费。年轻消费群体在购买盲盒时，并没有考虑其实用性，更多消费的是"拆盒"那一瞬间带来的"惊喜感"和"刺激感"，以及集齐一整个系列产品后的"满足感"。据2019年天猫发布的《95后玩家剁手力》可知，有近20万消费者一年花费2万元集盲盒，在盲盒玩家中，"95后"占据多数。2020年双十一，泡泡玛特天猫旗舰店销售额更是达到了1.42亿元，成为首位大玩具类"亿元俱乐部"成员。除此之外，各类商家也纷纷推出盲盒营销模式，如2019年旺仔牛奶推出52个民族系列盲盒、故宫淘宝推出祥瑞猫和明朝人物系列盲盒，盲盒营销成为当下很火爆的一种现象。"Z世代"作为伴随互联网长大的一代，由于成长生活环境不同，价值观与消费观与上代人也明显不同。他们的生活方式也可以理解为其消费方式，是对设计的精神和情感需求强烈的消费，盲盒正是出于这种需求的结果。盲盒商家抓住这一点，通过运用视觉符号对产品进行编码，实现了产品的识别和区分。并且通过对消费仪式地点进行精心选择、销售场景符号的构建等，建立起一种独特的消费仪式，使消费群体在这种仪式中获得身份认同和品位实现。

  本文的核心问题在于盲盒产品是如何通过符号构建说服消费者的？其社群符号是如何构建和传播的？回答这些问题可以从两个方面研究：一是可以从对盲盒产品的符号构建分析来看传播符号对消费者起到了何种作用；二是从盲盒社群的符号构建分析看社群内用户的符号使用行为对盲盒社群形成起到了何种作用。本文将通过对盲盒中的联名产品泡泡玛特宫廷瑞兽系列研究进行个案分析，并使用符号学分析方法，对盲盒产品中的符号构成、符号传播过程进行分析，从而总结归纳其传播特点。

一、相关文献综述

  潮流玩具发源于19世纪的日本，传入中国香港后由艺术设计师制作，具有极强的艺术性，价格较高，受众也比较局限。然而如今作为潮流玩具的盲盒，凭借其回落的价格和独特的艺术产品设计，使得受众圈层不断扩大，形成一种在年轻群体中风行的文化潮流。对盲盒的相关研究，从知网上搜索到的文献比较少，一般从三个方面展开分析。

一是从产品传播营销策略方面分析盲盒。陈嘉玮指出，盲盒吸引消费者的重要因素之一是IP的力量[1]。首先，作者认为商家为了扩大品牌效应，将盲盒与老牌品牌进行联名，使得老牌品牌重新散发活力，吸引更多年轻群体消费；其次，盲盒的不确定性抽取机制也刺激了消费者的心理，隐藏款的营销更使其产生情感消费；最后，商家节日限量款的发售也给消费者增加了仪式感和氛围感，从而促进消费。

二是从消费者心理方面分析盲盒经济。季如意表示，"盲盒热"的消费心理机制主要有以下几点：第一，群集的大众文化迷，由约翰·费斯克的大众文化观得出盲盒的流行刺激了大众文化"同好消费"理念，盲盒商家推出的IP衍生品使得类型化商品成为爆款，大众收敛审美差异，扩大消费圈。第二，物质与心理的满足占领消费者心智，当下年轻群体的消费观念更趋向精神消费，贩卖娱乐体验的盲盒似乎是消费升级的最佳选择。盲盒的稀有性手办导致了竞争和选择，其玩法虽有风险但为消费者提供了精神和物质上的满足。第三，顺从与抗争的双重矛盾，衍生社交价值。盲盒玩家通过盲盒社交产生互动，社交平台上晒娃、改娃、娃妈等虚拟社交形象的塑造实现了由盲盒联结的用户去中心化[2]。

三是从传播学角度分析盲盒。王凯悦从使用与满足理论出发，分析盲盒的传播机制。他提出，盲盒满足了多元化的需求，盲盒作为一种悦己式消费，其惊喜感的设置满足了消费者的好奇心和刺激心理。同时也从传播的游戏观分析了盲盒购买者的消费心理。最后呼吁消费者回归理性，端正心态，商家也要寻找更加有价值的突破口[3]。

通过梳理与盲盒相关的文献综述，发现其研究基本都是从营销和心理学出发对其传播现象进行分析，切入角度比较单一和局限，符号学作为一种很好的研究方法，能够深入地分析盲盒产品及社群的传播机制，有利于帮助笔者窥探盲盒商家的编码机制以及盲盒社群的群体符号构建，从而拓宽盲盒研究的视角。

皮尔士根据"理据性"将符号分为三类，即像似符号、指示符号、规约符号。像似符号体现了符号形体与它表征的符号对象之间的像似性，如图案、模型等都是运用了像似性表征方式等图像符号[4]。指示符号是指符号形体与符号

---

[1] 陈嘉玮. 产品传播营销研究——以盲盒为例[J]. 国际公关，2020（10）.
[2] 季如意. 互联网传播视域下"盲盒热"消费心理分析[J]. 东南传播，2020（01）.
[3] 王凯悦. 陷入疯狂的盲盒"游戏"是什么？[J]. 新闻研究导刊，2020.11（05）.
[4] 冯月季. 传播符号学教程[M]. 重庆：重庆大学出版社，2017：43-46.

对象间存在直接的某种联系的符号，它可以是表示指向性的路标、站牌等，也可以是表示邻近性的商标等。规约符号的符号形体与符号对象间的联系无明显逻辑，它是社会文化约定俗成的符号。

二、盲盒产品背后的符号构建探析

索绪尔曾提出符号的能指与所指理论，能指即符号可感知的外在形式，比如词语、话语、实物或影响[1]。所指即符号的意义，从符号获得的经验、情感反映。在盲盒产品的符号系统中，能指更多的是指向产品的设计、外观，是直接可以观察到的具体实物，所指则是盲盒产品背后的潮流理念和艺术理念，是一种抽象的、难以触及的意义。

设计师选取能够激起购买者消费欲望的符号元素，进而创造出独特的区别于其他盲盒品牌的符号。例如Molly作为泡泡玛特的经典IP，手办的设计不论服饰造型如何变幻，其脸部表情始终是"嘟嘴"的形象，配上湖蓝色的大眼睛，看不出其喜怒哀乐，这样一个表情成为泡泡玛特区别与其他盲盒产品的重要符号。泡泡玛特的总裁王宁曾说："Molly之所以能成为大家所喜爱的形象，背后的逻辑更像是100个人心中有100个哈姆雷特，它把自己的灵魂掏空，你可以把你的灵魂装进去。"手办的存在弥补了一些情感缺席，作为一种消费的符号和感情的载体，消费者将自己的情感与认知投射到玩具手办上，由此来增强产品与消费者之间的连接，就像曾经流行的芭比娃娃和小浣熊卡片收集一样，购买盲盒手办成了一种情感消费。本文选取泡泡玛特Molly与故宫联名推出的"宫廷瑞兽"系列，对其进行分析，试图探究产品背后的符号构建过程。

（一）视觉符号：盲盒产品的感知符号传播

美国实用主义哲学家和符号学家皮尔斯在索绪尔的理论基础上提出了符号的三分法，即表示项、对象与解释项。换言之，符号是代表性、指示性、解释性的三位一体。皮尔士提到"只有被理解的符号才是符号"[2]，说明了符号被理解的重要性。潮流玩具与普通玩具的关键区别在于，其形象来自潮流艺术家或设计师的原创，设计师通过造型、色彩、纹案等视觉符号的选取，将潮流文化内涵通过产品呈现出来，受众通过购买获得一种艺术共鸣实现身份认同，从而

---

[1] 费尔迪南·德·索绪尔. 第三次普通语言学教程[M]. 屠友祥，译. 上海：上海人民出版社，2002.
[2] 冯月季. 传播符号学教程[M]. 重庆：重庆大学出版社，2017：43-46.

构成了一个完整的传播过程。在宫廷瑞兽系列盲盒产品传播中，玩具手办主要作为一种文化的媒介符号，通过产品编码，向消费者传达传统文化内涵、情感与精神。

盲盒产品设计中的图案来源有两种：一是古典画卷，设计师选取图画中具有代表性的人物服饰、装饰符号，将其与手办产品相结合的创作。例如，作为隐藏款的设计，Molly格格（图8-1）造型便取材于《道光帝喜溢秋庭图》中小格格的形象，保留原始图画中格格穿的粉色旗装，凸显了小格格的粉嫩可爱，Molly的眼睛也改为黑色，与之前的湖蓝色不同。黑色眼睛作为亚洲人的脸部特征，尊重了中国格格的形象；二是神话传说形象，例如龙、金狮、仙鹤、麒麟等极具标志性的神话符号。以图片8-2（金龙）为例，产品原型是储秀宫的青铜龙雕像，寓意是皇权。选用的色彩符号元素都是以传统文化为基础，如产品设计选择了故宫建筑的经典配色，朱红色和金黄色，并且色彩饱和度、明亮度都很高。红色在中国传统里代表了吉祥、喜庆等，金黄色作为皇家权力的象征代表了尊贵、华丽等，这些色彩符号给了受众一种皇权贵族的联想，手办的头饰选用了古典龙的形象，极具历史感。设计师在保留了Molly极具标志性的湖蓝色眼睛和嘟嘴形象的同时，将中国传统文化元素与潮流玩具结合，既突出了设计感，也符合产品主题的立意，并增强了产品营造的传统文化与潮流结合的氛围。在对宫廷瑞兽系列的研究中发现，设计师运用了大量的传统元素符号，通过图案变形，结合现代审美将具有特点的纹饰符号简化，与产品整体设计相融合。

视觉影像符号在消费社会中发挥着巨大的作用，产品的设计往往是最先吸引消费者购买欲的第一要素。泡泡玛特通过设立影像符号对产品进行传播，创

图8-1　Molly格格　　　　　　　　　图8-2　金龙

造出了属于自身品牌的独特符号，说服和引导消费者进入产品影像幻境，培养受众对产品的印象好感度，激发其渴望与认同，完成了新的意指活动，丰富了品牌的内涵。

（二）仪式符号：消费场景与地点指示符号

仪式是一套复杂的多种象征性行为，这些行为有固定的发生顺序，而且常常需要定期重复进行。仪式包括象征物、仪式脚本、仪式参演者、观演者为主要构成的连贯性行为[1]。

在泡泡玛特构建的消费仪式中，除了具有符号意义的手办之外，还有销售地点的选择、店铺内的装修布置、售卖员的引导等，盲盒产品作为象征物，销售人员作为消费仪式的参演者，购买人群作为观演者。其本质来说是商家与消费者之间编码解码的过程，为了增强品牌形象与内涵，商家需要通过构建消费仪式中的指示符号来强化消费者的品牌意识。仪式的设立能够使得消费者在商家构建的场景里，获得自身品位的实现与潮流身份认同，获得最直接的体验，从而增强品牌感知。

销售的地点选择是表达品牌理念的重要指示符号。泡泡玛特的核心理念是"创造潮流，传递美好"，因此"潮流"作为主要的符号，其实体销售地点的选择尤为重要。一般设立在人流量大、年轻群体出没次数较多的地方，如商场购物中心、潮流玩具展会等。这些场所是整个城市中经济、文化发展比较繁荣的区域，因此设立销售点有利于增加品牌的曝光度，还能利用顾客的碎片化时间促成消费。

泡泡玛特设立的销售实体店的场景布置十分讲究。色彩的选用、装饰的设计以及照明等元素都是很重要的战略，将这些符号充分结合起来，能够让消费者产生良好的消费体验。以杭州滨江龙湖天街商场为例，场地选择在商场一楼，店铺入口采用全方位开放式，客户可以随意游走流动，店内大部分场景都是展览台，仅有很小一部分作为收银台，更多的是摆设不同款式和型号的经典公仔产品，并且设立专门的自拍地点，拍摄场景选择不同系列的泡泡玛特公仔图片作为背景板，满足消费群体的拍照需求，在色彩方面选择了大量的橙黄色霓虹灯搭建，作为色彩符号的橙黄色给人一种"活力""年轻"的感觉，消费者置身于这样的场景中能够直观地感受到品牌的调性。商家通过吸引眼球的

---

[1] 迈克尔·R·所罗门，南希·J·拉博尔特. 消费者心理学[M]. 王广新，王艳芝，张娥，等，译. 北京：中国人民大学出版社，2014：33.

视觉符号制造出了浓厚的时尚文化氛围，将"潮流"符号映射到产品传播中，消费者通过对场景的解码将场景符号特点与品牌形象相结合，形成对品牌的认知。

购物中心作为潮流、时尚、现代文化生活方式和人群聚集的场所，能给予泡泡玛特很好的品牌形象衬托，通过消费场所和场景布置的符号联动，盲盒产品由此产生了潮流、时尚的特质。商家通过对地点指示符号的选择，丰富了其产品的象征意义。消费者通过对场地的解读，将购物中心的"潮流""时尚"概念投射到产品内涵中，强化了消费群体对产品的印象，使得品牌内涵更加饱满。

三、盲盒社群符号的构建

在皮尔斯的符号学理论中，整个宇宙都是由符号构成，这就意味着人也是一种符号。在社会文化语境中，人的符号性主要是通过身份确认表现出来的，因此，人的身份也是符号身份，通过大众媒介的建构，某一种社会群体的身份被建构出来[1]。弗里德里克·巴斯在其《族群与边界》中对族群的解读为："生物上具有极强自我延续性；共享基本的文化价值，实现文化形式上的公开统一；组成交流和互动的领域；具有自我认同和被他人认同生物成员资格，以形成一种与其他同一阶层的不同种类。"巴斯对族群的界定，更加强调族群的文化内涵，其中包括：一是具有明显的符号标志；二是社群成员具有基本的共同价值取向[2]。这意味着族群身份是一个被表征的文化符号概念。斯图亚特·霍尔（Stuart Hall）作为文化研究的集大成者，对于文化身份有独到的见解，认为文化身份是一种"生产"。

泡泡玛特在2016年推出了国内首个专业潮玩社交平台"葩趣"App，盲盒粉丝群在App上进行"换娃"、"改娃"、与同类爱好者和设计师直接交流、获取最新的潮流玩具情报等，形成了UGC社区。在这个社区中，包含了语言符号和非语言符号两种类型，其中语言符号通过文字符号表达，非语言符号通过图像符号和影像符号表达，这些符号相加起来构建了一个符号系统，促进了社群成员之间的互动。皮尔斯将符号分为三种类别：指示符号、规约符号和像似符号，这三种符号类型在社区的符号系统中广泛存在，并起到了重要的传播作用。

---

[1] 冯月季. 传播符号学教程[M]. 重庆：重庆大学出版社，2017：169.
[2] 冯月季. 传播符号学教程[M]. 重庆：重庆大学出版社，2017：175-177.

(一)盲盒社群中的指示符号

指示符号的功能在于指明对象并规定事物的秩序，即通过某种关系将符号与对象连接起来，形成一种相互提醒的作用。在"葩趣"社交平台中，指示符号体现为社区用户的昵称、标识以及头像，其指代的是用户在平台中的身份，不同的个体通过指示符号在虚拟的社交空间找到属于自己的标签，从而确立自己的位置。例如在葩趣中，设计师的ID后是红色的小标识，这样的指示符号为用户区分出了"自我"与"他人"的界限。

文字符号作为指示符号的常见表现形式，在葩趣的传播活动中使用得相当广泛，文字符号传播最大的功能在于语义的传达，通过文字可以使得场景和空间再现，也能表达传播者想要表达的信息。例如，在葩趣里，很多用户都会"晒娃"来分享自己的购物体验，并且上传自己购买的手办图片，加上一些文字说明，通常会带上与图片相关的话题，例如"带娃去旅行"指的是消费者将自己购买的手办带到户外拍照，"雷娃整形医院"指的是不满意抽中的手办的产品设计，因此亲手改造的娃娃。在这些图片发上去后，用户通常会配上相关文字，介绍和分享自己"改娃"所用到的材料或以故事的形式说明改娃的灵感来源。语言文字符号的易懂性和简洁性使得成员表达更为简便，是社群成员获取信息的重要来源。

(二)盲盒社群中的像似符号

皮尔斯所说的符号像似性，指的是符号与对象的关系从感官上来说具有相似性，如电视、电影等各种媒介。像似问题不仅仅是图像上的像似，从具象到抽象，像似性的程度不同，但无论如何，像似性都是基于人类社会的文化规约，而不是符号与对象之间的自然属性。

在葩趣社区中，像似符号的使用也很广泛，最为常见的是图像呈现。用户发送动态的界面上会出现分享、评论、点赞的图标。其中点赞的图标是以爱心的标志呈现，表明了喜爱作者创作的内容，评论是常见的小气泡对话图标，这些形象的像似符号与其指代的对象和含义高度吻合，便于用户之间的互动与理解。像似符号在社群传播中起到了重要的作用，它作为成员们表达自我感情和意见的载体，当成员词不达意时，表情包能够代替文字的传达，是另外一种语言表现形式。表情符号也成了社群成员进行交流的重要工具，相对于文字而言，表情包的发送能使成员的情感表达更为丰满。

社群成员可以借助相关的表情包对某一产品表达喜欢、厌恶、调侃等，通过使用与品牌IP相关的表情包，既扩散了品牌传播，又增强了用户与品牌之间的情感，同时也表明了社群成员的身份[1]。2019年泡泡玛特在微信中推出IP联名的表情包The Monsters系列，供盲盒社群交流使用。像似符号作为社群人员的社交工具，使得社群成员之间的交流和讨论更加多元，情绪表达更为丰富，在一定程度上加强了他们之间的联系，这是盲盒社群得以形成的重要条件。

（三）盲盒社群中的规约符号

规约符号是指社会文化中默认的约定，决定符号与意义之间的关系。索绪尔认为所有的符号意义都是约定俗成的，而皮尔斯认为只有一种符号如此，规约性是大多数符号必有的一种特质，使得符号表意准确，保证表意效率[2]。

在葩趣App中，盲盒社群成员创立"换娃""改娃"圈。"换娃"是指成员不满意自己抽到的手办，或是抽到重复手办时与别的成员进行的交换活动；"改娃"指的是一些成员通过重新设计，改造原来手办造型的活动，是盲盒社群圈中体现成员创造力的一种方式。成员将抽到设计不满意的手办称为"雷娃"，并且会专门上传分享自己抽到的雷娃款式，用emoji表情中的红×作为提醒，与平时抽到的娃娃不同，"雷娃"有着避免入手收藏的含义。"换娃""改娃""雷娃"作为盲盒社群中的专属符号，其意义是社群成员赋予的，一旦离开社群的范围，这样的意义将不复存在。

成员在使用这样的规约符号时，也体现了背后的社群文化。社群传播中的规约符号起到了培育社群文化的作用，作为独特的社群文化载体，帮助社群成员划分成员与非社群成员的边界。

四、结语

在经济全球化的背景下，人们的消费观念不断地更新升级，相比于物质的满足，精神消费对年轻群体来说具有极高的吸引力，希望能够通过精神消费品获得快乐和满足。"悦己型"消费成为年轻群体表达自我和寻求认同的一种方式，购买盲盒成为标榜个人的潮流身份及归属同一圈层的重要标志。符号学作为一种对普遍思维规律的思索，表明了没有意义可以不用符号表达，也没有不表达意义的符号，符号不仅是表达意义的工具或载体，更是意义的条件。

本书以泡泡玛特盲盒为例，进行个案研究，讨论了盲盒产品的符号消费，

---

[1] 周晓彤. 符号传播视角下的UGC社区品牌社群形成研究[D]. 杭州：浙江传媒学院，2020.
[2] 罗兰·巴特. 符号学原理[M]. 李幼蒸，译. 北京：中国人民大学出版社，2008.

以及盲盒社区中的符号建构。虽不能完全分析，但可以窥探到盲盒社群的一隅，盲盒社群作为青年亚文化的一种，社群成员通过手办的二次创作、编写故事等生产文化符号，拥有独特的创造力。

同时商家通过对品牌的意指活动，如将产品进行编码及打造以粉丝和消费者为主体的文化社群，赋予产品新的所指含义。年轻群体购买盲盒，除了追求娱乐及快感、进行社交和情感表达外，消费也是粉丝群体产生共鸣和符号意义再生产的过程。文化认同在形成审美、品位和风格的同时，也在参与式生产中不断形塑着群体的符号及符号消费。

第三节 "网红打卡地"现象热门成因探析及其冷思考 ——以杭州市热门网红打卡地为例

"打卡"一词源于职场，指的是职工上下班时用考勤卡记录上下班时间的行为。在网络传播中，其词义逐渐延伸为"为了养成某种好习惯或者提醒戒除某些坏习惯所做出承诺的记录"[1]。近年来，随着互联网社交媒体用户量的激增和影响力的扩大，"打卡"一词又逐渐成为一种追随时尚潮流、诠释生活态度、获取圈层认同的记录行为。用以在网络空间中向人证明"这个地方我来过""这个事情我做过""这个东西我吃过"等。

杭州市作为历史文化底蕴丰厚的旅游名城，依托着发达便利的互联网资源和开放包容的文化环境，近年来也涌现出了大量在社交媒体平台上热度极高的"网红打卡地"，吸引全国各地的消费者前来打卡留念。而"小红书"一直以来是消费者分享、推荐、交流热门打卡地，并最终促成打卡行为和提升热度的重要网络社交推荐类平台。因此，本书依据小红书平台上热度排行，选取部分杭州市热门的网红打卡地，进行归类研究，探究其成为热门打卡地的原因，以及分析年轻群体热衷打卡现象背后的利弊影响，也为热门网红打卡地能够维持热度、对消费者形成长久可持续吸引力提供建议。

---

[1] 张高洁，骆蓓娟. 消费社会视域下"网红打卡地"的媒体奇观及其批判[J]. 东南传播，2019（10）：11-13.

一、杭州市热门网红打卡地概述

本书选取当下年轻群体使用较多的分享推荐类社交平台小红书为研究载体，在小红书平台上搜索"杭州打卡地"，基于符号学视角，将搜索结果按类别首先分为自然景观、特色建筑类地方感符号；精致装潢，人造景观类网感符号；特色美食、特色住宿类物用符号三类。在各类别内按点赞量选取热度最高的前十个打卡地进行具体分析，数据收集时间截至2020年12月5日，并总结概括其基本特征。

（一）自然景观、特色建筑类地方感符号

深受江南水乡文化浸润的杭州，自然风光优美，小桥流水、红塔白墙都可以经由网络空间的扩散传播衍生成热门打卡地。其中包括杭州标志性景区——西湖景区。除西湖景区外，法喜寺古朴肃穆的红塔白墙；下沙金沙湖公园河岸边的沙滩营造的海滨风味；良渚公园的稻田风光；馒头山社区的老杭州气息；港南村水杉林曼谷同款的丛林划船体验；白塔公园的复古绿皮火车，下沙学林街秋天的枫叶等，优美的自然景观在迅捷快速的网络社交时代，经由游客们以照片或视频形式分享，便会成为人们休闲娱乐打卡的好去处。

此外，依托杭州市文化产业的蓬勃发展，杭州市新建的特色文化建筑，也成为旅游打卡的好去处。诸如用于办公的彩虹大楼；良渚文化村全松木搭建的教堂；余杭区以大型昏暗色调旋转楼梯为特色的晓书馆；有杭州圣托里尼之称，建筑以欧式风格为主的象山艺术公社；拥有大面积红墙的中国美院象山校区；被称为"最美农民回迁房"，仿旧时江南建筑风格的富阳区东梓关村等，以独具风格的建筑特色，也成为热门网红打卡地点。

上述自然景观与特色建筑型塑着杭州独有的"地方感"，以杭州"独有"构成了杭州城市景观的独特色彩，成为代表杭州的独特符号与标志。来杭州旅游走访的外地游客，通过与这些特色符号的互动、接触、拍照、上传社交空间完成"我来过杭州"的意象建构，杭州居民也通过与这些特色符号的互动完成"我在杭州"的身份建构。同时，这些自然风光和特色建筑一般未经大规模商业开发利用，大部分打卡地是人们偶然经过、偶然发现，分享至社交平台后引起跟风模仿行为的。因此，此类网红打卡地最富有地方感特色，最能代表杭州特点，在此类打卡地进行打卡完成的是打卡者与杭州市共同的意义建构。打卡者将杭州市的诸如江南水乡、小桥流水、温婉清新、新一线城市、浙江省会等标志性符号，通过打卡行为联系到自我身上，并在社交平台上转移扩散。同

时，此类打卡地一般免费或门票价格较低，打卡成本相对较低，是打卡人数最多，覆盖年龄跨度最大，圈层结构最不明显，也是最易得和最普遍的打卡地，也逐渐由网红打卡地发展成为全家出游的热门目的地（表8-1）。

表8-1　　　　自然景观、特色建筑类网红打卡地热度排行

打卡地名称	所在区域	点赞量	特色符号	收费情况
法喜寺	西湖区	14000	寺庙建筑	门票10元；御守20元
良渚古城遗址公园	余杭区	12000	稻田景色	门票60元；观光车20元
中国美院象山校区	西湖区	8471	红砖墙建筑	免费
馒头山社区	上城区	3392	老式住宅区	免费
彩虹大楼	滨江区	3287	彩色楼体	免费
白塔公园	上城区	2661	绿皮火车	门票免费；火车车票20元
象山艺术公社	西湖区	2280	纯白极简建筑	免费
金沙湖公园	江干区	2098	人造沙滩	免费
水杉林	余杭区	1357	丛林手划船	船票20元
东梓关村	富阳区	1121	新式江南园林	免费

（二）精致装潢、人造景观类网感符号

社交媒体时代，"Ins风""纯白极简""莫兰迪色系""撞色"等成为网红打卡地的标志性符号话语体系，备受年轻消费者，尤其是年轻女性消费者的喜爱。杭州也涌现出一大批此类网红打卡店，专为拍照打卡而生，欧式简约风的装潢风格是此类打卡地的最大亮点和特色，配以店内提供的精致糕点和茶饮，营造一种简约、精致、轻奢、高贵的氛围。打卡者通过在这些打卡地拍照并上传社交媒体平台，意欲将打卡地的上述特质转移到自我身上，构建出一个享受精致生活、收入水准较高、业余活动高雅的社交媒体形象，完成网络空间里自我形象的建构。

如下城区Untamed Coffee咖啡店，黑白两色性冷淡风极简装潢的萧山区诺丁山艺术中心，港式风格装潢的下城区星光文化广场的忆庙街，沉浸式动感科技装潢风格的Chao Space艺术空间，爱丽丝梦游仙境主题丛林风格的迷邓花园，以及两层楼的Ins风Area Coffee摄影基地，还有户外城堡主题的杭州金夫人悦影庄等。

这类打卡地具备浓厚的社交媒体网络时代的"网感"元素，消费者花费几十元到几百元不等的费用购买入场券，或是购买精致摆盘的茶饮、糕点作为拍照道具。消费不再是对物质的占有和消耗，消费的愉悦感来自拍出满意的照片并在网络空间获得称赞和认可，消费变成了一种符号的系统化操纵活动。

此类网红打卡地消费者年龄偏低，以大学生群体和青年职场女性为主，受众更为细分。一方面，此类富含"网感"元素的打卡地更符合年轻女性的审美情趣；另一方面，此类网红打卡地更多以轻奢、精致、优雅为符号建构体系，更符合年轻女性自我形象塑造的需要，年轻女性打卡此类打卡地的过程，也是将这些打卡地的符号迁移到自我身上的过程。此外，此类打卡地价格略高，打卡成本有所提升（表8-2）。

表8-2　　精致装潢、人造景观类网红打卡地热度排行

打卡地名称	所在区域	点赞量	特色符号	收费情况
Untamed Coffee	下城区	8380	暗色系咖啡店	人均70元
Elin Bar	拱墅区	3988	帐篷酒吧	人均200元
迷邓花园	上城区	3424	复古丛林风格	门票68元
温煦换装自拍馆	江干区	1145	提供汉服等拍照服饰	人均70元
清风山房	西湖区	1223	绵羊牧场	门票50元
忆庙街	下城区	1425	港式风情街道	人均50元
诺丁山艺术中心	萧山区	1344	浪漫极简风格	进门需购买咖啡券40元
Area Coffee	滨江区	1073	现代极简风格	人均30元
Chao space艺术空间	滨江区	695	沉浸式摄影基地	门票65元
金夫人悦影庄	拱墅区	592	浪漫城堡风格	免费

（三）特色美食、特色住宿类物用符号

在全民生活水平得到极大提升的当今社会，人们对物质追求提出了"更好吃""更特别""更舒适"的要求。因此，一些既好吃又好看又特别的美食餐厅、特色酒店民宿也成为热门网红打卡地。

主打杭州特色杭帮菜的餐厅如外婆家、新白鹿、绿茶、弄堂里、新榆园等

一直在杭州餐厅打卡地中有较高的人气。此外,特色杭州糕点如南宋胡记、杭儿酥、知味观、汪保来等也在小红书等推荐平台上反响火热。这些人气爆火的餐厅、食品类店铺门外常常有排长队等待的消费者,慕名打卡的消费者使排队等候也连带成为打卡行为之一。

杭州市兼具历史文化底蕴和现代都市气息于一身,旅游业素来发达。近年来,供外地游客居住的酒店、民宿也开始兼具打卡地气息,"游泳池""大吊床""秋千床""落地窗""亲子间""海景房"等成为知名民宿打卡的话语符号体系,吸引外地游客甚至是杭州本地人体验不一样的居住空间。

此类特色美食、特色住宿类打卡符号,物质实用性较强,消费者重视其物质实用性多过重视其视觉美观性,在"好吃""好住"等物质实用性需求得到满足后,再增添以"好看"等符号价值,便会得到更多人认可,进而成为热门网红打卡地。小到几元、十几元的街边小吃,大到上万元的高档酒店,此类以物质实用性为符号的网红打卡地,大多以品质说话,部分隐匿在小巷里几十年的美味小吃店,也依赖小红书等网络社交媒体的宣传推广而成为网红打卡地(表8-3)。

表8-3　特色美食、特色住宿类物用网红打卡地热度排行

打卡地名称	所在区域	点赞量	特色符号	收费情况
唔该晒	下城区	17000	港式茶餐厅	人均100元
相遇油条	西湖区	11000	油条包麻糍	12元
日不落	上城区	9296	港式风格民宿	人均100元
饭桶AZESSI	下城区	6939	韩式街边小吃	人均20元
开元森泊	萧山区	5993	树屋酒店	人均1000元
阿式铜锣烧	西湖区	5488	风味铜锣烧	人均15元
宝中宝食府	上城区	4954	杭帮菜	人均70元
迦南甜品店	江干区	4727	美味甜品	人均30元
肉本家	江干区	4328	韩式料理	人均80元
Vallie	西湖区	4295	轻奢游泳池民宿	人均5000元

二、网红打卡热现象成因探析

"网红打卡地"以网民偶然发现的自然景观或商家谋划的视觉消费场景为起点,继而跟进媒介的传播、扩散、发酵以及网民的消费、再生产、再传播,

形成了多点利益共振的完整链条[1]。在整个过程中，"网红打卡地"将商业行为融入了娱乐文化，服务于意义的生产和消费，成为一场商家、媒介和网民等多方力量共谋的媒体奇观。据此，本文将从消费者、媒介、商家等角度具体分析网红打卡热现象的成因。

（一）视觉文化刺激下的符号消费

让·鲍德里亚（Jean Baudrillard）认为，当今的消费社会越来越成为一个由符号主导的社会，人们对物品使用价值的关注转向了更多代表身份和地位象征或者能给自身带来精神享受的非功能物品，一种符号性的存在[2]。当代消费文化更是越来越倾向于对充满审美趣味和文化意义价值的产品进行消费，替代了仅仅满足温饱的大众消费。大众更多开始追求商品使用价值以外的符号价值，竞相追逐感官审美上的愉悦和视觉快感。"好看"成为社交媒体平台上关于网红打卡地被提及最多的词汇，能够为消费者提供良好的视觉体验和视觉享受成为网红打卡地的首要条件和准入门槛。

美国经济学家、社会学家托斯丹·邦德·凡勃伦（Thorstein B Veblen）在《有闲阶级论》中也提出了"炫耀性消费"的概念，"对有闲阶级而言，价格标签与地位的关系极为重要；要表现财力并借此取得或维持名声，手段就是招摇式的挥霍行为"。这种看似违背常情的放纵做法，使得富裕人群将自己和穷人区别开，对贵重物品作明显消费以博取尊敬和荣誉[3]。热衷于打卡网红地的打卡者们大多是对有闲阶级心向往之的年轻人，她们通过打卡网红地的行为，通过符号的转移和粘贴，借用网红打卡地的特质完成自我形象的构建，在网络空间里得到越多的点赞、评论和赞扬，越会激发新一轮的消费行为，炫耀性消费又容易激发其他消费者的跟风模仿行为，构成对特定符号进行消费的现象。

杭州网红打卡地无一例外都给消费者提供了较好的视觉审美体验，达到消费者的视觉审美消费需求。在此基础上，在网红打卡地文化发展几年，视觉符号逐渐趋同的基础上，商家开始纷纷寻求差异化视觉符号，开发不同主题、不同风格、不同价位的网红打卡地，满足不同职业、不同年龄段、不同兴趣爱好人群的精细化需求，探索独特的符号系统，使得网红打卡地视觉符号越来越多

---

[1] 张高洁，骆蓓娟. 消费社会视域下"网红打卡地"的媒体奇观及其批判[J]. 东南传播，2019（10）：11-13.
[2] 让·鲍德里亚. 符号政治经济学批判[M]. 夏莹，译. 南京：南京大学出版社，2015：130.
[3] 凡勃伦. 有闲阶级论[M]. 蔡受百，译. 北京：商务印书馆，1964.

样化、提供服务越来越精细化、打卡吸引物越来越多元化。如杭州清风山房户外山林主题休闲打卡地，圈养了数十只绵羊供打卡者拍照留念、投喂娱乐。再如杭州温煦换装自拍馆专门提供汉服、和服等不同风格的服装道具，迎合不同喜好的人群完成打卡体验。

风格独特的打卡地整体氛围、趣味独特的打卡地吸引物、独特的打卡体验项目等都成为消费者喜爱的符号元素，进而引导消费者进行符号消费，完成打卡行为。

（二）网络空间内的符号化传播构成媒体奇观

"媒体奇观"的概念来自道格拉斯·凯尔纳（Douglas Kellner），他将那些被媒体渲染到极致的事件称为"奇观"，指的是"那些能体现当代社会基本价值观、引导个人适应现代生活方式，并将当代社会中的冲突和解决方式戏剧化的媒体文化现象"[1]。媒体奇观出现的最直接原因莫过于娱乐经济的发展和资本的占领。在消费社会的语境中，资本筛选出符合消费社会价值观念的元素，并由媒体具象为充满诱惑力的消费符号，渗透到媒体传播当中。

在社交媒体兴盛的当代社会，资本商家筛选出最迎合当代消费者喜好的消费符号附加在打卡地上，而后邀请意见领袖入局，尤其是在社交媒体平台上拥有可观粉丝量，并已通过前期媒体形象塑造成为懂生活、乐于体验、乐于探店种草的意见领袖，将自身对打卡地的体验、感受、称赞发布在社交平台上，引发粉丝的效仿行为，打卡地从而升级为网红打卡地。拥有更多粉丝量，人品口碑更好的意见领袖，对于型塑网红打卡地越能起到重要作用。同时，在这个过程中，网络红人、意见领袖们也通过不断打卡积攒更高人气，产生更大影响力。

在打卡地的知名度和影响力形成一定的规模效应后，便会在网络空间里形成自己的独特代表性符号，更加便捷地被更多消费者所发现并完成打卡行为。社交媒体时代，信息传播权利下放到民众手中。同时，由于广告代理的蔓延与大众媒介素养的提升，传统的"信任代理"，不论是名人明星还是网红红人、意见领袖，由于与资本商家有更多的利益牵连和合作关系，传播的话语都比素人大众的声音夹杂了更多噪声，大众心目中具有更多信任资本的人便进一步平民化。也就是说，当一个明星或网红消费了某种产品取得了很好的效果时，大

---

[1] 道格拉斯·凯尔纳. 媒体奇观. 当代美国社会文化透视[M]. 史安斌，译. 北京：清华大学出版社，2003：2-3+121.

众并不一定会选择消费；反而当很多普通人对所消费产品做出了积极的评价和强烈的推荐后，大众更乐意相信并进一步产生消费行为。"网红打卡地"便是选择走"平民路线"并获得成功的典型案例。经由意见领袖推荐，并有大量消费者打卡评价之后，便会形成口碑效应，完成对打卡地形象建构的声势浩大的符号传播。量化成为小红书、美团等网络推荐平台上的点赞量、收藏量、评论量，这些量化数据也成为消费者衡量网红打卡地打卡吸引力的重要指标，商家、意见领袖和普通消费者共谋完成一场媒体奇观的创造。

（三）自我形象的符号化建构

法国社会学家皮埃尔·布尔迪厄（Pierre Bourdieu）在社会资本理论中提出"社交货币"的概念，他认为社交货币是一种存在于虚拟的网络以及离线的现实中所有真实而又潜在的资源。社交货币能够通过分享从而促进人与人之间的沟通互动，并在此过程中提升自我形象[1]。也即社交货币就是一种谈资，是人们在社交媒体中用以积累和呈现自身交往价值的特殊产品。其外在表现在可以使人树立积极美好的形象、表达态度观点、得到身份认同等一系列能使自身表现得更优秀和积极的信息和产品上。

"网红打卡地"便具有这种"社交货币"的特质，它既是一种被网民用来消费的商品，也在网民社交过程中承担货币的角色。人们将自己在网红打卡地的照片上传至个人社交账号，便完成了一次对自我形象的建构。经过精修角度、色调的照片是打卡者理想状态中的自我，获得好友甚至陌生人的点赞和评论，是他人对打卡者自我形象建构的确认和肯定。打卡者现实中的自我与理想的自我存在一定差距，在打卡过程中，打卡者借打卡地的特质，完成一种暗示性消费，也即通过与打卡地接触、合影的方式将商家精心布置的打卡地的特质转移到自己身上，弥合了现实中的自我与理想中自我的差距，通过打卡暗示能够通过社交媒体平台看到自己打卡行为的人们，自己也具有与打卡地相同的特质。打卡地很好地发挥了社交货币的作用，助力消费者完成暗示性消费的同时，实现了打卡地与消费者利益的共谋与共赢。

---

[1] 皮埃尔·布迪厄，华康德. 实践与反思：反思社会学导引[M]. 李猛，李康，译. 北京：中央编译出版社，2004.

三、"打卡网红地"现象意义探寻及其冷思考

作为一场商家、媒介与消费者共谋的媒体奇观，网红打卡地的出现和火热有极大的社会经济意义，也为生活节奏加快、生活压力加大的民众提供更多样的娱乐休闲方式，但这种走马观花式的、"到了买票，进门拍照"式的社交现象会助推民众沉溺于浅层娱乐，丧失对地方深层价值意义的探寻，将社会置于更浮躁的氛围中。同时，目前遍布各社交媒体平台的刷单刷好评行为，也阻碍了网红打卡地的正向良性发展。以下将从正反两方面分析"打卡网红地"现象火热带来的意义和影响。

（一）助推圈层文化发展，也易形成文化壁垒

随着网红打卡地的进一步发展，细分出各种不同的类别和风格以满足各类不同人群的喜好，打卡至网络空间又能吸引聚集更多拥有共同志趣喜好的人们，在网络上形成并巩固特定圈层，甚至在线下打卡地聚集、熟识，如针对爱猫人士兴起的"猫咖"，针对汉服文化爱好者的"汉服社"等。民众的此类打卡行为会为自己贴上符号化标签，这些标签会更容易吸引同属一个圈层的人迅速聚集，也更有利于形成新的圈层文化，拓宽青少年的眼界，促进多样性文化的繁荣发展。

但同时，这种圈层文化也会使民众尤其是青少年更易把自己包裹在信息茧房里，包裹在自己感兴趣的文化氛围里，失去与多样性文化接触的机会。同质性的文化遍布线上与线下，信息接触面变得狭窄，极易在青少年间形成文化壁垒，不利于多元文化的传播和发展，也更容易引发社会矛盾和阶层矛盾。

（二）带动地区旅游发展，也易浅薄化文化底蕴

诚然，地方拥有更多数量和更高热度的网红打卡地会吸引更多游客与打卡者慕名而来，拍照而去，带动地区旅游发展和经济收入，更加多样化的打卡地也能够激发当地文化创意产业的兴盛和高端文化创意产业人才的聚集。然而这种"我来了，我拍了，我走了，我去下一个了"的流水线式、随波逐流式的打卡行为不能带动消费者思考"我为什么来"。网红打卡地的气质和特色成为代言城市气质与特色的符号化象征，民众在与商家共谋的媒体奇观里流连忘返，城市深厚的文化底蕴出现浅薄化解读的倾向。当然也会有类似重庆李子坝轻轨站这样的城市地标性建筑在网络奇观的助推下，在地方政府与网友的助推下，带着历史的人文底蕴成为崭新的网红打卡地。这也为地方政府推动当地旅

游发展和历史文物保护提供了新的想法和思路，把社交媒体的宣传力量变为地方历史性文化发展的翅膀，从历史中探寻可以为当代年轻受众喜爱的因素、更有利于在社交媒体平台上传播发展的因素，让更多的历史人文景观变成网红打卡地。

（三）完成自我形象建构，也易激发攀比虚荣之风

在校学生与刚踏上工作岗位的年轻人是网络打卡行为的主力军，打卡网红地有利于开拓青少年的眼界，丰富青少年的业余生活，充满理想与抱负的年轻人通过网络打卡想象理想中的自我，完成自我形象的符号化建构。但理想中的自我与现实自我存在一定的差距，可能会对青少年精神价值观的引导产生不利影响。

四、结语

网红打卡地的进一步有序良性发展需要政府有关部门的督促和引导。将潮流娱乐与文化底蕴相结合，开发出可替代性不强的旅游吸引物的网红打卡地才能长红，否则只会让消费者在浮光掠影式的、走马观花式的消费后，被更新的网红打卡地所取代，成为一次性消费地。同时，资本商家在经营网红打卡地时也有可能出现扰乱市场秩序的不正当竞争行为，如为提升网红打卡地人气进行的刷单、刷数据行为，商家与网络推荐者之间的不正当利益关系，以及网红打卡地的设立占用公共空间与公共资源等现象，都需要有关部门的监督与引导，也需要小红书、大众点评这样的平台进行自查自净，对虚假信息予以删帖，对虚假信息发布者予以禁言、封号等惩罚。保持网红打卡地的持续吸引力，规范商家在网络平台上的不正当竞争行为，提升网红打卡地品质还需学界与业界的持续探索。

诚然，小红书、大众点评、美团等社交推荐网站的兴起为人们更快更好地找到自己需要的消费品和消费空间提供了极大的便利，一些真正物美价廉的商家店铺也借助这样的平台得到了应有的热度和消费者的喜爱。但消费者也应时刻保持克制与理性，保持适度消费，拒绝攀比之风，考虑自身经济状况和实际需要，拒绝被不良消费主义思想所裹挟。

第九章 时尚传播与品牌营销

第一节　虚拟形象在品牌联合中的意义建构与转移
——以喜茶与百雀羚的联名为例

一、以联合模式为重点的品牌联合研究

自20世纪90年代初始，西方的许多学者针对品牌联名这一营销现象，从营销目的、品牌定位等不同角度对此进行详尽的研究。联名带来的优势，不管是从战略层面还是出于自身的需求，不仅可以帮助合作双方构建所需的品牌因子，扩大消费群体，抵御竞争品牌带来的威胁，还可以共同分享资源，有效降低成本[1]。

目前，学者更多的是对品牌联名模式进行探讨，并且分析了不同模式下品牌联合的效应以及影响联合效应的因素。根据分类标准的不同，品牌联合模式也不尽相同，缺少统一、科学的分类标准。且对各类品牌联合模式下的具体形式尚未进行较为详尽的分析。而闫艳在国外研究的划分类型中，从符号学的角度，利用符号学的双轴关系理论对四种品牌联合模式进行详尽的分析。

在目前的国内研究中，研究重点仍然在于对品牌联合模式的划分以及品牌联名的效应分析。而对联合的具体呈现形式，学界普遍将产品默认为品牌联名的具体形式。而实际上，随着联名产品的迭代辈出，除了品牌本身所固有的粉丝群体会对品牌联名产品保持一定的追逐性消费，其他大部分的消费群体在联名产品的同质化竞争中逐渐产生审美疲劳，对联名产品所持有的新鲜度大不如前。如何在创造新的营销价值的同时，保持消费者对联名这一形式的新鲜度和好感度正在成为新的营销话题。

二、品牌联合新形式：虚拟形象

（一）品牌虚拟形象：从卡通到拟人

早在2004年，有学者将品牌虚拟形象代言人定义为企业在综合分析竞争环

---

[1] 闫艳. 基于符号学的品牌联名设计解读[J]. 包装工程，2020（2）：80-83，103.

境、竞争对手及消费者心理的基础上，根据自身的品牌或产品特性设计的具有生命的卡通性人物、动物或无生命物体。而在新的互联网经济时代下，品牌虚拟形象的定义也在进一步被丰富。虚拟形象的拟人化在信息技术的支持下，其可操作性被进一步增强。许多学者也因此重新对品牌虚拟形象的本质进行了突破与发展。

以虚拟形象作为品牌代言人的方式在前期并不明朗，形象的设计也多从动画、漫画中寻找灵感，或与动画、漫画混为一谈。虽然其中也有少数设计师受品牌方邀请为其设计出具有品牌特色的独立形象。但这些虚拟形象大都只作为一个简单的卡通形象来设计，并没有考虑它们在后期传播与推广中的实用价值。而随着品牌的进一步成熟与发展，有学者试图重新对品牌虚拟形象的本质进行研究，打破虚拟形象仅作为一种普通卡通形象的研究局限，而把它作为符号、媒介、知识进行深入研究，探索其对品牌的积极作用与价值，为设计与推广建立起深刻的理论依据。同时，拟人化的品牌虚拟形象是一种开放性和互动性更强的形象。这种新式的"吉祥物"能承担复杂化、故事化、偶像化、衍生化的任务，使品牌形象的情感积累作用最大化。

而在新的互联网背景和AI技术的不断发展下，拟人化、偶像化的品牌虚拟形象属于全新的研究领域，它进一步地将品牌符号具象化，赋予其人格化的特征。而这种特征也将为品牌营销带来更加有效的传播效果。

（二）品牌虚拟形象：创造联合营销新价值

越来越多的联名产品在市场上喷涌而出，越来越多的品牌也意识到，在进行品牌虚拟形象的自建过程中，应对消费者心理进行详尽的分析。

相较于真实的人或物，虚拟形象的可塑性十分强，可以在设计过程中尽可能地满足品牌和消费者的需求，可以随时根据受众的需求，实时地对形象的外形、服装、性格、时间、空间等改变做出迅速反应，并减少后期培养与维护的成本。成本的有效降低以及内容的强可塑性，对品牌而言都具有非常大的吸引力。有学者通过对影视、游戏以及动漫行业的观察发现，与真人偶像相比，热门IP中的虚拟形象具备"形象代言人"的一切条件，在传递的信息性以及趣味性上甚至更有优势，更加适合用于产品的宣传和外观上。而这样的方式也使得越来越多联合营销产品以虚拟形象联动的方式出现在市面上。同时，也促使更多的品牌加入自建虚拟形象的队伍中来，试图以这种更具创新性的方式，赢得年轻一代的认同与喜爱。

三、作为符号的品牌虚拟形象

（一）象征符号、图像符号与指示符号

基于符号学家皮尔斯的三分法理论，并结合品牌虚拟形象相关研究，品牌虚拟形象包含三种重要的符号类型——象征符号、图像符号和指示符号。象征符号通常以语言、文字的形式呈现，它的能指与所指之间没有相似性或因果相承的关系，它们的表征方式仅仅建立在社会约定的基础之上。图像符号首先是感觉符号，即感知。而人的感官具有五大基本感官知觉，视觉、听觉、嗅觉、味觉、听觉。而虚拟形象符号是物品、图像、颜色、线条、动作等符号的强大集合，它作为典型的视觉符号被广泛认知。指示符号即动作，当一个虚拟形象经常性地以一个动作展示在人们面前，那么这个动作则成为该形象自身的一个符号。

象征符号、图像符号以及指示符号在品牌虚拟形象中得到集中展示。三者的紧密结合使得一个虚拟形象不仅建构起形象层面的"所指"，更使之具备了意象的、理性的、意义的"意指"，而这些美好的意指，建立起品牌虚拟形象的丰富内涵。

（二）符号对品牌虚拟形象研究的意义

从符号学的视角看，品牌虚拟形象正是三类符号在品牌文化特点下的有机结合，是品牌内涵具象化的体现。而在意义传播的层面上，品牌的目标受众可以通过接收并运用共同的品牌虚拟形象符号来进行品牌文化参与，同时建立各种形式的品牌虚拟形象社群，在社群互动中拥有共同的、由虚拟形象符号建构而成的符号文化，强化对品牌的感知与认同。

四、虚拟形象联动：符号消费的意义建构与转移

在消费社会中，人与物品之间的关系产生异化：人不再因为物品的实用价值而占有物，而是以某种方式把物品当作某种身份或阶级证明。此时物品符号所承载的区别化意义才是真正的消费对象，这也构成了消费的最大真相。而在使物品符号化，并成为某种象征意义的符号的过程中，则涉及一种"意义转移模式"。徐远峰将这种意义转移模式分为两个层次：第一层次的符号意义转移是指借助广告、品牌、外观设计、时尚系统等把文化世界的意义转移到产品上；第二层次的转移指向消费行为的产生，指借助一系列仪式把产品所携带的

意义转移到消费者。其中，意义转移仪式是指意义从产品转移到消费者的方式，其中以交换仪式、占有仪式以及摆脱仪式最为常见[1]。通过这两个层次的仪式，产品被赋予的意义则被大众通过消费这一行为完成了转移。

（一）符号意义的建构

1. 象征符号：营造氛围，呼唤情怀

本文选取喜茶与百雀羚的宣传主海报和条形漫画为研究对象，对其中的文本信息进行抽取（图9-1）。

图9-1　喜茶×百雀羚主海报

抽取的文本主要包括字体及其颜色、文字排版、对话用语等方面。喜茶主海报的版面设计采用20世纪30年代报纸的样式，"报纸"名称以及各条"新闻"的标题以加粗、复古暗红的色调呈现，营造出一种喜气洋洋的氛围。同时，设计师为了模仿民国时期的生活特征，也为了迎合此次联名的"致敬经典"主题，在海报中运用了繁体字，复古又经典的气质在一张海报上通过视觉呈现的方式吸引了一部分消费者，也达到了此次联名所需要的创意效果。在字体排版方面，也同样运用了竖式排版，符合老式报纸的风格。

在条形漫画当中，故事发生在20世纪30年代初的老上海，正是国货品牌百雀羚诞生的时期。因此，上海方言在人物对话中的体现，能够让观看者穿越回

---

[1] 李正欢，曾路. 符号消费的意义解读[J]. 重庆邮电学院学报（社会科学版），2004（6）：53-55.

那个讲求精致优雅的百雀羚时代。例如，在人物的话语中，"个是""伊拉屋里""伊家""侬家"等吴语方言让人自然地联想到上海女人的优雅又矫情。而上海女人则正是百雀羚的一个重要品牌符号。从故事中的吴语方言到上海女人的精致优雅，再到百雀羚的品牌内涵，主海报与条形漫画，通过对字体和语言的设计，构建出一个20世纪老上海的生活场景，将消费者对上海女人优雅又矫情形象的追随转移到百雀羚产品上，由此完成了符号意义的第一层转移。

2. 图像符号：多元化女性形象的交叉与认同

故事情节发生在20世纪的老上海，但在主要人物形象上，阿喜与阿雀这两个品牌虚拟形象仍有着各自的时代特点。从服装设计上看，虽然两人都身着旗袍，但阿雀的旗袍纹饰是经典龙凤呈祥，而阿喜的纹饰则是波点，与茶饮经典小料——珍珠相契合，或是芝士，与喜茶的经典饮品——芝士茶相契合。在人物发型上，阿雀是旧时上海女人经典的黑色卷发造型，而阿喜则是具有现代时尚感的粉色哪吒丸子头。

两个人物的造型都有着各自的时代特色，体现了不同年代的女性所追求的美好形象。在20世纪的老上海，女性以精致、优雅以及小资作为追求目标；而在当代，女性群体更追求自我个性的体现。而两种截然不同的女性认知在这一次联名中同时出现，体现的是现代社会对女性形象多元化认知的包容。且对于品牌来说，阿喜与阿雀的不同时代女性形象能够最大程度上使得品牌之间不同年龄段的消费群体进行交叉重合。精致优雅的成熟女人可以拥有时尚女孩的个性，而时尚的个性女孩也能追求小资情调。女性的形象可以是不受约束的、多元化的，甚至是多类型重叠的。由此，对女性形象的多样化追求，也通过虚拟形象的视觉化、故事性的呈现由概念世界转移到产品本身。

3. 指示符号：突出营销内容与产品

指示符号，是指符号与对象之间具有某种指示性、提示性关系，包括但不限于空间临近性，通俗来说指的是动作，如用手指指向物品；或因果性的，如烟对火的指涉、敲门声对门外有人的提示等。其核心在于通过种种关系，指示符号将接受者的注意力引向对象。虚拟形象在被设计时通常会根据品牌产品或营销内容的特点，设计出具有标识性的动作。喜茶的LOGO就具有指示性动作，黑色简笔画勾勒出的小人，正在饮用手里拿着的饮品。这样一个简单的动作，将受众的注意力指向喜茶的饮品。在喜茶与百雀羚的品牌合作海报中，虽然虚拟人物的形象从男性变为女性，但手中的饮品始终未变。同样地，作为百雀羚的虚拟人物"阿雀"手里拿着的是一款百雀羚产品。

通过虚拟人物形象手中拿着的饮品或产品这一指示动作，给予受众鲜明的提示。为受众或消费者明确了这场品牌联合活动的中心事物，并通过一系列活动策划引导受众进行消费，为后续的活动体验加设铺垫。

（二）符号意义的转移

在意义转移模式中，第二次的意义转移是指借助一系列的仪式，促使消费行为的产生。

在喜茶与百雀羚的联名海报中对线下体验式消费活动也做出了预告。例如，"茶茶小报社""喜鹊照相馆""阿雀留声机""阿喜小茶馆"等，通过对老式生活场景的复原，吸引大众前往，并进行参与式互动。通过互动环节和复古场景的设置，不论是粉丝群体还是周围被吸引的普通路人，都沉浸在对经典的回味与体验当中，充分满足了大众的体验式消费需求。

柯林斯（Randall Collins）在《互动仪式链》中提出，互动仪式的组成要素有共同的行动或事件、群体聚集、相互关注焦点、共享的情感状态，通过这些要素所形成的集体兴奋，产生了四个结果：群体团结、情感能量、符号、道德标准[1]。在这场以喜茶为主导的快闪活动当中，由于粉丝的大量聚集，对品牌的热情与情感连带效果被放大，而出于情感的需求，对产品的占有欲也在群体热情的裹胁下被膨胀。

同时，在消费升级的新形势下，年轻人对新式茶饮的价值认同已并不仅仅局限于获得短暂的口味上的满足。新式茶饮已成为年轻群体中的一种社交货币。这场联名快闪活动为消费者提供了一个交流讨论的机会与场景，构建出一个基于品牌文化认同的小型粉丝社群，为参与者们提供了归属感，并在活动中树立并强化消费者对品牌拥护与忠诚，成为品牌文化的传播者乃至共创者。

基于消费者的体验式需求、情感需求以及社交需求，双方品牌利用快闪活动将产品的营销目的潜移默化地转化为消费者的占有欲，促使消费者在情感能量高度集中的场景中完成品牌方所期待的消费行为。

五、结语

随着市场上联名产品的层出不穷，消费者对联名产品的新鲜感大不如前，

---

[1] 兰德尔·柯林斯. 互动仪式链[M]. 林聚任，王鹏，宋丽君，译. 北京：商务印书馆，2012：79-81.

审美也趋向疲态化。与此同时，虚拟形象由于其强可塑性以及低成本性，而成为新时代下的"品牌代言人"。因此，品牌联名的具体呈现形式已经从实体产品的参与式设计逐渐扩散到双方品牌的虚拟形象联动中。在喜茶最近的几次联名中，均利用了虚拟形象进行跨界联动。例如，在游戏"江南白景图"中设置"阿喜茶馆"，以及与国漫《大理寺日志》在结尾彩蛋进行虚拟人物互动。利用虚拟的品牌形象与合作品牌创造出更多的带有符号意义的故事，丰富品牌形象的性格特点，并借助各种活动仪式，聚集粉丝情感，将产生更大的联名效果。

第二节　互动仪式链视角下野性消费现象
——以国货品牌微博话题讨论为例

2021年，鸿星尔克、拉夏贝尔等数个国货品牌冲上热搜，无数网友参与到其讨论互动中去，引发了野性消费的互动仪式浪潮。国货品牌的关注度也因此不断地增强。在此之前，野性消费的消费观并没有清晰的界定与阐释。本文将探寻野性消费的概念及其特征，以互动仪式链视角对国货品牌的野性消费现象进行研究。

一、概述

近年来，"互动仪式链"受到越来越多学者的关注。截至2021年12月1日，通过中国知网平台以"互动仪式链"为主题进行搜索，数据库中关于"新闻与传媒"学科的期刊论文有187篇。其中，学者更多地以互动仪式链视角对直播互动、短视频互动、新媒体平台的互动机制以及各类小组互动等进行研究。而"野性消费"作为一个新兴的概念，目前少有学者对其进行研究。

学者对互动仪式链的研究大多基于对兰德尔·柯林斯（Randall Collins）《互动仪式链》的解读与理解。为个体和群体情绪情感传播机制研究、社群内部互动过程中群体认同的强化研究、新媒体背景下的传播行为研究等提供了新视野和新方法。柯林斯认为，互动仪式有四个组成要素，即两个或两个以上的人同时聚集同一物理场所、对局外人设定界限、人们有共同的关注焦点、分享相同的情绪和情感。互动仪式会输出四种仪式结果：群体团结、个体的情感能量、代表群体的符号和道德感[1]。随着科学技术的快速发展，一些新理念、新视角层出不穷地出现在大众的视野里。周琼等人认为，随着技术的发展，用户可以在虚拟网络中与他人进行实时互动，"替身在场"因此可以实现[2]。

二、研究内容与方法

本文通过国货品牌微博话题的讨论文本进行野性消费的行为研究，主要分析鸿星尔克和拉夏贝尔两个国货品牌冲上新浪微博热搜的话题讨论文本。

（一）野性消费

"野性消费"的原意是指在情绪主导下的非理性的冲动消费，而在"鸿星尔克为河南捐款5000亿"这个热门话题讨论下，有了其特殊意义。"野性消费"被赋予了爱国精神和认同感。从一定程度上来说，野性消费是在情绪冲动下进行的消费行为，用野性消费行为来表达品牌认同感，这背后是爱国主义和支持国货的情感主张[3]。"野性消费"一时席卷网络，它是一种基于情感能量爆发的狂欢仪式，其背后隐含着网友的品牌认同感、社会归属感、国家荣誉感等。

（二）研究对象及方法

2021年7月，河南遭遇重大洪涝灾害，在各行各业支援抗灾的过程中，一条"鸿星尔克的微博评论好心酸"冲上了热搜，这条热搜的背后是无数网友被鸿星尔克的"野性捐款"而打动，从而主动地加入这场网络互动狂欢中来。11月，女装品牌"拉夏贝尔申请破产"的消息不胫而走，考虑到价格、国货情怀等因素让众多网友成为全民抢购队伍中的一员。但是其线上线下的不同销售行为也引发了一大批网友的质疑与反对。

本文运用"八爪鱼数据采集器"爬取微博热搜中的讨论区数据进行相关分析。在"鸿星尔克的微博评论好心酸"话题的热度最高的评论区中，按热度爬

---

[1] 兰德尔·柯林斯. 互动仪式链[M]. 林聚任，王鹏，宋丽君，译. 北京：商务印书馆，2012.
[2] 周琼，曾样样. 群体传播时代的集体行动和仪式狂欢——对"饭圈出征"网络行动的个案分析[J]. 现代传播（中国传媒大学学报），2021（3）：154-159.
[3] 马兢. 新媒体视域下情绪催化的裂变式传播分析——以鸿星尔克事件情绪催化下的野性消费行为为例[J]. 新闻研究导刊，2021（20）：47-49.

取前1000条一级评论，删除无效数据，对筛选出的701条评论进行人工文本分析。在"数万人涌入拉夏贝尔直播间捡漏"话题的热度最高的评论区中，按热度爬取前500条一级评论，删除无效数据，对筛选出的50条评论进行人工文本分析。

三、野性消费社群的互动仪式要素

（一）在场：社交媒体实现虚拟在场

实现互动的首要因素是实现身体的在场，只有个体拥有与其他个体产生联系、交往的机会才可能产生互动。随着网络技术、媒介的发展，形成了许多的互动紧密却关系松散的网络社群，在场这一条件打破了时空的限制。完成互动仪式也逐渐由单一的身体在场转向了虚拟在场以及线上线下共在。

网友们从不同的平台接收到了"鸿星尔克捐款5000万驰援河南""拉夏贝尔被申请破产清算"等信息，从而自发地进入相关的直播间，通过弹幕参与到互动中。同时，相关话题引发了众多网友的讨论，不同时空下的网友在微博等平台的相关话题下进行评论、回复、点赞、转发等互动，实现了在网络空间的在场，形成了共在的氛围。

（二）局外人设限

对局外人设限，能为一个群体进行互动仪式创造一个良好的发展环境，是形成互动仪式的一个必备条件。对国货品牌的野性消费群体来说就有着明显的局外人限制，并不是所有参与到相关话题讨论中的网友都可以成为野性消费群体中的一员。只有真正了解到国货品牌背后的故事、其品牌行为的社会意义，形成了情感关联，产生了产品的认同感，并且有条件通过线上线下的多种渠道进行消费的个体才能打破对局外人的限制，成为其消费型群体中的一员。

区别于普通的消费型群体，野性消费的前提是消费者对品牌产生了认同感，在情感上产生了共鸣，并在情绪主导下进行非理性的冲动消费。也就是说，不了解真实情况而跟风进行的消费行为都不属于野性消费的范畴。因此，不了解国货品牌背后的故事以及没有形成情感关联的网友也被排除在群体之外。

（三）关注焦点产生情感关联

在互动交往的过程中，往往会因为不同的因素导向产生不同的焦点。关注焦点的产生能够积聚分散的情感能量，让不熟悉的网友迅速消除陌生感，产生情感关联，从而进一步推动互动仪式的展开。就"鸿星尔克的微博评论好心酸"话题的微博评论区数据来说，评论内容主要可以分为品牌认同、消费导向、宣传导向、情感导向等主题。由于生活环境、知识水平、社会阅历等多方面因素的影响，网友的人生观、价值观、世界观都具有其独特性，每个人看待同一件事情的角度都有所不同。

因此，就"鸿星尔克捐款"这件事而引发的讨论中，产生了品牌认同、消费、宣传等多个焦点。关注不同焦点的群体也分别积聚了情感能量，吸引更多的网友共同聚焦到这一话题焦点之下进行互动，推动了互动仪式的产生。其中，话题讨论中的品牌认同焦点受到了最多网友的关注。"安踏鸿星尔克特步361度国货之光""突然觉得鸿星尔克的标，绝美"等朴实无华的赞美都表示了网友对"鸿星尔克"的品牌认同，表现了网友对国货的情感认同。这一焦点吸引了有着共同情感的网友的关注，网友们纷纷通过评论、点赞等行为形成相互关注产生情感连带。这一焦点不断地"升温"，使得网友产生了对产品的支持行为——消费焦点。众多网友随着情感能量的骤增，纷纷表示："以后就买你家鞋子了！"，并用实际行动参与到野性消费这一互动仪式中。

（四）情感交流

在热度最高的讨论区中，网友通过点赞、回复等方式分享情感体验、进行情感交流。在共同焦点的基础上，网友们把个人的情感内嵌于文字、表情包、按键等多种表达形式，进行情感互动。在"鸿星尔克的微博评论好心酸"话题中的一条"娘嘞感觉你都要倒闭了还捐了这么多"情感分享共收到了18864条回复和806409个点赞。在其互动的二级评论中，不少网友从这个情感中联想到了自身的现实经历和情感体验，纷纷表示有相同的感受，主动地进行情感上的交流。在二级评论的互动中，网友们分别从购买攻略、产品推荐、购买动机等多方面进行交流，分享消费的情感体会，扩大了参与野性消费仪式的群体规模。同时，一些网络表情包、颜文字、语气词等的运用，也都表现出了网友在进行野性消费仪式时的情感态度。

四、互动仪式结果的输出

（一）局中人获得高情感能量

柯林斯认为，情感能量是互动仪式中的核心部分，而长期稳定的社会情感也是推动互动仪式不可或缺的驱动力[1]。一场成功的互动仪式能让局中人得到强大的情感能量。在相关话题的评论区中，网友通过发布个人感悟进行情感分享。当相关话题引发其他网友的评论、点赞时，会使其产生一种认同感和成就感，因此，相关的情感能量会进一步提高。

成为野性消费群体的局中人后，一部分网友会选择在微博评论区这个网络场域中分享个人的情感体会以寻求情感共鸣。有着相似体验感悟的网友会在相关评论下给予回复、点赞来实现情感共鸣。而当本人所发表的评论受到他人的回复与关注时，会为局中人不断凝聚情感能量营造一种积极的氛围，从而获得一种长期且稳定的情感能量。也因此，局中人会不断增强对此次互动仪式的认同感和满足感，投入更多的精力到互动仪式中，为下一次的互动仪式创设条件。

（二）凝聚群体团结力量

在野性消费群体进行野性消费互动仪式的背后，是高度凝聚的情感能量。2021年7月22日鸿星尔克捐款的相关话题登上热搜。随着网友的深入互动，更多的网友加入这个话题互动中来，互动所产生情感能量也逐渐从最初的捐款感动逐渐上升到对国货品牌的认同感，再到众志成城攻克难关的集体感，最后到达全国人民万众一心的国家荣誉感及民族自豪感。情感能量不断积聚的过程中也不断地凝聚了群体团结力量。因此，一部分网友冲着对国货品牌的支持、冲着对捐款行为的赞同等加入野性消费的互动仪式中，有一部分网友在高度凝聚的国家团结精神影响下进行野性消费的互动仪式。而野性消费群体中的成员也通过内部的互动进一步加强了群体内的团结，让成员自发地耗费个人精力去吸引更多的成员参与到这场互动仪式中。因此，在群体团结力量的作用下，让鸿星尔克在抖音的官方直播中，于7月17至23日这一周实现了7749.5万元的销售额。

但是，并不是所有的国货品牌都能形成群体团结。女装品牌"拉夏贝尔申请破产"的消息不胫而走，众多网友加入了抢购热潮。其中，很大一部分消费者是因为折扣因素而进行消费，形成了一种廉价消费观念，所以很难形成国货品牌背后的情感共鸣和群体团结。同时，一部分出于支持国货情感而进行消费的网友发现该品牌存在服务态度不佳、售后保障不到位、产品质量较差、价格

---

[1] 兰德尔·柯林斯. 互动仪式链[M]. 林聚任，王鹏，宋丽君，译. 北京：商务印书馆，2012.

不实等一系列问题，纷纷对其产生了质疑，淡化了品牌认同感。这也导致了该群体无法形成群体团结。

（三）编码群体符号，构建道德感

随着互动的进行，互动情感的不断深入，相关要素的不断积累，会形成群体成员之间的群体符号。在相关话题的野性消费群体中，不少消费者通过展示产品的图像符号以及品牌的商标来分享情感。在这个过程中，产品的图像及图标显然构成了一种符号，让看到符号的成员更好地辨认出"友军"，加强群体认同感。

而野性消费群体有着支持国货品牌、热爱国家的共同目标，有着相似的情感体验，能够产生节奏连带，产生一种群体团结的情感认同。因此，在产生野性消费仪式的相关话题讨论中很少出现负面的评价。即使出现了少量的消极、负面评论，也会有网友对其进行积极化导向回复和屏蔽化导向处理。群体成员会形成一定的道德感，自觉地维护团体秩序，群体成员能够根据不尊重对应符号的表现迅速判断出对方的非群体成员身份，从而将其排在群体之外。

五、野性消费互动仪式的反思与借鉴

（一）情感关联产生情感连带

关注焦点是互动仪式的关键要素，随着人们就关注焦点展开互动，进行情感分享与交流，他们会深入了解彼此的情感体会，更加直观生动地感受到共享的情感，不断积聚情感能量，从而产生情感连带。在鸿星尔克这类国货品牌的讨论区中，网友有相似的产品使用感受、有共同的因默默捐款行为而产生的赞扬情感、有相同的支持国货情怀等。因此，他们纷纷分享自身的情感，进行互动，产生情感连带，自发地进行野性消费互动仪式。同时，鸿星尔克老板的朴实行为、言论、直播间的"理性消费"劝导等一系列消费者与品牌卖家之间的互动也增加了网友的情感能量，推动了互动仪式的进行。

（二）正向的情感连带推动野性消费仪式进行

并不是所有成型的情感连带都能持续推动互动仪式的进行。对野性消费来说，只有正向的情感连带才能推送互动仪式的进行[1]。在鸿星尔克这类国货品

---

[1] 王彬. 互动仪式链视阈下的青年网络爱国主义教育探究[J]. 山东师范大学学报（社会科学版），2021（5）：120-126.

牌的事件中，野性消费仪式对局中人来说实质上是一种爱国仪式。鸿星尔克的担当与对国家的支持打动了无数的网友，刺激了情感连带的产生。无疑，这是一种正向的情感连带。对局中人来说，他们进行野性消费仪式的同时也是在进行爱国仪式。对消费者来说，购买鸿星尔克的产品，一方面使得他们获得了价廉物美的产品，另一方面是为国货品牌的发展贡献自己的一份力，同时也是一种热爱国家、支持国家更好更快发展的表现。所以当他们进行野性消费仪式时，能够因为自身的消费行为而感到满足和自豪，积聚更多的情感能量。当野性消费群体继续分享自己的这种情感体验，并且获得他人的关注与情感共鸣时，会进一步推动野性消费仪式的进行。而对拉夏贝尔这个国货品牌来说，它过度的营销方式、不佳的产品质量以及飘忽不定的产品价格等负面因素，使得最初产生情感关联的网友很难形成正向的情感连带，这也导致他们难以进行野性消费仪式甚至破坏群体团结。

（三）野性消费情感连带模型

近年来，国货品牌受到越来越多的关注，国民对国货品牌的认可度和期待值日益增强。野性消费这一消费理念也由鸿星尔克"野性捐款"而衍生问世。国货品牌相关话题中的野性消费互动仪式影响力日益加强。本文分析相关国货品牌的讨论区互动情况和相关网民参与互动仪式情况，构建野性消费的互动仪式链模型（图9-2）。

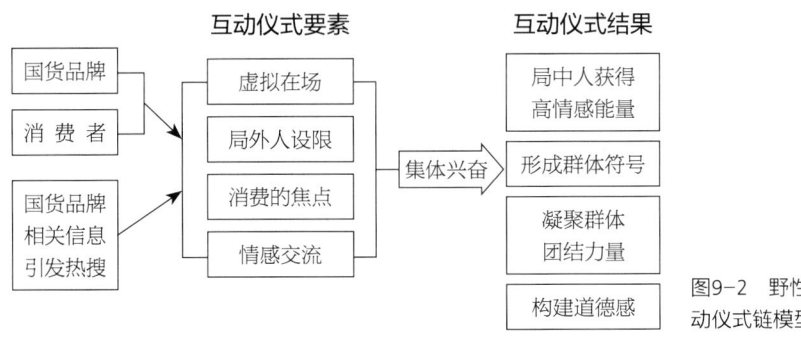

图9-2 野性消费的互动仪式链模型图

六、结语

随着科技水平的提高，我国综合国力的不断加强，越来越多的消费者意识到国货品牌的优点以及发展国货品牌的重要性。野性消费这一观念在人民日益增长的对国货品牌的情怀和集体荣誉感中被更多的消费者所接受。总的来说，鸿星尔克这类国货品牌的野性消费互动仪式实质上是一种支持国货的互动仪式，一种爱国的互动仪式。我们需要正确看待其野性消费现象，具体分析其互动仪式的每一个环节以及产生的结果，适当地正向引导，使之尽可能保持长久的群体团结和情感能量，为国货品牌发展提供动力，促进国民的团结。

第三节　基于DIMT模式对国潮品牌创新探析
——以"李宁"为例

国潮概念的兴起是通过经典国货品牌"李宁"在海外打响的第一枪，随后传入国内，引发各行业刮起"国潮风"，带动国内品牌"国潮化"创新联动以及国内本土新生品牌的发展，且考虑到年轻国货品牌尚在发展中且发展较多，基于国外潮流文化基因的影响，对"国潮化"的发展还需要一定时间的考量，品牌知名度和品牌文化建设、发展历史都还不足以撑起"国潮"概念的全部，但不可否认其创新发展的实力。因此，本文选取国产经典品牌"李宁"作为国潮品牌概念的主要对象，即考虑到经典品牌其本身的价值意义更具有研究代表性，结合东方智慧符号DIMT模式，即从"言—象—意—道"四个层面的符号来进行整体性传播分析。在借鉴年轻国产品牌发展理念基础上，使国产经典品牌走出新道路，使中国品牌走向世界焕发品牌潮流文化自信。

一、国潮品牌概念及DIMT分析框架解析

（一）国潮品牌

"国潮"是近年来国内兴起的一个新概念，目前学界权威专家对其以及"国潮品牌"给出明确的定义较有限。对国潮的解释主要包括"中国本土设计师及主理人创立的潮流品牌"，"是以品牌为载体，包含中国、品牌、潮流和文化"[1]，以及"是以文化为语言的一种现象"[2]。此外，对"国潮品牌"较多的分析是从品牌跨界的层面来进行的，而解读的视角多是以中国本土品牌为大背景，是基于"国潮"的时尚风尚下国产品牌的表现，对"国潮品牌"未作出明确的定义。本文研究认为国潮品牌，即集经典性、口碑性以及时尚潮流特点于

---

[1] 姚林青. "国潮"热何以形成[J]. 人民论坛，2019（35）：132-134.
[2] 蒋诗萍，周诗诗. 论"国潮"品牌跨界的符号双轴关系[J]. 符号与传媒，2020（2）：141-149.

一身的国货品牌，主要表现在品牌理念和风格方面，与国外品牌所引领的类似"欧美风""Ins风"之间具有鲜明的风格基调的对比，具体是以经典国货品牌为主要载体，通过品牌升级的不同形式紧随潮流创新，例见图案、文字、颜色等内容的结合，开创出一种带有十分明显的中国文化特色的时尚潮流品牌。

而"国潮热"背后是中国品牌的崛起，更是中国情怀、中国自信的彰显。以"国"为潮，其意义本身在于品牌在发展过程中将中国元素以及中国文化内在的精神和群体感知相融合，在完成品牌升级重获新生的同时，在新时代引领国人对本国文化产生新的群体认知感受，促使国之潮流的观念与消费者的情感激发二者能够达到一种双向、长期互动的状态。

（二）DIMT分析框架

与西方线性的传播模式相比，东方智慧符号DIMT模式更强调整体性聚合传播以及对传播可持续性的关注。DIMT模式以我国古代《周易》东方智慧为基础，包括"言—象—意—道"四个方面，在"阴阳球"的规律变化中的话语—言（Discourse）、直观形象—象（Image）、心理意识—意（Meaning）和作为真善美之源和真善美最高统一的道（Tao），这四大要素构成的符号解释模式。传播符号当中的语言、形象、意识或意义要素与客观的真实构成了一个有机的整体[1]。DIMT模式对不同要素在具体情况下的情况进行分析，并通过规律性的互动产生联系，从而发挥作用形成合力，得到良好的传播效果。

二、国潮品牌"李宁"的创新之路分析

（一）言（Discourse）——语言符号书写东方记忆

"言"指李宁品牌主题命名、服饰产品命名、产品技术、服饰语言、品牌口号等语言文字符号。从主题命名层面，有2018年"悟道"主题，2019年"行"主题、2020年"三十而立"主题等一系列联名、原创款式，且遵循一定的发展逻辑与品牌文化与品牌发展路径相适配。主题的用词风格，也具有明显的中国文化底蕴特色。从产品命名层面，自2018年以来，李宁潮流跑鞋以"悟道""烈骏ACE""飞甲""盘古""夸父"等中国古代神话故事的代表符号为鞋款命名，对比之前，李宁在2007年也出过以传统文化故事为元素命名的鞋饰，如"越王

---

[1] 李思屈. 东方智慧与符号消费——DIMT模式中的日本茶饮料广告[M]. 杭州：浙江大学出版社，2003：57.

勾践"、"钟馗"、特别款"吉祥如意"等，可见李宁对中国元素是始终坚持运用并推广的。除此之外，中国李宁每个系列、主题的服饰语言都带有对经典元素的创新设计，如在2019年"行"主题服饰中，出现的"中国李宁"、"李宁"、"LI-NING"、"行者"、"SONG SHAN"（嵩山）、书法文字、"ZHANGJIAJIE"（张家界）等文字，凸显着中国符号元素，从时尚符号的角度，将东方文化符号自觉融入品牌文化中。

较于西方文化，东方文化属于高语境文本内容文化。在东西方语境差异下，语言不是一个完美的达意工具。这也就意味着仍然需要与更为匹配的"象"来潜移默化地传播中国符号。在文化自信的国人意识崛起过程中，独属于东方的记忆伴随着品牌自身文化自信的崛起以及消费者生活方式中文化情怀的唤醒而随之予以回响。品牌与消费者对国潮标签的热衷，其背后是对本土品牌的认可度以及本土文化的自豪感的集中体现。从本土品牌到国潮品牌，再到国家名片，品牌所产生的国际社会力量逐渐可以为本民族、本国家提供形象加分，也能够为国家经济品牌发展贡献力量，最终向着国家与品牌互相赋能目标出发。在国家形象对外部意识形态束缚、导致部分形象缺失时，转由强劲的中国本土品牌输出，以打破外部意识形态的限制，在时尚秀场文化软性输出。

（二）象（Image）——图像符号唤起集体认同

"象"指产品宣传海报照片等直观的图像符号，包括品牌符号、广告色彩、人物肖像、模特形象、产品上的图像，如李宁品牌标志、中国标志色红色、"中国李宁"（简、繁体）文字标志、李宁奥运会夺冠照等。例如2018年"悟道"主题中，将李宁比赛标志性照片印在服饰中央，以重新唤起"80后"对李宁的集体记忆，激起"90后""00后"对李宁形象符号的再回归和关注，并以此来建构新一层的情怀意义。在视觉修辞研究领域，查尔斯·A.希尔（Charles·A. Seel）认为其核心命题为如何借助图像符号来传递某种劝服性（Persuasive）的"修辞意象"（Rhetorical Image）或"认知意象"（Mental Image），即从心理认知层面揭示"意象"生成与建构的过程[1]。

"任何图像都不可避免地承载着某种劝服性的话语和观念，而且以不同的修辞方式影响受众的观点、信念与价值。"[2]与此同时，"李宁"通过对相关"象"的选取，来满足西方对东方想象式的形象满足。例如，将中国体育标志性人物

---

[1] 刘涛. 环境传播：话语、修辞与政治[M]. 北京：北京大学出版社，2011：206.
[2] 刘涛. 环境传播：话语、修辞与政治[M]. 北京：北京大学出版社，2011：206.

之一的"中国李宁"以新的形象来赋予时尚的解读；在2019年的"行"主题中，山水画等内容与品牌主题保持一致，通过"言""象"集中把中华文化元素具象化为较直接的色彩冲击和图片文字的融合。致敬传统符号形成更大的画面张力，再运用品牌的文字和图像符号设计，通过意义和意向来表达产品总体和系列主题，立象以尽意，从而达到品牌内涵向中华文化的"意"的回归。

在国潮品牌升级的过程中，在时代路口"承前"而"启后"，而在国潮风尚中，"国"与"潮"是衡量经典品牌升级成功的最重要的因素，而"潮"是否能够代表"国潮"，即中国传统优秀文化能否与现世代亚文化群体较为高度的融合是其中的关键。根据数据统计，2020年Z世代[1]占据整体消费力的40%[2]Z世代成为新国货消费的主力军[3]，是各品牌争夺的主要群体。其消费理念也在重塑着新老品牌的特性，即已不再单单满足于物质性需求，更趋向于追求物质之外的精神层面的消费满足。而精神需求多源于对不同文化的精神共鸣，国潮品牌对亚文化元素的选择、拼贴和重构也意味着当今文化融合的趋势，通过对亚文化圈层中特定的符号形态的重构来使得国潮经典融入年轻、新鲜气息。正规文化在吸收亚文化的过程中不断发展，从青年亚文化到潮流文化的沿革也是如此。青年亚文化时尚潮流以其年轻、独特、反抗创新理念在自我发展的同时也在不断更新着经典品牌在新时代下的意义解读，年轻血液沸腾于经典记忆中，在重构经典的同时，吸引着经典向新锐理念靠近。通过不同的网络梗、新潮图像色彩、营销跨界进行符号新锐化，逐渐被收入中国当代流行主流文化，转变为中国特色潮流品牌的含义，加持本土潮流品牌的核心竞争力。

此外，中国符号的外显，还意为国际秀场由外国模特身着凸显"中国（李宁）"标志性的服饰。文字与图像的相互叠加意味着两种感知系统的聚合，通过特定的文字符号唤起文化记忆，中国在国际时尚中逐渐崭露头角，使国人建立起对本土文化的自信。年轻消费者通过购买本土时尚产品满足了个人的情感需求，同时增强了对集体记忆的认同。这种文化自信推动了中国符号在全球范围内的传播，激发了国内外对中国符号的情感共鸣。同时通过极具冲击力的品牌营销，东方符号得以在世界时尚舞台上焕发新光彩。

---

[1] Z世代：是指1995—2009年出生的一代人。
[2] 凯度、腾讯. Z世代消费力白皮书[EB/OL]. （2019-01-09）[2021-03-02]. https://www.sohu.com/a/287744815_162758.
[3] 阿里研究院. 2020中国消费品牌发展报告[EB/OL]. （2020-10-07）[2021-03-04]. https://finance.sina.com.cn/tech/doc-iivhvpwz0673705.shtml.

(三)意(Meaning)——视觉图像转向文化主题

"巧妙的'言''象'组合才能带来深刻的心理'意'。"[1]在字符与图像色彩的结合中完成品牌表层建构，凸显的是品牌潮流的时尚与传统的结合碰撞，符号的传播和意义的延展。"意"指的是李宁品牌言象符号背后的更深一层的民族文化解读，是区别于其他国际文化的中华传统文化的基因意义。此外，"意"与审美体系也有着某种程度的联系，不同的审美感受都是在"意"主导下的一种同质性转变。基于对"李宁"品牌的研究，其以"悟道""行""三十而立"主题集中展现中国的文化精神和中国人的世界观，传播国人"自省、自悟、自创"的精神内核，"行"在祖国大好河山，穿越中国城市、自然，通过"再传统化"向中华文化中"意"的回归与重新诠释。

"传统，顾名思义就是具有鲜明特色，能经受悠久历史检验的博大精深的思想文化与行为方式。在时尚的发展历程中，时尚的传统性总是在不经意间被大众忽略，这值得反思。虽然时尚在发展，但时尚并不是一味地超前，它与传统有着很微妙的关系，在某种情况下，互相转化、互相冲突、互相依存、互相包容。"基于经典国产品牌在品牌文化方面的更新发展，可看到品牌经典逐渐偏向深耕传统文化经典。品牌血液吸收青年潮流文化其实是在建立一种品牌血液双循环，在向新潮流前进的同时，回顾经典民族文化内核，重塑文化符号意义，使品牌通过"再传统化"重新占领潮流文化中心。"时尚与传统两者之间具有传承关系，在时尚的发展过程中，有很多时尚元素都是从传统中借鉴和寻找，从而吸收一些新的元素"，将文化精神抽象化的内核外化为具体服饰符号。在各种国际潮流文化交融激荡的时代，需要在继承传统中攫取和提炼出中华文化千年沉淀下的文化内核，将内化的精神重新赋予时代性。

(四)道(Tao)——哲理思想注入品牌文化

"道"指的是真善美的最高统一的集中，具有更高程度的抽象意义，阐释为中国精神、中国传统符号传承，是最终品牌文化符号与中华文化高度结合的抽象结果，品牌本身的文化精神即品牌可以代表民族的象征物。"集体主义一直是我国社会的主导价值理念，并随着社会的发展不断更新。随着团体意识的回归，集体主义作为中国独特的精神文化及其符号表示逐渐流行。"通过服饰符号表现

---

[1] 倪月. 高票房电影间的海报之别——基于DIMT模式的符号学分析[J]. 未来传播, 2019(3).

将不同主题的生活哲学和生活、价值理念相融合。例如李宁2018年"悟道"主题,"悟道"由老子提出,其意义为领悟"道"的内涵,为时尚潮流增添禅意、修行的东方神韵;再如李宁2019年"行"主题,以"行"示"意",其主题理念取自《荀子·修身》篇中"路虽弥,不行不至",旨在激励青年对人生之路进行思考,在"行"途中,感悟到路途遥远,选择前行,背负理想,"事虽小,不做不成",仍需负重前行的生活启示。"行"主题也突出了现实世界与自然世界的结合理念,突出了"自然之道",即"天人合一",也可延伸理解为中华传统天然人工技艺的回归和应用,例如采用中国传统扎染技法,选用天然制作而成的汉麻材质的布料来重新诠释国潮时尚对文化记忆的回首与传承(图9-3)。

图9-3 李宁采用扎染技法、汉麻材质布料制作的时尚服饰

再看李宁品牌的商业收购战略。从2020年李宁收购英国老牌鞋企"Clarks"可见,国际经典品牌也存在着品牌老化、活性降低的现象,而结合中国品牌背后的"道",也是在表示中国模式的"出海",通过拓展欧洲市场,拯救英国经典品牌,将中国的"道"向世界展现。道法自然,通过反向汲取世界不同的经典,不断纳新,来继续丰富品牌在海外的版图,在"道"的层面不断丰富"言""象""意"的张力。

除此之外,对国潮品牌建设也不应只停留在表层化的靠拢,形象终究是需要意的支撑和道的阐释。随着我国综合国力的增长,我国文化自信之势也得到稳固提升,体现在日常生活的各个方面,民族认同感和民族自豪感都得到极大的聚合。如今在国潮文化自信大势之下,品牌升级发展所面临的问题更加复杂,在文化自信走上国际舞台时,也需重视国潮品牌在国内国际两个大市场的双向共生,在不断变化的复杂的国际环境中,直面挑战,通过文化自觉驱动主动消费、文化自信趋向国潮为美,将国潮经典品牌发展稳固推进,进而驱动国潮品牌市场稳定。

三、结语

国潮风尚并不是一时兴起,其中包含着中国崛起以及国人自身对民族认同、民族形象的高度理解,在品牌升级中逐渐找到一条适合本品牌发展、生命力顽强的文化基因,即通过"言""象""意""道"符号组合,向后——回首中华传统文化,向前——投身世界多维舞台。而对我国经典国产品牌来说,更应该主动将我国中华文化加之升华和理解,通过国潮将品牌自信与文化自信相对接,通过国潮品牌符号的成功传播为我国文化自信提供精神源泉,继而随着文化自信的不断加强来反向驱动国潮品牌市场不断发展。从另一层面看,品牌形象的建构,意为从形象建构方面将中国新生活理念带到国际。

国潮,不单单是一种时尚的潮流,更应理解为我国文化自信之路的发展,需要立足于本土市场、本土文化、本土品牌内容,借东方之风,重塑品牌新的时代意义,而非简单地将中华传统符号进行拼贴标榜"国潮",真国潮品牌需要时间的见证,基于品牌价值认同与文化自信再创造,使"国潮"成为不盲目的自信之潮。

附录一　音乐节访谈提纲

一、访谈对象

编号	性别	年龄	职业	参加音乐节次数
F01	男	39	音乐人	15+
F02	男	37	广告	13
F03	男	34	设计师	9
F04	男	34	新媒体策划	10
F05	男	28	土木工程师	6
F06	男	27	程序员	3
F07	男	26	插画师	6
F08	男	22	学生	7
F09	男	20	学生	10
F10	男	19	学生	3
F11	女	35	公务员	10
F12	女	31	教师	5
F13	女	30	婚庆策划	8
F14	女	28	设计师	9
F15	女	26	摄影师	4
F16	女	26	DJ	15+
F17	女	24	学生	8
F18	女	22	学生	10
F19	女	21	学生	5
F20	女	21	学生	4

二、访谈提纲

（一）背景信息

1. 基本情况（性别、年龄、学历、职业）。
2. 喜欢的音乐类型。
3. 参加音乐节的次数。

（二）参加音乐节的经历

1. 参与前

（1）第一次参加音乐节的契机。

（2）音乐节最吸引你的因素。

（3）参加音乐节前会做的准备。

（4）是否加入了线上的乐迷组织？

2. 参与中

（1）去音乐节的着装。

（2）是否会参与音乐节中的仪式互动。

（3）参加音乐节中有没有印象深刻的事。

（4）印象最深刻的一场音乐节，说说原因。

（5）参加音乐节时的感受。

（6）除了观看演出，还会参与什么活动。

3. 参与后

（1）参加完音乐节，心境上有什么样转变？

（2）音乐节结束之后，还会继续参与什么样的一些乐迷活动？

（3）以后会继续参与音乐节吗？为什么？

（三）其他

1. 和第一次参与相比，多次参与音乐节之后，现在的感受会有何变化？
2. 在音乐节是否有脱离原来生活的感觉？
3. 线上live和音乐节现场live，感受有何差别？为什么？
4. 你理解的音乐节氛围是一种什么样的氛围？
5. 你觉得音乐节，对你来说最重要的意义是什么？
6. 你觉得自己和普通的音乐节观众有什么不同吗？为什么？
7. 在音乐节现场，你的注意力一般会被什么吸引？
8. 音乐节中倡导的口号会践行吗？

附录二　迷笛音乐节20年汇总

年份	时间	主题	地点	口号
2000	4.30—5.1	第一届迷笛音乐节	北京迷笛学校大礼堂	—
2001	5.1—5.3	第二届迷笛音乐节	北京迷笛学校大礼堂	—
2002	5.1—5.3	第三届迷笛音乐节	北京迷笛音乐学校校园	向劳动者致敬
2003	10.1—10.3	第四届迷笛音乐节	北京迷笛音乐学校校园	摇滚支持动物保护
2004	10.1—10.4	第五届迷笛音乐节	北京国际雕塑公园	永远年轻永远热泪盈眶
2005	10.1—10.4	第六届迷笛音乐节	北京海淀公园	拯救中国河流
2006	5.1—5.4	第七届迷笛音乐节	北京海淀公园	中国摇滚20年
2007	5.1—5.4	第八届迷笛音乐节	北京海淀公园	绿色与和平
2008	10.1—10.5	第九届迷笛音乐节	北京迷笛音乐学校校园	宽容
2009	10.1—10.5	2009镇江迷笛音乐节	江苏镇江	十年
2010	5.1—5.4	2010北京迷笛音乐节	北京海淀公园	低碳生活
2010	10.1—10.4	2010长江迷笛音乐节	江苏镇江世业洲岛	集结
2011	4.30—5.2	2011北京迷笛音乐节	北京京浪岛公园	爱熊行动
2011	5.6—5.8	2011上海迷笛音乐节	上海浦东世纪公园	爱熊行动
2011	8.4—8.7	2011海洋迷笛音乐节	山东日照奥林匹克水上公园	爱熊行动

续表

年份	时间	主题	地点	口号
2012	4.21—4.22	2012上海迷笛音乐节	上海浦东世纪公园	PM2.5
	4.29—5.1	2012北京迷笛音乐节	北京顺义奥林匹克水上公园	
	8.23—8.26	2012哟嘎迷笛音乐节	贵州贵阳花溪公园	
2013	4.29—5.1	2013北京迷笛音乐节	北京乐谷草地音乐公园	迷笛学校20年
	5.3—5.5	2013上海迷笛音乐节	上海浦东世纪公园	
	5.17—5.19	2013深圳迷笛音乐节	深圳龙岗大运中心	
	10.2—10.4	2013长江迷笛音乐节	上海浦东三甲港	
	2013.12.31—2014.1.2	2014深圳迷笛音乐节	深圳龙岗大运中心	
2014	4.25—4.27	2014上海迷笛音乐节	上海浦东三甲港	减少鸣笛
	5.1—5.3	2014北京迷笛音乐节	北京海淀区狂飚乐园	
	10.1—10.3	2014长江迷笛音乐节	上海浦东三甲港	
	10.5—10.7	2014太湖迷笛民谣与世界音乐节	苏州太湖迷笛营	
	2014.12.31—2015.1.1	1415深圳跨年迷笛音乐节	深圳龙岗大运中心	
2015	5.1—5.3	2015太湖迷笛音乐节	苏州太湖迷笛营	内心的歌唱
	5.15—5.17	2015迷笛电子音乐节	苏州太湖迷笛营	
	10.1—10.3	2015太湖迷笛电子音乐节	苏州太湖迷笛营	
	2015.12.31—2016.1.1	1516深圳跨年迷笛音乐节	深圳龙岗大运中心	

续表

年份	时间	主题	地点	口号
2016	4.30—5.2	2016太湖迷笛音乐节	苏州太湖迷笛营	远离毒品靠近音乐
	6.9—6.11	2016迷笛电子音乐节	苏州太湖迷笛营	
	9.15—9.17	2016腾龙洞迷笛音乐节	湖北利川腾龙洞景区	
	11.5—11.6	2016绍兴迷笛音乐节	绍兴迪荡新城梅龙湖畔	
	12.31—1.1	1617深圳跨年迷笛音乐节	深圳龙岗大运中心	
2017	4.29—5.1	2017太湖迷笛音乐节	苏州太湖迷笛营	点亮眼睛
	8.12—8.13	2017"清爽榆林"沙地音乐节	陕西榆林国家农业科技示范区	
	10.1—10.3	2017电迷音乐节	苏州太湖迷笛营	
	2016.12.30—2017.12.31	2017/18深圳新年迷笛音乐节	深圳龙岗大运中心	
2018	4.21—4.22	2018北部湾（钦州）迷笛音乐节	广西钦州三娘湾清心园沙滩	拒绝塑料饭盒
	4.29—5.1	2018太湖迷笛音乐节	苏州太湖迷笛营	
	10.1—10.3	e-Midi电子音乐节	苏州太湖迷笛营	
2019	4.29—5.1	2019太湖迷笛音乐节	苏州太湖迷笛营	致敬伍德斯托克
2020	8.15—8.16	2020迷笛音乐季	崇礼太舞滑雪场	迷笛节20年

附录三 2017—2019年国内音乐综艺节目汇总

序号	名称	年份	综艺类别	播出平台	象限划分
1	蒙面唱将猜猜猜4	2019	电视综艺	江苏卫视	二
2	明日之子3	2019	网络综艺	腾讯	二
3	中国新说唱2019	2019	网络综艺	爱奇艺	一
4	跨界歌王4	2019	电视综艺	北京卫视	二
5	我们的歌	2019	电视综艺	东方卫视	二
6	嗨唱转起来	2019	电视综艺	湖南卫视	二
7	中国好声音2019	2019	电视综艺	浙江卫视	二
8	歌手3	2019	电视综艺	湖南卫视	二
9	声入人心2	2019	电视综艺	湖南卫视	二
10	我是唱作人	2019	网络综艺	爱奇艺	三
11	一起乐队吧	2019	网络综艺	优酷	二
12	经典咏永流传2	2019	电视综艺	央视	四
13	以团之名	2019	网络综艺	优酷	二
14	合唱先锋	2019	电视综艺	央视	二
15	乐队的夏天	2019	网络综艺	爱奇艺	四
16	这！就是原创	2019	网络综艺	优酷	三
17	音浪合伙人	2019	电视综艺	江苏卫视	二
18	这样唱好美	2019	网络综艺	爱奇艺	二
19	国乐大典	2019	电视综艺	广东卫视	四
20	篮球大唱片	2019	网络综艺	爱奇艺	三
21	中歌会	2019	电视综艺	北京卫视	二
22	唱给世界听	2019	网络综艺	爱奇艺	二
23	时光的旋律2	2019	电视综艺	湖南卫视	四
24	新声有范5	2019	电视综艺	东南卫视	二
25	聆听时刻	2019	电视综艺	央视	四
26	歌声与微笑	2019	电视综艺	黑龙江卫视	四

续表

序号	名称	年份	综艺类别	播出平台	象限划分
27	我们有歌	2019	电视综艺	四川卫视	四
28	劳动号子	2019	电视综艺	广东卫视	四
29	星光达人秀	2019	电视综艺	央视	二
30	声音的抉择	2019	电视综艺	北京卫视	三
31	岁月如歌	2019	电视综艺	央视	四
32	青春最强音3	2019	电视综艺	福建卫视	二
33	创造营	2019	网络综艺	腾讯	二
34	艺路出发	2019	电视综艺	安徽卫视	二
35	歌手2018	2018	电视综艺	湖南卫视	二
36	我想和你唱3	2018	电视综艺	湖南卫视	二
37	明日之子2	2018	网络综艺	腾讯	二
38	声入人心	2018	电视综艺	湖南卫视	二
39	经典咏流传	2018	电视综艺	央视	四
40	下一站传奇	2018	电视综艺	东方卫视	二
41	幻乐之城	2018	电视综艺	湖南卫视	二
42	蒙面唱将猜猜猜3	2018	电视综艺	江苏卫视	二
43	中国好声音2018	2018	电视综艺	浙江卫视	二
44	梦想的声音	2018	电视综艺	浙江卫视	二
45	即刻电音	2018	网络综艺	腾讯	三
46	无限歌谣季	2018	电视综艺	江苏卫视	二
47	金曲捞之挑战主打歌	2018	电视综艺	江苏卫视	二
48	异口同声	2018	电视综艺	浙江卫视	二
49	潮音战纪	2018	网络综艺	腾讯	二
50	中国新说唱	2018	网络综艺	爱奇艺	一
51	跨界歌王	2018	电视综艺	北京卫视	二
52	嗨!唱起来	2018	电视综艺	江苏卫视	二
53	这!就是歌唱·对唱季	2018	网络综艺	优酷	二
54	超级乐队	2018	电视综艺	央视	二
55	中国音乐公告牌	2018	网络综艺	爱奇艺	二
56	围炉音乐会2	2018	电视综艺	四川卫视	二
57	流淌的歌声	2018	电视综艺	广东卫视	四
58	超级音乐速递	2018	电视综艺	央视	二

续表

序号	名称	年份	综艺类别	播出平台	象限划分
59	国风美少年	2018	网络综艺	爱奇艺	二
60	新声有范4	2018	电视综艺	东南卫视	二
61	SHY48女团剧场公演	2018	网络综艺	爱奇艺	二
62	CKG48女团剧场公演	2018	网络综艺	爱奇艺	二
63	BEJ48女团剧场公演	2018	网络综艺	爱奇艺	二
64	创造101	2018	网络综艺	腾讯	二
65	蒙面唱将猜猜猜2	2017	电视综艺	江苏卫视	二
66	歌手	2017	电视综艺	湖南卫视	二
67	我想和你唱2	2017	电视综艺	湖南卫视	二
68	跨界歌王2	2017	电视综艺	北京卫视	二
69	天籁之战2	2017	电视综艺	东方卫视	二
70	音乐大师课3	2017	电视综艺	北京卫视	二
71	中国有嘻哈	2017	网络综艺	爱奇艺	一
72	金曲捞	2017	电视综艺	江苏卫视	二
73	中国民歌大会2	2017	电视综艺	央视	四
74	天生是优我	2017	电视综艺	浙江卫视	二
75	中国新歌声2	2017	电视综艺	浙江卫视	二
76	让世界听见	2017	电视综艺	湖南卫视	四
77	厉害了我的歌	2017	电视综艺	北京卫视	二
78	梦想的声音2	2017	电视综艺	浙江卫视	二
79	耳畔中国	2017	电视综艺	安徽卫视	四
80	天籁之声	2017	电视综艺	东南卫视	四
81	超强音浪	2017	电视综艺	山东卫视	二
82	唱响中华	2017	电视综艺	东方卫视	二
83	中国乐队	2017	电视综艺	江苏卫视	四
84	尖叫car拉秀	2017	网络综艺	腾讯	一
85	嘿！马上出发	2017	电视综艺	内蒙古广播电视台	二
86	不凡的改变	2017	电视综艺	江苏卫视	二
87	旅行的声音	2017	网络综艺	爱奇艺	四
88	青春最强音	2017	电视综艺	海峡卫视	二
89	歌声的翅膀	2017	电视综艺	江苏卫视	二
90	中国农民歌会	2017	电视综艺	安徽卫视	二

附录四 第Ⅱ象限音乐综艺节目题材划分清单

序号	节目名称	年份	细分题材
1	蒙面唱将猜猜猜4	2019	互动娱乐类
2	明日之子3	2019	偶像养成类
3	跨界歌王4	2019	竞演类
4	我们的歌	2019	竞演类
5	嗨唱转起来	2019	互动娱乐类
6	中国好声音2019	2019	选秀类
7	歌手3	2019	竞演类
8	声入人心2	2019	选秀类
9	一起乐队吧	2019	选秀类
10	以团之名	2019	偶像养成类
11	合唱先锋	2019	文艺类
12	音浪合伙人	2019	竞演类
13	这样唱好美	2019	竞演类
14	中歌会	2019	竞演类
15	唱给世界听	2019	真人秀类
16	新声有范5	2019	高校少儿类
17	星光达人秀	2019	选秀类
18	青春最强音3	2019	高校少儿类
19	创造营	2019	偶像养成类
20	艺路出发	2019	高校少儿类
21	歌手2018	2018	竞演类
22	我想和你唱3	2018	互动娱乐类
23	明日之子2	2018	偶像养成类
24	声入人心	2018	选秀类
25	下一站传奇	2018	偶像养成类
26	幻乐之城	2018	体验类
27	蒙面唱将猜猜猜3	2018	互动娱乐类
28	中国好声音2018	2018	选秀类
29	梦想的声音	2018	竞演类

续表

序号	节目名称	年份	细分题材
30	无限歌谣季	2018	真人秀类
31	金曲捞之挑战主打歌	2018	竞演类
32	异口同声	2018	互动娱乐类
33	潮音战纪	2018	竞演类
34	跨界歌王	2018	竞演类
35	嗨！唱起来	2018	互动娱乐类
36	这！就是歌唱·对唱季	2018	竞演类
37	超级乐队	2018	竞演类
38	中国音乐公告牌	2018	打歌类
39	围炉音乐会2	2018	互动娱乐类
40	超级音乐速递	2018	互动娱乐类
41	国风美少年	2018	竞演类
42	新声有范4	2018	高校少儿类
43	SHY48女团剧场公演	2018	偶像养成类
44	CKG48女团剧场公演	2018	偶像养成类
45	BEJ48女团剧场公演	2018	偶像养成类
46	创造101	2018	偶像养成类
47	蒙面唱将猜猜猜2	2017	互动娱乐类
48	歌手	2017	竞演类
49	我想和你唱2	2017	互动娱乐类
50	跨界歌王2	2017	竞演类
51	天籁之战2	2017	竞演类
52	音乐大师课3	2017	高校少儿类
53	金曲捞	2017	竞演类
54	天生是优我	2017	偶像养成类
55	中国新歌声2	2017	竞演类
56	厉害了我的歌	2017	互动娱乐类
57	梦想的声音2	2017	竞演类
58	超强音浪	2017	互动娱乐类
59	唱响中华	2017	文艺类
60	嘿！马上出发	2017	真人秀类
61	不凡的改变	2017	竞演类
62	青春最强音	2017	高校少儿类
63	歌声的翅膀	2017	高校少儿类
64	中国农民歌会	2017	文艺类

参考文献

国内文献

图书：

[1] 程建强，黄恒学. 时尚学[M]. 北京：中国经济出版社，2010.

[2] 程俊英. 诗经译注——诗经鄘风君子偕老[M]. 上海：上海古籍出版社，1985.

[3] 道格拉斯·凯尔纳. 媒体奇观. 当代美国社会文化透视[M]. 史安斌，译. 北京：清华大学出版社，2003.

[4] 段炼. 视觉文化—从艺术史到当代艺术的符号学研究[M]. 南京：江苏凤凰美术出版社，2018.

[5] 凡勃仑. 有闲阶级论[M]. 李华夏，译. 北京：中央编译出版社，2012.

[6] 费尔迪南·德·索绪尔. 索绪尔第三次普通语言学教程[M]. 屠友祥，译. 上海：上海人民出版社，2007.

[7] 冯月季. 传播符号学教程[M]. 重庆：重庆大学出版社，2017.

[8] 弗雷德里克·詹姆逊. 文化转向[M]. 胡亚敏，等，译. 北京：中国社会科学出版社，2000.

[9] 郝建. 中国电视剧：文化研究与类型研究[M]. 北京：中国电影出版社，2008.

[10] 亨利·詹金斯，伊藤·瑞子，丹娜·博伊德. 参与的胜利：网络时代的参与文化[M]. 高芳芳，译. 杭州：浙江大学出版社，2017.

[11] 胡疆峰. 伯明翰学派青年亚文化理论研究[M]. 北京：中国社会科学出版社，2012.

[12] 胡越. 时尚艺术学[M]. 上海：东华大学出版社，2022.

[13] 贾伟，邢杰. 元宇宙力：构建美学新世界[M]. 北京：中译出版社，2022.

[14] 居伊·德波. 景观社会[M]. 张新木，译. 南京：南京大学出版社，2010.

[15] 柯林罗. 拼贴城市[M]. 童明，译. 北京：中国建筑工业出版社，2003.

[16] 克洛德·列维-斯特劳斯. 野性的思维[M]. 李幼蒸，译. 北京：商务印书馆，1987.

[17] 孔明安，陆杰荣. 鲍德里亚与消费社会[M]. 沈阳：辽宁大学出版社，2008.

[18] 兰德尔·柯林斯. 互动仪式链[M]. 林聚任，王鹏，宋丽君，译. 北京：商务印书馆，2012.

[19] 李思屈. 东方智慧与符号消费——DIMT模式中的日本茶饮料广告[M]. 杭州：浙江大学出版社，2003.

[20] 刘涛. 环境传播：话语、修辞与政治[M]. 北京：北京大学出版社，2011.

[21] 罗钢，刘象愚. 文化研究读本[M]. 北京：中国社会科学出版社，2000.

[22] 罗兰·巴特. 符号学原理[M]. 李幼蒸，译. 北京：中国人民大学出版社，2008.

[23] 罗兰·巴特. 流行体系一符号学与服饰符码[M]. 敖军，译. 上海：上海人民出版社，2000.

[24] 罗斯玛丽·帕特南·童. 女性主义思潮导论[M]. 艾晓明，等，译. 上海：华中师范大学出版社，2002.

[25] 马克思. 马克思恩格斯全集（第一卷）[M]. 北京：人民出版社，2002.

[26] 迈克·费瑟斯通. 消费文化与后现代主义[M]. 刘精明，译. 南京：译林出版社，2000.

[27] 迈克尔·R·所罗门，南希·J·拉博尔特. 消费者心理学[M]. 王广新，王艳芝，张娥，等，译. 北京：中国人民大学出版社，2014.

[28] 尼尔波兹曼. 娱乐至死[M]. 章艳，译. 北京：中信出版社，2020.

[29] 皮埃尔·布迪厄，华康德. 实践与反思：反思社会学导引[M]. 李猛，李康，译. 北京：中央编译出版社，2004.

[30] 邱伟杰. 普及美学原理[M]. 成都：四川文艺出版社，2019.

[31] 让·鲍德里亚. 符号政治经济学批判[M]. 夏莹，译. 南京：南京大学出版社，2015.

[32] 让·鲍德里亚. 消费社会[M]. 刘成富，全志钢，译. 南京：南京大学出版社，2008.

[33] 宋瑾. 国外后现代音乐[M]. 南京：江苏美术出版社，2003.

[34] 苏珊. B.凯瑟. 服装社会心理学[M]. 李宏伟，译. 北京：中国纺织出版社，2000.

[35] 万斌. 浙江文化概论[M]. 杭州：浙江人民出版社，2010.

[36] 王琳. 美国城市文学地图：以纽约、芝加哥和洛杉矶为中心[M]. 北京：中国社会科学出版社，2018.

[37] 吴素玲. 电视剧艺术类型论[M]. 北京：中国传媒大学出版社，2008.

[38] 许慎，段玉裁. 说文解字. 卷十二[M]. 黄勇，译. 中国戏剧出版社，2008.

[39] 约翰·费斯克. 电视文化[M]. 祁阿红，张鲲，译. 北京：商务印书馆，2005.

[40] 约翰·费斯克. 理解大众文化[M]. 王晓钰，宋伟杰，译. 北京：中央编译出版社，2001.

[41] 臧国仁，蔡琰. 叙事传播：故事/人文观点[M]. 杭州：浙江大学出版社，2019.

[42] 詹姆斯·凯瑞. 作为文化的传播：媒介与社会论文集[M]. 丁未，译. 北京：中国人民大学出版社，2019.

[43] 赵春华. 时尚传播[M]. 2版. 北京：中国纺织出版社，2014.

[44] 赵毅衡. 符号学[M]. 南京：南京大学出版社，2012.

[45] 赵毅衡. 广义叙述学[M]. 成都：四川大学出版社，2013.

[46] 周宪. 中国当代审美文化研究[M]. 北京：北京大学出版社，1997.

期刊：

[1] 白嘉懿. 化妆品界也开始跟风的NFT，是商机还是炒作？[J]. 中国化妆品，2022（4）.

[2] 包鹏程. 电视娱乐节目的仪式、叙事模式与意识形态[J]. 安徽大学学报（哲学社会科学版），2008（4）.

[3] 编者按. "时尚法"专栏导言[J]. 浙江理工大学学报：社会科学版，2019（5）.

[4] 才隽. 国潮文化在品牌形象设计中的应用[J]. 西部皮革，2021（12）.

[5] 仓理新. 流行语与时尚文化：运用马克思主义解读流行思潮[M]. 北京：中国人民大学出版社，2012.

[6] 曾繁仁. 建设性后现代语境下的中国古代生态审美智慧[J]. 学术研究，2012，000（008）.

[7] 陈嘉玮. 产品传播营销研究——以盲盒为例[J]. 国际公关，2020（10）.

[8] 陈磊. 短视频平台电商化转型运营分析——以快手为例[J]. 新媒体研究，2019（11）.

[9] 陈新儒. 反讽时代的符号狂欢：广义叙述学视域下的网络弹幕文化[J]. 符号与传媒，2015（2）.

[10] 陈瑶. 叙事学视阈下的Vlog分析[J]. 卫星电视与宽带多媒体，2019（11）.

[11] 陈忠. 涂层化世界的行为哲学反思[J]. 江海学刊，2020（5）.

[12] 陈忠. 涂层正义论——关于正义真实性的行为哲学研究[J]. 探索与争鸣，2019（2）.

[13] 陈忠. 现代性的涂层危机——对形式主义的一种空间与城市哲学批判[J]. 东南学术，2019（5）.

[14] 程志宇. 中国品牌的价值观演变研究——基于流行广告语的经济与文化内涵分析[J]. 河南社会科学，2021（2014-10）.

[15] 戴海波，杨惠. 涂层概念视域下网络"人设"的传播策略与危机表征[J]. 传媒观察，2021（9）.

[16] 丁俊杰，刘搦辰. 社交媒体如何构建"网红城市"的空间意象[J]. 新闻与写作，2021（9）.

[17] 丁肇辰，岳冉. 2020年后的数字时尚与其特征——被激活的时尚版图[J]. 创意与设计，2021（6）.

[18] 董新祥：《中西神话中神的形象与"天人观"差异》，《山东社会科学》2007（9）.

[19] 费孝通. 经济全球化和中国"三级两跳"中的文化思考[J]. 中国文化研究，2001（1）.

[20] 冯黎明. 艺术自律与先锋艺术[J]. 湖北大学学报（哲学社会科学版），2021，48（1）.

[21] 冯林林. 浅析文化拼贴在跨文化传播中的作用[J]. 才智，2013（20）.

[22] 甘芷豪. 图像的谎言：符号交际视阈下的视觉修辞行为[J]. 西北师大学报（社会科学版），2020（2）.

[23] 高小燕，吴跃龙. 数字传播视域下文化遗产价值的"逆转"与"复活"——以《国

家宝藏》为例[J]. 新闻研究导刊, 2020（12）.

[24] 谷李. 情不自禁的资本主义：理解"霸道总裁"[J]. 国际新闻界, 2019（5）.

[25] 关巍. 时尚哲学视阈下的现代性批判[J]. 广西社会科学, 2020（8）.

[26] 胡疆锋, 陆道夫. 抵抗 风格 收编——英国伯明翰学派亚文化理论关键词解读[J]. 南京社会科学, 2006（4）.

[27] 胡疆锋. 恶搞与青年亚文化[J]. 中国青年研究, 2008（6）.

[28] 胡一伟. 论演示类叙述的"真实"与虚构[J]. 学习与探索, 2015（1）.

[29] 季如意. 互联网传播视域下"盲盒热"消费心理分析[J]. 东南传播, 2020（1）.

[30] 江芳. 网络直播的四大商业模式选择[J]. 传媒, 2019（4）.

[31] 姜杉. 融媒体时代《主播说联播》的创新与突破[J]. 青年记者, 2019（35）.

[32] 蒋诗萍, 周诗诗. 论"国潮"品牌跨界的符号双轴关系[J]. 符号与传媒, 2020（2）.

[33] 焦晓虹. 以东方符号学"DIMT"模式解析电视节目《朗读者》[J]. 西南民族大学学报, 2018（2）.

[34] 郎超, 张玉栋. 延异与重构：作为媒介景观的乡村生活短视频[J]. 科技传播, 2020（12）.

[35] 李璨. 浅析迷笛音乐节品牌传播现状、问题与对策分析[J]. 长治学院学报, 2020（37）.

[36] 李锋, 王智鸿. 青花瓷的中国文化符号建构演变研究[J]. 陶瓷研究, 2022, 37（5）.

[37] 李国伟. 舞台布景的重要性[J]. 剧影月报, 2015（1）.

[38] 李琦, 周亦琪. 身体奇观 符号神话 消费狂欢——关于网络直播热的多维解读[J]. 徐州工程学院学报（社会科学版）, 2019（5）.

[39] 李思屈. 精神符号学导论[J]. 中外文化与文论, 2015（3）.

[40] 李思屈. 精神符号学的概念、方法与应用[J]. 符号与传媒, 2021（2）.

[41] 李星. 传播文化中的国风新潮流[J]. 中国文艺家, 2021（9）.

[42] 李岩岩. 独立音乐的狂欢盛会——户外音乐节[J]. 大众文艺, 2013（1）.

[43] 李奕霖. 时代审美观念的变化对服饰审美的影响[J]. 轻纺工业与技术, 2020, 49（3）.

[44] 李正欢, 曾路. 符号消费的意义解读[J]. 重庆邮电学院学报（社会科学版）, 2004（6）.

[45] 李智, 柏丽娟. 记录与表演：Vlog青年创作者的自我建构策略研究[J]. 山东青年政治学院学报, 2020（6）.

[46] 梁龙. 构建时尚产业新生态 提升中国纺织全球话语权——从第43届（2021春夏）中国流行面料入围评审看创新之道[J]. 中国纺织, 2020（3）.

[47] 凌敏淇. WEB3.0时代，时尚是否应被重置？——NFT数字时尚商品的产销模式及价值体系[J]. 服装设计师, 2022（6）.

[48] 刘灿威. 主流媒体运用短视频传播价值观的路径分析——以人民日报新媒体微视频为例[J]. 新闻知识, 2019（9）.

[49] 刘娜，梁潇. 媒介环境学视阈下Vlog的行为呈现与社会互动新思考[J]. 现代传播，2019（11）.

[50] 刘涛. 何为视觉修辞——图像议题研究的视觉修辞学范式[J]. 湖南师范大学社会科学学报，2018（6）.

[51] 刘涛. 媒介空间事件：观看的"语法"与视觉修辞方法[J]. 南京社会科学，2017（9）.

[52] 刘涛. 视觉修辞的学术起源与意义机制：一个学术史的考察[J]. 暨南学报：哲学社会科学版，2017（9）.

[53] 刘涛. 文化意象的构造与生产——视觉修辞的心理学运作机制探析[J]. 现代传播（中国传媒大学学报），2011（9）.

[54] 刘涛. 新媒体竖屏叙事的"版面"语言及其语图关系[J]. 现代出版，2021（5）.

[55] 刘涛. 隐喻与转喻的互动模型：从语言到图像[J]. 新闻界，2018（12）.

[56] 刘涛. 语图论：语图互文与视觉修辞分析[J]. 新闻与传播评论，2018（1）.

[57] 刘亚. 关于中国传统天然染色服饰的色彩美学及其当代价值研究的思考[J]. 流行色，2021（3）.

[58] 柳莹. 青年网红打卡文化的符号消费及反思[J]. 江西社会科学，2021（9）.

[59] 马兢. 新媒体视域下情绪催化的裂变式传播分析——以鸿星尔克事件情绪催化下的野性消费行为为例[J]. 新闻研究导刊，2021（20）.

[60] 孟妤. 基于"DIMT"模式解析国家形象宣传片——以《中国一分钟地方篇》为例[J]. 青年记者，2019（8）.

[61] 莫里斯·狄克斯坦，江海. 伊甸园之门[J]. 外国文学，1981（4）.

[62] 倪祥保. 电影叙事符号的美学分析[J]. 苏州大学学报，2005（3）.

[63] 倪月. 高票房电影间的海报之别——基于DIMT模式的符号学分析[J]. 未来传播，2019（3）.

[64] 聂书法、赵会宾. 美国动画电影《花木兰》色彩设计研究[J]. 电影文学，2012（16）.

[65] 宁晓. 时尚符号：幻象消费中的"黄金外环"[J]. 广西师范学院学报（哲学社会科学版），2014，4.

[66] 秦志希，葛丰，吴洪霞. 网络传播的"后现代"特性[J]. 武汉大学学报，2002（6）.

[67] 邱瑜毅. 论〈等待戈多〉中符号式的人物形象[J]. 名作欣赏，2013（33）.

[68] 任平. 论涂层概念与原创学术的中国道路[J]. 江海学刊，2020（5）.

[69] 邵培仁，潘祥辉. 论全球化语境下中国电影的跨文化传播策略[J]. 浙江大学学报（人文社会科学版），2006（1）.

[70] 沈国梁. 直播电商：从眼球秀场到新价值带货[J]. 中国广告，2020（1）.

[71] 沈黎晖. 音乐节——通往未来的艺术形式[J]. 艺术评论，2011（1）.

[72] 石媛. 现代审美观念对传统手工艺的影响[J]. 西部皮革，2021，43（13）.

[73] 史亚娟. 当代西方时尚理论研究动态[J]. 贵州大学学报：艺术版，2016，30

（6）．

[74] 姒晓霞，康弘哲．二十世纪二三十年代上海电影的时尚表征与精神内涵[J]．江苏社会科学，2017（5）．

[75] 孙雪岩．浅析文化本土化在文化传播中的作用——以基督教在近代中韩两国的传播为视角[J]．聊城大学学报，2001（4）．

[76] 腾云，楼旭东．移动短视频：融合发展的新路径[J]．新闻世界，2016（3）．

[77] 田美玲．浅析服装设计中的中华民族文化审美情结[J]．美与时代：创意（上），2011．

[78] 王彬．互动仪式链视阈下的青年网络爱国主义教育探究[J]．山东师范大学学报（社会科学版），2021（5）．

[79] 王杰，方李莉，徐新建．边界与融合：审美人类学、艺术人类学与文学人类学的交叉对话[J]．贵州大学学报（艺术版），2021，35（5）．

[80] 王杰，孟凡君．审美人类学：构建当代美学与艺术批评新体系[J]．社会科学家，2020（5）．

[81] 王瑾．互文性：名著改写的后现代文本策略——《大话西游》再思考[J]．中国比较文学，2004（2）．

[82] 王凯悦．陷入疯狂的盲盒"游戏"是什么？[J]．新闻研究导刊，2020，11（5）．

[83] 王蕾，许慧文．网络亚文化传播符码的风格与转型——以哔哩哔哩网站为例[J]．当代传播，2017（4）．

[84] 王倩龄，张齐．先锋与时尚的对话——"当代美学与人类学：时尚研究"国际学术研讨会会议综述[J]．广西科技师范学院学报，2017，32（6）．

[85] 王青．能指的狂欢：罗兰巴尔特的意义[J]．江淮论坛，2006（3）．

[86] 王晓升．马克思主义的时尚化与马克思主义的危机[J]．江海学刊，2014（5）．

[87] 王晓艳．从"黄军装"到"热裤"——改革开放30年青年服饰变迁及其特点[J]．上海青年管理干部学院学报，2008．

[88] 王玉玮．内容差异化：我国视频网站自制剧的突围之路[J]．现代传播（中国传媒大学学报），2014（8）．

[89] 王悦．名校生活类Vlog的符号学解析——以B站"彭酱酱LINYA"为例[J]．新媒体研究，2020（13）．

[90] 王昀，徐睿．打卡景点的网红化生成：基于短视频环境下用户日常实践之分析[J]．中国青年研究，2021（2）．

[91] 王战，靳盼．消费文化视域下"国潮"品牌的文本呈现和文化认同策略[J]．传媒观察，2021（12）．

[92] 王子怡．"衣冠之国"的蜕变与新生——论中国服饰文化的传承与创新对中国服装产业和国家形象塑造的重要作用[J]．艺术百家，2012（S2）．

[93] 韦恩布斯，申丹．隐含作者的复活[J]．江西社会科学，2007（5）．

[94] 吴建平．语言符号对译、言语翻译与跨文化信息[J]．厦门大学学报（哲学社会科

学版），2002（6）.

[95] 希奥多·阿多尔诺，王凤才. 再论文化工业[J]. 云南大学学报（社会科学版），2012（4）.

[96] 闫文君. 名人符号隐含作者的价值预设与语境顺应[J]. 符号与传媒，2019（2）.

[97] 闫艳. 基于符号学的品牌联名设计解读[J]. 包装工程，2020（2）.

[98] 颜莉，高长春. 时尚产业国内外研究述评与展望[J]. 经济问题探索，2011（8）.

[99] 颜奕桐，阳兴龙，王天来. 文化认同视域下的中国风品牌设计策略研究——以茶颜悦色为例[J]. 艺术品鉴，2021（23）.

[100] 燕道成，李菲. 场景符号权力：电商直播的视觉景观与价值反思[J]. 现代传播（中国传媒大学学报），2020（6）.

[101] 杨涛. 城市品牌形象设计的策略与方法——以唐山市为例[J]. 设计艺术研究，2020（4）.

[102] 杨颖. 消费文化视域下国内视频播客（Vlog）热现象研究——以B站为例[J]. 传播力研究，2019（10）.

[103] 姚林青. "国潮"热何以形成[J]. 人民论坛，2019（35）.

[104] 于然，李治宏. 主流媒体的短视频传播策略分析——以《主播说联播》栏目为例[J]. 新闻与写作，2020（1）.

[105] 余伊彤. 审美迷笛音乐节[J]. 艺术品鉴，2019（18）.

[106] 喻国明，滕文强. 发力情感价值：论虚拟偶像的"破圈"机制——基于可供性视角下的情感三层次理论分析[J]. 新闻与写作，2021（4）.

[107] 岳涛. 户外摇滚音乐节音响系统设计[J]. 演艺科技，2012（3）.

[108] 张放. 文化免疫与文化变异——全球化背景下文化本土化的双重内涵[J]. 天府新论，2009（1）.

[109] 张高洁，骆蓓娟. 消费社会视域下"网红打卡地"的媒体奇观及其批判[J]. 东南传播，2019（10）.

[110] 张玲. 服装社会学研究的系谱与课题[J]. 江南大学学报（自然科学版），2019.

[111] 张配豪. 国货正当"潮"[J]. 人民周刊，2020（22）.

[112] 张谦. 多元文化语境中的音乐现场互动行为[J]. 艺术探索，2011（25）.

[113] 张硕. 电商+直播营销模式发展现状及改进策略研究——以淘宝直播为例[J]. 广西质量监督导报，2019（9）.

[114] 张伟. 符号、辞格与语境——图像修辞的现代图式及其意指逻辑[J]. 社会科学，2020（8）.

[115] 赵泓，李俊鹏. 好莱坞动画电影改编中国文化资源研究[J]. 电影文学，2016（23）.

[116] 赵敏. 符号的漂移："一带一路"视域中的玄奘符号演化及其当代价值[J]. 艺术评论，2019（3）.

[117] 赵毅衡. 单轴人：后期现代的符号危机[J]. 学习与探索，2010（4）.

［118］周丽，范建华. 形塑信任：网络电商直播的场景框架与情感逻辑[J]. 西南民族大学学报（人文社会科学版），2021（2）.

［119］周琼，曾样样. 群体传播时代的集体行动和仪式狂欢——对"饭圈出征"网络行动的个案分析[J]. 现代传播（中国传媒大学学报），2021（3）.

［120］朱丹彤. 基于视觉文化学理探究色彩语言在纺织艺术中的符号阐释[J]. 艺术与设计（理论），2021，2（8）.

［121］朱丽丽，韩怡辰. 拟态亲密关系：一项关于养成系偶像粉丝社群的新观察——以TFboys个案为例[J]. 当代传播，2017（6）.

［122］朱志荣. 论中国传统美学思想的当代价值[J]. 中国美学研究，2007（1）.

国外文献

图书（Books）：

［1］Bourdieu, P. Outline of a Theory of Practice[M]. Cambridge: Cambridge University Press, 1977.

［2］Csikszentmihalyi M, Halton E. The meaning of things: Domestic symbols and the self[M]. Cambridge university press, 1981.

［3］Godart F. Unveiling fashion: Business, culture, and identity in the most glamorous industry[M]. Basingstoke, UK: Palgrave Macmillan, 2012.

［4］Kawamura Y. Fashion-ology: An introduction to fashion studies[M]. Bloomsbury Publishing, 2018.

［5］Malcolm Bowie. Lacan[M]. Cambridge, Massachusetts; Harvard University Press, 1991.

［6］Solomon M.R., Rabolt N. J. Consumer behavior: In fashion[M]. Prentice Hall, 2004.

［7］Storey J. Cultural consumption and everyday life[M]. Arnold: Oxford University Press, 2001.

［8］Wilson E. Adorned in dreams: Fashion and modernity[M]. Rutgers University Press, 2003.

期刊（Journal Articles）：

［1］Anderson, C., & Gwinner, K. P. (2001). Globalization of fashion: The role of cultural intermediaries[J]. Journal of Global Marketing, 15(1).

［2］Arrigo E. Social media marketing in luxury brands: A systematic literature review and implications for management research[J]. Management Research Review, 2018, 41(6).

［3］Biel J. I., Aran O. and Gatica-Perez D., You are known by how you vlog: Personality impressions and nonverbal behavior in youtube [J]. Proceedings of the International AAAI Conference on Web and Social Media. 2011, 5(1).

［4］Browne K. Beyond rural idylls: Imperfect lesbian utopias at Michigan Womyns music festival [J]. Journal of Rural Studies, 2011, 27(1).

[5] Cioban S., Hatos A. The Analysis of Teenagers Vlogging Preferences in Educational Research[J]. Romanian Journal for Multidimensional Education/Revista Romaneasca pentru Educatie Multidimensionala, 2019, 11(2).

[6] Choi, KH. 3D dynamic fashion design development using digital technology and its potential in online platforms[J]. Fash, 2022(09).

[7] Duffy B. E., Hund E. Having it all on social media: Entrepreneurial femininity and self-branding among fashion bloggers[J]. Social media+ society, 2015, 1(2).

[8] Entwistle J. The Fashioned Body: Fashion[J]. Dress and Modern Social Theory, 2000, 2.

[9] Francis R. G., Fiske J. Television Culture[J]. Contemporary Sociology, 1989, 18(4).

[10] Geraid Prince. The Disnarrated[J]. Style, 1988, 22(1).

[11] Isabelle Szmigin, ANDREW Bengry-Howell, YVETTE Morey, CHRISTINE Griffin, SARAH Riley. Socio-spatial authenticity at co-created music festivals[J]. Annals of Tourism Research, 2017, 63.

[12] McCracken G. Culture and consumption: A theoretical account of the structure and movement of the cultural meaning of consumer goods[J]. Journal of consumer research, 1986, 13(1).

[13] Park, Keunsoo. A Case study of virtual fashion industry of fashion brands through convergence with metaverse[J]. The Korean Society of Science, 2021(04).

[14] Sevgin A. Eroglu, Karen A. Machleit, Lenita M. Davis. Atmospheric qualities of online retailing[J]. Journal of Business Research, 2001.

[15] Simmel G. Fashion[J]. American journal of sociology, 1957, 62(6).

[16] Stein J. P., Koban K., Joos S., et al. Worth the effort? Comparing different youtube vlog production styles in terms of viewers' identification, parasocial response, immersion, and enjoyment [J]. Psychology of Aesthetics, Creativity, and the Arts, 2020.

[17] Wu Juanjuan, Song Sanga, WHANG Claire Haesung. Personalizing 3D virtual fashion stores: Exploring modularity with a typology of atmospherics based on user input[J]. Information & Management, 2021, 58(4).

[18] Yanning Li, E. H. Wood, R. Thomas. Innovation implementation: Harmony and conflict in Chinese modern music festivals[J]. Tourism Management, 2017, 63.

[19] Yu G., Lim J. H., Cho N. A Study of Vlog that Analyze Variables Affecting Perceived Enjoyment: Using Social Communication as a Control Variable [J]. Journal of Information Technology Applications and Management, 2020, 27(5).

致 谢

　　时尚学研究是一个极富魅力和时代感的领域。浙江理工大学的众多同仁、研究团队这些年来力图在这一学术天地做出自己的贡献，探索中国学术时尚学研究的道路。本书正是史量才新闻与传播学院这些年来时尚传播探索的缩影。感谢在本书成稿和编辑过程中无私奉献的徐津毅、丰雪、张雨彤、邱璐鑫等小伙伴，没有你们的辛勤劳动，就没有本书的顺利出版。特别感谢本书的责任编辑徐琪老师不厌其烦地耐心沟通与宝贵建议。最后，特别感谢中国轻工业出版社、浙江理工大学法政学院、史量才新闻与传播学院对时尚学研究、时尚传播研究的大力支持。

何苗
2024年3月杭州临平